继续教育·经济管理系列丛书

现代管理学

主编　邓　燊　王福胜　李艳君

编委　高　园　雷登攀　余小芳

　　　陈锦存　牛小华

上海交通大学出版社

内 容 提 要

现代管理学这本教材共分为上下两篇,上篇为前四章,主要为现代管理学的基础,包括管理的概论、管理思想的发展历史、管理的环境以及管理的核心决策,下篇为后四章,主要围绕计划、组织、领导和控制这四大职能展开。这本教材的特色之一就是"现代",将管理学最新的理论和趋势融入相关章节,另外一个特色就是案例丰富。

图书在版编目(CIP)数据

现代管理学/邓燊,王福胜,李艳君主编. –上海:
上海交通大学出版社,2010(2019 重印)
(继续教育·经济管理系列丛书)
ISBN 978-7-313-06116-4

Ⅰ. 现... Ⅱ.①邓...②王...③李... Ⅲ. 管理学 Ⅳ. G93

中国版本图书馆 CIP 数据核字(2009)第 215017 号

现代管理学

邓 燊 王福胜 李艳君 主编
上海交通大学出版社出版发行
(上海市番禺路 951 号 邮政编码 200030)
电话:64071208
上海天地海设计印刷有限公司 印刷 全国新华书店经销
开本:787mm×960mm 1/16 印张:21.75 字数:410千字
2010 年 1 月第 1 版 2019 年 1 月第 10 次印刷
ISBN 978-7-313-06116-4/G 定价:42.00 元

前　言

　　一直想组织工商专业教师团队编写一本管理学的教材,希望一方面把最新的管理学理论和思想融入到教材中,另外一方面就是教材要有丰富的、有特色的案例结合理论并行。但是从 2007 年开始编写工作启动后,推进速度不快,顾虑重重,一则怕水平不高,编写出来的教材贻笑大方之家,二则具体的编写人员都是一线的管理工作者,工作强度大,不敢占用他们太多的时间和精力。随着时间的推移,学院启动了精品课程建设,积极推动教学质量的不断提高,编写工作再次被提到了日程上来。

一、编写特色

　　本文在编写过程中注重体现以下几个特色:

　　(1) 体现管理学的时代特征。编写中把最新的管理思想和管理理论融入每一章的写作过程中,融会贯通,既考虑到经典传统管理理论的起源、特点等,又考虑最新管理思想的背景、主要内容等,把理论的学习按照历史发展的进程进行梳理,力争凸显教材的现代性。

　　(2) 体系清楚,逻辑性强。在本文编写的过程中,对教材的编写体例进行了多次讨论和协商,同时博采众家之长,力争在管理学庞杂的理论体系中寻找一条捷径。经过多次讨论,最终确定全书分上下两篇,上篇讲述思想,注重体现精华和核心;下篇讲述职能,注重体现操作和实务。同时注重上下两篇的互动和连续性,从整体上把握整本教材的逻辑体系。

　　(3) 案例丰富,可读性强。管理学理论本很枯燥,如何使理论容易被人接受并愿意继续学习? 这也是编写这本教材的难点所在。经过讨论,我们认为要体现这门课程的特点,必须能够把深奥的理论转化为通俗易懂的理论,把抽象理论转化为可以用来解决实际问题的理论。所以,在编写本书的过程中,编者把案例融入到了整本教材的每个章节,使读者对于理论的学习有更好的理解和深化,做到理论联系实际,同时也能够有兴趣进一步深入阅读下去。

二、学习指导

　　管理学的学习主要在于把握基本概念、案例分析和联系实际。

　　(1) 把握基本概念就是对书中提及的定义、方法、原理、思想等进行基本的了解、掌握,准确掌握它们的内涵、使用条件和适用范围,使用它来分析周围的人和事。

（2）案例分析就是在基本掌握基本原理的基础上,对提供的案例进行分析,找到问题的关键点,分析事件的核心,抓住发展的脉络,运用学习到的理论、方法等对案例进行深刻的剖析,形成自己的看法和思考。

（3）联系实际就是在学习原理、案例分析过程中要和自身的实际工作结合起来,把学习的成果体现在实际工作中水平的提高上面。久而久之,养成一种习惯,形成一种思维模式,就是学习过程中的深化。把学到的理论和方法运用到实践中解决问题,把实践中碰到的问题上升到理论高度进行思考,理论与实践相得益彰。

三、编写人员

本教材的编者都具有名校经济管理类专业的硕士、博士学位,长期从事一线的教学及管理工作,对于管理有着深厚的感情,也都希望通过编写这本教材,深化对管理的认识,不断提升自身的理论和实际工作的水平。

本书由继续教育学院网络教育部工商管理团队集体编写,由邓燊、王福胜、李艳君担任主编。具体分工为王福胜副教授负责大纲编写、体例的策划及其前期的协调工作,负责编写第一章;邓燊博士负责后期的统筹编写、指导部分章节编写及其统稿工作,负责编写第三章;李艳君博士负责团队的统筹工作、指导部分章节的编写,负责编写第八章;高园负责编写第二章,雷登攀负责编写第四章,余小芳负责编写第五章,陈锦存负责编写第六章,牛小华负责编写第七章。

王福胜

2009.11.24

目　录

1　管理概论 ··· 1

1.1　管理的内涵 ··· 2

1.2　管理的基本原理与方法 ··························· 19

1.3　管理的主体——管理者 ·························· 30

本章思考题 ·· 39

参考文献 ·· 39

2　管理思想 ··· 40

2.1　管理思想的产生与发展 ·························· 42

2.2　现代管理思想与理论 ······························· 55

2.3　当代管理思想展望 ··································· 68

本章思考题 ·· 75

参考文献 ·· 75

3　管理环境 ··· 76

3.1　全球化管理 ··· 77

3.2　企业伦理 ·· 83

3.3　企业社会责任 ··· 87

3.4　企业文化 ·· 94

本章思考题 ·· 112

参考文献 ·· 112

4　决策 ··· 113

4.1　决策概述 ·· 114

4.2　决策的类型 ··· 117

4.3　决策方式选择的影响因素 ······················ 119

4.4　决策方法 ·· 121

本章思考题 ·· 134

参考文献 ……………………………………………………………… 134

5 计划 ……………………………………………………………… 135

5.1 计划的类型、层次和作用 ………………………………… 136
5.2 组织战略管理 …………………………………………… 151
5.3 计划的程序和方法 ……………………………………… 158
5.4 计划的执行与动态管理 ………………………………… 169
本章思考题 …………………………………………………… 183
参考文献 ……………………………………………………… 183

6 组织 ……………………………………………………………… 184

6.1 组织概述 ………………………………………………… 185
6.2 组织结构 ………………………………………………… 197
6.3 组织设计 ………………………………………………… 208
6.4 组织变革与组织创新 …………………………………… 223
本章思考题 …………………………………………………… 240
参考文献 ……………………………………………………… 240

7 领导 ……………………………………………………………… 241

7.1 领导理论 ………………………………………………… 242
7.2 激励 ……………………………………………………… 268
7.3 沟通 ……………………………………………………… 286
本章思考题 …………………………………………………… 301
参考文献 ……………………………………………………… 301

8 控制 ……………………………………………………………… 302

8.1 控制概述 ………………………………………………… 303
8.2 信息与知识管理 ………………………………………… 313
8.3 过程控制 ………………………………………………… 323
本章思考题 …………………………………………………… 339
参考文献 ……………………………………………………… 340

1　管理概论

> 在人类历史上,还很少有什么事情比管理的出现和发展更为迅猛,对人类具有更为重要的和更为激烈的影响。
>
> ——彼得·德鲁克

本章提要

什么是管理?不同的管理学家从不同的角度来看管理,得出的结论也是不一样的。本章从管理的不同定义出发,阐述了管理的基本问题:资源、人性假定和管理道德这三个基本问题,提出了管理的计划、组织、控制、领导和决策五项职能。

如何实施管理?万变不离其宗,管理也同样有其基本原理和方法。管理学的基本原理包括系统原理、人本原理、责任原理和效益原理。管理学的基本方法包括法律方法、行政方法、经济方法和教育方法。

谁来管理?管理的主体是管理者。管理者在管理的过程中充当着信息类、人际关系类和决策类三类、十大角色。同时,要提高管理的水平和效率,管理者必须具备管理的技能和基本的素质。

学习目标

(1) 重点掌握管理的定义、内涵和基本问题。

(2) 理解管理的基本原理、方法和职能。

(3) 掌握管理者角色、技能和基本素质。

(4) 了解管理的性质。

管理学小故事

七人分粥

有七个人曾经住在一起,每天分一大桶粥。要命的是,粥每天都不够分。

一开始,他们抓阄决定谁来分粥,每天轮一个。于是乎每周下来,他们只有一天是饱的,就是自己分粥的那一天。

后来他们推选出一个道德高尚的人出来分粥。强权就会产生腐败,大家开始挖空心思去讨好他,贿赂他,搞得整个小团体乌烟瘴气。

然后大家组成三人的分粥委员会及四人的评选委员会,互相攻击扯皮下来,粥吃到嘴里全是凉的。

最后想出来一个方法:轮流分粥,但分粥的人要等其他人都挑完后拿剩下的最后一碗。为了不让自己吃到最少的一碗,每个人都尽量分得平均,就算不均,也只能认了。大家快快乐乐,和和气气,日子越过越好。

同样是七个人,不同的分配制度,就会有不同的风气。所以一个单位如果有不好的工作风气,一定是机制问题,一定是没有完全公平、公正、公开,没有严格地奖勤罚懒。如何制订这样一个制度,这就是管理的问题。

1.1 管理的内涵

正如人们自己所感受到的那样,在人类的活动中,无时不存在管理,无处不需要管理。只要有两个人共同工作,比如抬木头时,就必须有一个人叫"一二三、扛上肩,一二三、齐步走",这就是管理,因为这里存在着协同,存在着为实现共同目标所需要的意志、力量的协调。由此可见,凡是在由两人以上组成的、需要通过协调达到一定目的的组织中就存在着管理工作。

1.1.1 管理的定义

既然管理很重要,那么到底什么是管理?给管理下过定义的管理学家很多,他们都是从不同的角度来看待管理。

1.1.1.1 科学管理的定义

费雷德里克·泰勒(F. W. Taylor,1856～1915)是美国古典管理学家,科学管理的创始人,被管理界誉为"科学管理之父"。在米德维尔工厂,他从一名学徒工开始,先后被提拔为车间管理员、技师、小组长、工长、设计室主任和总工程师。在这家工厂的经历使他了解了工人们普遍怠工的原因,他感到缺乏有效的管理手段是提高生产率的严重阻碍。为此,泰勒开始探索科学的管理方法和理论。他以"车床前的工人"作为研究对象,重点研究企业内部具体工作的效率。他在管理生涯中,不断在工厂实地进行试验,系统地研究和分析工人的操作方法所花费的时间,逐渐形成其管理体系——科学管理。

泰勒在他的主要著作《科学管理原理》中阐述了科学管理理论,认为"管理就是确切地知道你要别人干什么,并使他用最好的方法去干"。泰勒认为科学管理的根本目的是谋求最高劳动生产率,最高的工作效率是雇主和雇员达到共同富裕的基础。要达到最高的工作效率的重要手段是用科学化的、标准化的管理方法代替经验管理。泰勒的科学管理开创了古典管理理论的先河。

1.1.1.2 一般管理理论的定义

亨利·法约尔(H. Fayol,1841~1925),法国人,是直到 20 世纪上半叶为止,欧洲贡献给管理运动的最杰出的大师,被后人尊称为"管理理论之父"。与泰勒从工人出身相反,法约尔长期担任企业高级领导职务。他的研究是以企业整体作为研究对象,从"办公桌前的总经理"出发的。他认为,管理就是所有的人类组织(不论是家庭,还是企业或政府)都有的一种活动。这种活动由五项要素组成:计划、组织、指挥、协调和控制。

法约尔的"一般管理理论"是古典管理思想的重要代表,后来成为管理过程学派的理论基础,也是以后各种管理理论和管理实践的重要依据,对管理理论的发展和企业管理的历程均有着深刻的影响。其中某些原则甚至以"公理"的形式为人们所接受和使用。因此,继泰勒的"科学管理"之后,"一般管理理论"被誉为"管理史上的第二座丰碑"。

1.1.1.3 决策理论的定义

赫伯特·西蒙(Herbert A. Simon,1916~2001),美国管理学家和社会科学家。毕业于芝加哥大学,1943 年获得博士学位。曾先后在加利福尼亚大学、伊利诺伊工业大学和卡内基-梅隆大学任计算机科学及心理学教授,曾从事过计量学的研究。他还担任过企业界和官方的多种顾问。他倡导的决策理论,是以社会系统理论为基础,吸收古典管理理论、行为科学和计算机科学等的内容而发展起来的一门边缘学科。1958 年他获得了美国心理学会颁发的心理学领域的最高奖——心理学杰出贡献奖;1975 年他把心理学、计算机科学和决策理论结合起来,开创了人工智能研究之先河,获得计算机领域的最高荣誉奖——图灵奖;由于他在决策理论研究方面的突出贡献,他被授予 1978 年度诺贝尔经济学奖。

西蒙认为,管理即决策。决策程序就是全部的管理过程,组织则是由作为决策者的个人所组成的系统。全部决策过程是从确定组织的目标开始,随后寻找为达到该项目标可供选择的各种方案,比较并评估这些方案,进行选择并作出决定;然后执行选定的方案,进行检查和控制,以保证实现预定的目标。

1.1.1.4 现代管理理论的定义

彼得·德鲁克(Peter F. Drucker,1909~2005)对管理界有着卓越贡献及深远影响,被尊为"大师中的大师"。德鲁克以他建立于广泛实践基础之上的 30 余部著作,奠定了其现代管理学开创者的地位,被誉为"现代管理学之父"。

1946 年,德鲁克将心得写成《公司概念》,讲述了"拥有不同技能和知识的人在一个大型组织里怎样分工合作"。该书的重要贡献还在于:首次提出"组织"的概念,并且奠定了组织学的基础。

德鲁克对管理学的贡献还包括以下内容:

1954 年,出版《管理实践》,提出了一个具有划时代意义的概念——目标管理。从此将管理学开创成为一门学科,从而奠定了管理大师的地位。

1973 年,出版巨著《管理:任务·责任·实践》,这是一本给企业经营者的系统化管理手册、为学习管理学的学生提供的系统化教科书。这本书告诉管理人员付诸实践的是管理学而不是经济学,不是计量方法,也不是行为科学。该书被誉为管理学的"圣经"。

2002 年 6 月 20 日,美国总统乔治·W·布什宣布彼得·德鲁克成为当年"总统自由勋章"的获得者,这是美国公民所能获得的最高荣誉。

德鲁克认为:"管理就是界定企业的使命,并激励和组织人力资源去实现这个使命。界定使命是企业家的任务,而激励与组织人力资源是领导力的范畴,二者的结合就是管理。"这就是德鲁克对管理的定义。

1.1.1.5 本书的定义

综上所述,管理的内涵包括:①管理是在一个特定组织中发生的;②管理是有目的性的,可以是组织的目标;③达成组织的目标需要对有限的资源进行配置;④管理活动随着时间、空间和环境的变化需要不断创新,是一个动态创新的过程。

因此,根据上述内涵,管理可以定义为:管理是对组织的资源进行有效整合,以达成组织既定的目标与责任的动态创造性活动。

1.1.2 管理的性质

管理的主要目的是指导实践活动,而当代的管理活动异常复杂,作为管理者要充分认识和理解管理的性质。

1.1.2.1 科学性

管理是从客观实际出发,来研究人类社会中各种组织的管理活动及其规律性的学科,这些规律是客观存在的。管理所包含的知识都是对人们在前期的生产实践所获得的经验的总结,它是从人们的生产实践中产生并发展起来的学科,它的直接目的是为了有效地去指导实践。

管理的内容要受到政治、经济、科学、技术等各方面条件的限制,需要在实践中不断充实、完善、发展,有些内容还要进行修正。管理通过严格的方法来收集数据,并对数据进行分类和测量,建立一些假设,然后验证这些假设来探索未知的东西。

1.1.2.2 艺术性

管理是一种随机的创造性工作,它不像有些科学那样可以单纯通过数学计算去求得最佳答案,也不可能为管理者提供解决问题的具体模式。它只能使人们按照客观规律的要求,实施创造性管理,从这个意义上讲,我们说管理是一种艺术。

管理中还存在着许多未知的、活的、模糊的因素。所谓未知的、活的、模糊的因素即靠人的经验、感觉、魄力、权威等都无法度量甚至无法言传,被人们称之为"艺术"的部分,这部分也正是管理学应该开发的处女地。随着科学技术的发展和管理科学的发展,那些未知的、模糊的、活的领域会越来越少(但不会消失),但需要人们去从事管理艺术水平研究的要求却越来越高。

1.1.2.3 实践性

管理科学不同于理论科学,它是应用科学,源于实践而又高于实践。实践对管理学来说,具有更重要的意义。管理实践的多样性和复杂性对理论提出了更高的要求。任何理论无论多"高深",多"玄奥",都必须接受实践的检验,不能解决问题的管理理论是毫无价值的。

先进的、科学的企业管理理论永远是在实践中产生的,并且随着实践的发展而发展。在管理科学中,任何一个具体的认识都只是对管理世界的一个层次、一个方面、一个发展阶段的认识,而管理对象在时间和空间上是无限的。因此,深度上认识要不断深化,广度上认识要不断扩展,进程上认识要不断向前推移。

1.1.2.4 动态性

任何事物都在发展变化之中,管理也不例外,管理工作与其他事物一样,具有相同的规律,即静止是相对的、运动是绝对的。由于组织的正常运转,不但受自身条件和环境因素的影响,而且随着时间、地点的不同出现不同的情况,换句话说,组织的运动变化是受多因素的影响。

相应地,以组织的目标为最终目的的管理所碰到的问题,从来也不是单因素的,而是多因素的,总是由管理要素共同作用的。管理过程的实质,就是要在把握组织环境、管理主体、管理客体的运动、变化的情况下,注意调节实现组织的整体目标,在动态的情况下做好管理工作。

1.1.2.5 创新性

所谓创新,就是使组织的业务工作和管理工作都不断地革新、变化。创新不仅是业务领域上的产品、技术(工艺)的创新,也贯穿于现代管理的活动之中。比如,管理学者提出弹性预算法,通用汽车公司率先实行的事业部制结构,日本企业普遍实行的职务轮换法,20世纪六七十年代发展起来的参与管理、自主管理法等。

创新是组织活力之源泉,创新关系到组织的兴衰成败。管理者特别是高层管理者面临的环境及应对的对象是千变万化的,不可能有什么简单的、可适用于一切、能医治百病的管理处方,而且在某种意义上说,不可能有什么唯一正确的、最佳的答案和标准。管理没有固定的模式,一切要因人、因地、因时、因情制宜,是动态的、不断适应新形势的,既有一定的稳定性、共性,更显现及时适应外界变化的特色。对某个企业而言成功的经验,如照搬照抄到另一个企业,则不一定能取得成功的效果。因此,成功的企业案例必须具有创新性,符合时代和本企业的特点。

1.1.3 管理的基本问题

从管理的定义中,可以看到管理与组织分不开,而组织又是人们为了某一个目的,遵守共同的准则而形成的团体。人、组织与管理是不可分割的整体,也正因如此,管理的基本问题就是如何在变动的环境中激发人的潜力,将组织有限的资源进行有效配置,以达到组织既定的目标。因此,管理的基本问题就是资源配置、人性假设和管理道德这三个基本问题。

1.1.3.1 资源配置

案例 1-1 福特汽车公司(Ford Motor)的全球资源配置策略

福特汽车公司是国际领先的轿车和卡车制造商之一。目前福特汽车公司大约有60%的成本是用在采购原材料和零部件上。在福特汽车公司的全球资源配置中,它主要在加拿大、日本、墨西哥、德国、巴西和其他一些国家进行原材料和零部件的采购。福特汽车公司的全球范围的采购已经有很长的历史了,从20世纪70年代开始,它着重于评价全球范围内的供应商,以获得一流的质量、最低的成本和最先进的技术提供者。福特汽车公司致力于将这种策略扩展成为集成化的"福特2000"采购战略,它的目标是建立一个适于全球制造汽车的生产环境,零部件的设计、制造、采购都是在全球范围内进行,并且组装也是全球范围的。

福特汽车公司建立了一个"日报交货"系统应用于它的17个分厂。它反映各厂每天的生产原材料大致的需求量。尽管福特汽车公司不要求位于世界各地的供应商在美国开设仓库,能否从当地仓库实现JIT供货仍然是福特汽车公司评价、选择供应商的关键标准。这也是全球资源配置成功与效率的关键所在。

福特汽车公司与供应商保持紧密合作,并在适当的时候为供应商提供一定的技术培训,这与不同地区以及公司的不同需求有关。一般而言,发达地区的供应商需要的技术支持比不发达地区供应商需要的少。不少国外供应商都与福特汽车公司在工程、合作设计等方面保持着良好的合作关系,因此,对于很多关键部件,福特汽车公司都有当地供应商相关职员的有力技术支持。与全球供应商之间的技术交流难题也因此而得到缓和。福特汽车公司要求其供应商能在生产计划变化的时候作出迅速反应。对于大多数零部件的供应商而言,国际供应商就比国内供应商更缺乏柔性。福特汽车公司也尽量保证生产计划的稳定性,短期计划调整的频率也比以前更低。

——资料来源:马士华、林勇,《供应链管理》,北京:高等教育出版社,2003.

1) 资源的有限性

每个组织所拥有的资源尽管在数量、质量、种类上都不尽相同,但一定是有限的。组织资源的有限性表现在:人类社会赖以生存发展的自然资源是有限的,其中许多还是不可再生的,用一点就会少一点;组织赖以生存的人文社会资源也是有限的,如人类的知识文化积累是有限的,组织尚不可知的信息还十分多;人们从自然界摄取资源后创造的财富(其价值表现为货币)相对于人们的需求而言也是有限的。实际上,后两个方面的有限性根本上取决于自然资源的有限性,其次取决于人们现时的认知能力和创造能力的有限性。

资源的有限性与人类认知能力的有限性不仅对每个组织而言是正确的,而且实际上对整个人类社会而言也是正确的,也正因为如此才会有"可持续发展"的议题。人们认识到资源的有限性,实际上约束了人类的一些不切实际的欲望,也约束了人们的行为方式。

组织资源的有限性对组织目标的确定有很大的影响。组织目标确定后若要实现,必需有资源的支撑,如果组织可调动的资源不能支持组织目标的实现,那么组织目标也就不能实现。表面上看组织目标这次未能实现没关系,失败是成功之母,下次再来,然而现实中未必能如此,因为有些事情只有一次机会,如航天飞机的发射、抗洪救灾的组织等。组织目标的确定必须以组织的有限资源作为考虑的出发点,以组织可调动的资源为限。

2) 资源配置

资源配置是指对有限的上述不同类型的资源,根据组织目标和产出物内存结构要求,在量、质等方面进行不同的配比,并使之在产出过程中始终保持相应的比例从而使产出物成功产出。资源配置有两个重要的要求:一是要有达到与产出物结构需求一致的资源配置结构,如果做不到这一点,有限的资源中就会滞存、浪费;二是要对资源的市场价格变化作出反应,在配置过程中既保持所需结构,又进行适当调整。因为有些资源相互之间存在替代性,所以在保持产出物的品质条件下要使资源占用费用最小。实现资源配置这两个重要要求的过程就是资源配置的过程。管理就是这一过程中的一类活动。

组织内资源的配置主要依赖行政机制。所谓配置资源的行政机制主要是指利用科层制的行政官僚机构,通过命令、执行、检查、监督等手段来保证资源配置的有效性。组织外部的资源配置可以由市场完成,即由市场价格机制来配置资源。但组织内资源配置的行政机制与组织外资源配置的市场价格机制相比,有其独特的优点:权威的存在保证了政令的畅通;严格的等级式科层结构保证了组织目标的层级式分解,使分工协作有效;上下信息沟通方便,便于监督;由于监督方便,可以减少偷懒行为,使资源配置更有效;可以将资源集中起来使用,提高效率。

事实上,以上优点的存在促使组织本身的产生与发展。但并不是只要成立一个组织,这个组织在对其资源配置时就一定会有如此的优点。这些优点的存在,既与组织具体构造有关,也与组织运行规则设立有关,更与组织中运用行政机制配置资源的管理者有关。

1.1.3.2 人性假定

在经济学的教科书里,人被抽象为劳动力,并被作为与资本、土地地位同等的生产要素,毫无活力可言。在组织中,人力资源是所有资源中最重要的资源,人具有管理的出发者和管理的接受者这样一个双重身份,管理与人有极为密切的关系。作为一个具体的人,他的思想、心理、行为受到当时社会环境的制约与影响,但人具有在当时条件下的创造性。判断组织中人的价值,并由此决定对人怎么管理,对如何进行有效的资源配置十分重要。实际上,在管理中对人性的不同假定,形成了不同的管理出发点、管理方式和手段,也形成了不同的组织资源配置模式。

案例 1-2 人性与责任

X 公司是国内一家知名的上市公司,公司董事长兼总经理 A 从工人干起,一步步地成为了当家人。多年来,在他的带领下,公司一直保持着高速发展,并于1997 年底成功上市。

在 A 总的引领下,公司的文化不乏一些闪光的亮点。

重视人才——从 1994 年开始,公司每年都招收大量的高学历新员工,给予较高的工资、福利待遇,很快聚集了大量名校的毕业生,极大地提高了公司的产品技术含量和质量。公司造成了一种尊重人才的氛围。

唯才是举——每年年底,中层干部开始一年一度的干部竞争上岗,干部岗位完全开放。竞岗者必须要提交书面"竞争上岗报告",通过后,还要经过答辩。每一年都有干部落马,都有新人、能人上岗。公司内部产生了一种紧迫感和危机感。

但是,A 总个人价值观上的一些致命缺陷,也导致了公司内部不良文化的滋生和蔓延,使得 X 公司在一种畸形的氛围中走入了歧途。

(1) 缺乏人情味

A 总比较独断专权。在公司内部,严厉打击异己以及不太驯服的员工和干部。不论你以前有多大贡献,一旦冒犯"天威",你是一定要下来的。曾经有一位技术部的经理,只因说了句不太恰当的闲话,就被处罚,写悔过书,三十七八岁的男子汉,在保卫处,痛哭流涕地检讨自己"我罪该万死……"。即使这样,部门经理还是被撤掉了,并且以后永远不得翻身。

(2)等级制度森严,压抑了人的主动性和创造力

A总搞一言堂,上行下效。公司内小报告盛行。公司有不成文的规定,不允许与已辞职人员来往。有一位同志,与从X公司辞职的朋友一起到海边游泳,被人看到,报告了A总,该同志的工资被降了下来,几年里,一直不给他涨工资。X公司的工资水平在他们所在的城市是第一位的,没人愿意丢掉饭碗。所以,大家说话办事都极其小心。一谈到什么敏感话题,一些年长的员工就神秘兮兮地说"莫谈国事,莫谈国事……"。于是,大家都很知趣地闭上嘴巴。

(3)过度追究责任、矫枉过正,导致扯皮推诿

这一点在生产部门、技术部门、质检部门体现得尤为突出。公司的质量标准是这样的:技术部门出检验方法、标准,生产部门按设计生产,质检部门照技术部的标准检验。一般来讲,一旦产品出问题,先找质检部门,质检部门说,"我们检验的时候没问题,这是质量不稳定,应该找技术部门",或者说,"我们是按标准检验,是不是技术部的标准有问题?"技术部更聪明,把检验标准提高、再提高,一直到完美无缺的地步。生产部门做不出那么高水平的产品,但质检部门按照完美无缺的标准检验,于是产品就开始在车间里积压,生产线中止,但三个部门各不相让。时间耽搁长了,销售部开始着急——因为延迟交货是要罚款和丢失客户的。

——资料来源:青岛理工大学精品课程"管理学原理",http://jx.qtech.edu.cn

1)受雇人

资本主义赋予了每个人人身自由,对工人来说,这种自由便是出卖自己劳动力的自由。资本家花钱在劳动力市场上雇用劳动者(购买劳动力),是看中劳动者在与生产资料结合的劳动中会创造出大于其本身价格的价值,以供资本家享用。因此,在资本主义初期的企业里,工人不过是一个受雇用的人,不过是一个会说话的工具。为了尽可能多地攫取剩余价值,资本家们采用残酷的手段来管束工人,增加劳动强度,不改善工作环境,延长劳动时间,尽量少给工资,实施严厉的惩罚手段。

在当时的企业老板或管理者的眼里,这些受雇工人全是些好吃懒做、游手好闲、好逸恶劳、推一推动一动、没有一点责任心的恶习人,如果这些人受雇于企业而不加以严格管理,不给予处罚,不多加看管,就会不听使唤,就会偷懒,就会破坏,甚至还会闹事。因此,当时企业里所制定的许多管理条文和管理措施,今天看来都是十分不人道和不可思议的。这样一种对受雇人的看法和对其管理的方式,被后来的管理学家总结为"X理论"。

2）经济人

随着现代化大生产的发展,科学管理学说在 19 世纪末和 20 世纪初风行企业界。企业界开始接受科学管理学说中关于工人是"经济人"的假设,开始意识到工人生产积极性对生产效率的重要影响。"经济人"假设的提出是对被管理者认识的深化,在这一假设被接受的前提下,带动了管理方面的一场革新。

泰勒认为,企业家的目的是获取最大限度的利润,而工人的目的是获取最大的工资收入。假如在能够判定工人工作效率比往常提高多少的前提下,给予工人一定量的工资激励,会引导工人努力工作,服从指挥,接受管理。结果是工人得到实惠即工资增加,而企业主们则增加了收入,也方便了管理。

在"经济人"的假设下,企业管理变成了制定一个比较先进的工作标准,而这可以通过时间动作分析加以确认;选拔符合要求的工人并适当加以培训使之有可能达到工作标准,然后发展一套奖励措施,即经济手段来调动工人们的工作积极性,使其服从指挥,从而提高生产效率。显然,这一基本管理方式比传统的"受雇人"模式下残酷地将工人当作"会说话的工具"来严加管束的管理方式要先进且更符合人的特性。

事实上,在劳动仍被作为谋生的手段时,在收入水平不高而且对丰富的物质产品世界充满欲望时,人的行为背后确有经济动机在起作用。因此,"经济人"假设利用人的这一经济动机,来引导和管理人们的行为,应该是一大创新。它开创了对人的管理从其内存动机出发而不是一味压迫、规制的方式。

3）社会人

20 世纪 30 年代的"霍桑实验"纠正了企业家们对员工们"不过是一个经济动物"的偏见,证实了工资、作业条件、生产效率之间没有直接的相关关系,认为企业的员工不单纯是个经济人,而是一个社会存在物,是"社会人",并由此推出了一系列针对社会人的管理方式方法,引发了对人管理的新革命。

按照"社会人"的假设,在社会上活动的职工不是各自孤立地存在,而是作为某一集体或组织的一员的"社会人",是社会的存在。"社会人"不仅要求在社会上寻求较好的收入以便改善经济条件、谋求较好的生活水准,而且作为人,他们还有七情六欲,还需要得到友谊、安定和归属感,还需要得到尊重。这种社会人,是作为集体或组织的一员而行动的,他的行动背后以社会需要为动机。

"社会人"假设及其管理方案的提出是企业对人的价值的重新评估,从"经济人"到"社会人",使对人的看法更接近人的本来面目。与此相应的管理方案已不再把人单纯地看作一个被动的接受管理者、一个经济动物,而是从人的社会需要各方面出发对人的行为加以引导,这种引导更多地从协作的目的出发,这比科学管理的"经济人"方案进了一大步。然而,这种方案的功利性目标依然很强,方案的出发点依然是管理主体的企业家或管理者,换句话说,方案本身只是为企业主、管理者们设计的,被管理者的角色依然是既定的。

4) 管理人

诺贝尔经济学奖得主西蒙教授认为,任何作业在开始之前都要先进行决策。决策合理与否在很大程度上决定作业的结果,决策绝不是企业高层管理人员的专利。事实上,不仅最高管理阶层要进行决策,企业中所有阶层包括作业人员都要进行决策,它贯穿在整个组织中。企业人员的阶层不同,实质上只是各自决策的领域不同而已。最高层管理人员决定企业经营目标和总方针;中层管理人员贯彻执行最高管理人员决定的总目标和总方针,在本部门中决定自己的目标和计划,且传达给下级;下层监督人员就日常生产计划和作业分配作出决策;具体作业人员要对什么样的劳动对象选择什么样的方法等进行决策。

既然企业中的所有员工都在作决策,则他们都应当是管理的出发者,是"管理人"。"管理人"的假设为管理思路、理论和方法打开了新的天地。"管理人"的假设建立在每个人都有的成就感上。当每个人都能够在自己行事的范围内自主工作、创造成就时,这本身就是一种巨大的激励,使其获得一种自己创造力得以发挥的满足。为此,传统的集权于上级领导,下级人员没有自主权,只得服从指挥的管理方式,仔细看来已经束缚了下级人员在工作中创造性的发挥,而人真正的价值恰恰在于他的创造力。

基于"管理人"假设的管理思路和管理方式要求恰当地分权,让每个人在他所接受的授权范围内独立自主和创造性地工作、决策,发挥每个人的最大潜能,并从中塑造人本身。

5) 自我实现的人

"自我实现的人"假设是最新的对人的价值的一种看法,与"管理人"的假设稍有差别。这一假设很大程度上依赖于心理学家马斯洛的"需要层次论"。"需要层次论"认为,人的行为动机首先来自基本的需要,如果基本需要得到满足,又会激发更高一层即第二层次的需要。第一层次的需要通过工资、福利设施等经济和物质的诱因得到满足。第二层次的需要包括友谊、协作劳动、人与人的关系、爱情等社会需要。这些需要若得到满足,就会产生第三层次的需要,如希望被人尊敬、得到晋级提拔等自我需要,最后才产生自我实现的需要,即在工作上能最大限度地发挥自己所具有的潜在能力的需要。因此,自我实现的人是其他所有需要都基本得到满足而只追求自我实现需要的人。在当代经济条件下,在人们生活质量普遍提高的情况下,的确有一大批人开始追求自我价值的实现。

既然现代企业中的员工可以被假定为是追求自我实现需求的人,那么现代企业在对员工的管理方面就必须设计全新的组织体系,创设全新的机制,给予良好的环境,允许这些员工在企业工作中获得成就,发挥自己的潜力,实现自己的价值。有人可能要问,要实行这么大的变革,企业成本会不会很大,是不是合算? 实际上,心理学、行为学早已证明,当人们在做他们自己十分感兴趣的事时,那种投入和效率才是真正一流的。然而,企业毕竟是一个投入产出的有机整体,在企业既定目标下,企业员工的自我实现并不是海阔天空、漫无边际,而是有一定的约束。

对自我实现的人的管理如果依然采取严格的命令约束,不给他任何自由驰骋的空间,那么这种人就会不满,情绪就会低落,就会跳槽到他认为可以发挥其才能的地方。因此在这方面,现代企业的聪明管理者通过适当分权,给予这些员工一个想象的空间、一个领域,而其基本约束仅仅为目标,你采用什么方式达到这个目标则任你去创造、去选择。

1.1.3.3 管理道德

管理道德是表明一个组织在管理过程中遵循的基本价值和希望其成员遵守的行为准则与规范是否符合道德的要求。管理道德作为一种特殊的职业道德,是从事管理工作的管理者的行为准则与规范的总和,是特殊的职业道德规范,是对管理者提出的道德要求,对管理者自身而言,可以说是管理者的立身之本、行为之基、发展之源;对企业而言,是对企业进行管理价值导向,是企业健康持续发展所需的一种重要资源,是企业提高经济效益、提升综合竞争力的源泉,可以说管理道德是管理者与企业的精神财富。

案例 1-3 南京冠生园的垮台

南京冠生园是我国食品行业的名牌企业,2001 年 8 月,这家企业因为将隔年霉变的月饼加工成新月饼销售,在被新闻媒体曝光后被市场视为过街老鼠,人人喊打,并因此导致企业的垮台。

——资料来源:王文波,http://www.chinapostnews.com.cn/347/bmlf02.htm

案例 1-4 荣事达的自律宣言

零缺陷管理和倡导相互尊重、互相平等、互惠互利、共同发展、诚信至上、文明经营、以义生利、以德兴企的"和商"理念,是荣事达十几年经营成果的结晶,现已成为全体员工的群体意识。

(1) 以和为贵的"和商理念"

1997 年 5 月,荣事达集团在国内一些大报上以整版广告的形式推出了《荣事达企业竞争自律宣言》,据称这是中国第一部"自律宣言"。

在荣事达的企业文化中,"和商"是整个企业管理的精神基石。他们将此概括为四句话:"相互尊重,互相平等;互惠互利,共同发展;诚信至上,文明经营;以义生利,以德兴企。"荣事达副总经理李洪峰说,"和商"是中国商人生意经的精髓,是所谓"和气生财"、"买卖不成仁义在"、"义利并重以义生利",一个"和"字,浸透了中国商业文化的原汁原味。

荣事达在企业发展的早期,先借的是"百花"牌子,后来又借上海的"水仙"牌子,于是有了"上海水仙"和"合肥水仙"两种称谓。那时候洗衣机属卖方市场,各地的营销商都来找陈荣珍要洗衣机,陈荣珍说:"我没有像销路不错的厂子那样摆起架子拒人于千里之外,我有一个原则,即使无法多给,也要少给,不能给人家吃闭门羹。"这样与许多商家建立了融洽的关系。几年之后,"合肥水仙"卖得好过"上海水仙",居然许多华东地区的顾客也提出要"合肥产的"。陈荣珍决定不再借牌,而要自己创牌。他说:"我当时的信心除了对自己企业的自信,更多的是来自多年友好往来的营销商们的鼓舞,他们听说我要创牌子,纷纷表示大力支持。"荣事达洗衣机出来后,果然被商家们放在好位置进行推销,新牌子一下子叫响市场。

(2) 同行交恶引发"自律宣言"

海尔与新飞的"上海滩大战"是较为典型的恶性竞争事件。据上海媒体报道,某年 3 月海尔销售人员发放印刷品,声称新飞冰箱原材料就地购买,暗示其生产技术不过关,售后服务跟不上,产品积压 30 万台云云,在上海市场的许多大商场里公开散发,新飞对此提出抗议。海尔的答复是,"海尔散发的歪曲事实的宣传单页"纯属招聘工作人员的个人行为,公司不能代其受过。两家交恶,欲对簿公堂。

1999 年 6 月,在济南市人民商场,某家电企业的员工曾和"小鸭"公司员工发生过殴打事件,而在南京,也发生过类似事件。许多恶性竞争事件的主角都是如雷贯耳的国产名牌。

当前最让企业感到痛苦的就是由卖方市场转向买方市场之后爆发的恶性竞争。

自荣事达自律宣言之后,"自律"开始成为商家的"口头禅"。2000 年 7 月,中国 VCD 行业刚刚经过遍体鳞伤的价格大战,各企业坐在一起的第一件事就是商量搞出一个"自律宣言"。

——资料来源:管理人网,http://www.manaren.com/data/1090914457/

1) 管理道德失衡的表现

在市场经济体制转轨过程中,激烈的市场竞争使得一些单纯以经济利益为导向的企业唯利是图。因此,在企业经营管理活动中,经常出现应该遵守的道德规范与实际上不讲道德经营的高度分裂,由此产生了企业管理的道德失衡。

企业与顾客的关系方面表现在欺骗性的广告宣传,在营销和推广上夸大其词,生产不安全或有损健康的产品。有些经营者明知产品含有危害人体健康的成分,但故意向消费者隐瞒真相,而大力宣传其对消费者有利的方面,或信口开河、擅自夸大产品的功效。如震惊全国的"三鹿奶粉事件",人为地向牛奶中添加对人体有害的三聚氰胺,不仅造成了婴幼儿身体的伤害,而且造成了消费者对于国产奶制品信誉的丧失,导致整个行业的巨大损失。

企业与员工的关系方面表现在有些企业盲目追求利润,不顾员工的生存和工作环境,侵犯员工的健康权利;有些企业在招聘、晋升和报酬上采取性别、种族歧视,侵犯隐私;有些企业对员工的工作评价不公正、克扣薪水等。

企业与政府的关系方面表现在财务欺诈、偷税漏费、官商勾结、权力腐败、商业贿赂、地方保护主义、国有企业改革中的"内部人"控制现象等。

企业与自然环境的关系方面表现在企业为追求高利润,对治理污染采取消极态度。对排放"三废"等造成的污染不实施治理而是继续偷偷地排出。特别是一些化工、印染、造纸等工厂规模小,对废水缺乏必要的处理,严重污染环境。

2) 管理道德的特点

(1) 管理道德具有普遍性。管理道德是人们在参与管理活动中依据一定社会的道德原则和基本规范为指导而提升、概括出来的管理行为的规范,它适用于各个领域的管理。无论是行政管理、经济管理、企业管理、文化管理,还是单位、部门、家庭和邻里的人际关系管理,都应当遵守管理道德的原则和要求。

(2) 管理道德具有特殊的非强制性。人类最初的管理,属于公权的、人人都可以平等参加的管理,没有强制性。与之相应,调整管理行为的规范,即管理道德也没有强制性。人类社会进入阶级社会以后,管理被打上阶级的烙印,具有阶级的性质和内容。它依靠国家或组织的权力实行管理活动,具有强制的性质。但是,与此相适应的管理道德并没有改变其非强制的性质。不过,管理道德在内容上侧重于调整和约束组织管理者的管理行为,在社会作用上则侧重于依靠被管理者的舆论影响管理者的行为,从而调整管理者与被管理者之间的关系,使其具有特殊性。

(3) 管理道德具有变动性。人类的管理活动是随着人类的社会实践的发展而不断变化的,作为调整管理行为和管理关系的管理道德规范,也必然随着管理的变化和发展而不断改变自己的内容和形式。原始社会的公共事务管理性质单纯、形式单一、内容简单、发展极其缓慢,与之相应的管理道德的内容也简单、规范也少、发展也缓慢。到了近代,随着管理内容的复杂化、管理方式的制度化和管理目标的多样化,与此相应的管理道德的内容也随之增加和丰富,形式也多样化。特别是当代科学管理的迅速发展,进一步推动了管理道德的变化和发展。

(4) 管理道德具有社会教化性。道德教化是一个古老的概念,重视教化是中

国传统文化的一个优良传统。中国古代的思想家大都重视德治,所以都强调道德
教化的作用。孔子主张用"仁爱"的道德原则教化人,认为人只要做到"仁",就能自
爱,就能"爱人",对人宽容、忠恕。孟子发展了孔子的仁爱思想,提出"亲亲而仁民,
仁民而爱物"的思想,认为"仁"就是"爱之理,心之德"。此外,儒家还把公正、廉
洁、重行、修养、举贤仕能等,都看作"仁爱"教化的结果,要求管理者都应具备这些
道德品质。

3) 管理道德的内容

(1) 组织管理目标的道德。任何管理都是组织的管理。但是,组织管理者的
思想道德水平如何,直接关系到管理水平的高低和管理目标的实现。因为组织者
在制定管理目标时,不仅要考虑到管理目标的可行性,而且要考虑到管理目标的道
德性,才能使管理目标成为有效的目标。组织管理者为了使其管理目标可行,或多
或少地都要考虑它的目标的道德性。

(2) 实现组织管理目标的手段的道德。手段是为实现一定目的或目标而采取
的一定的途径、办法和策略的总和。任何组织管理目标的实现,都要通过一定的手
段。至于采取什么样的手段,达到什么样的效果,则取决于组织管理者对手段的选
择。而所选择的手段是否正当,即手段是否道德,会直接影响管理目标的实现。

(3) 人际关系管理的道德。人际关系管理是社会管理的重要内容。一定社会
的人际关系管理,除受社会性质决定之外,还受血缘、地缘、业缘等因素的影响,从
而造成这种管理的复杂性和管理层次的多样性。

(4) 人事管理的道德。任何的组织管理,都是通过人来执行其管理职能,通过
人的活动来实施的。因此,如何管理好人、如何用人,不仅要考虑人的知识、经验和
能力,而且要考虑人的思想道德素质。

(5) 财物管理的道德。物资钱财是实现组织管理目标的物质基础。没有物资
钱财的组织根本不可能进行管理。但是,有了物资钱财的组织,也不一定能实现有
效的管理目标,因为物资钱财总是要交给组织机构的人员去掌握和运用。这时,财
物管理人员的道德素质的高低与财物的道德风险就会成正比。因此,如何规范财
物管理人员的行为,加强财物管理方面的道德建设和道德教育,也是管理道德的一
项非常重要的内容。

1.1.4 管理的职能

管理是人们进行的一项实践活动,是人们的一项实际工作、一种行动。人们发
现在不同的管理者的管理工作中,管理者往往采用程序具有某些类似、内容具有某
些共性的管理行为,比如计划、组织、控制等,人们对这些管理行为加以系统性归
纳,逐渐形成了"管理职能"这一被普遍认同的概念。

所谓管理职能,是管理过程中各项行为的内容的概括,是人们对管理工作应有的一般过程和基本内容所作的理论概括。

1.1.4.1 管理职能的演变

管理职能一般是根据管理过程的内在逻辑,划分为几个相对独立的部分。划分管理的职能,并不意味着这些管理职能是互不相关、截然不同的。划分管理职能,其意义在于管理职能把管理过程划分为几个相对独立的部分,在理论研究上能更清楚地描述管理活动的整个过程,有助于实际的管理工作以及管理教学工作。划分管理职能,管理者在实践中有助于实现管理活动的专业化,使管理人员更容易从事管理工作。在管理领域中实现专业化,如同在生产中实现专业化一样,能大大提高效率。同时,管理者可以运用职能观点去建立或改革组织机构,根据管理职能规定出组织内部的职责和权力以及它们的内部结构,从而也就可以确定管理人员的人数、素质、学历、知识结构等。

确定管理职能对任何组织而言都是极其重要的,但作为合理组织活动的一般职能,究竟应该包括哪些管理职能? 管理学者至今仍众说不一。

最早系统提出管理职能的是法国的法约尔。他提出管理的职能包括计划、组织、指挥、协调、控制五个职能,其中计划职能为他所重点强调。他认为,组织一个企业,就是为企业的经营提供所有必要的原料、设备、资本、人员。指挥的任务要分配给企业的各种不同的领导人,每个领导人都承担各自的单位的任务和职能。协调就是指企业的一切工作都要和谐地配合,以便于企业经营的顺利进行,并且有利于企业取得成功。控制就是要证实是否各项工作都与已定计划相符合,是否与下达的指示及已定原则相符合。

在法约尔之后,许多学者根据社会环境的新变化,对管理的职能进行了进一步的探究,有了许多新的认识。但当代管理学家们对管理职能的划分,大体上没有超出法约尔的范围。

卢瑟·古利克、林德尔·厄威克在 1937 年出版《管理科学论文集》中,就管理职能的划分,提出了著名的"管理七职能"。他们认为,管理的职能是计划、组织、人事、指挥、协调、报告、预算。

哈罗德·孔茨和西里尔·奥唐奈里奇把管理的职能划分为:计划、组织、人事、领导和控制。人事职能的包含意味着管理者应当重视利用人才,注重人才的发展以及协调人们的活动,这说明当时管理学家已经注意到了人的管理在管理行为中的重要性。

20 世纪 60 年代以来,随着系统论、控制论和信息论的产生以及现代技术手段的发展,管理决策学派的形成,使得决策问题在管理中的作用日益突出。西蒙等人在解释管理职能时,突出了决策职能。他认为组织活动的中心就是决策。制定计划、选择计划方案需要决策,设计组织结构、人事管理等也需要决策,选择控制手段更需要决策。他认为,决策贯穿于管理过程的各个方面,管理的核心是决策。

管理职能的变化和社会环境的变化有密切的关系。在法约尔时期,企业的外部环境变化不大,市场竞争并不激烈,管理者的主要工作是做好计划、组织和领导工人把产品生产出来就万事大吉了。在行为科学出现之前,人们往往对管理的活动侧重于对技术因素及物的因素的管理,管理工作中强调实行严密的计划、指挥和控制。但自霍桑实验之后,一些学者在划分管理职能时,对有关人的因素的管理开始重视起来,人事、信息沟通、激励职能开始被提出。这些职能的提出,体现了对管理职能的划分开始侧重于对人的行为的激励,人事管理被提到比较重要的地位上来。

20世纪50年代以后,特别是60年代以来,由于现代科学技术的发展和诸多新兴学科的出现,管理学家又在管理职能中加进了创新和决策职能。决策理论学派的代表人物西蒙提出了决策职能,决策职能从计划职能中分化出来。他认为决策贯彻于管理的全过程,管理的核心是决策。管理的决策职能不仅各个层次的管理者都有,并且分布在各项管理活动中。我们可以预见,随着科学技术的不断发展和社会生产力水平的提高,管理职能的内容和重点也会有新的变化。

1.1.4.2　管理的具体职能

实际上,管理的行为主体是组织,而组织是运动变化的,当组织要素如组织环境、管理主体和管理客体三者发生变化时,管理行为和职能应随之发生变化。在一般的管理中,组织目的通常不会发生太大的变化,一般以组织所有者的利益作为组织目的。但组织环境、管理主体、管理客体却因组织自身条件和外部条件的不同而具有很大的差异性,工厂管理与商店管理,大型跨国公司的管理与小作坊的管理,高素质人才的管理和简单劳动工人的管理等,显然都具有很大的差异性,因而体现在管理方式和手段上也就有着很大的不同,这就要求对于不同的组织环境、管理主体和管理客体,在管理手段和方式上也有所不同,管理的职能也有所不同。

管理的过程就是基于信息的决策过程。本书认为,管理可分为五大职能,即计划、组织、领导、控制和决策。

1)计划

计划是管理的首要职能,它对未来事件作出预测,以制订出行动方案。计划工作是为事物未来的发展规定方向和进程,重点要解决好两个基本问题:一是目标的确定问题。如果目标选择不对,计划再周密具体也枉费心机,这是计划的关键。二是进程的时序,即先做什么,后做什么,可以同时做什么,均不能错位,这是计划的准则。

在管理科学中,研究的是计划的动态过程,也就是说,要研究计划是如何产生的这一过程,从而探索制订计划的一系列科学程序和方法,为管理提供科学的计划决策。管理的计划职能就是要选择组织的整体目标和各部门的目标,决定实现这种目标的行动方案,从而为管理活动提供基本依据。

2) 组织

组织是指完成计划所需的组织结构、规章制度、人财物的配备等。它有两个基本要求:一是按目标要求设置机构、明确岗位、配备人员、规定权限、赋予职责,并建立一个统一的组织系统;二是按实现目标的计划和进程,合理地组织人力、物力和财力,并保证它们在数量和质量上相互匹配,以取得最佳的经济和社会效益。

3) 领导

领导指对所属对象的行为进行发令、调度和检查。指挥职能就是运用组织权限,发挥领导的权威作用,按计划目标的要求,把所有的管理对象集合起来,形成一个高效的指挥系统,保证人财物在时间和空间上的相互衔接。

4) 控制

控制是指使组织内部的每一部分或每一成员的个别行动都能服从于整个集体目标,是管理过程中带有综合性、整体性的一种职能。它的功能是保证各项活动不发生矛盾、重叠和冲突,以建立默契的配合关系,保持整体平衡。与指挥不同,协调不仅可以通过命令,也可以通过调整人际关系、疏通环节、形成共识等途径来实现平衡。

控制是促使组织的活动按照计划规定的要求展开的过程。控制职能是按照既定的目标、计划和标准,对组织活动各方面的实际情况进行检查和考察,发现差距,分析原因,采取措施,予以纠正,使工作能按原计划进行。或根据客观情况的变化,对计划作适当的调整,使其更符合于实际。

5) 决策

决策是指决策者为了解决组织面临的问题,实现组织目标,在充分搜集并详细分析相关信息的基础上,提出解决问题和实现目标的各种可行性方案,依据评定准则和标准,选定方案并加以实施的过程。简单地说,即:行动之前作出如何行动的决定。

管理的上述职能是相互关联、不可分割的一个整体。通过计划职能,明确组织的目标与方向;通过组织职能,建立实现目标的手段;通过领导职能,把个人的工作与所要达到的集体目标协调一致;通过控制职能,检查计划的实施情况,保证计划的实现;通过决策职能,推进组织目标的实现。管理的这几个职能的综合运用,归根结底是为了实现组织的目标。

1.2 管理的基本原理与方法

管理学作为一门实践性很强的科学,同样具有基本原理和基本方法。

1.2.1 管理的基本原理

原理是指某种客观事物的实质及其运动的基本规律。管理原理是对管理工作的实质内容进行科学分析总结而形成的基本真理,它是管理现象的抽象,是对各项管理制度和管理方法的高度综合与概括。管理原理一般包括系统原理、人本原理、责任原理和效益原理。

案例 1-5　以人为本、争第一、零起点

广西玉柴机器集团公司,是国内最大的内燃机制造基地。它的前身是广西玉林柴油机厂,1984 年,2 000 人的工厂,1 000 台柴油机的产量,年利税 96 万元,是当时玉柴的"历史最高水平"。当时玉柴在国内同行中排名第 173 位。

1985 年,玉柴出炉了玉柴人称之为"灵魂"的玉柴精神:"顽强进取、刻意求实、竭诚服务、致力文明。"年实现了 3 010 台的生产计划,完成了玉柴历史上的一次大跳跃。

当年年底,玉柴"跳"过了"在国内拿第一"的目标,直接提出要"跻身国际内燃机强手之林"。伴随着目标追求,诞生了危机哲学:零起点! 后来 1994 年公司在纽约上市,美国的投资银行、律师事务所在撰写募股说明书时,问及玉柴的管理哲学,董事长王建明回答了 9 个字:"人为本、争第一、零起点"。

1985 年玉柴突破 3 000 台大关时,告诫自己"零起点";10 年后,玉柴在中国内燃机行业的主要经济技术指标排名终于跃居第一位时,仍然提"零起点";进入 21 世纪后,2002 年玉柴已经月生产 2 万台发动机,但还是告诫自己"零起点"。当视质量为生命的玉柴实现了柴油机可靠性运行目标达到 3 万公里不出故障时,是"零起点";达到 10 万公里不出故障时,是"零起点";达到国际标准 30 万公里不出故障时,还是"零起点",玉柴称之为"三级跳"。于是,2002 年玉柴正式提出:5 年内,玉柴要打入国际前 4 强,闯进半决赛! 要想争第一,就永远是"零起点"!

永远零起点的玉柴需要不寻常的人才发挥。玉柴的育人方针是:为每一个岗位的发展创造机会,为每一个层级的攀登创造条件。玉柴的用人方针是:尊重、爱护、发挥、发展。

尊重员工的主体利益,玉柴的人本思想体现为:人本方针侧重的是育人、用人;

人本保障侧重的是对责任的公正分配。具体落实在：

干部"十字"要求：民主、开朗、顽强、竭诚、约束。

干部"六项基本功"：①要对职工说清楚要求——目标机制；②要使绝大多数职工愿意达到要求——民主机制；③要使每一个岗位的职工懂得如何达到要求——教育机制；④使每一个岗位的职工能够达到要求——投入机制；⑤使每一个岗位的职工必须达到要求——责任分配机制；⑥集思广益、反复检讨、周而复始、完善要求——反馈机制。

——资料来源：问玉柴，企业文化怎样落地，中外管理，2005-8-29

1.2.1.1 系统原理

任何社会组织都是由人、物、信息组成的系统，任何管理都是对系统的管理、没有系统，也就没有管理。系统原理不仅为认识管理的本质和方法提供了新的视角，而且它所提供的观点和方法广泛渗透到人本原理、责任原理和效益原理之中，从某种程度上说，在管理原理的有机体系中起着统帅的作用。

1）系统原理的基本特征

系统原理的基本特征包括集合性、层次性和相关性。

一个系统至少由两个或两个以上的子系统构成。构成系统的子系统称为要素，即系统是由各个要素结合而成的，这就是系统的集合性。

层次性是指系统的结构是有层次的，构成一个系统的各个子系统分别处于不同的地位。系统与子系统是相对而言的，而层次是客观存在的。

相关性是指系统内各要素之间相互依存、相互制约的关系，就是系统的相关性。它一方面表现为子系统同系统之间的关系。系统的存在和发展，是子系统存在和发展的基础和前提，因而各子系统本身的发展，就要受到系统的制约。另一方面，表现为系统内部子系统或者要素之间关系的状态，对子系统和整个系统的发展，都可能产生截然不同的结果。

2）系统原理的要点

系统原理包括整体性、动态性、开放性、适应性和综合性原理。

整体性原理指系统要素之间相互关系及要素与系统之间的关系以整体为主进行协调，局部服从整体，使整体效果为最优。

动态性原理是指系统的稳定状态是相对的，运动状态则是绝对的。

开放性原理是指封闭系统因受热力学第二定律作用，其熵值将逐渐增大，活力逐步减少。

适应性原理是指系统不是孤立存在的，它要与周围事物发生各种联系。系统对环境的适应并不都是被动的，也有能动的，那就是改善环境。环境可以施加作用和影响于系统,系统也可施加作用和影响于环境。

综合性原理就是把系统的各部分、各方面和各种因素联系起来,考察其中的共同性和规律性。

1.2.1.2 人本原理

人是社会发展的决定性因素,一切科学技术进步,所有物质财富的创造,以及社会生产力的发展和社会经济系统的运行,都离不开人的劳动、人的服务以及人的管理。人本原理就是以人为中心的管理思想,它体现了现代社会对人的认识和对人性的深刻理解,是管理理论发展到今天的主要特点。人本原理所包含的管理思想主要体现在以下几个方面:

1) 员工是企业的主体

真正把员工视为企业主体,体现人在劳动生产中的重要作用,是管理实践和理论逐步发展的结果。随着马斯洛的需求层次理论的出现,对人性的认识更进一步,人的社会属性决定了人的社会需要,社会需要是多方面的,因而导致人的行为的动机也是复杂的。同时,在个人需要及自我价值上也充满判断和取舍,经济动机在这里只是基本因素之一。在这种认识指导下,管理者必须从多方面去激励员工,引导他们的行为,使其符合企业的要求。相对于早期的人性观点,这种认识有了巨大的进步,但其基本出发点仍然是把员工作为管理客体。20 世纪 70 年代,随着日本经济的崛起,人们通过对日本成功企业的经济剖析,进一步认识到员工在企业中的作用,逐渐形成了"以人为中心"的管理思想。

人本原理的实质就在于充分肯定人在管理中的主体作用,通过研究人的需要、动机和行为,并由此激发人的积极性、主动性和创造性,实现管理的高效益。按照人本原理,人是做好整个管理工作的根本因素,一切管理制度和方法都是由人建立的,一切管理活动都是由人来进行的,最大限度地发掘和调动人的潜力是提高管理效益的关键。因此,贯彻人本原理就必须把人看成是企业管理的主体,掌握行为科学理论,正确地认识人、科学地研究人、准确识别人的主导需要和主导动机,发现未满足需要作为激励的起点。

2) 有效管理的关键是员工参与

实现有效管理,一是通过高度集权,凭借严格的管理制度和严厉无情的组织纪律,重奖重罚,以期确保各人职责及工作程序的最高、最大限度的效率,并有效地防止和消除渎职、怠工、腐败和浪费。另一种实现有效管理的途径就是适度分权、民主管理。依靠科学管理和员工参与,将个人利益与企业利益紧密结合,使企业全体员工为了共同的目标而自觉地努力工作,从而保证企业管理的高效。

两种方法的本质差别就在于,前者把员工看成是单纯的管理客体,员工处于被动被管地位;后者是把员工视为管理的主体,让员工处于主动参与管理的地位。当企业员工面临失业威胁或来自其他社会政治、经济环境的压力时,前一种管理方法可能是有效的;当员工经济已较为富足,就业和流动比较容易,社会政治、经济环境比较宽松时,后一种管理方法更加合理有效。

3) 尊重人性是现代管理的核心

人本原理要求对人的管理必须遵循人性化思路。在一个企业中,从一个员工到一个团队、从上级部门到下级部门、从主管到普通员工,所有作为个体的人在其人格上都是平等的,尊重人性特点,即尊重人本身所具有的生理、心理、行为特点,是对人的潜力的开发与管理的出发点,也是其终极目的。因此,在企业中,追求"共同参与、共同发展、共同分享"是十分必要的。

4) 管理是为人服务的

人本原理强调管理以人为中心,管理是为人服务的,管理就是服务。人是管理主体,尊重人的权益,理解人的价值,关心人的生活,并且提供可靠的途径,创造优厚条件,使人在企业中得到发展,实现人的目标。创造满意的员工,才能保证企业生产经营活动得以正常进行,企业的效益才能获得最大的回报。人在企业中的满意是企业在市场竞争中的制胜法宝,企业为人服务,人为企业奉献。人是服务的主体,企业才会有生机和活力。企业发展进步需要不断完善自我,员工个人的发展也要在企业的发展中不断加以完善。良好的管理不仅能确保企业健康发展,也为员工的自我完善、实现自身价值创造了条件。

1.2.1.3 责任原理

管理主体是管理行为过程的主体,管理主体一般由拥有相应的权力和责任,具有一定管理能力从事现实管理活动的人或人群组成的。组织中的管理主体主要是由管理者组成,管理者在组织管理中起到决定性的作用。

1) 管理者是具有职位和相应权力的人

一个组织或团体的管理者,一定具有一定的职权。管理者的职权是管理者从事管理活动的资格,管理者的职位越高,其权力越大。组织或团体必须赋予管理者一定的职权。如果一个管理者处在某一职位上,却没有相应的职权,那么他是无法进行管理工作的。

要使管理者在管理过程中能够起主动支配的作用,管理者必须拥有一定的权力,管理者依靠权力去命令、组织、领导、影响和指挥管理客体,从而完成组织的目标。管理者的权力是法定的,与职位相关联,它不因人而异,谁处在那个职位上,谁就具有那个职位的相应法定权力,职位越高,责任越大,权力也越大。

2) 管理者是负有一定责任的人

任何组织或团体的管理者,都具有一定的职位,都要运用和行使相应的权力,同时也要承担一定的责任。权力和责任是一个矛盾的统一体,一定的权力总是和一定的责任相联系的。当组织赋予管理者一定的职务和地位,从而形成了一定的权力时,相应地,管理者同时也就担负了对组织一定的责任。在组织中的各级管理人员中,责和权都必须相称和明确,没有责任的权力,必然会导致管理者的用权不当,没有权力的责任是空泛的、难于承担的责任。有权无责或有责无权的人,都难以在工作中发挥应有的作用,都不能成为真正的管理者。

责任是对管理者的基本要求,管理者被授予权力的同时,应该对组织或团体的命运负有相应的责任,对组织或团体的成员负有相应的义务。权力和责任应该同步消长,权力越大,责任越重。比较而言,责任比权力更本质,权力只是尽到责任的手段,责任才是领导真正的象征。如果一个管理者仅有职权,而没有相应的责任,那么他是做不好管理工作的。管理者的与众不同,正因为他是一位责任者。如果管理者没有尽到自己的责任,就意味着失职,等于放弃了领导。

案例 1-6　IBM 管理者的责任介绍

一、人员配置(Stuffing)

(1) 配置有才能的人才。

(2) 对每个职工,根据其工作成绩及将来可能具有的必要技能,提出他今后在公司内的几种发展前途。

(3) 根据需要,对职工进行适当的调配。

二、培养(Developing)

(1) 为职工履行职责适当地安排必要的教育训练。

(2) 要支持、鼓励职工增长知识与技能,提高信心,同时要引导职工对未来的事业充分理解。

(3) 适当培养自己与部下的接班人。

三、调动职工积极性(Motivating)

(1) 制订有效的部门目标与明确的业务目标。

(2) 确认职工进修业务与评定标准。

(3) 进行适当的指导与监督。

(4) 最大限度地发挥职工的知识与技能。

(5) 按业务目标,定期对职工的成绩进行评定。

(6) 推荐、晋升善于发挥能力的、有上进心的职工承担更重要的工作。

(7) 对取得成绩者给予适当报酬,以贯彻正确的管理。

(8) 为职工能持续追求最佳效果创造条件。

(9) 对主动承担工作并发挥了独创性而获优异成果者,加以表扬,同时给予相应的待遇(提薪、晋升)。

(10) 选择典型实例向职工推荐。

(11) 对工作优异、作出突出贡献者予以表彰。

四、授权(Delegating)

充分授予职工以执行职务所必要的决策权。

五、与雇员的关系(Employee Relations)

(1) 为了解职工需要什么和关心什么,有效地确立并坚持定期交流。

(2) 确切掌握职工的工作积极性及事业的发展,并向上级汇报。

(3) 适当地掌握职工私人信息。

(4) 发现公司的方针、制度、惯例等和实际情况相违背时,要提出改革方案。

六、安全与健康(Safety & Health)

(1) 通过对工作方法和机械设备的定期检查,掌握并排除危害安全与健康的因素。

(2) 对工作方法进行实验与说明。

七、公司财产的安全与保密(Security)

(1) 对自己管辖的一切公司财产负有保证安全与管理的责任。

(2) 教育职工懂得人人都有确保公司财产安全的义务。

(3) 熟悉有关公司财产安全及保密的规定与各种手续,如有影响公司财产的事件发生,要及时采取适当措施。

八、机会均等(Equality)

(1) 在所有部门的业务活动中,都不会考虑人种、信仰、肤色、年龄、性别、有无结婚、出身、国籍或身体是否残疾,一律实行"机会均等",采取积极的行动。

(2) 为残疾人提供雇用机会与工作环境。

九、社会责任(Social Responsibility)

(1) 充分理解 IBM 对地区社会与一般社会的责任。

(2) 在履行经营责任的同时,要坚持不懈地关心社会责任。

十、自我开发(Personal)

(1) 要关心自我能力的开发与训练(特别是发挥人才作用的训练),并安排充分时间。

(2) 关于组织管理的责任。

十一、计划(Planning)

(1) 制订长期、短期的业务目标,提出可望取得最大成果的实施计划方案。

(2) 编制并提出能够正确反映收入与开支的预算方案。

(3) 经常适当搜集影响产品、服务与技术的新信息,并为谋求 IBM 的利益,有效地利用这些信息。

（4）在确定计划时,要根据经验提出改进方案。

十二、组织（Organizing）

（1）要经常保持能够随机应变的组织形式。

（2）熟悉并遵守方针、指令与手续。

（3）在必要情况下,对现行指导方针提出改革方案。

十三、实施（Doing）

（1）为达到长期与短期的目标,指挥日常业务。

（2）为组织全体人员取得最大成果,调整各项业务工作。

（3）为使职工能对公司、负责人以及公司的方针全面信任且积极工作,保持日常管理的统一性。

十四、交流（Communicating）

（1）不论第一线生产部门还是管理部门,都要通过与有关人员积极的协作,养成并保持一种富有创造性的默契配合精神,以促进共同目标的实施。

（2）有关重大事项,履行职务所采取的措施以及某些决策,要经常向上级报告。

十五、控制（Controlling）

（1）核实执行情况是否符合制订的计划。

（2）按已通过的预算限度,履行自己的职责。

——资料来源:中国行业精英网,http://www.kingsns.com/

main/HH9496/2007118225119.html

1.2.1.4　效益原理

效益是管理的永恒主题。任何组织的管理都是为了获得某种效益。效益的高低直接影响组织的生存和发展。

1) 效益的概念

效益与效果和效率是既相互联系又相互区别的。效果是一项活动的成效与结果,是人们通过某种行为、力量、方式或因素而产生的目的性结果。效率是指特定的系统在单位时间内的投入与所取得的效果之间的比率。效益是一种有益的效果,具体地说,它反映了人们的投入与所带来的利益之间的关系。

在管理学中,效果、效率和效益都是对投入与产出之间关系的评价,效果的概念侧重于主观的方面,强调合乎目的的程度;效率的概念侧重于客观的方面,判断投入与产出的比率;而效益的概念则要求从主观与客观两个方面的统一中来进行判断,当效益的评价发生在造成这种结果的系统之内,它是指效果与效率的统一,当站在这一系统之外作出效益的评价时,所强调的则是该系统造成的这一结果对它的环境的有益程度。效益可以分为经济效益和社会效益。

2)现代管理以效益为目的

一切管理都是以提高效益为目的的,现代管理更加突出了效益的问题。因为,管理的效益问题是衡量管理工作的价值标准。对于现代管理来说,各个环节、各项工作,都是围绕提高社会效益和经济效益展开的,管理就是要科学、高效地安排、调度和处理人、财、物等各种资源,以期有效地实现组织目标。由于效益问题是一切管理工作的基本出发点和最终目标,所以,效益的优劣高低便成为衡量管理效果好与不好的基本标准。管理的效益取决于管理者、管理对象和管理环境。

3)生产方式的状况决定效益

管理效益是由生产方式决定的。因为,现代管理是社会生产力发展的产物,是适应现代社会化大生产的要求而产生的。所谓现代社会化大生产的要求,正在于提高效益,希望以最小的投入和消耗去获取最大的收益。为达到这一目的,管理活动必须适应生产力的发展,用最新的技术和设备,用科学的手段和方法去进行管理。在某种意义上,管理活动是生产方式的外在表现,有什么样的生产方式就必然会有什么样的管理活动。所以,生产方式既决定着管理的性质,也决定着管理的方式。管理具有什么样的性质和以什么样的方式存在,又直接决定着管理的效益。因而,生产方式决定管理的效益。

1.2.2 管理的基本方法

管理方法是在管理活动中为实现管理目标保证管理活动顺利进行所采取的工作方式。管理方法是管理理论、原理的自然延伸和具体化、实际化,是管理原理指导管理活动的必要中介和桥梁,是实现管理目标的途径和手段。一般管理的基本方法可分为:法律方法、行政方法、经济方法和教育方法。它们构成为一个完整的管理方法体系。

1.2.2.1 管理的法律方法

法律,是由国家制定或认可的,体现统治阶级意志,以国家强制力保证实施的行为规则总和。法律方法是指国家根据广大人民群众的根本利益,通过各种法律、法令、条例和司法、仲裁工作,调整社会经济的总体活动和各企业、单位在微观活动中所发生的各种关系,以保证和促进社会经济发展的管理方法。

在管理的法律方法中,既包括国家正式颁布的法,也包括各级政府机构和各个管理系统所制定的具有法律效力的各种社会规范。法律方法的内容,不仅包括建立和健全各种法规,而且包括相应的司法工作和仲裁工作。这两个环节是相辅相成、缺一不可的。

　　法律方法的实质是实现全体人民的意志,并维护他们的根本利益,代表他们对社会经济、政治、文化活动实行强制性的统一管理。法律方法既要反映广大人民的利益,又要反映事物的客观规律。法律方法从本质上讲是通过上层建筑的力量来影响和改变社会活动的方法。如果各项法律和法规的制定和颁布符合客观规律的要求,就会促进社会、经济的发展;反之,也可能成为社会、经济发展的严重阻碍。

　　法律方法的主要特点具有以下几个特点:

　　(1) 严肃性。法律和法规的制定必须严格地按照法律规定的程序和规定进行。

　　(2) 规范性。法律和法规是所有组织和个人行动的统一的准则,对他们具有同等的约束力。

　　(3) 强制性。法律、法规一经制定就要强制执行,各个企业、单位以至每个公民都必须毫无例外地遵守。

1.2.2.2　管理的行政方法

　　行政方法是指依靠行政组织的权威,运用命令、规定、指示条例等行政手段,按照行政系统和层次,以权威和服从为前提,直接指挥下属工作的管理方法。

　　行政方法的实质是通过行政组织中的职务和职位来进行管理。它特别强调职责、职权、职位,而并非个人的能力或特权。任何单位、部门总要建立起若干行政机构来进行管理。上级指挥下级,下级服从上级的指挥都是由管理的权限决定的。行政方法的本质是服务。服务是行政的根本目的,这是由管理的实质、生产的社会化以及市场经济的基本特征决定的。

　　行政方法的主要特点是:

　　(1) 权威性。行政方法所依托的基础是管理机关和管理者的权威。管理者权威越高,他所发出的指令接受率就越高。提高各级领导的权威,是运用行政方法进行管理的前提,也是提高行政方法有效性的基础。

　　(2) 强制性。行政权力机构和管理者所发出的命令、指示、规定等,对管理对象具有程度不同的强制性。行政方法就是通过这种强制性来达到指挥和控制管理活动过程的目的,这种强制性,在行动的原则上高度统一,但允许人们在方法上灵活多样。

　　(3) 垂直性。行政方法是通过行政系统、行政层次来实施管理活动的,属于纵向垂直管理。行政指令一般都是由上而下,通过纵向直线下达的。下级组织和领导人只接受一个上级的领导和指挥。

　　(4) 具体性。行政方法相对于其他方法而言比较具体。不仅行政指令的内容和对象是具体的,而且在实施过程中的具体方法上也因对象、目的和时间的变化而变化。

（5）稳定性。行政方法是对特定组织行政系统范围内适用的管理方法。由于行政系统一般都具有严密的组织机构、统一的目标、统一的行动，以及强有力的调节和控制，对于外部因素的干扰具有较强的抵抗作用，所以，运用行政方法进行管理可以使组织具有较高的稳定性。

行政方法的管理效果为领导者水平所制约。管理效果取决于领导者的指挥艺术和心理，取决于领导者和执行者的知识、能力。行政方法要求有一个灵敏、有效的信息管理系统。

行政方法必须和管理的其他方法有机地结合运用。行政方法具有强制性的特点，这种特点使得上级可能会忽视下属的正确意见和合理的要求，容易助长官僚主义作风，不利于调动各方面的积极性。因此，要在客观规律基础上，将行政方法和管理其他方法有机地结合起来。

1.2.2.3 管理的经济方法

经济方法是根据客观规律，运用各种经济手段，调节各种不同经济利益之间的关系，以获取较高的经济效益与社会效益的管理方法。这里所说的各种经济手段，主要包括价格、税收、信贷、工资、利润、奖金、罚款等。

价格是商品价值的货币表现，价格是计量和评价劳动的社会标准。价格的高、低、涨、落，会直接影响生产企业和消费者的经济利益，从而影响他们的生产和消费行为。国家运用价格这一杠杆来调节生产与供求，调整一部分国民收入的分配，促进企业加强经济核算，提高经营管理水平。企业在价格政策规定的范围内，根据市场供求情况制定产品价格。

税收是国家取得经济收入的重要来源，也是国家管理社会生活的重要手段之一。国家根据宏观控制的需要，合理制定不同的税种和税率，来调节生产和流通，调节一部分企业的利润水平。如果国家为鼓励某些产业的发展，就会在税收政策上对某些产业给予一定的倾斜，比如我国的高新技术产业的税收优惠政策。

信贷是银行存款、贷款等信用活动的总称。信贷是最为灵活、有效的经济杠杆。银行信用活动一方面以存款和储蓄形式，集中社会闲散资金；同时，按照社会发展需要以贷款形式发放给生产经营单位，通过这两个方面达到管理、协调社会经济活动的目的。

在市场经济条件下，利润是反映经济组织经济效益的综合指标。利用利润杠杆来进行管理，总公司对分公司（利润中心）的管理，通常都是把一定的经济责任、经济权限、经济利益和利润指标紧密结合在一起的。一般根据利润指标的完成情况决定各个单位的奖金和生产发展基金总额。

工资是实现按劳取酬的一种劳动报酬形式。这一经济手段直接涉及到企业和劳动者个人的物质利益。职工工资应该与企业经济效益挂钩,应该与职工个人贡献挂钩。

奖金是根据职工对企业所作额外贡献的大小,用货币形式付给职工的奖赏。奖金的项目和条件应能表达企业领导者对职工行为的期望,应能对职工的行动方向和努力目标具有引导作用。

罚款是对职工违反规章制度,给企业群体造成危害的行为所进行的经济惩罚。它可以制约或收敛某些人的不轨行为,迫使人们努力完成劳动或工作定额。但是,罚款的名目和数额要适当,不能滥用。

管理的经济方法的实质是围绕着物质利益,运用各种经济手段正确处理好国家、集体、个人三者之间的经济关系,最大限度地调动各方面的积极性、主动性、创造性和责任感,促进经济的发展与社会的进步。

经济方法的特点包括:

(1) 利益性。经济方法是通过利益机制引导被管理者去追求某种利益,从而间接影响被管理者行为的一种管理方法。

(2) 关联性。不但各种经济手段之间的关系错综复杂,而且每一种经济手段的变化都会影响到社会多方面经济关系的连锁反应。

(3) 灵活性。一方面,经济方法针对不同的管理对象,如对企业、职工个人,可以采用不同的手段。另一方面,对于同一管理对象,在不同情况下,可以采用不同方式来进行管理,以适应形势的发展。

(4) 平等性,经济方法承认被管理的组织或个人在获取自己的经济利益上是平等的。社会按照统一的价值尺度来计算和分配经济成果;各种经济手段的使用对于相同情况的被管理者起同样的效力,不允许有特殊。

经济方法和教育等方法有机结合起来。人们除了物质需要以外,还有精神和社会方面的需要。经济方法的综合运用要不断完善。既要发挥各种经济杠杆各自的作用,更要重视整体上的协调配合。

1.2.2.4 管理的教育方法

教育是按照一定的目的、要求对受教育者从德、智、体诸方面施加影响的一种有计划的活动。

管理的人本原理认为,管理中人的因素第一,管理最重要的任务是提高人的素质,充分调动人的积极性、创造性。主要内容包括:

(1) 人生观与道德教育。要教育职工树立为人类解放和社会进步奋斗献身的远大理想,全心全意为人民服务的共产主义精神,自觉抵制损公肥私、损人利己、金钱至上、贪图享乐的剥削阶级腐朽思想的侵蚀。

(2) 爱国主义和集体主义教育。进行爱国主义教育,要引导人们正确认识我们国家的历史和现状,了解中华民族近百年来的苦难史和革命斗争史,从而更加热爱和珍惜社会主义的今天,更加发奋为祖国繁荣昌盛而努力。集体主义是共产主义道德的基本原则,它要求人们置集体利益于个人利益之上。

（3）民主、法制、纪律教育。管理的人本原理告诉我们必须全心全意依靠企业广大职工办好企业,不仅要充分考虑到本企业职工的利益,并且还应当通过各种方式吸收职工参与企业管理,同时还要对职工进行正确行使民主权利的教育。民主体现在职工有权对企业的经营活动进行监督,有权维护自己的合法权益,有权对企业管理工作提出批评建议,也有权参与企业管理。

（4）科学文化教育。普及和提高科学文化知识是提高职工思想道德觉悟水平的重要条件,也是企业进行生产经营活动的重要条件。企业应当有计划、有组织地开展科学文化教育,提高职工队伍的业务素质,适应现代化生产的要求。

（5）组织文化教育。组织文化是组织员工在较长时期的生产经营实践中逐步形成的共有价值观、信念、行为准则及具有相应特色的行为方式、物质表现的总称。它是组织员工内在的思想观念与外在的行为方式和物质表现的统一。在组织文化教育的指导思想上,必须突出管理的人本原理,坚持"以人为本"的指导原则。

1.3 管理的主体——管理者

组织拥有的人力资源,既可以作为管理的对象,又可以作为管理的主体。在组织的所有资源中,人力资源最为重要,一方面是因为在组织的资源配置过程中,人力资源要与组织的其他资源进行有效合理的配合才能有较好的配置效率;另一方面是因为组织的资源配置过程本身就是作为管理主体的人管理的结果。

案例 1-7　升任公司总裁后的思考

郭宁最近被一家生产机电产品的公司聘为总裁。在他准备上任此职务的前一天晚上,他浮想联翩,回忆起他在该公司工作 20 多年的情况。他在大学时学的是工业管理,大学毕业获得学位后就到该公司工作,最初担任液压装配单位的助理监督。他当时感到真不知道如何工作,因为他对液压装配所知甚少,在管理工作上也没有实际经验,他感到几乎每天都手忙脚乱。可是他非常认真好学,他一方面仔细参阅该单位所订的工作手册,并努力学习有关的技术书刊;另一方面监督长也对他主动指点使他渐渐摆脱了困境,胜任了工作。经过半年多时间的努力,他已有能力独担液压装配的监督长工作。可是,当时公司没有提升他为监督长,而是直接提升他为装配部经理,负责包括液压装配在内的四个装配单位的领导工作。

在他当助理监督时,他主要关心的是每日的作业管理,技术性很强。而当他担任装配部经理时,他发现自己不能只关心当天的装配工作状况,还得作出此后数周乃至数月的规划,还要完成许多报告和参加许多会议,而没有多少时间去从事自己过去喜欢的技术工作。当上装配部经理不久,他就发现原有的装配工作手册已基本过时,因为公司已安装了许多新的设备,吸收了一些新的技术,这令他花了整整一年时间去修订工作手册,使之切合实际。在修订手册过程中,他发现要让装配工作与整个公司的生产作业协调起来是有很讲究的。他还主动到几个工厂去访问,学到了许多新的工作方法,他也把这些吸收到修订的工作手册中去。由于该公司的生产工艺频繁发生变化,工作手册也不得不经常修订,郭宁对此都完成得很出色。他工作了几年后,不但自己学会了这些工作,而且还学会如何把这些工作交给助手去做,教他们如何做好,这样,他可以腾出更多时间用于规划工作和帮助他的下属干得更好,以及花更多的时间去参加会议、批阅报告和完成向上级汇报工作。

当他担任装配部经理6年之后,该公司负责规划工作的副总裁辞职,郭宁便主动申请担任此职务。在同另外5名竞争者较量之后,郭宁被正式提升为规划工作副总裁。他自信拥有担任此一新职位的能力,但由于此高级职务工作的复杂性,仍使他在刚接任时碰到了不少麻烦。例如,他感到很难预测1年之后的产品需求情况。可是一个新工厂的开工,乃至一个新产品的投入生产,一般都需要在数年前做准备。而且,在新的岗位上他还要不断处理市场营销、财务、人事、生产等部门之间的协调,这些他过去都不熟悉。他在新岗位上越来越感到:越是职位上升,越难以仅仅按标准的工作程序去进行工作。但是,他还是渐渐适应了,做出了成绩,之后又被提升为负责生产工作的副总裁,而这一职位通常是由该公司资历最深的副总裁担任的。到了现在,郭宁又被提升为总裁。他知道,一个人当上公司最高主管之时,他应该相信自己有处理可能出现的任何情况的才能,但他也明白自己尚未达到这样的水平。因此,他不禁想到自己明天就要上任了,今后数月的情况会是怎么样?他不免为此而担忧!

——资料来源:中国管理传播网,http://www.manage.org.cn/case/200511/19393.html

1.3.1　管理者角色

明茨伯格在《管理工作的本质》中,这样解释说:"角色这一概念是行为科学从舞台术语中借用过来的。角色就是属于一定职责或者地位的一套有条理的行为。"根据他自己和别人的研究成果,得出结论说,经理们并没有按照人们通常认为的那样按照职能来工作,而是进行别的很多的工作。明茨伯格将经理们的工作分为10

种角色。这 10 种角色分为三类,即人际关系方面的角色、信息传递方面的角色和决策方面的角色。

1.3.1.1　人际角色

人际角色直接产生自管理者的正式权力的基础。

1)挂名首脑

这是经理所担任的最基本的角色。由于经理是正式的权威,是一个组织的象征,因此要履行这方面的职责。作为组织的首脑,每位管理者有责任主持一些仪式,比如接待重要的访客、参加某些职员的婚礼、与重要客户共进午餐等。很多职责有时可能是日常事务,然而,它们对组织能否顺利运转非常重要,不能被忽视。

2)领导者

由于管理者是一个企业的正式领导,要对该组织成员的工作负责,在这一点上就构成了领导者的角色。这些行动有一些直接涉及领导关系,管理者通常负责雇用和培训职员,负责对员工进行激励或者引导,以某种方式使他们的个人需求与组织目的达到和谐。在领导者的角色里,我们能最清楚地看到管理者的影响。正式的权力赋予了管理者强大的潜在影响力。

3)联络者

这指的是经理同他所领导的组织以外的无数个人或团体维持关系的重要网络。通过对每种管理工作的研究发现,管理者花在同事和单位之外的其他人身上的时间与花在自己下属身上的时间一样多。这样的联络通常都是通过参加外部的各种会议,参加各种公共活动和社会事业来实现的。实际上,联络角色是专门用于建立管理者自己的外部信息系统的——它是非正式、私人的,但却是有效的。

1.3.1.2　信息角色

管理者负责确保和其一起工作的人拥有足够的信息,从而能够顺利完成工作。整个组织的人依赖于管理结构和管理者以获取或传递必要的信息,以完成工作。

1)监控者

作为监控者,管理者为了得到信息而不断审视自己所处的环境。他们询问联系人和下属,通过各种内部事务、外部事情和分析报告等主动收集信息。担任监控角色的管理者所收集的信息很多都是口头形式的,通常是传闻和流言。当然也有一些董事会的意见或者是社会机构的质问等。

2)信息传播者

组织内部可能会需要这些通过管理者的外部个人联系收集到的信息。管理者必须分享并分配信息,要把外部信息传递到企业内部,把内部信息传递给更多的人知道。当下属彼此之间缺乏便利联系时,管理者有时会分别向他们传递信息。

3）发言人

这个角色是面向组织的外部的。管理者把一些信息发送给组织之外的人。而且，经理作为组织的权威，要求对外传递关于本组织的计划、政策和成果信息，使得那些对企业有重大影响的人能够了解企业的经营状况。例如，首席执行官可能要花大量时间与有影响力的人周旋，要就财务状况向董事会和股东报告，还要履行组织的社会责任等等。

1.3.1.3 决策角色

处理信息并得出结论。也就是管理者通过决策让工作小组按照既定的路线行事，并分配资源以保证计划的实施。

1）企业家

企业家角色指的是经理在其职权范围之内充当本组织变革的发起者和设计者。管理者必须努力组织资源去适应周围环境的变化，要善于寻找和发现新的机会。而作为创业者，当出现一个好主意时，总裁要么决定一个开发项目，直接监督项目的进展，要么就把它委派给一个雇员。这就是开始决策的阶段。

2）危机处理者

企业家角色把管理者描述为变革的发起人，而危机处理者角色则显示管理者非自愿地回应压力。没有哪个组织能够事先考虑到每个偶发事件。在这里，管理者不再能够控制迫在眉睫的罢工、某个主要客户的破产或某个供应商违背了合同等变化。在危机的处理中，时机是非常重要的。而且这种危机很少在例行的信息流程中被发觉，大多是一些突发的紧急事件。实际上，每位管理者必须花大量时间应对突发事件。

3）资源分配者

作为资源分配者，管理者负有分配人力、物质和金融资源的责任。作为上层管理者负责分配资源，下层管理者则利用分配到的资源组织生产，但由于资金等多方面限制，可供分配的资源总是有限的。如何协调各部门、各项目的发展方向符合企业发展战略，就需要管理者考虑目标最大化的前提进行资源的分配。

4）谈判者

组织要不停地进行各种重大的、非正式的谈判，这多半由经理带领进行。对在各个层次进行的管理工作研究显示，管理者花了相当多的时间用于谈判。一方面，因为经理的参加能够增加谈判的可靠性，另一方面，因为经理有足够的权力来支配各种资源并迅速作出决定。谈判是管理者不可推卸的工作职责，而且是工作的主要部分。

1.3.2 管理者的技能

任何管理者想在变化万千的复杂环境中进行有效的管理,就必须掌握必要的管理技能。美国管理学家哈罗德·孔茨在 1955 年发表的论文《有效管理者的技能》中,针对管理者的工作特点,提出了技术技能(Technical Skill)、人际技能(Human Skill)和概念技能(Conceptual Skill)的概念。他认为,在不同的组织层次中,这三种技能应有不同的优化组合:在较低的层次,管理人员需要的主要是技术和人际技能。在较高的层次,管理者的有效性主要取决于人际技能和概念技能。而在最高的管理层,概念技能则成为所有成功管理工作中最为重要的技能。

案例 1-8　韦尔奇的四项管理原则

韦尔奇 1981 年成为 GE 历史上最年轻的 CEO,在他担任公司 CEO 的 17 年里,公司的市场价值从原来的 120 亿美元到超过了 4 000 亿美元,而且一直被公认为管理最优秀和最受推崇的公司之一。以下是他的四项管理原则。

(1) 弹性:韦尔奇认为果断与弹性并不矛盾,管理模式和经营理念必定会因主客观环境的改变而改变,这使全球市值最高的 GE 公司仍然保持了难得的活力和灵活性。他甚至提出,公司的任何一项业务如果不能在该行业的市场份额占据前三位,或不能够赢利,就应当坚决退出。这一引起众多争议的苛刻标准,并没有导致公司营业额的下降,反而使专注于核心业务的 GE 竞争力更加强大,赢利状况更好。

(2) 条理:韦尔奇是伊利诺大学化工博士,反映在管理上,就是非常善于将工作安排得极有条理,他将每年度的会议、乃至每天的工作都安排得科学而紧凑,在繁忙的工作中还能得到预期的效果。

(3) 沟通:韦尔奇最成功的地方,是他在 GE 公司建立起非正式沟通的企业文化。他经常"微服私访",甚至可能直接给全球 34 万名员工中的任何一位写信或打电话,人们都用"杰克"来称呼他。不仅对雇员,对顾客也是如此。他最常引用的例子就是要大家拿出开"杂货店"的心态来经营 GE。杂货店的特色是顾客第一,没有架子,没那么多繁文缛节。

(4) 教育:韦尔奇极其重视员工的在职训练和教育工作,使 GE 一直拥有引以为豪的人力资源。GE 公司每年在员工培训上投入巨大,并以培养高层管理人员著称,以至 GE 被称做盛产 CEO 的摇篮。培养出这么多杰出人才,反映出韦尔奇确有高出一筹的管理智慧和领导艺术。

韦尔奇的这些管理原则,不但使 GE 成为强大而备受尊敬的公司,也为管理界留下很好的典范。

——资料来源：韦尔奇的四项管理原则——弹性、条理、沟通、教育,人才市场报,2005-2-24

1.3.2.1 技术技能

技术技能是指使用技术手段完成组织任务的能力,是做什么(What is done)和与事打交道(Working with things)的技能。也就是指管理者从事自己管理范围内所需的技术和方法。技术技能实质上就是业务能力,是一个管理者的基本功。管理者一般需要精通管理的业务性知识,也就是管理者对组织业务活动的理解和熟练程度。相对来说,管理层次越低的管理者,越需要具有技术技能,特别是基层管理者技术技能尤为重要。

以企业管理者为例,厂长应该知道本企业使用什么样的原材料、生产过程有哪几个阶段、加工的工艺要求是什么、需要什么样的机器设备和工具、生产的产品的结构、性能、成本和销路怎么样、在国内外以及在同行业中处于什么样的位置、本行业及本企业科学技术发展的情况和方向是什么等。厂长只有具备上述有关方面的基本知识,才能听懂工程师、会计师和专家、技师及参谋人员的汇报,发现问题,而且能够指挥到点子上,拍板拍到要害处。如果对业务和技术性知识一窍不通,就很难领导和指挥企业的生产活动。

1.3.2.2 人际技能

人际技能是指在组织目标取得的过程中与人共事的能力,是一件事怎么做(How something is done)和与人共事(Working with people)的技能。孔茨认为人际技能是一个人能够以小组成员的身份有效工作的行政能力,并能够在他所领导的小组中建立起合作的努力。技术技能主要是涉及到与"物"有关的工作,而人际技能主要是涉及到与"人"有关的工作。这种技能表现在一个人对上级、同级和下级的看法,也表现在他以后的行为方面。

一个管理者的大部分时间和活动都是与人打交道。他们对外要与各种有关的组织进行联系、接触,对内要了解下属,协调下属的行为,还要善于诱导下属的积极性。这些技能对各层次的管理者都具有同等重要的意义。

1.3.2.3 概念技能

概念技能是指分析、决策环境影响组织复杂性的能力,是一件事为什么做(Why something is done)和形成公司整体概念(One's view of the corporation as a whole)的技能。孔茨认为概念技能包含:把企业看成一个整体的能力,包括识别一个组织中的彼此互相依赖的各种职能,一部分的改变如何能影响所有其他各部分,扩而设想个别企业与工业、社团之间,以及与国家的政治、社会和经济力量这一总体之间的关系。在任何情况下都能看出其间的关系并领会其重要的组成部分,行政人员就能为提高整个组织的全面福利而采取行动。

现代组织的高节奏使得管理者需要快速敏捷地从复杂多变的环境中分清各种因素的相互联系,能抓住问题的实质并根据形势和问题果断地作出正确的决策。它要求管理者具备管理的基本理论、基本原则和基本方法等等管理原理性的知识。一个领导水平如何? 是否是个合格的领导? 他的概念能力是判断依据。概念能力真正体现了管理者的领导水平,管理者要提高概念能力根本在于了解管理的本质。

对于管理者来说,最主要的能力是概念能力。因为管理者的主要工作是管理,而不是从事某些方面的技术、业务工作。这就是为什么在实际工作中一个专家学者或生产能手、劳动模范却不一定是一个出色的管理者或领导者的原因。一个高层的管理者,可能缺少业务能力,但是他有可能成为一个有效的管理者。但是他如果概念能力也就是分析和决策的技能不强,就可能危及到整个组织的成功。

不同的组织它们的业务流程是不同的,在此组织业务能力强,并不意味在彼组织业务能力也强,业务能力带有组织特点,具有特殊性;而概念能力却是不同的,因为管理的基本理论、基本原则和基本方法具有普遍性,能够将此组织管理好,运用同样的管理理论和管理方法应该也可以管理好彼组织。

1.3.3 管理者的基本素质

管理者除了必须具备一定的管理技能之外,还必须具备一定的基本素质。基本素质是指企业管理者必须具有的基本方面的要求和条件。基本素质不是对企业管理者的特有要求,但基本素质的高低决定了企业管理者整体素质的高低,影响着企业管理者其他素质的发展和提升。一个管理者的基本素质有很多,但主要的有远见卓识、健全的心理和真诚待人。

1.3.3.1 远见卓识

远见卓识是管理者基本素质中的重要方面,它反映了管理者的思维方式和价值观念,使管理者通常对某个问题能有超越一般人的看法,而这恰恰是产生创意的基础。远见卓识这种素质的表现形式主要有:随时掌握当代最新的管理、科技成果、知识和信息系统的思维方式和奋发向上的价值取向。

沃尔特·迪斯尼能够首先将卡通人物、动物形象制成玩具出售,并通过向其他厂商出售可以制作带有卡通形象的商品权利,从而获得大笔收入。比如他允许纽约一家公司生产带有米老鼠标志的物品,并将米老鼠的形象作为一种"知识产权"参与该产品的分成就是其远见卓识的结果。

远见卓识并不是先知先觉,而是在公司面临危机之时镇定地、果断地指明公司的发展方向,确定公司的未来战略目标。华为总裁任正非深深意识到中国企业国际化的重要性,提出了著名的"靴子理论"(每个人都要走向国际化,每个人都要穿上国际化的靴子,不管合适还是不合适,不合适的话不能换靴子,只能把脚砍掉,来适应这个靴子),聘请各国专家到华为,为公司国际化战略出谋划策,在公司范围认真、踏实地研究海外经营的战略和跨国文化理念,运用"农村包围城市"的国际化发展战略。

1.3.3.2 健全的心理

心理素质,也可称作心理品质,指的是一个人的心理活动过程和个性方面表现出的持久而稳定的基本特点。心理现象是每一个人都具有的一种精神活动,按其性质可以分为心理活动过程和个性心理特征两部分。前者包括人的认识活动、情感活动和意念活动,这三种活动相互影响、密切联系,构成人的心理活动过程。后者包括人的态度、信念、兴趣、爱好、气质、性格、能力等心理特点,这些心理特征的综合,就是人们常说的个性,也就是个性心理特征。

作为管理者,其心理因素对企业的成就、创新都有重要影响。美国"卡鲁创业家协会"曾对75位美国成功的企业家做过仔细分析研究,分析出11种"企业家的心理特征":健康的身体、控制及指挥的欲望、自信、紧迫感、广博的知识、超人的观念化能力、脚踏实地、不在乎地位、客观的待人态度、情绪稳定等。例如三星总裁李健熙,面临日本、美国、德国的压力和中国的崛起以及亚洲金融危机的威胁,发挥了个人魅力和鼓舞人心的领导风格,提出著名的"除了妻子儿子,一切都要变"的口号,在过去的10多年中,在三星内部掀起了一次具有历史意义的全方位的变革。

1.3.3.3 真诚待人

优秀的品质是形成一个人良好行为习惯的重要因素和基础。管理者的首要品质就是真诚待人。科学是诚实的,来不得半点虚伪。管理也是组织的一项科学实验,它必然要求做实验的人实事求是,不能有半点虚假。管理者一定要有诚实的品质,扎扎实实一步一个脚印地工作,才有可能取得成功。

《领导力》的作者库泽斯、波斯纳在过去的20年中分三个不同阶段对7 500人调查后发现:选择真诚作为管理者品质的人在每次调查中都占据了第一位。对于管理者来讲,真诚是一种美德,是一种原则,更是获得追随者的一种能力。日本的本田宗一郎具有一种突出的诚实品质。他曾说:"有人鼓吹为国家、为企业而死,莫忘公司之恩等,该让说这些话的家伙去死!我绝不要求员工'为公司干活',我要他们'为自己的幸福打拼'。从业人员不必要为企业而牺牲自己,而是为自己的幸福努力,工作起来才会有效率。"本田的真挚、坦诚和魅力,吸引了一大批追随者去实现他们的终生梦想。

案例 1-9　百年老院的现代管理启蒙

北京同仁医院是一所以眼科闻名中外的百年老"店",走进医院的行政大楼,其大堂的指示牌上却令人诧异地标明:五楼 MBA 办公室。目前该医院已经从北大清华聘请了 11 位 MBA,另外还有一名学习会计的研究生,而医院的常务副院长毛羽就是一位留美的医院管理 MBA。

内忧外患迫使同仁医院下定决心引进职业经理人并实施规模扩张,希望建立一套行政与技术相分离的现代医院管理制度。

2002 年初,圣新安医院管理公司对国内数十个城市的近 30 家医院及其数千名医院职工进行了调查访谈,得出结论:目前国内大部分医院还处于极低层次的管理启蒙状态,绝大多数医院并没有营销意识,普遍缺乏现代化经营管理常识。更为严峻的竞争现实是:医院提供的服务不属于那种单纯通过营销可以扩大市场规模的市场——医院不能指望通过市场手段刺激每年病人数量的增长。

同仁医院显然是同行中的先知先觉者。2002 年,医院领导层在职代会上对同仁医院的管理做过"诊断":行政编制过大、员工队伍超编导致流动受限;医务人员的技术价值不能得到体现;管理人员缺乏专业培训,管理方式、手段滞后,经营管理机构力量薄弱。同时他们开出药方:引入 MBA,对医院进行大手笔改造,涉及岗位评价及岗位工资方案、医院成本核算、医院工作流程设计、经营开发等。

目前,国内几乎所有的医院都没有利润的概念,只计算年收入。但在国外,一家管理有方的医院,其利润率可高达 20%。这也是外资对国内医疗市场虎视眈眈的重要原因。

同仁医院要引入现代市场营销观念、启动品牌战略和人事制度改革。树立"以患者为中心"的服务观念:以病人的需求为标准,简化就医流程,降低医疗成本,改善就医环境;建立长期利润观念,走质量效益型发展的道路;适应环境、发挥优势、实行整合营销;通过扩大对外宣传、开展义诊咨询活动、开设健康课堂等形式,有效扩大潜在的医疗市场。

同仁医院所引进的 MBA 背景各异,绝大多数都缺乏医科背景。他们能否胜任医院的管理工作? 医院职业化管理至少包括了市场营销管理、人力资源管理、财务管理、科研教学管理、全面医疗质量管理、信息策略应用及管理、流程管理等 7 个方面的内容。这些职能管理与医学知识相关但非医学专业。

同仁医院将 MBA 们"下放"到手术室 3 个月之后,都悉数调回科室,单独辟出MBA 办公室,以课题组的形式,研究医院的经营模式和管理制度。对于医院引入的企业化管理,主要包含医院经营战略、医疗市场服务营销、医院服务管理、医院成本控制、医院人力资源、医疗质量管理、医院信息系统和医院企业文化等多部分内容。其中,医院成本控制研究与医院人力资源研究是当务之急。

几乎所有的中国医院都面临着成本控制的难题,如何堵住医院漏洞,进行成本标准化设计,最后达到成本、质量效益的平衡是未来中国医院成本控制研究的发展方向。另外,现有医院的薪酬制度多为"固定工资+奖金"的模式,而由于现有体制的限制,并不能达到有效的激励效果,医生的价值并没有得到真实的体现,导致严重的回扣与红包问题。如何真正体现员工价值并使激励制度透明化、标准化,成为当前首先要解决的问题。

——资料来源:http://www.jyu.edu.cn/caijing/wlkt/glx/data/alfx/26.doc

问题:

1. 结合案例,谈谈你对管理及管理职能的理解。
2. 同仁医院为什么要引进如此多的 MBA? 你认为 MBA 们能否胜任医院的管理工作?
3. 结合案例,谈谈对医院管理者技能和基本素质的理解?

本章思考题

1. 管理的定义从不同的角度来看有很多种,请你给管理下一个定义?
2. 管理的职能都有哪些?
3. 管理的基本问题是什么?
4. 管理的基本原理与基本方法都有哪些?
5. 管理者的十大角色都是什么?
6. 管理者必须具备哪些技能和基本素质?

参考文献

1. 芮明杰. 管理学——现代的观点[M]. 上海:上海人民出版社,1999.
2. 周三多,等. 管理学——原理与方法[M]. 上海:复旦大学出版社,1999.
3. 彼得·德鲁克. 德鲁克日记[M]. 上海:上海译文出版社,2006.
4. 马士华,林勇. 供应链管理[M]. 北京:高等教育出版社,2003.
5. [美]丹尼尔·A·雷恩,孙耀君,等,译. 管理思想的演变[M]. 北京:中国社会科学出版社,1986.
6. 哈罗德·孔茨. 管理学[M]. 北京:经济科学出版社,1995.
7. 斯蒂芬·P·罗宾斯. 管理学[M]. 北京:中国人民大学出版社,1997.
8. 陈卓云. 现代企业管理者的素质[M]. 全球品牌网,2006.

2　管理思想

> 自从西方文明诞生之日起,管理也就应运而生了。伴随着人类从蛮荒时代走向文明,管理作为一门学科,一直占据着基础而又重要的地位。因为管理植根于现代工业体系的特性和现代商业企业的需求之中,而工业体系必须把有价值的人力和其他资源投入到商业企业中。然而,管理的范围并不囿于此,它体现在西方社会的根本信念之中。借助系统的经济资源组织,人们的生活可能得以调节,这是"管理"对这种根本信念的一种诠释。经济变迁可以形成人类自我批判和社会公正的最为强劲的推动力,这是"管理"对西方社会根本信念的另一种诠释。
>
> ——彼得·德鲁克

本章提要

通过本章的学习,全面了解东西方管理思想的演变过程,从东西方管理思想的产生、古典管理理论的发展,再到现代管理理论的丛林,各种管理理论和思想随着时代的变化而不断变化着。

(1) 管理思想、理论的探索自古都存在,但将管理作为一门科学去对待并研究,却是近100年以来的事情。这与人类社会出现了工厂这类经济组织有着密切的关系。

(2) 迄今为止,管理科学的发展大致经历了三个基本的阶段,这就是科学管理阶段、行为科学管理阶段和管理理论丛林阶段。它们是人类社会进步、发展的结果,其对管理科学研究内容和在研究工作中的侧重点均有不同。

(3) 国内目前流行的管理学理论、思想和方法,多为从发达国家引进的管理学理论、思想和方法。这决定了在学习过程中,必须注意与国情的结合,必须注意与实践的结合,必须注意自己所在组织的行业特色、运行特点和一些特殊问题的结合。

学习目标

(1) 掌握古典管理理论中的三种理论。

(2) 掌握行为科学理论的主要观点。

(3) 了解东方管理思想的各种不同观点。

管理学小故事

田忌赛马

《史记》里面有个"田忌赛马"的故事:相传,齐威王经常要大将田忌与他赛马,赛马的规则是这样的:每次双方各出三匹马,一对一比赛三场,每一场的输家要赔一千两黄金给赢家。齐威王的三匹马和田忌的三匹马按实力都可以分为上、中、下三等,但齐威王的上、中、下三匹马分别比田忌的上、中、下三匹马更胜一筹,因为总是同等次的马进行比赛,所以田忌连输三场,输了三千两黄金。后来,田忌的谋士孙膑出了个主意,让田忌不要用上马去对抗齐威王的上马,而是对抗他的中马;不要用中马去对抗齐威王的中马,而是对抗他的下马;不要用下马去对抗齐威王的下马,而是对抗他的上马。这样,虽然田忌会输一场,却会赢两场,二胜一负,最后还能赢得一千两黄金。

古代"田忌赛马"故事里面蕴含的智慧,给我们的启示至少有两点:

一是要善于进行资源的整合。齐威王与田忌同样是三匹马,由于选择的配置方法不同,效果就不同。市场经济本身就是一种资源的配置方法,市场经济条件下,每个人就得思考在一定约束条件下如何选择最佳的要素组合和资源整合。最终的目标就是要从这些整合的方法中选出一种最佳的方法来,进而实现最大的效益,创造更多的财富。

二是要充分发挥比较优势。按传统的思维方法进行比赛,田忌肯定会输,因为田忌在整体上处于绝对劣势,齐威王在整体上具有绝对优势。然而孙膑却从新的视角——比较优势的角度来审视双方实力,发现田忌的马尽管没有绝对优势,但有比较优势——也可分为好马、中马和劣马三等,好马比中马强、中马比劣马强。同样的道理,我们在进行经济管理活动的过程中,如果在整体上没有绝对优势,就应该做到扬长避短,充分发挥本地区或局部的特长,选择自己熟悉的经营方式,集中有限的资源做自己最擅长的事。

2.1 管理思想的产生与发展

管理思想是一种文化现象,自人类产生以来就有了管理文化,每一个民族都有自己的管理文化。管理思想的发展历史,与文化历史环境、社会生产力发展水平、对人的认识程度和生产方式等因素的发展变化有着密切的联系。由于文化的区域性和民族性特征,东西方所形成的管理思想也是不一样的。但是东西方的管理思想也和东西方文化一样,是相互交融、相互影响、相互促进的。

东方管理思想的主要来源是中国的传统文化。中国的传统文化大致可以发现共由三个层次组成,以儒、道、释为中心,以法、墨、农、名、兵、纵横、阴阳为副线,形成一个多元文化体系。最外层的表现为形成中华民族特色的文化。这里除了释(佛教)来源于印度,其他都来自于中国古代的春秋战国时期。它们是中华文化的核心,对中国历史的发展起着重要作用,对东方管理思想的影响起着决定性的作用。

中国传统文化的基本价值观强调以人为本,以德为先;重视群体的合作精神,倡导个人对家庭、社会、国家的责任感;重视人和,注重协调人与人、人与物乃至人与自然之间的关系,主张一种和谐、协调的总体观念;主张从总体上去把握事物,强调用个人的直觉和内心的感情去认识世界,等等。中国传统文化反映在管理模式和管理行为上,便印上了不同于西方的显著印记。

西方管理文化,比如美国的管理文化,突出个人能力,着眼于个人,鼓励个人奋斗,把突出个人能力作为他们的基本管理哲学,轻情感和面子,管理中较少受人情关系的纠葛。这种个人主义和理性主义的文化一方面为提高效率铺平了道路,但另一方面又为整体效应的形成设置了障碍,使企业管理刚性有余、柔性不足,压抑了人的情感需要和创造力。近年来,一些美国企业已开始改变对员工行为的控制方法,强调员工独立自主的选择行为,进行自我检查和相互检查,并通过感情投资、协商沟通、大众参与、职务扩大化、工作内容丰富化、弹性工作日、走动式管理等来实现硬管理和软管理的结合,发挥它们各自的优势。

东方管理思想在多变的历史经济环境中不断地显示出巨大的威力,尤其是在20世纪80年代日本的企业文化在企业管理中的巨大作用,使得欧美的企业在国际竞争中常常处于不利地位,使得西方世界不断地向东方寻求新的管理妙方。这样,东方的管理思想不断地和西方的管理思想进行交融。但是由于文化背景的不同,以及各自思想基础的不同,这种融合至今还没有找到很好的解决方案,这是现代管理学者们遇到的一个较大的难题。

2.1.1　东方管理思想的产生与发展

2.1.1.1　儒家管理思想

孔子(前551~前479年)管理思想的目标是实现尧、舜、禹、汤、文、武、周公所谓的"古圣王之治",哲学思想概括而言就是"中庸之道"。"古圣王之治"的具体内容有三:和、富、庶。"和"指人和人之间(具体来说,不同社会层次之间)经济关系和社会关系的和谐,所谓"政通人和"是也。"富"是民富,"庶"是人口众多,所谓"百川归海"是也。孔子所生活的时代,为"父不父,子不子,君不君,臣不臣"(无职业操守、职业道德)。不安定的社会环境,使全社会萌动着一种强烈而普遍的要求——规范社会秩序,要求出现一个为全社会成员普遍认可、便于遵循的价值标准的内在冲动。

孟子生活的时代,一方面,生产力水平更加发达,地区之间联系更见增强,国家统一的趋势更加明显;另一方面,列国之间的兼并战争更加激烈,规模更大,破坏力更大。各种统一主张出现,孟子在新时代下,高举孔子"富民"大旗,并发展孔子学说,提出"仁政学说"。"仁政"管理思想的目标是:实现"天下大同,王道政治,千年王国"。

荀子(前313~前238年)管理思想的目标是:富国富民。富国必须以富民为基础。主张在国民财富总量增长的基础上使国库的收入和百姓的财富同步增长。这种管理思想将法家的"富国之学"和儒家的"富民之学"统一和协调了起来。

2.1.1.2　道家管理思想

道家的代表人物有老聃、老莱子、关尹、环渊等,道家哲学的最高范畴是"道",认为"道"是宇宙的本体,是宇宙间一切事物由以形成的最终根源。"无为"是老派道家管理哲学的最高原则,是在遵循自然的前提下,有所作为和无所作为的总和。它具有以下几个明显的特点:

(1)"无为"是一个普遍适用于任何管理过程的原则,不论是政治管理、经济管理、军事管理或社会文化管理,都概莫能外。

(2)"无为"的原则是适用于一切人的,但首先却是对上层统治者尤其是对君主的要求。

(3)"无为"作为一个宏观的管理原则,意味着国家对私人的活动(尤其是经济活动)采取不干预、少干预的态度,也即是采取放任的态度。但老派道家提倡无为,不是为了更加发挥私人的活力和积极性,而是为了把私人的活力和积极性尽量减弱、减小。

2.1.1.3　法家管理思想

商鞅(前390~前338年)有丰富的从政实践经验,对社会通达。他认为人类的天性是自私自利。人们在这种天性的支配下必然要追逐名利,为营求富贵不择手段而且是终身不知厌足。商鞅的经济管理目标是:治(社会安定)、富(国富)、强(国强)、王(天下统一)。其中,"富、强"是近期目标,"治、王"是远期目标。实现途径是农战,且长期坚持农战。

韩非子是荀子的学生,却成为法家的代表人物。他认为,第一,统治者必须舍得自己的财产才能换来别人的死力效忠;第二,统治者得警惕、防止别人犯错误,尤其是警惕别人利用你身边的人犯错误。正因为此,韩非子才提出"法、术、势"三者并重的法家集大成思想:"法"为制度安排,具有滞后性的特点,因此得靠"术"(监督、考核的种种办法及制度安排)来弥补,"术"的执行必须有"势"才能来维持,因此统治者必须紧紧掌握住手中的权力。同时,他认为人的天性是趋利避害的,因此治国离不开"刑、赏",而且主张严刑峻法。

2.1.1.4　古代商人的治生之学

管仲、弦高、子贡、范蠡、陶朱和白圭以及后来成为秦相的吕不韦等,均是春秋、战国时期闻名的商人。伴随着商人阶层的产生,商学理论产生了。丰富的社会实践、大量的读书人"士"参与其中,他们所创造的"治生之学"("治家人生业"),就是中国经济管理思想史上一份珍贵的遗产。子贡乃孔子学生,是有学问的商人,即后来"儒商"的典型代表。

商人治生之学的内容可以概括为以下几个方面:

1) 货情论

货情论是商业经营的理论依据。上下波动是物价运动的基本形式,供给是主要矛盾,供多于求就是"有余",供不应求则是"不足"。农业生产周期循环是物价波动的终极原因。物价的高低变化是可以预测的。只要观察和推测到岁星将要到达的方位,就可以推测出农业生产的丰歉,也就可以推测出物价升高还是降低,变贵还是变贱。

2) 任时论

任时论是一种商业经营策略,强调"人弃我取,人取我予"。不论是"旱则资舟,水则资车",还是"人弃我取,人取我予",都是在商品有余、价格低廉时购买,而到商品缺乏、价格昂贵时售卖。趋时迅捷,不错过良机。

3) 商人的基本素质

陶朱和白圭都重视商人的素质。司马迁把陶朱的经营之道归结为善于"择人而任时"。"故善治生者,能择人而任时"、"任时"和"趋时"都要由人来实现。"择人"比"任时"对商业经营的成败具有更重要的意义。

2.1.1.5　中国现当代管理理论的发展

我国近些年来也已出现了众多的学派,在管理理论研究方面形成自己特色的研究领域归纳成以下五个学派：

1）管理系统科学理论学派

这一学派主要是把自然科学中对系统理论研究的成果向管理领域移植，以取得对管理科学研究的深化。尽管我国的管理科学研究起步较晚，但是进入20世纪80年代以来，现代系统理论逐步建立。系统论、信息论、控制论、耗散结构、协同学、突变论、超循环理论、全息理论等等，这些跨学科的科学理论的建立为管理理论研究提供了强大的思想武器和理论方法，从而促进了管理系统学派的发展。

2）管理经典思想学派

这一学派在挖掘中国古代灿烂管理思想并结合当前的管理实践需要方面作出了贡献。其主要从事两方面的研究：一方面是从事古代兵法智谋对当今经营管理的借鉴研究；另一方面是把中国的儒家思想和现代管理理论研究联系起来，试图将中国的传统文化和现代西方的管理思想结合起来，推动管理理论的发展。

3）管理文化学派

20世纪80年代初西方学者研究日本经济发展的奇迹时，发现了日本企业管理中的文化优势，并发现企业文化对企业长远发展具有十分重要的作用，从此，文化对管理影响的研究逐渐成为管理理论研究的一个重要方面。"西方文化对管理的影响"、"东方文化对管理的影响"、"东西方文化融合对管理的影响"，这些都成为管理理论研究的重要方向，并逐渐形成重要的研究领域。

4）管理模式学派

管理模式是将一种或一套管理理念、管理方法或管理工具反复运用于企业中，使企业在运行中自觉加以遵守的管理原则或管理方法体系。世界上没有放之四海而皆准的管理模式，只有根据企业的实际需要不断发展、不断完善、不断创新的管理模式。近年来中国管理模式研究十分活跃，比较有代表性的有"海尔OEC管理模式"、"小天鹅的末日管理法"、"邯钢经验"、"A管理模式"、"G管理模式"等，这些管理模式的诞生大大丰富了中国管理理论研究的视野。

5）管理学院派

中国MBA、EMBA教育事业的发展，为企业管理理论研究注入了新的血液，企业管理实践总结可以在大学课堂上以案例的形式进行模拟和演示，使管理理论研究更加活跃，同时，由于MBA，特别是EMBA学员普遍具有一定的实践经验，这样更加丰富了学院派研究的内涵和视野，使长期以来学院派理论研究和实践脱节的局面得到了相应的改观。

当然，中国的管理理论研究和世界水平相比尚有较大的差距：一是世界管理理论的主流是研究市场经济中的管理，管理的主要研究对象是市场经济中的企业，而中国进入市场经济的时间比较短，所以管理理论研究起步相应也比较晚；二是西方的管理思想是一种自由竞争式的充满学术气息的理论,管理大师们以建立各自的学派为目的,而中国始终用比较统一的思想和理论指导管理工作,这样对学术本身的发展有一定的影响;三是管理学是一门实践性很强的学科,是在实践中不断归纳总结,然后提升为理论形态的科学认识,可供研究的案例的匮乏和研究经费的不足,使得中国管理学研究还处在较低的阶段。中国特色的管理理论要形成,还有相当长的路要走。

尽管如此,中国管理理论界对建立自己特色的管理理论,也作出了巨大的努力,取得了丰硕的成果,但同时也存在着很多不足之处。就管理学的发展来说,出现管理流派纷呈的现象是管理学研究繁荣的表现,各种管理理论可以在比较中得到互补和扬弃。丛林是大综合和大发展的基础,是大突破大飞跃的前奏。因为管理具有两重性,同时管理的环境、管理的客体、管理的主体具有易变性,导致管理理论只能是有限的统一,管理理论的个性是理论发展的大趋势。对东西方管理实践的宝贵经验与管理理论的研究成果进行综合、创新、提高,是实现管理理论飞跃的必由之路。

2.1.2 西方传统管理思想的发展

管理思想的发展是和当时人们对自然的认识水平、生产工具的先进程度、生产的组织方式以及当时的文化背景紧密联系在一起的。资产阶级革命的成功建立了资产阶级政权,使得资本家在政治上得到了保证,商业贸易的发达给资本家开辟了更加广阔的市场空间,工业革命的爆发使得资本家获得充足的动力,文艺复兴和思想启蒙运动,为资本家提供了强大的精神支柱。

资本主义早期管理思想的产生,是与社会化大生产,尤其是机器社会化大生产联系起来的。工业革命之后,机器大工业建立,资本主义生产方式从分散的手工工场、集中的手工工场发展到工厂制度,随着每一个工厂工人人数的大量增加,围绕着如何管理如此众多的工人、如何让机器与工人有效地合起来、如何让机器高效率地运转等问题,资本主义早期管理思想产生了。

恩格斯说:"分工、动力、特别是蒸汽力的利用,机器的应用,这就是从18世纪中叶起工业用来摇撼旧世界基础的三个伟大的杠杆。"蒸汽机是人类生产技术史上的一次飞跃,它使生产摆脱了人力和自然条件的限制,使人的能力首次得以延伸。这是生产力的一次大解放,是决定工厂制度确立的基础。

案例 2-1 圣经中的分权故事

在圣经中有这样一段故事,大意是:摩西的岳父耶罗斯对他讲:"你这种做事的方式不对头,你会累垮的。你承担的事情太繁重,光靠你个人是完不成的。现在你听我说,我要给你一个建议……你应当从百姓中挑选出能干的人,封他们为千夫长、百夫长、五十夫长和十夫长,让他们审理百姓的各种案件。凡是大事呈报到你这里,所有的小事由他们去裁决,这样他们会替你分担许多容易处理的琐事。如果你能够这样做事,这是上帝的旨意,那么你就能在位长久,所有的百姓将安居乐业。"

这一著名的故事就较为充分地体现了分权、授权、管理层次和管理权力划分的管理思想。在建立于公元2世纪的罗马天主教会的组织结构中,教会的目标和教义规定得十分严格。教会的最高权力集中在罗马,权力的管理机构由社区教士、主教、大主教、枢机主教和教皇等组成,且在近2000年中,这种结构基本上没有变化。这也是集权与分权,层级划分和职能设计的实例。

2.1.2.1　西方早期管理思想

古典管理理论历史学家阿诺德·汤因比说过:对于摧毁旧英国,建立一个新英国,并促使全世界走向工业化起过最大作用的,是两个人,一个是亚当·斯密,另一个是詹姆斯·瓦特。是斯密促使了经济思想的革命,是瓦特促使了蒸汽机的革命。当今世界上基本承认这么一个观点:推动世界经济发展的两个轮子一个是科技,另一个是管理。当时经济、工业的飞速发展对社会产生了巨大的震荡,管理理论和实践势必要面对社会发展过程中遇到的诸多困难所引发的新问题,并试图加以解决。

1) 詹姆斯·斯图亚特

詹姆斯·斯图亚特(1712～1780)是英国重商主义后期的重要代表人物,他是最早研究分工的人。他的《政治经济原理研究》出版于1767年,早于亚当·斯密的《国富论》9年。在这部书中,斯图亚特阐述了货币流通的一般规律,主张国家全面干预经济生活,并先于亚当·斯密提出劳动分工的概念,论述了工人由于重复操作而获得灵巧性。他比泰罗早100多年就指出了工作研究方法和刺激工资的实质。同时,他还指出了管理人员和工人之间的分工问题。指出机器代替工人的劳动,不会使工人失业,反而会有更多就业机会。

2) 亚当·斯密

亚当·斯密(1723～1790)是经济学的主要创立者,"现代经济学之父"和"自由企业的守护神"。他所处的年代,英国不仅是世界贸易的中心国,而且是世界领先的工业国。同时期的法国和德国,尚停留在封建手工业支配生产的阶段,但英国已经走入资本主义初级阶段。亚当·斯密在1759年出版了《道德情操论》,1776年出版了《国家财富的性质和原因的研究》(简称《国富论》),为他赢得了极大声誉。

《国富论》是现代政治经济学研究的起点。全书以资本主义财富为中心,对资本主义的商品经济作了全面而又系统的分析。在书中,亚当·斯密驳斥了旧的重商学说,否定了重农主义者的土地是价值的主要来源的观点,提出了劳动的基本重要性。他的分工理论重点强调劳动分工会引起生产的大量增长,抨击了阻碍工业发展的一整套腐朽的、武断的政治限制。《国富论》的中心思想是市场是个自行调整机制,是只"无形的手"。亚当·斯密坚决反对政府对商业和自由市场的干涉,赞成低关税和自由贸易。在亚当·斯密理论的影响下,英国实现了自由贸易政策,1846年及1860年,"谷物条例"(对进口谷物征重税的法律)与"保护关税"相继被废除。

亚当·斯密特别强调分工带来的经济利益。他分析了国家的财富和分工的关系,亦即提高生产效率的原因。亚当·斯密的主要理论大致分为分工理论、货币理论、价值论、分配理论、资本积累理论、赋税理论等六大部分。他的著作中涉及到许多现代管理的核心问题。亚当·斯密的接班人,包括托马斯·马尔萨斯和大卫·李嘉图这样著名的经济学家对他的体系进行了精心的充实和修正,今天被后人称为"古典经济学"。

3) 大卫·李嘉图

大卫·李嘉图是古典经济学理论的完成者,也是最有影响力的古典经济学家。1817年,他发表了《政治经济学及赋税原理》。李嘉图以"边沁的功利主义"为出发点,建立起了以"劳动价值论"为基础、以"分配论"为中心的理论体系。他继承了亚当·斯密理论中的科学因素,坚持商品价值由生产中所耗费的劳动决定的原理,并批评了斯密价值论中的错误。他提出决定价值的劳动是社会必要劳动,决定商品价值的不仅有活劳动,还有投在生产资料中的劳动。他说明了工资和利润、利润和地租的对立,从而实际上揭示了无产阶级和资产阶级、资产阶级和地主阶级之间的对立。他还论述了货币流通量的规律、对外贸易中的比较成本学说等。但他不能在价值规律基础上说明资本和劳动的交换、等量资本获等量利润等难题。

李嘉图崇尚自由贸易,他建立了"比较成本说"。这种理论为自由贸易提供了坚实的理论基础。李嘉图认为,国际分工与国际交换的利益,只有在政府不干涉对外贸易、实行自由贸易的条件下,才能最有效地实现。李嘉图在斯密奠基的基础上正式建立起了古典经济学的大厦。尽管他的劳动价值论在新古典兴起之后已经没有多大价值了,但他的比较优势理论对于自由贸易的贡献却是不朽的。

4) 罗伯特·欧文

罗伯特·欧文是一位杰出的管理先驱者。1800~1828年间,他在苏格兰自己的几个纺织厂内进行了空前的试验。人们把他称为"现代人事管理之父"。

欧文对管理学中的贡献是,摒弃了过去那种把工人当作工具的做法,着力改善工人劳动条件。他的管理思想基于"人是环境的产物"这一法国唯物主义学者的观点。欧文认为,好的环境可以使人形成良好的品行,坏的环境则使人形成不好的品行。他对当时很多资本家过分注重机器而轻视人的做法提出了强烈批评,并采用多种办法致力于改善工人的工作环境和生活环境。

2.1.2.2 古典管理理论

英国工业革命爆发以后,西方各国先后爆发了工业革命,各国的生产力成倍增长,客观上需要不断拓展国际市场空间。在工业生产高速发展和贸易的强力推动下,1820 年英国占世界工业生产总额的一半,把其他国家的经济都远远甩在后面,到了 1850 年仍占到 39%。同时,西方各国竞争日益激烈,产品越来越超出了国内市场的容量。由于技术的进步,劳动生产率的提高,价格也大幅度下降,产品逐渐积压,经济危机爆发了。仅以 1847 年英国经济危机为例,整个工业生产下降了25%,1847~1849 年破产的企业超过 6000 家,1848 年法国工业生产下降 35%。经济危机深深地困扰着发展中的西方世界。

工业文明的建立,使原有的小农自然经济下的农民变为适应现代大工业生产的产业工人。服从于机器的工人,其人性改变是通过极其残酷的鞭打和体罚强制完成的,这种特点促进了社会的进步。工业革命以后的人性如何适应其工业生产的蓬勃发展,管理大师们进行了不断的探索,这一阶段的管理思想发展出现了异彩纷呈的局面,为 20 世纪初的科学管理的建立及古典组织理论的发展作好了准备。

1865 年南北战争结束以后不久,美国很快形成了一种新的工业发展气氛,不少的工业部门开始出现了大型企业。由于工业的快速发展,对提高生产率来说,管理成为最为薄弱的环节。当时尽管有一些人对管理进行了探索,但基本上仍然是凭传统的经验办事,管理十分粗糙。车间管理如劳动的专业化、操作的标准化和程序化都没有建立起来,更谈不上工作的协调化、一体化和系统化,不仅造成了极大浪费,而且效率低下,生产的潜力得不到发挥。于是,有一批工程师、企业家对工厂、车间经营效率不高的原因进行了研究,通过实验来寻求合理组织生产和发挥工人潜力的方法,泰勒就是在这种情况下走上历史舞台的。

1) 弗雷德里克·泰勒和科学管理理论

科学管理理论体系的建立中作出了贡献的不仅仅是泰勒一个人,而是一个群体。他们为丰富科学管理的内容、传播科学管理的原理作出了极为重要的贡献。在这群人中较为突出的人还有:卡尔·乔治·巴思、亨利·劳伦斯·甘特、弗兰克·吉尔布雷思和莉莲·吉尔布雷思等。

弗雷德里克·温斯洛·泰勒(Frederick Winslow Taylor,1856~1915)被尊称为"科学管理之父",他影响了流水线生产方式,影响了人类工业化的进程。他的著作较多,其中最著名的是 1895 年发表的《计件工资》和 1903 年发表的《工厂管理》以及 1912 年发表的《科学管理原理》。

在泰勒的早期教育中,他大量学习古典著作并学习了法语和德语。泰勒迷恋科学调查研究和实验,强烈希望遵照事实改进和改革事物。他还对缺乏优良的方法充满了不满,并且发明了一些精巧的器具,这些都为他后期取得成功奠定了基础。

泰勒真正开始观察管理问题,可能是刚到米德维尔工厂当工人的时候。他发现了许多工人在干活时磨洋工、工作效率低下的现象,泰勒不再采用罚款和降低工资的方法,而是建立了严格的制度,确定了一个大家都能接受的客观标准,这就是真正的科学管理思想。这主要反映在他进行的三个最有名的试验中:①搬运铁块实验;②铁砂和煤炭的铲掘实验;③金属切削实验。泰勒的三项实验可以说都取得了成功,也付出了巨大的代价,但是这些实验将他的科学管理思想理论深深地扎根在科学实验的基础上,使之成为了一门真正的科学。这也正是其理论能对当时社会起到巨大推动作用的原因。

泰勒认为只有用科学化、标准化的管理替代传统的经验管理,才是实现最高工作效率的手段。科学管理理论的核心是:①管理要科学化、标准化;②要倡导精神革命,劳资双方利益一致;③实施科学管理的结果是提高了生产效率,而高效率是雇员和雇主实现共同富裕的基础。

科学管理理论应用的成功案例之一,即利用甘特图表进行计划控制,创建了世界第一条福特汽车流水生产线 ,实现了机械化的大工业,大幅度提高了劳动生产率,出现了高效率、低成本、高工资和高利润的局面。

科学管理实际上是一种转变人性的管理,是将人从传统的小农思想意识转变为现代的社会化大生产的思想意识。这是一场革命。正如美国管理学家德鲁克指出:"科学管理只不过是一种关于工人和工作系统的哲学,总的来说它可能是自联邦主义文献以后,美国对西方思想作出的最特殊的贡献。"

但是,泰勒的科学管理理论也有其一定的局限性。如研究的范围比较小,内容比较窄,侧重于生产作业管理,这也许是和泰勒本人的经历有直接关系。其缺陷是在所难免的,这也正是需要泰勒之后的管理大师们创建新的管理理论来加以补充的地方。

2) 卡尔·乔治·巴思

卡尔·乔治·巴思(1860~1939)是泰勒的最早、最能干也是最亲密的助手。巴思帮助泰勒解决了大多数金属的切削问题和工具标准化问题。在实践上,科学管理理论先是在美国的杜邦公司进行了广泛的应用,然后扩展到美国的通用汽车公司,并都取得了成功。

3) 亨利·L·甘特

甘特(Henry L. Gantt,1861~1919)是泰勒创立和推广科学管理制度的亲密的合作者,也是科学管理运动的先驱者之一。甘特提出了任务和奖金制度,发明了甘特图,即生产计划进度图。甘特非常重视工业中人的因素,因此他也是人际关系理论的先驱者之一。他要比泰勒更关心工人的利益。

甘特为管理学界所熟知的是他发明的甘特图(Gantt Chart)。甘特图表的实质是为了表明如何通过各种活动来恰当安排工作的程序和时间,以完成该项工作。管理人员能够从甘特图所提供的信息中看出哪一项工程或产品落后于预定的计划,然后采取行动加以纠正,以便使工程赶上计划的安排,或者将货物延运的时间以及预计能够完成的日期通知雇主。管理学界有人认为,甘特用图表帮助管理进行计划与控制的做法是当时管理技术上的一次革命。甘特图后来被广泛推广应用,并且在它的基础上发展出计划评审法(PERT)、关键线路法等管理方法。

4)弗兰克·吉尔布雷斯和莉莲·吉尔布雷斯

弗兰克和莉莲是一对夫妇。在管理思想发展的历史上,这一对夫妇就像居里夫妇一样显得光彩夺目。吉尔布雷斯(Frank Gilbreth)被人们称之为"动作研究之父",而他的夫人莉莲·吉尔布雷斯(Lillian Gilbreth)也当之无愧是"管理的第一夫人",他们对管理思想发展的贡献是多方面的。

吉尔布雷斯夫妇认为,要取得作业的高效率,以实现高工资与低劳动成本相结合的目的,就必须做到:第一,要规定明确的高标准的作业量——对企业所有员工,不论职位高低,都必须规定其任务;第二,要有标准的作业条件——要为每个工人提供标准的作业条件(从操作方法到材料、工具、设备),以保证他能够完成标准的作业量;第三,完成任务者付给高工资——如果工人完成了给他规定的标准作业量,就应付给他高工资;第四,完不成任务者要承担损失——如果工人不能完成给他规定的标准作业量,他必须承担由此造成的损失。

上述内容是指要科学地规定作业标准和作业条件,实行刺激性的工资制度。其中,作业标准和作业条件必须通过时间研究和动作研究才能确定下来,而这种刺激性的工资制度,也就是差别计件工资制。

弗兰克·吉尔布雷斯被公认为"动作研究之父"。动作研究是把作业动作分解为最小的分析单位,然后通过定性分析,找出最合理的动作,以使作业达到高效、省力和标准化的方法。吉尔布雷斯把手的动作分为17种基本动作,如拿工具这一动作可以分解成17个基本动素:寻找、选择、抓取、移动、定位、装备、使用、拆卸、检验、预对、放手、运空、延迟(不可避免)、故延(可避免)、休息、计划、夹持等。吉尔布雷斯把这些基本动作定义为动素,而动素是不可再分的。这是一个比较精确分析动作的方法。

吉尔布雷斯夫妇为了记录各种生产程序和流程模式,制定了生产程序图和流程图。这两种图至今都还被广泛应用。

案例 2-2　科学管理理论对公司成本会计的影响

科学管理运动为成本会计实务及技术方法的进一步发展提供了契机。泰勒等工程师进行了工作分析和时间、动作研究,建立起特定单位产出所需的人工和材料的科学标准,开创了将间接制造费分配给产品成本的实务。并形成了费用预算、标准成本法和差异分析为主的,具有科学管理特性的会计管理技术方法。

20 世纪早期,纵向一体化的多元经营活动公司出现,为了协调和控制其多样化活动,管理控制实务技术方法的需求应运而生。在开发管理控制系统以协助多元活动及纵向一体化企业的成长方面,最成功且最具代表性的是杜邦公司。

杜邦公司开创了许多管理控制技术方法,当今大公司进行管理控制所用的基本技术方法在杜邦公司都已得到使用。在这些基本技术方法中,最主要、影响最持久的则是投资净利率(return-on-investment,ROI)指标的运用。该指标最早被杜邦公司的 Pierre Du Pont 用作衡量各个营业部门的效率和整个公司财务业绩的指标。1912 年,杜邦公司的财务经理 Donaldson Brown 进一步将 ROI 指标分解为产品销售周转率和营业销售净利率两大指标。这样,既可以让各部门知悉其业绩如何影响产品销售周转率或营业销售净利率并进而影响公司总的投资净利率;又可以让管理者解释在特定期间内 ROI 的实际数为何偏离预算数。Pierre Du Pont 和 Donaldson Brown 将 ROI 指针应用于部门层面上,这也是现代多数公司所用的利润中心和投资中心的起源。另外,杜邦公司还为审批营业预算和资本预算专门建立了资本配置程序和系统。

无疑,在当时,杜邦公司成为管理会计控制方法应用的先驱者。

1920 年,通用汽车公司(General Motors,GM)成为杜邦公司的子公司后,Pierre Du Pont,Donaldson Brown 和 Alfred Sloan 又在 20 年代早期在 GM 进行了管理控制系统的革新。实际上,多数现代企业的组织形式和报告评价体系都是从 GM 演进过来的。GM 的目标是着眼于整个商业周期获取满意的 ROI,而不强求盈余逐年增长,把企业管理控制系统的目标定位在整体管理水平的最高,而不仅仅是利润的增长。我们可以从中看出现代行为管理思想的缩影。

Pierre Du Pont 和 Alfred Sloan 同时为公司的高层经理设计了程序化的激励和利润分享计划,后者还采用了市场基础的内部转移价格制度。这些控制技术方法的应用,不但大大促进了企业管理会计的发展,并使其管理控制系统更趋完善。

自此,责任中心制度于焉诞生,并主导起整个西方的企业在经营管理、资本运营、企业组织、流程等方面的发展,进而形成一个普遍一致、追求资源、运用效率、强调分工合作、创造投资利润的西方企业文化。

在长达 70 余年的高效运作之后,西方企业凭借这套制度,纵横全球,建立起一个个跨国企业;然而,随着消费意识的觉醒和消费者保护法律的到来,更多的西方企业家与管理学者纷纷发现,这套制度欠缺合适的管理工具,来量化长期战略与公司远景达成与否的指标。1992 年,Robert Kaplan 和 David Norton 在《哈佛商业评论》上合作发表了一篇题为《平衡计分卡:企业绩效的驱动》(The Balanced Scorecard: Measures that Drive Performance)的文章,引起了各界对这一管理工具的广泛关注。

西方的企业家们,在原先责任中心制度的基础上,一方面重整组织与流程,另一方面建立了公司长期战略与公司愿景中的各项指标。原先管理科学中被广泛提到的例外原理 Exception Principle (Frederick Winslow Taylor,1856~1915,工业工程之父)有了正式运作工具。"责任中心制度"更加完善,并为企业的永续经营与持续发展,提供了一套具体操作的管理工具,进一步弥补了过去的不足。

5) 亨利·法约尔和一般管理理论

科学管理理论主要的贡献是在作业管理。受其影响,欧洲也出现了一批古典管理的代表人物及其理论,其中影响最大的首推法约尔及他的一般管理理论。亨利·法约尔(1841~1925)被后人尊称为"现代经营管理之父"。他最主要的贡献在于三个方面:从经营职能中独立出管理活动、提出管理活动所需的五大职能和 14 条管理原则。这三个方面也是其一般管理理论的核心。

1860~1872 年间的 12 年,法约尔只是一个等级较低的管理人员和技术人员;1872~1888 年的 16 年,他被提升为经理,负责管理一批矿井。这样,他不仅要从技术方面考虑,更要从管理和计划方面考虑,促使他对管理进行研究;1888 年,当公司处于破产边缘时,他被任命为总经理,他按照自己关于管理的思想和理论对公司进行了改革和整顿,关闭了一些经济效益不好的冶金工厂,并吸收资源丰富的新矿来代替资源枯竭的老矿。当法约尔 75 岁退休时,该公司已能在财务和经营上立于不败之地,至今仍是法国中部最大的采矿和冶金集团的一部分。1916 年,他在《矿业学会公报》上,发表了著名的管理著作《工业管理与一般管理》,标志着一般管理理论的形成。

管理必须善于预见未来。法约尔十分重视计划职能,尤其强调制定长期计划,这是他对管理思想作出的一个杰出贡献。他的这一主张,在今天看来仍像在他那个时代一样重要。面对剧烈变化的环境,计划职能更为关键。许多企业缺乏战略管理的思维,很少考虑长期的发展,不制定长期规划,其结果多为短期行为,丧失长远发展的后劲,埋下了不稳定的隐患。

尽管法约尔早就提出了"管理能力可以通过教育来获得"的思想,但今天,企业界的许多领导人仍然信奉"经验至上主义",认为"实践和经验是取得管理资格的唯一途径"。

法约尔的研究与泰勒的不同在于:泰勒的研究是从工厂管理的一端——"车床前的工人"开始实施,从中归纳出科学的一般结论,重点内容是企业内部具体工作的效率;而法约尔则是从总经理的办公桌旁,以"企业整体"作为研究对象,创立了他的一般管理理论。他认为,管理理论是指"有关管理的、得到普遍承认的理论,是经过普遍经验并得到论证的一套有关原则、标准、方法、程序等内容的完整体系;有关管理的理论和方法不仅适用于公私企业,也适用于军政机关和社会团体"。这正是其一般管理理论的基石。

法约尔与泰勒的科学管理并不矛盾,只不过是从两个方面来看待和总结管理实践。这些管理的职能和原则对企业而言,是"为和不为"的问题,而不是"能和不能"的问题;实质上也是企业维系长期的有效竞争的平台,有之未必然,无之必不然。

法约尔的一般管理理论对管理学的发展产生了巨大的影响,后来成为管理过程学派的理论基础。继泰勒的科学管理理论之后,一般管理理论被誉为管理学史上的第二座丰碑。

6) 马克斯·韦伯和组织管理理论

马克斯·韦伯是同泰勒和法约尔同一历史时期,并且对西方古典管理理论的确立作出杰出贡献的德国著名社会学家和哲学家。

韦伯在组织管理方面有关行政组织的观点对社会学家和政治学家都有着深远的影响。他不仅考察了组织的行政管理,而且广泛地分析了社会、经济和政治结构,深入地研究了工业化对组织结构的影响。他提出了理想的行政组织体系理论,其核心是组织活动要通过职务或职位而不是通过个人或世袭地位来管理。他的理论是对泰勒和法约尔理论的一种补充,对后世的管理学家,尤其是组织理论学家有重大影响,因而在管理思想发展史上被人们称之为"组织理论之父"。

韦伯的理想行政组织结构可分为三层,其中最高领导层相当于组织的高级管理阶层,行政官员相当于中级管理阶层,一般工作人员相当于基层管理阶层。企业无论采用何种组织结构,都具有这三层基本的原始框架。

韦伯指出,任何一种组织都必须以某种形式的权力为基础,才能实现其目标,只有权力才能变混乱为有序。如果没有这种形式的权力,其组织的生存都是非常危险的,就更谈不上实现组织的目标了,权力可以消除组织的混乱,使得组织的运行有秩序地进行。

2.2 现代管理思想与理论

2.2.1 行为科学管理理论

泰勒管理思想的核心是指导人们按科学理性的思维来进行管理。然而,人们的思想不完全是理性的。资本家为了摆脱危机,充分利用泰勒的科学管理原理加紧对工人的剥削,使得工人的生活水平急剧下降,工人反抗资本家的斗争也就愈益

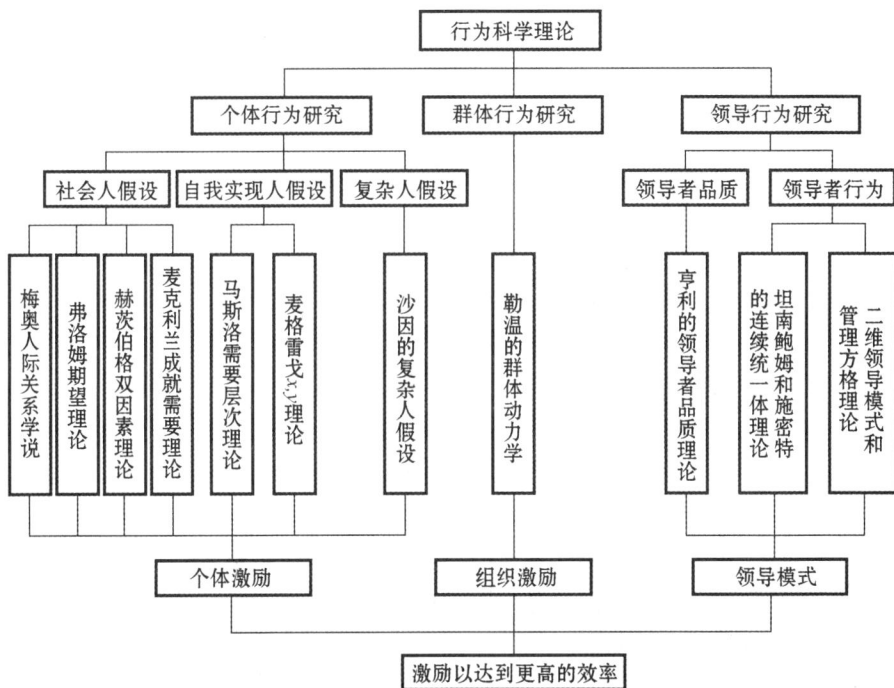

图 2-1 行为科学理论分支图(资料来源:郭咸刚)

激烈。为了实现一种新的"平衡",资产阶级的学者们开始寻求答案:一方面对传统的经济学理论进行思考。亚当·斯密的自由放任的经济理论是否还能在垄断资本主义高速发展的时期应用;一方面对泰勒的科学管理理论在管理工人方面的效能进行思考。反思的结果是,在经济学方面,凯恩斯主义的兴起为资本主义持续发展开出了药方;在管理学方面,梅奥开辟了人群关系和行为研究的新方向。行为科学就是在大萧条中,经过霍桑实验后兴盛起来的。其实在霍桑实验之前,就有一些管理学家和心理学家对人的心理和行为进行了一些研究,曾建立起工业心理学,对管

理学的发展起过很大的推动作用,只不过在当时没有成为古典管理理论的主流。

狭义的行为科学是指应用心理学、社会学、人类学及其他相关学科的成果,来研究组织管理过程中人的行为和人与人之间关系规律的一门科学。它研究人类行为产生的原因,及人的行为动机和发展变化规律,目的在于有效地调动人的积极性,推动人类努力实现组织目标。广义的行为科学是指研究人的行为以及动物的行为,是一个学科群。

20 世纪 30 年代,资本主义陷入深重的经济危机和萧条时期。1929 年发生的经济危机持续了五年后,在没有经济高涨的情况下,又爆发了 1937～1938 年的经济危机。行为科学就是在这样一个时期产生的,并得到了确立。

2.2.1.1 梅奥和人际关系理论

行为科学是由人际关系学说发展起来的,它和工业心理学有密切的关系,后来又融合了人力资源学,而现代的管理心理学和组织行为学是行为科学的主要组成部分。由于社会快速发展,人随着社会环境的变化而变化,所以对人性的探索和对人的行为的研究永远是必要的,也是没有穷尽的。今天的行为科学来源于梅奥(George Elton Mayo)以及霍桑实验对人性的探索。

梅奥是人际关系理论的创始人,是行为科学理论(20 世纪 30～60 年代)的奠基之人。他进行了著名的霍桑试验,主要代表著作有《组织中的人》和《管理和士气》。梅奥的人际关系理论的重要贡献主要有两个方面:一是发现了霍桑效应;二是创立了人际关系学说。

1924～1932 年,以梅奥为首的美国国家研究委员会与西方电气公司合作,在美国西方电器公司霍桑工厂进行的长达九年的实验研究——霍桑试验,真正揭开了作为"组织中的人"的行为研究的序幕。霍桑试验的初衷是试图通过改善工作条件与环境等外在因素,找到提高劳动生产率的途径,先后进行了四个阶段的实验:照明试验、继电器装配工人小组试验、大规模访谈和对接线板接线工作室的研究。但试验结果却出乎意料:无论工作条件(照明度强弱、休息时间长短、工厂温度等)是改善还是未改善,试验组和非试验组的产量都在不断上升;在试验计件工资对生产效率的影响时,发现生产小组内有一种默契,大部分工人有意限制自己的产量,否则就会受到小组的冷遇和排斥,奖励性工资并未像传统的管理理论认为的那样使工人最大限度地提高生产效率。而在历时两年的大规模的访谈试验中,职工由于可以不受拘束地畅谈自己的想法,发泄心中的闷气,从而态度有所改变,生产效率也相应地得到了提高。

从霍桑实验中,梅奥认为影响生产效率的根本因素不是工作条件,而是工人本身。从某种程度上说明,在决定工人工作效率因素中,工人为团队所接受的融洽性和安全感较之奖励性工资更为重要。霍桑试验的研究结果否定了传统管理理论的对于人的假设,表明了工人不是被动的、孤立的个体,他们的行为不仅仅受工资的刺激,影响生产效率的最重要因素不是待遇和工作条件,而是工作中的人际关系。

据此,梅奥提出了自己的观点:

(1) 工人是"社会人"而不是"经济人"。梅奥认为,人们的行为并不单纯出自追求金钱的动机,还有社会方面的、心理方面的需要,即追求人与人之间的友情、安全感、归属感和受人尊敬等,而后者更为重要。因此,不能单纯从技术和物质条件着眼,而必须首先从社会心理方面考虑合理的组织与管理。

(2) 企业中存在着非正式组织。企业中除了存在着古典管理理论所研究的为了实现企业目标而明确规定各成员相互关系和职责范围的正式组织之外,还存在着非正式组织。这种非正式组织的作用在于维护其成员的共同利益,使之免受其内部个别成员的疏忽或外部人员的干涉所造成的损失。为此非正式组织中有自己的核心人物和领袖,有大家共同遵循的观念、价值标准、行为准则和道德规范等。在正式组织中,以效率逻辑为其行为规范;而在非正式组织中,则以感情逻辑为其行为规范。如果管理人员只是根据效率逻辑来管理,而忽略工人的感情逻辑,必然会引起冲突,影响企业生产率的提高和目标的实现。因此,管理者必须重视非正式组织的作用,注意在正式组织的效率逻辑与非正式组织的感情逻辑之间保持平衡,以便管理人员与工人之间能够充分协作。

(3) 新的领导能力在于提高工人的满意度。在决定劳动生产率的诸因素中,置于首位的因素是工人的满意度,而生产条件、工资报酬只是第二位的。职工的满意度越高,其士气就越高,从而生产效率就越高。高的满意度来源于工人个人需求的有效满足,不仅包括物质需求,还包括精神需求。

梅奥霍桑实验的结果重于强调个体的激励,忽视了整体战略规划在目标、方向和过程中的重要地位,而人际关系理论的缺陷则过于强调人。但综合来看,梅奥等人的研究仍然是古典管理学向行为科学管理学过渡的鲜明标志,其"霍桑实验"及"人际关系学说"具有里程碑的意义。

2.2.1.2 马斯洛和需要层次理论

亚伯拉罕·马斯洛(Abraham Harold Maslow,1908～1970)是美国社会心理学家、人格理论家和比较心理学家,人本主义心理学的主要发起者和理论家,曾任美国人格与社会心理学会主席和美国心理学会主席(1967)。

在马斯洛看来,人类价值体系存在两类不同的需要,一类是沿生物谱系上升方向逐渐变弱的本能或冲动,称为低级需要和生理需要。一类是随生物进化而逐渐显现的潜能或需要,称为高级需要。1943 年马斯洛发表的《人类动机的理论》(A Theory of Human Motivation Psychological Review)一书中提出了需要层次论。这种理论的构成根据三个基本假设:

（1）只有未满足的需要能够影响行为，满足了的需要不能充当激励工具。

（2）人的需要按重要性和层次性排成一定的次序，从基本的（如食物和住房）到复杂的（如自我实现）。

（3）当人的某一级的需要得到最低限度满足后，才会追求高一级的需要，如此逐级上升，成为推动继续努力的内在动力。

马斯洛理论把需求分成生理需求、安全需求、社会需求、尊重需求和自我实现需求五类，依次由较低层次到较高层次。马斯洛还认为：在人自我实现的创造性过程中，产生出一种所谓的"高峰体验"的情感，这个时候是人处于最激荡人心的时刻，是人的存在的最高、最完美、最和谐的状态。

马斯洛的需求层次理论，在一定程度上反映了人类行为和心理活动的共同规律，从人的需要出发探索人的激励和研究人的行为，抓住了问题的关键。因此，需要层次理论对企业管理者如何有效地调动人的积极性有启发作用。

2.2.1.3 赫茨伯格和双因素理论

双因素理论（Two Factor Theory）又叫激励保健理论（Motivator-Hygiene Theory），是美国的行为科学家弗雷德里克·赫茨伯格（Fredrick Herzberg）提出来的。双因素激励理论是"工作丰富化"的重要内容之一。

20世纪50年代末期，赫茨伯格和他的助手们在美国匹兹堡地区对200名工程师、会计师进行了调查访问。访问主要围绕两个问题：在工作中，哪些事项是让他们感到满意的，并估计这种积极情绪持续多长时间；又有哪些事项是让他们感到不满意的，并估计这种消极情绪持续多长时间。结果他发现，使职工感到满意的都是属于工作本身或工作内容方面的；使职工感到不满的，都是属于工作环境或工作关系方面的。他把前者叫做激励因素，后者叫做保健因素。

保健因素的满足对职工产生的效果类似于卫生保健对身体健康所起的作用，它不是治疗性的，而是预防性的。保健因素包括公司政策、管理措施、监督、人际关系、物质工作条件、工资、福利等。当这些因素恶化到人们认为可以接受的水平以下时，就会产生对工作的不满意。但是，当人们认为这些因素很好时，它只是消除了不满意，并不会导致积极的态度，这就形成了某种既不是满意、又不是不满意的中性状态。

那些能带来积极态度、满意和激励作用的因素就叫做"激励因素"，这是那些能满足个人自我实现需要的因素，包括：成就、赏识、挑战性的工作、增加的工作责任，以及成长和发展的机会。如果这些因素具备了，就能对人们产生更大的激励。从这个意义出发，赫茨伯格认为传统的激励假设，如工资刺激、人际关系的改善、提供良好的工作条件等，都不会产生更大的激励，它们能消除不满意，防止产生问题，但这些传统的"激励因素"即使达到最佳程度，也不会产生积极的激励。按照赫茨伯格的意见,管理者应该认识到保健因素是必需的,不过它一旦使不满意中和以后,就不能产生更积极的效果。只有"激励因素"才能使人们有更好的工作成绩。

赫茨伯格的双因素理论,和马斯洛的需要层次理论、麦克利兰的成就激励理论一样,重点在于试图说服员工重视某些与工作绩效有关的原因。

2.2.1.4 弗鲁姆的期望理论

美国心理学家弗鲁姆(Victor Vroom)认为人们从事各项活动能够得到的满足,与自己能否胜任这项工作和对这项工作的评价有极大的关系。他在1964年发表的《工作与激励》一书中提出了期望理论的主要观点,即可以得出人们在工作中的积极性或努力程度(激发的力量)是效价和期望值的乘积:

$$M = V \times E$$

式中:M 表示激发的力量,V 表示效价,E 表示期望值。

所谓效价,是指一个人对某项工作及其结果(可实现的目标)能够给自己带来满足程度的评价,即对工作目标有用性(价值)的评价。所谓期望值,是指人们对自己能够顺利完成这项工作的可能性估价,即对工作目标能够实现的概率的估计。

期望理论指出,当行为者对某项活动及其结果的效用评价很高,而且估计自己获得这种效用的可能性很大,那么领导者用这种活动和结果来激励他就可取得良好的效果。

2.2.1.5 麦克利兰的成就需要理论

1966年美国行为科学家麦克利兰(David C. McClelland,1917~)在他的《促使取得成就的事物》一书中提出了成就需要理论。他认为人有三类基本激励需要:对权力的需要、对社交的需要以及对成就的需要,他对这三种需要作了相当多的研究和测试。这种理论在管理上有着十分重要的作用。

(1) 对权力的需要。具有较大权力欲的人对施加影响和控制表现出极大的关切。这种人一般追求领导者的地位、好辩论、健谈、直率、头脑冷静、有能力并善于提出要求、喜欢演讲。

(2) 对社交的需要。极需社交的人常从友爱中得到快乐,并因被某个社会团体拒绝而痛苦,他们关心保持融洽的社会关系、亲密无间、互相谅解、助人为乐。

(3) 对成就的需要。追求成就的人,对成功有一种强烈的要求,同时也十分担心失败。他们愿意接受挑战,为自己树立一个具有一定难度的目标(但不是不能达到的),对待风险采用一种现实主义的态度,宁愿承担所做工作的个人责任,对他们正在进行的工作情况期望得到明确而迅速的反馈,一般不常休息,喜欢长时间地工作,遇到失败后也不过分地伤心,这种人一般喜欢表现自己。

2.2.1.6 麦格雷戈和"X理论—Y理论"

X理论和Y理论(Theory X and Theory Y)是管理学中关于人们工作原动力

的理论,由美国心理学家道格拉斯·麦格雷戈(Douglas McGregor)1960 年在其所著《企业中人的方面》一书中提出来的。这是一对完全基于两种完全相反假设的理论,X 理论认为人们有消极的工作原动力,而 Y 理论则认为人们有积极的工作原动力。

X 理论是麦格雷戈对把人的工作动机视为获得经济报酬的"实利人"的人性假设理论的命名。主要观点是:人类本性懒惰,厌恶工作,尽可能逃避;绝大多数人没有雄心壮志,怕负责任,宁可被领导;多数人必须用强制办法乃至惩罚、威胁,才能使他们为达到组织目标而努力;激励只在生理和安全需要层次上起作用;绝大多数人只有极少的创造力。因此企业管理的唯一激励办法,就是以经济报酬来激励生产,只要增加金钱奖励,便能取得更高的产量。所以这种理论特别重视满足职工生理及安全的需要,同时也很重视惩罚,认为惩罚是最有效的管理工具。

麦格雷戈是以批评的态度对待 X 理论的,他指出:传统的管理理论脱离现代化的政治、社会与经济来看人,是极为片面的。这种软硬兼施的管理办法,其后果是导致职工的敌视与反抗。他针对 X 理论的错误假设,提出了相反的 Y 理论。Y 理论指将个人目标与组织目标融合的观点,与 X 理论相对立。

Y 理论的主要观点是:一般人本性并不厌恶工作,如果给予适当机会,人们喜欢工作,并渴望发挥其才能;多数人愿意对工作负责,寻求发挥能力的机会;能力的限制和惩罚不是使人去为组织目标而努力的唯一办法;激励在需要的各个层次上都起作用;想像力和创造力是人类广泛具有的。

X 理论把人的行为视为机器,需要外力作用才能产生,Y 理论把人视为一个有机的系统,其行为不但受外力影响,而且也受内力影响。这是两种截然不同的世界观、价值观。当然并无证据证实某一种假设更为有效,也无证据表明采用 Y 理论的假设并相应改变个体行为的做法,能更有效地调动员工的积极性。

Y 理论在近几十年中越来越受到管理者的重视和应用。从表面上看,Y 理论和 X 理论是相互对立的,但实际上它们是同一个问题的两个侧面,而不是互不兼容的必选其一的对立关系,一味地强调一个方面显然是片面的。

值得一提的是,日本学者威廉·大内在比较了日本企业和美国企业的不同的管理特点之后,参照 X 理论和 Y 理论,提出了所谓 Z 理论,将日本的企业文化管理加以归纳。Z 理论强调管理中的文化特性,主要由信任、微妙性和亲密性所组成。

2.2.1.7 埃德加·沙因的复杂人假设

除了 X 理论和 Y 理论对人性进行了系统分析外,美国行为科学家埃德加·沙因(Edgar Schein,1928～)在 1965 年出版的《组织心理学》中对人性进行了归类,并提出了四种人性假设,分别是:理性经济人假说(相当于 X 理论),社会人的假说,自我实现人的假说(相当于 Y 理论),复杂人的假说。

复杂人假设的主要内容包括：每个人都有不同的需要和不同的能力，工作的动机不但是复杂的而且变动性很大，人的许多动机安排在各种重要的需求层次之上，这种动机阶层的构造不但因人而异，而且同一个人在不同的时间和地方也是不一样的；一个人在组织中可以学到新的需求和动机，因此一个人在组织中表现的动机模式是他原来的动机模式与组织经验交互的结果；人在不同的组织和不同的部门中可能有不同的动机模式，在正式组织中与别人不能合群，可能在非正式组织中能满足其社会需要和自我实现的需要；一个人是否感到心满意足，肯为组织出力，决定他本身的动机构造和他同组织之间的相互关系，工作的性质、本人的工作能力和技术水平，动机的强弱以及与同事间的相处的状况都可能产生影响；人可以依自己的动机、能力及工作性质对不同的管理方式作出不同的反应。

沙因对复杂人假设以及对人性的各种情况进行了一个非常好的归纳，给管理者提供了一个较好的坐标，这也是对管理思想的一个较重要的发展。事实上没有一种适合于任何时代、任何人的万能管理方式，因此以复杂人的假设为依据产生了权变理论。

2.2.1.8　行为科学理论小结

和传统的管理理论相比较，泰罗的科学管理理论无疑是一次大的飞跃，在一定程度上促进了企业劳动生产率的提高和劳资关系的缓和。可是遗憾的是，科学管理理论忽略了人的感情需求这一管理活动中最重要的要素。行为科学理论的出现，弥补了科学管理理论的不足，为管理学科的进一步发展输入了强大的动力，并成为管理理论的另外一块奠基石。

行为科学理论研究的内容包括：人的本性和需要、行为动机、人际关系等。主要研究个体行为、团体行为与组织行为。目的在于研究人的心理、行为等高效率地实现组织目标的影响作用。整个系统的管理效果，实质上就是对人的管理效果的综合体现。行为科学对个体行为的研究、群体行为的研究、领导行为的研究等，不但奠定了管理学进一步发展演进的基础，也为心理学、社会学等领域作出了巨大的贡献。

2.2.2　现代管理理论的丛林

心理学的发展，促成了行为科学理论的产生与发展。而当人们对人性认识得越多，其人性本身的复杂性和研究的深化就会产生越多的人性假设，因而人们在管理学的研究方向上，就越发呈现出多样性。而另一方面，自然科学思想也以其成熟的魅力渗透进管理科学的研究中，众多自然科学新的研究成果，如信息论、系统论和控制论，对管理科学研究百花齐放局面的出现起到了推波助澜的作用。

二战后，科学技术和社会格局的巨大变化，使管理学的主流从行为科学，逐渐演变成现代管理理论的丛林。经过第二次世界大战,在战胜国中英、法两国沦为二等的国家,只有美国在战争中得到了繁荣,成为唯一的超级大国。原子能、计算机、新材料、空间技术和生物工程等科学技术革命推动工业生产力的发展。1973 年末爆发了世界性的经济危机,从此资本主义世界进入了滞涨时期,或对经济结构、经济政策进行重新调整的时期,企业结构发生变化。战后国际形势的这些变化,无疑给企业的管理提出了各种各样的要求。管理理论就出现了各种不同的观点和不同的流派。它们构成了现代管理理论发展的大趋势。

2.2.2.1 哈罗德·孔茨和管理过程学派

管理过程学派又叫管理职能学派、经营管理学派。这个学派在西方是继古典管理理论学派和行为科学学派之后影响最大、历史最久的一个学派。事实上古典管理理论的创始人之一法约尔就是这个学派的开山鼻祖,这个学派后来经美国的管理学家罗哈德·孔茨等人的发扬光大,成为现代管理理论学丛林中的一个主流学派。管理过程学派的研究对象就是管理的过程和职能。

管理过程学派代表人物及代表著作有:詹姆斯·穆尼《组织原理》、拉尔夫·戴维斯《工厂组织和管理原则》、哈罗德·孔茨《管理学原理》、威廉·纽曼《管理过程:思想、行为和实务》。

哈罗德·孔茨(Harold Koontz,1908~1984),美国管理学家,管理过程学派的主要代表人物之一。《管理学》是孔茨与奥唐奈合著的一部著名管理学著作,这部著作是西方企业管理过程学派的代表作之一。1955 年初版时原名为《管理原理》,1980 年第 7 版时改书名为《管理学》。孔茨的《管理学》奠定了孔茨作为管理过程学派的主要代表人物之一的学术地位,从而在西方管理学界产生了很大的影响。管理过程是孔茨和西里尔·奥唐奈首先提出的。

管理过程学派的主要特点是将管理理论同管理人员所执行的管理职能,也就是管理人员所从事的工作联系起来。他们认为,无论组织的性质多么不同,组织所处的环境有多么不同,但管理人员所从事的管理职能却是相同的,管理活动的过程就是管理的职能逐步展开和实现的过程。因此,管理过程学派把管理的职能作为研究的对象,他们先把管理的工作划分为若干职能,然后对这些职能进行研究,阐明每项职能的性质、特点和重要性,论述实现这些职能的原则和方法。

此外,孔茨还首次提出"管理理论的丛林"说法,把流行的管理理论学派划分为十一大学派,并分析了学派林立的原因。由此,孔茨又被称为"穿梭在管理丛林中的游侠"。

2.2.2.2 埃尔伍德·斯潘赛·伯法和管理科学学派

管理科学学派,也称计量管理学派、数量学派。管理科学学派的理论渊源,可以追溯到 20 世纪初泰勒的"科学管理"。管理科学学派的主要代表人物包括:兰彻斯特、希尔、埃尔伍德·斯潘塞·伯法、霍勒斯·利文森,主要用定量分析的研究方法,对管理进行程序化和最优化。埃尔伍德·斯潘赛·伯法是西方管理科学学派的代表人物之一,代表作是《现代生产管理》。

第二次世界大战时期,为解决国防需要产生了"运筹学",发展了新的数学分析和计算技术,例如:统计判断、线性规划、排队论、博弈论、统筹法、模拟法、系统分析等。这些成果应用于管理工作就产生了"管理科学理论"。

就管理科学的实质而言,它是泰勒的科学管理的继续与发展,因为他们都力图抛弃凭经验、凭主观判断来进行管理,而提倡采用科学的方法,探求最有效的工作方法或最优方案,以达到最高的工作效率,以最短的时间、最小的支出,得到最大的效果。不同的是,管理科学的研究,已经突破了操作方法、作业研究的范围,而向整个组织的所有活动方面扩展,要求进行整体性的管理。由于现代科学技术的发展,一系列的科学理论和方法被引进到管理领域。因此,管理科学可以说是现代的科学管理。其基本特征是:以系统的观点,运用数学、统计学的方法和电子计算机技术,为现代管理决策提供科学的依据,解决各项生产、经营问题。

但是,也必须指出,管理科学方法的应用也有它的局限性,比如,管理科学学派的适用范围有限,并不是所有管理问题都是能够定量的,这就影响了它的使用范围。

2.2.2.3 切斯特·巴纳德和社会系统学派

社会系统学派从社会学的观点来研究管理,认为社会的各级组织都是一个协作的系统,进而把企业组织中人们的相互关系看成是一种协作系统。这种思想可以追溯到意大利的社会学家维尔弗雷多·帕雷托(1848~1923)和 20 世纪 20 年代的美国女学者福莱特。社会系统学派的创始人是美国管理学家切斯特·巴纳德。西蒙的决策理论学派是社会系统学派的发展。社会系统学派主要研究组织协作系统和经理人员的职能。

1938 年,巴纳德发表了《经理的职能》一书,在这本著作中,他对组织和管理理论的一系列基本问题都提出了与传统组织和管理理论完全不同的观点。他认为组织是一个复杂的社会系统,应从社会学的观点来分析和研究管理的问题。由于他把各类组织都作为协作的社会系统来研究,后人把由他开创的管理理论体系称作社会系统学派。

1938 年正处于行为科学学派的发展初期,人际关系学说的兴起,使管理学者已经开始注意使用社会学、心理学的方法来分析和处理管理问题,注意协调好组织中的人际关系。但在巴纳德看来,梅奥等人的人际关系学说研究的重点只是组织中人与人之间的关系,这种人际关系强调的是行为个体相互之间的关系,并没有研究行为个体与组织之间的关系协调问题。而如果将组织看作是一个复杂的社会系统,要使系统运转有效,则必然涉及到组织中个人与组织间的协调问题。以巴纳德组织理论为代表的社会系统学派的观点奠定了现代组织理论的基础,对管理思想的发展,特别是组织理论的发展产生了深远的影响。

巴纳德的管理职能理论和古典管理理论大不相同。古典组织理论关于管理职能的划分,是从对管理的过程的分析中提炼出来的,而巴纳德是以自己的组织理论为基础来展开管理职能的分析,把管理者的职能归结为提供信息交流的体系、促成个人付出必要的努力和规定组织的目标,从而把管理者的职能作用同组织的要素联系起来,同组织的生存和发展联系起来,从组织的要素来分析管理的职能,这是其他学派所没有的。

到 20 世纪 40 年代末,现代组织理论的构架已经形成,并于 20 世纪 50 年代后伴随着管理科学和运筹学的兴起向管理实践领域渗透,从而进一步推动管理研究的进程。因此,决策理论学派、系统管理学派和现代组织管理论同社会系统学派都有较深的渊源。

2.2.2.4 西蒙和决策理论学派

决策理论学派的主要代表人物是曾获 1978 年度诺贝尔经济学奖的赫伯特·西蒙。决策理论学派是在第二次世界大战之后发展起来的一门新兴的管理学派,是以社会系统论为基础,吸收了行为科学、系统论的观点,运用电子计算机技术和统筹学的方法而发展起来的一种理论。

第二次世界大战后,随着现代生产和科学技术的高度分化与高度综合,企业的规模越来越大,特别是跨国公司不断地发展,这种企业不仅经济规模庞大,而且管理十分复杂。同时,这些大企业的经营活动范围超越了国界,使企业的外部环境发生了很大的变化,面临着更加动荡不安和难以预料的政治、经济、文化和社会环境。在这种情况下,对企业整体的活动进行统一管理就显得格外重要了。

西蒙虽然是决策学派的代表人物,但他的许多思想是从巴纳德的理论中吸取来的,他发展了巴纳德的社会系统学派,并提出了决策理论,建立了决策理论学派,形成了一门有关决策过程、准则、类型及方法的较完整的理论体系,主要著作有《管理行为》、《组织》、《管理决策的新科学》等。

西蒙管理理论的一个重要特点,是把各种具体的组织观念加以抽象,重点分析组织活动的一般特征,指出决策是贯穿于组织活动全部过程的核心内容,进而提出了"管理就是决策"的命题。因此决策理论不仅适用于企业,而且适用于其他各种组织的管理,具有普遍的适用性。与其他理论相比,西蒙的管理理论不仅仅讨论管理的政策措施问题,也不是仅仅讨论管理的技术方法问题,而是深入分析和说明组织活动的机制,并为此提出了诸如决策前提、组织影响力、决策的程序化和非程序化、诱因与贡献等一系列与决策相连的概念,并由此确立了自己的理论结构,为行为科学的决策理论奠定了理论基础。

决策理论尽管有许多其他理论所不具备的优点,但仍存在以下缺陷:管理是一种复杂的社会现象,仅靠决策也无法给管理者有效的指导,实用性不大;决策学派没有把管理决策和人们的其他决策行为区别开来。决策学派没有把管理决策和人们的其他行为区别开来,其根本原因是没有认识到管理的本质。

2.2.2.5 系统理论学派

系统管理学派是运用系统科学的理论、范畴及一般原理,全面分析组织管理活动的理论。美国的理查德·约翰逊和弗里蒙特·卡斯特、詹姆斯·格黑尔·米勒(James Grier Miller)是实用系统理论的代表人物,梅·萨洛维奇是数学系统理论的代表人物。

系统管理学派从系统观点出发,认为工商企业是一个由相互联系而共同工作的各个要素(子系统)所组成的,以便达到一定目标(既有组织的目标,又有其成员的个人目标)的系统。工商企业又是一个开放的系统,它同周围环境(顾客、竞争者、工会、供货者、政府等)之间存在着动态的相互作用,并具有内部和外部的信息反馈网络,能够不断地自动调节,以适应环境和自身的需要。

系统管理学派的理论基础是系统科学,而系统科学在进入20世纪90年代后有长足发展,如耗散结构理论、协同学和突变论,以及超循环理论和混沌理论,这些理论的新进展对系统管理理论的发展产生了新的促进作用。

2.2.2.6 彼得·德鲁克和经验主义学派

经验主义学派又被称为经理主义学派,这一学派以向西方大企业的经理提供管理企业的成功经验和科学方法为目标。可以划归为这一学派的人很多,其中有管理学家、经济学家、社会学家、统计学家、心理学家、大企业的董事长、总经理及管理咨询人员。他们的基本管理思想是:有关企业管理的理论应该从企业管理的实际出发,特别是以大企业管理经验为主要研究对象,加以抽象和概括,然后传授给管理人员,向经理提出实际的建议。也就是说,他们认为管理学就是研究管理的经验。通过研究管理中的成功和失败,就能了解管理中存在的问题,就自然而然地进行有效管理。

经验主义学派是一个庞杂的学派,有的受古典管理理论影响较深,有的倾向于行为科学,有的认为系统科学比较有用,有的介于这些学科之间。但是他们都是把实践放在第一位,以适用为主要目的。对实践经验高度总结是经验主义学派的主要特点。主要代表人物是彼得·德鲁克。权变理论是经验主义学派的发展。

彼得·德鲁克(Peter F. Drucker,1909~2005)是当代最著名的经验主义管理学家,他的代表作是《管理——任务、责任、实践》。经验主义学派认为管理是对人进行管治的一种技巧,是一个特殊的独立的活动,同时也是一个独立的知识领域。他们认为管理学是由一个工商企业管理的理论和实践的各种原则组成,管理的技巧、能力、经验不能移植并应用到其他机构中去,管理的定义是努力把一个人群或团体朝着某个共同目标引导、领导和控制。显然,一个好的管理者就是能使团体以最少的资源和人力耗费达到其目的的管理者。

2.2.2.7 亨利·明茨伯格和经理角色学派

经理角色学派是 20 世纪 70 年代才在西方出现的一个管理学派,是英文 Management Roles Approach 的意译。经理角色学派来源于巴纳德经理人员职能研究,主要代表人物是亨利·明茨伯格(Henry Mintzberg,1930～),主要研究计算机应用企业管理的三个阶段和三个不同层次。彼得·圣吉的领导者角色理论是经理角色学派的发展。1973 年出版的《经理工作的性质》是明茨伯格的主要代表作,也是经理角色学派最早出版的经典著作。

它之所以被人们叫做经理角色学派,是由于它以对经理所担任角色的分析为中心来考虑经理的职务和工作,以求提高管理效率。他们所讲的"经理"是指一个正式组织或组织单位的主要负责人,拥有正式的权力和职位。至于"角色",该学派的创始人明茨伯格曾在《经理工作的性质》一书中作了这样的说明:"角色这一概念,是行为科学从舞台的术语中借用到管理学中来的。角色就是属于一定职责或地位的一套有理的行为。演员、经理和其他人担任的角色是事先规定好的,虽然各人可能以不同的方式来解释这些角色。"

经理角色理论是在现代企业组织理论基础上发展起来的,是在经营权与所有权分离以后经理成为一种职业的产物。该理论不仅对理解经理人的角色、工作性质、职能、经理的培养具有重要意义,而且还对如何提高经理工作效率,尤其是对经营管理体制(如激励机制、监控机制、决策机制)设计具有重要的现实意义。由于经理工作极为重要,权力又非常之大,其行为的影响又非常深远,因此如何建立既不影响经理发挥职能,又能有效地发挥其积极性、创造性,同时又能约束其滥用职权的制度,就是现代企业制度研究的重要课题。

2.2.2.8 卢桑斯和权变理论学派

权变理论学派是 20 世纪 60 年代末 70 年代初在美国经验主义学派基础上进一步发展起来的管理理论。权变理论认为,在组织管理中要根据组织所处的环境和内部条件的发展变化随机应变,没有什么一成不变、普遍适用、最好的管理理论和方法。权变管理就是依托环境因素和管理思想及管理技术因素之间的变数关系来研究的一种最有效的管理方式。该学派出现时,受到西方一些管理学者的高度评价,认为它比其他的管理理论有更大的前途,是解决在环境动荡不定情况下进行管理的一种好的方法,能使管理走出管理理论的丛林。

卢桑斯是权变学派的主要代表人物。弗雷德·卢桑斯(Fred Luthans)是美国尼勃拉斯加大学的教授,他在 1973 年发表了《权变管理理论:走出丛林的道路》的文章,1976年他又出版了《管理导论:一种权变学说》,系统地介绍了权变管理理论,提出了用权变理论可以统一各种管理理论的观点。

权变学说试图把环境对管理的作用具体化,并使管理理论与管理实践密切联系起来。权变学派的主要作用是将管理理论有效地指导管理实践,它在管理理论与实践之间成功地架起了一座桥梁。权变理论的出现,对于管理理论有着某些新的发展和补充。主要表现在它比其他一些学派与管理实践的联系更具体一些,与客观的现实更接近一些。

1961年美国管理学家哈罗德·孔茨发表的《管理理论丛林》一文把当时西方的管理学派分为6个学派,它们是:管理过程学派、经验学派、人群行为学派、社会系统学派、决策学派、数理学派。还有一些西方学者提出了补充,如经济分析和会计学学派、管理科学学派、工业工程学派等。1980年孔茨又发表了《再论管理理论丛林》一文,指出西方的管理理论已经发展到11个学派:经验案例学派、人际关系学派、群体行为学派、社会协作系统学派、数学(管理科学)学派、社会技术系统学派、决策理论学派、系统学派、权变学派、经理角色学派和经营管理(管理过程或管理职能)学派。

随着世界经济的飞速发展,企业管理的主要课题,开始由如何提高组织内部效率转向了组织如何适应环境的领域,探讨组织与环境关系的研究活跃起来。20世纪80年代以来许许多多新的管理理论相继涌现如雨后春笋,争相斗艳,可以说一个新的管理理论丛林已经枝繁叶茂。

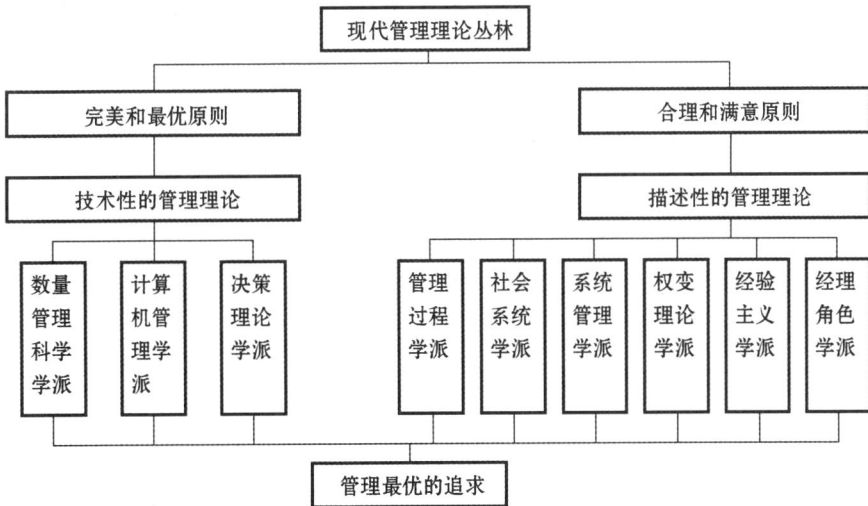

图 2-2　现代管理理论的丛林(资料来源:郭咸刚)

2.3 当代管理思想展望

西方管理思想萌芽于文艺复兴时期,得益于西方资本主义制度的确立,形成于19世纪末和20世纪初,成熟于第二次世界大战以后,即20世纪70年代末到80年代初这段时期,其转折点是1973年的世界能源危机,并萌芽于此的世界政治经济新格局。20世纪80年代末由于苏东剧变,世界由两极进一步向多极化方向发展。"9·11事件"以后,美国的对内对外政策发生了重大变化。在这种新的历史背景下,从宏观上来讲,各国政府都对自己的政治、外交、经济政策进行了调整。在微观上,各国企业同样也面临着新的形势。由于新的国际形势由原来的军事实力竞争转变为经济实力竞争,在世界范围的市场竞争显得更加激烈,企业生存发展尤为艰难。

进入20世纪80年代后,西方新的管理思想也正在形成而且处于不断的演化之中。在这种演化过程中表现出的一个比较突出的特点是西方的现代管理思想明显地向人性回归,对于人的研究大大地加强了;另一个明显的特征是管理理论研究在利用社会科学的其他理论和工具方面越来越强了,这表现在大量利用现代经济学、社会学、心理学、政治学等方面的研究成果,尤其是计算机技术的发展和普及对管理理论的发展起到了有力的推动作用,从而拓宽了管理理论的视野,加强了管理理论的包容性,对管理思想的发展产生了重大影响。

20世纪80年代以后,在剧烈竞争的环境下,为了适应这一环境变化的需要,出现了以威廉·大内(William. Ouchi)的Z理论,彼得斯和沃特曼为代表的适应变化的管理思想,还有德鲁克的动荡年代中的管理思想,波特的战略管理思想。在20世纪90年代,打破了过去以作业链进行价值分析的方法,这种热潮的出现对美国的管理思想的发展有着极大的促进作用。

表2.1 当代管理理论综述

背景	1.世界经济的结构性变化:原材料经济与工业经济、制造业的生产和就业脱钩,资本流动是经济发展的动力。
	2.20世纪80年代后世界格局的变化:价值观西化、文化的交融、科技被称为生产力、生产要素的周期性变化。
人性假设	经纪人、社会人、自我实现的人、复杂人
基本特征	战略——来自战争的词汇——开始引入管理界

代表人物及 其学说名称	1. 托马斯·彼得斯的管理思想
	2. 迈克尔·波特的竞争战略学说
	3. 约翰·科特的领导学说
	4. 彼得·圣吉的学习型组织
	5. 戴明与朱兰——质量管理理论的双子星座
	6. 企业战略和核心能力学说
	7. 企业文化理论
	8. 企业再造理论
	9. 六西格玛理论
评价	开始重视研究如何适应充满危机和动荡的环境的不断变化,谋求企业的生存发展,并获得竞争优势。

2.3.1　托马斯·彼得斯的管理思想

彼得斯(Thomason J. Peters)的管理思想基本上有这么两个方面:一是人受到"两重性"驱动,他既要作为集体的一员,又要突出自己;他既要成为一个获胜队伍中的一个可靠的成员,又要通过不平凡的努力而成为队伍中的明星。二是只要人们认为某项事业从某种意义上说是伟大的,那么他们就会情愿地为了这个事业吃苦耐劳。在彼得斯看来,成绩优秀的公司为人们提供了出人头地的机会,但又将这一机会和一种具有超越意义的哲学和信念体系结合起来,这真是一种绝妙的结合。

2.3.2　迈克尔·波特的竞争战略学说

20世纪80年代以后,由于竞争的进一步激烈,企业形态呈现出新的形式,国际经济形势的变化更加促进了企业向国际化、大型化方向发展,同时社会的进一步分化又提供了许多新的市场机会,小型企业得到了快速的发展。于是每一个企业为了生存和发展,都在寻找自己的发展道路,都在寻求一个适合于自己的发展战略,制定战略成了企业发展首要考虑的问题。在这种背景下,美国哈佛的管理学家波特(Michael E. Porter,1947~)提出了他的"战略三部曲",其中对企业发展的战略思想影响比较大的是《竞争战略》和《竞争优势》这两本书,并已成为企业发展战略的理论方面的经典著作。

迈克尔·波特的行业结构分析认为,决定企业盈利能力的根本因素是行为的吸引力。五种结构作用力分别为:新入侵者,决定供方力量的因素,决定替代威胁的因素,竞争的决定因素,决定买方力量的因素。这样五种作用力构成了行业分析的框架,波特指出,并非所有五种作用力都同等重要,这些因素是否重要,依据其行业结构不同而不同。每一个行业都是独特的,都有其独特的结构。

在对行业结构的五种作用力进行深入的分析以后,波特提出了企业的三种基本的竞争战略:成本领先战略、标新立异战略和目标集聚战略。波特认为这三种基本战略概念的深层含义是竞争优势为任何战略的核心所在,而创造竞争优势要求企业作出选择——如果企业获得竞争优势,它必须选择它所要获得的竞争优势的类型以及活动于其中的镜框。

波特的竞争战略的理论体系是非常完整的。从企业竞争的最基本因素即行业结构开始分析,到具体的战略构想都作了全面的分析。并且在美国的企业中得到广泛的应用,所以波特的竞争战略思想为西方在进入 20 世纪 80 年代的企业竞争方面提供了有力的思想武器,现在成为竞争战略方面经典的管理理论。

2.3.3 迈克尔·哈默、詹姆斯·钱皮和企业再造

企业再造也译为"公司再造"、"再造工程"(Reengineering)。它是 1993 年开始在美国出现的关于企业经营管理方式的一种新的理论和方法。所谓"再造工程",按照迈克尔·哈默(M. Hammer)与詹姆斯·钱皮(J. Champy)的定义,是指"为了飞越性地改善成本、质量、服务、速度等重大的现代企业的运营基准,对工作流程进行根本性重新思考并彻底改革",也就是说,"从头改变,重新设计"。

自亚当·斯密提出劳动分工理论以来,200 多年来的组织理论和生产实践都是沿着劳动专业化的方向前进。无论是"科学管理之父"的泰勒,还是哈罗德·孔茨的《再论管理理论的丛林》所界定的 11 个管理流派,均以亚当·斯密的分工理论及在分工理论基础上形成的金字塔式组织结构为依据,从不同角度对这种组织结构进行修补和完善,体现了统一领导、分级管理的组织原则,并在企业内部分设了生产、供应、销售等不同的部门,每一部门只负责其职能范围内的工作。这种组织结构过多地强调了专业分工,导致了任何一项任务都被诸多的职能部门分解得支离破碎,不仅造成了部门之间在衔接、协调上的困难,还会形成许多重复劳动,其结果影响了完成任务的质量,降低了工作效率。

但是,进入 20 世纪 90 年代之后,经济环境的变化、科技的进步、社会的发展、人们的行为方式及心理的变化都要求企业做出相应的变化,尤其是三种力量已向传统的分工理论发出了强大的挑战:一是顾客,二是竞争,三是变化。

"再造工程"在欧美的企业中受到了高度的重视,因而得到迅速推广,带来了显著的经济效益,涌现出大批成功的范例。美国信用卡公司通过再造,每年减少费用超过 10 亿美元。德州仪器公司的半导体部门,通过再造,对集成电路的订货处理

程序的周期时间减少了一半还多,改变了顾客的满意度,由最坏变为最好,并使企业获得了前所未有的收入。当然,作为一种新的管理理论和方法,企业再造仍在继续发展。

2.3.4 彼得·圣吉和学习型组织

企业组织的管理模式问题一直是管理理论研究的核心问题之一,而对未来企业组织模式的探索研究,又是当今世界管理理论发展的一个前沿问题。从传统的以泰勒职能制为基础,适应传统经济分工理论的层级组织到威廉·大内提出的适应企业文化环境的 Z 型组织,都是为了建立一个适应经济发展的企业组织形态。20 世纪 80 年代以后,彼得·圣吉(Peter M．Senge)为代表的西方学者,吸收东西方管理文化的精髓,提出了以"五项修炼"为基础的学习型组织理念。

圣吉的学习型组织理论认为,在新的经济背景下,企业要持续发展,必须增强企业的整体能力,提高整体素质。也就是说,企业的发展不能再只靠福特、斯隆、沃森那样伟大的领导者一夫当关、运筹帷幄、指挥全局,未来真正出色的企业将是能够设法使各阶层人员全心投入并有能力不断学习的组织——学习型组织。

学习型组织有不同凡响的作用和意义,它的真谛在于:一方面学习是为了保证企业的生存,使企业组织具有不断改革的能力,提高企业组织的竞争力;另一方面学习更是为了实现个人与工作的真正融合,使人们在工作中活出生命的意义。

学习型组织的基本理念,不仅有助于企业的改革和发展,而且对其他组织的创新与发展也有启示,人们可以运用学习型组织的基本原理,去开发各自所置身的组织创造未来的潜能,反省当前存在于整个社会的种种学习障碍,思考如何使整个社会早日向学习型社会迈进,这才是学习型组织所产生的更深远的影响。

2.3.5 六西格玛理论

1981 年,45 岁的杰克·韦尔奇执掌 GE,他进行了大刀阔斧的改革,从 1981 年到 2001 年,GE 的股票市值从 120 亿美元上升到 1700 亿美元。从 1998 年开始,GE 连续被《金融时报》评为"世界最受尊敬的公司"。杰克·韦尔奇被称为"全球第一 CEO"。业界之所以这么长的时间始终把目光的焦点聚集到他的身上,是因为 GE 经过 20 多年时间验证的那套成功的管理制度和哲学,而其中被提及最多的无疑是"6σ 理论"。

"6σ"是一项以数据为基础,追求几乎完美的质量管理方法。σ 是一个希腊字母,中文译音是西格玛,统计学用来表示标准偏差,即数据的分散程度。6σ 的管理方法重点是将所有的工作作为一种流程,采用量化的方法分析流程中影响质量的因素,找出最关键的因素加以改进从而达到更高的客户满意度。6σ 理论实际上是一种从全面质量管理理论(TQM)演变而来的理论。全面质量管理是一种综合途径，可以涉及所有人所有事。它涵盖了公司所有(如人力资源、财务等)，而失去了聚集点和冲力。与之相比，6σ管理更具有针对性，是一种理念，它追求以客户为中心。

杰克·韦尔奇并不是6σ理论的创造者，GE也并不是第一个实行6σ管理的公司，事实上摩托罗拉才是第一个。但显而易见的是，正是GE的巨大成功，才使6σ成为整个业界纷起效尤的管理变革；也正是GE才把6σ上升为一种高度有效的企业流程设计、改造和优化管理方法，继而成为追求管理卓越性的跨国企业最为重要的战略举措。这也正是我们把杰克·韦尔奇作为6σ理论的代表人物的原因。

6σ的意义在于众多的企业已在开始将其内部形成的独特的管理方法，用一种理论形式固化下来，使得管理理论的发展更加具有实践意义，管理理论与实践的统一已成为管理理论发展的新趋势。

20世纪80年代以后，西方管理学界涌现出了大量的新理论和新模式，为管理实践提供了丰富的理论指导和可供使用的工具。总的来说，当代管理思想呈现出以下五大趋势：①从过程管理向战略管理转变；②从产品的市场管理向价值管理转变；③人本管理思想的深入(基本理念)；④以不断的创新追求经营绩效的持续改善；⑤从行为管理向文化管理转变。

当代管理思想的新发展为管理实践提供了丰富的理论指导和可供使用的工具，但很多学说或思想来源于实践，并未形成完善的理论体系，也仍等待着历史的进一步检验。

案例 2-3　UPS 的科学管理

联合邮包服务公司(United Parcel Service, UPS)雇用了15万名员工，平均每天将900万个包裹发送到美国各地和180个国家。为了实现他们的宗旨："在邮运业中办理最快捷的运送"，UPS的管理层系统地培训他们的员工，使他们以尽可能高的效率从事工作。让我们以送货司机的工作为例，介绍一下他们的管理风格。

UPS的工程师们对每一位司机的行驶路线都进行了时间研究，并对每种送货、暂停和取货活动都设立了标准。这些工程师们记录了红灯、通行、按门铃、穿过院子、上楼梯、中间休息喝咖啡的时间，甚至上厕所的时间，将这些数据输入计算机中，从而给出每一位司机每天工作的详细时间标准。

为了完成每天取送130件包裹的目标，司机们必须严格遵循工程师设定的程序。当他们接近发送站时，松开安全带，按喇叭，关发动机，拉起紧急制动，把变速器推到1档上，为送货完毕的启动离开作好准备，这一系列动作严丝合缝。然后，司机从驾驶室来到地面上，右臂夹着文件夹，左手拿着包裹，右手拿着车钥匙。他们看一眼包裹上的地址把它记在脑子里,然后以 3 英尺/秒 的速度快步走到顾客的门前,先敲一下门以免浪费时间找门铃。送货完毕后,他们在回到卡车上的路途中完成登录工作。

这种刻板的时间表是不是看起来有点繁琐?也许是,但它真能带来高效率吗?毫无疑问!生产率专家公认,UPS 是世界上效率最高的公司之一。举例来说,联邦捷运公司(Federal Express)每人每天不过取送 80 件包裹,而 UPS 却是 130 件。在提高效率方面的不懈努力,看来对 UPS 的净利润产生了积极的影响。虽然这是一家未上市的公司,但人们普遍认为它是一家获利丰厚的公司。(资料来源:单凤儒,管理学)

问题:

1. 从这个案例中,并结合本章所学的内容,分析 UPS 在管理工作中体现了哪一种管理思想?为什么?

2. 结合你所了解的中国企业的管理状况,你认为,如要学习 UPS 的管理经验,提高工作的效率,应从哪些方面做起?为什么?

3. 你认为 UPS 的管理方式是否过于刻板,过于失去人性,过于强调了计算机和技术工程师们的作用,缺乏管理需要的弹性和尺度?并对你的答案选择进行恰当的解释。

案例 2-4　晋商的兴衰

山西商人,尤其是首创中国历史上票号的山西票号商人,商路遥远,汇通天下,曾在中国历史上显赫一时。至今还传颂着"山西人善于经商、善于理财"的佳话。

早在明代晋商善贾就已在全国享有盛誉。到清代,尤其是 19 世纪中叶,山西商帮不断发展壮大,具有雄厚的资本,不仅垄断了中国北方的贸易和资金调度,而且插足亚洲地区,甚至进入欧洲市场,执全国金融业之牛耳,逐渐到鼎盛时期。从同治元年至光绪二十年的 30 年间,是山西票号发展的黄金时期。票号又叫票庄或汇兑庄,是一种专门经营汇兑业务的金融机构。到鸦片战争前夕,山西票号大约有八家。鸦片战争后的十年内,仅日升昌、蔚丰厚、日新中三家山西票号在各地设立的分支机构就有 35 处,分布在全国 23 个城市。他们除专门经营汇兑业务外,还兼营存款、放款业务,并把汇兑、存款和放款结合起来,利用承汇期,占用客户的现金放高利贷,得到了很高的利润。

晋商在雄踞国内市场的同时,积极向海外开拓市场,晋商东赴日本,西抵俄国,形成了山西对外贸易和汇兑的三大商帮"票帮、驼帮、船帮"。在朝鲜和日本,山西商人的贸易也很活跃。在清朝统治期间,能够兴旺发达 200 余年的商业世家,最有名的有:榆次的常家、聂家,太谷的曹家,祁县的乔家、渠家,平遥的李家等。他们既是大商人、大高利贷者,又是大地主,都拥有极为雄厚的资本。

晋商企业规模大多在百人之上,并且由多个商、票号构成。首先,财东作为资本家主要拥有所有权,授予总经理以资金运用权、职员调配权和业务经营权;其次,总经理坐镇总号,除管理总号内部各项事务外,就是对各地分号进行宏观调控;第三,分号经理,也称掌柜,拥有所在商号的业务开拓权、资金运用权和人员管理权,但机构设置、资金调度、人事任免和盈利分配等重大权限均由总号控制;第四,无论总号与分号,其内部人员设置的原则都是"因事设人",绝不"因人设职",每个商号一般从业人员在10人左右;最后,晋商和其他同业之间广泛开展横向联系,建立适当的相互关系。

晋商对经理人员的管理分为选用和激励。在经理聘用之前,财东要对此人进行严格的考察,财东除亲自与此人面谈和参考同仁及知情人对他的评价,还要设下种种局情,以观察和考验其品行是否过硬,直到确信此人足以胜任方罢。一旦被聘用,财东便委以全权,并始终恪守用人不疑、疑人不用之道,对经理日常经营活动概不过问,让其放手经营,静候年终决算报告。晋商对经理的激励机制主要包括以下三个方面:①财东充分信任经理,将资本、人事、业务、管理全权委托经理负责;②经理的薪金(固定合同收入)和股份收入(剩余收入)由财东决定,并远远高于普通员工;③财东根据经理的业绩,在年终或账期增减其薪金和股份,并通过在公开场合抬举业绩好的经理、羞辱业绩坏的经理制造一种精神鼓励或压力。晋商对普通员工的选拔、培训和日常管理有一套较完整的制度规范:第一,重视对人员的选拔和培训;第二,号规严格,比如不准舞弊营私、不准假公济私、不准私蓄放贷等。

晋商别具特色的人身顶股制,是指不论是经理人员,还是普通职工,都可以根据其表现和对资本的贡献大小顶一定的股份,即所谓顶身股制,即商号伙友除每年应得工资外,根据其资历、表现以及对商号的贡献,可以顶1厘至1分(10厘)的身股。职工的身股与财东的银股共同参加分红,顶身股最高者为掌柜(经理)。到年终,根据每届账期的盈利多寡,东家银股与职员身股共同参与红利的分配(一般商号较好的年份,一个账期每股可分2000~3000两白银或银元)。

鉴于票号各分号在现银盈绌和行市疲快上有所不同,总号与分号之间产生了异地调拨资金的需要,山西票号在实践中逐渐创造了一种"酌盈济虚,抽疲转快"的办法来调剂运用资金。也就是在不运送现银的状况下,同一总号的票号在两地开展汇兑业务,以解决现银盈绌问题。

实力雄厚的晋商显赫一时,但最后于20世纪初被迫退出历史舞台。鸦片战争后,洋货潮水般地涌入中国市场,严重打击了中国民族手工业产品的生产与销售。辛亥革命后,国内战事频繁,晋帮商号在战争中损失惨重。

晋商的思想意识是与封建剥削制度相适应的,他们只以获得殖货之利为满足,习惯沿用旧法经营,国内外市场渐为他人所夺。但在山西人中也不乏有识之士,他们认清了新的形势,主张改革图存。可惜由于一些财东及总号经理的顽固和墨守旧法,只知享现成福,毫无远见,以致四次失去发展的机遇。如晋商所经营的票号,未能及时改组为现代银行,在外国银行林立于中国之时不战自溃。在来势凶猛的外国资本打击下,病入膏肓的山西商人资本只能步步退守,由于无法盈利以至最后被迫关门。(资料来源:王利平,管理学)

问题:结合对东方管理思想的理解,谈谈你从晋商的兴衰中得到了哪些启示。

本章思考题

1. 泰罗的管理理论与方法的科学性体现在什么方面? 为什么在管理学界大家都称泰罗为"管理之父"呢?
2. 霍桑实验中最重要的发现是什么? 这一发现对管理思想的演变起到了什么作用?
3. 试比较管理丛林阶段中各类理论流派的特点和差异。
4. 走访一家企业,调查和研究企业在推行现代化管理方法工作中成功的经验和失败的教训,并试用自己学到的理论和知识总结、分析其原因。

参考文献

1. 周三多. 管理学——原理与方法[M]. 上海:复旦大学出版社,2005.
2. 单凤儒. 管理学基础[M]. 北京:高等教育出版社,2003.
3. 郭咸刚博客:http://gxgpublic.blog.sohu.com/entry/5013694/.

3　管理环境

> 管理是一种实践,其本质不在于"知",而在于"行",其验证不在于"逻辑",而在于"成果",其唯一权威就是成就。
>
> —— 彼得·德鲁克

本章提要

通过本章的学习应该全面了解和掌握组织的管理活动日益受到环境的作用和影响。本章主要介绍全球化、企业伦理、社会责任和企业文化等企业外部和内部环境对管理的影响,以及管理者应该如何有效应对这些环境的影响。

学习目标

(1) 了解文化差异对管理的重要性。
(2) 掌握全球性管理工作面临的主要挑战。
(3) 阐述公司的社会责任与经济效益之间的关系。
(4) 识别影响道德行为的因素。
(5) 解释企业文化是如何约束管理者行为。

管理学小故事

青蛙求水

春天,一只青蛙嫌居住的环境太差,决定搬家。它找到一个小山的裂缝,就住下来了。然而,没过多久,夏天就来了。

炎热的日子里,青蛙的乡村住宅被烤得十分干燥,青蛙焦渴难耐。

倒霉的青蛙在裂缝中向老天爷哀求到:"救救我吧,只要大水泛滥山村,我就有足够的水可喝了。"

老天爷说道:"你这个家伙太自私了,难道为了你这一小块地方的利益,就应该把半个世界淹没吗?为什么你自己不能搬个家呢?沼泽就在下面呀!"

管理环境就是存在于组织内部和外部的影响组织绩效的各种因素的总和。在这里,环境不仅包括组织外部环境,而且也包括组织内部环境。

根据各种因素对组织业绩影响程度的不同,组织外部环境可以分为一般环境和任务环境,即宏观环境和微观环境,内部环境可以分为组织文化和经营条件。

任何组织都是在一定的环境中从事活动,环境的特点和变化必然制约组织活动方向和内容的选择。管理环境研究就是要通过分析组织活动的内外环境因素,揭示活动条件变化的规律,预测其未来变化,为活动方向和内容的选择与调整提供依据。

本章管理环境的研究主要侧重于全球化管理、企业伦理和企业文化等几个方面的内容。

3.1 全球化管理

20 世纪 80 年代以来,信息越来越被人们重视,成为企业的重要财富和战略性资源。计算机和网络技术在管理特别是在各项专项管理中的运用越来越广泛。计算机和网络手段的应用使得管理理论与方法发生了并将继续发生变化。

3.1.1 当代管理的一般环境变化主要表现

(1)经济全球化和经济一体化。"信息使空间变小,距离对经济活动的约束日益弱化。经济活动的国内和国外的界限变得模糊起来。知识无国界,作为主要经济资源的知识,必然导致经济活动突破国界而成为全球活动。"经济全球化使国家之间的互相依赖程度加强,各国国内政策的自由度减少。经济全球化具体体现在金融全球化、生产国际化、生活国际化。

(2)技术环境。国际网络技术的普及和全球信息高速公路的开通、电子商务的迅速发展,使企业与企业、企业与顾客之间的距离越来越近,联系也更直接与紧密。

(3)法律环境。消费者的环保意识、自我保护意识、法律观念不断增强。

(4)可持续发展的要求。可持续发展是既满足当代人的需求,又不对后代人满足自身需求的能力和机会构成威胁和危害的发展。保持经济和环境的可持续发展,成为人们日益关心的问题。由此而引发出"循环经济"的概念,即要求建立一种以物质闭环运动为特征的经济,以实现可持续发展所要求的环境与经济双赢。

(5)社会和文化。由于经济的全球化和网络技术的发展,跨国交流越来越频繁,国与国之间的文化冲突也愈发激烈,相似的地方互相融合,不同的、有差异的地方却得到加强,因此使得特色与本土化愈发明显。

3.1.2 管理环境变化对管理理论与实践的影响

管理环境的变化必然会对管理思想、管理理论与方法和管理实践产生深刻的影响。

3.1.2.1 对管理思想的影响

（1）重视对人的管理。在知识与信息时代，人不仅是知识与信息的传递者、使用者与制造者，同时还是组织中最重要的元素，因而当代管理更加强调对人的管理，要求理解人、尊重人、充分发挥人的主动性。对人的管理包括运用行为科学、重塑人际关系、增加人力资本、提高劳动质量、改善劳动管理。推行民主管理、提高劳动者的参与意识、建设企业文化、培育企业精神等。

（2）以顾客为导向。信息与网络的发展使企业可以直接面对顾客。这种面对面的、不需中间媒介的接触，使企业与顾客的交流更直接。

（3）重视对无形资产的管理。信息与知识充斥全球，而且它们的传播也极其方便与快捷，因而要求企业加强对无形资产的管理，其中包括知识产权、企业形象与声誉、品牌以及人力资源等，防止无形资产被盗用、外流及侵犯等。

（4）重视企业竞争。信息化和全球化将在很多方面改变企业的竞争格局和态势，同时使得竞争加剧，但信息化和全球化也将给企业带来新的战略性的机遇，因而，首先重视竞争才能在竞争中取得一席之地。

3.1.2.2 对管理方法和手段的影响

计算机和网络技术在管理特别是在各项职能管理中的运用越来越广泛。计算机和网络技术的应用使得管理方法发生了并将继续发生变化。

（1）经营决策方面：计算机被应用到高层决策上，国内外相继出现了多种高功能的通用和专用决策支持系统。如 SIMPLAN、IFPS、GPLAN、EXPRESS、EIS、EMPIRE、GADS、VIRCALC、GODDESS、GPCISSG 等都是很流行的决策支持系统软件。随着决策支持系统与人工智能相结合，出现了智能化决策支持系统（IDSS）。DSS 与计算机网络相结合，出现了群体决策支持系统（GDSS），使得高层决策的速度和精确度提高。

（2）生产管理方面："准时生产制"（Just In Time）在生产和物资管理中的应用，大大降低了零部件和其他物资的库存，降低了成本。"柔性制造系统"（Flexible Manufacturing System）技术使制造系统发生了革命性的变化，而且产生了新的企业形式——虚拟公司。敏捷制造（Agile Manufacturing）的基本思想是围绕着新产品或新经营机遇的产品，通过建立动态联盟来进行产品的经营、开发、生产和销售。动态联盟的主要特征为集成性、敏捷性、虚拟性和时效性。

（3）生产流程方面：实施企业再造（Corporation Reengineering）对组织的作业

流程作根本性的重新思考与彻底翻新,以便在成本、品质、服务与速度上获得显著的改善。中心思想是必须采取激烈的手段彻底改变工作方法,强调"一切重新开始",组成团队来进行,使信息在各个部门得到充分的运用。

(4)营销方面:出现了网络营销以及企业形象塑造。它不仅使企业在消费者心中留下深刻持久的印象,也能使企业形成良好的经营理念。

3.1.2.3 对组织结构方面的影响

组织为了对环境更具有适应性,必须进行组织结构的重新设计,使组织结构具有下列特点:

(1)组织结构分立化。包括横向分立,即将有发展前途的产品分离;纵向分立,即不仅从事多品种经营,而且对同一种产品进行上游、下游的分离。

(2)组织结构柔性化。这要求建立临时团队、工作团队及项目小组,以保证组织具有一定的柔性。

(3)组织结构中空化、网络化。在瞬息万变的环境中,组织必须具有一定的反应力和灵活性,这就要求组织是一个精干的组织。

(4)组织规模合理化。一个组织选择更小、更精干的规模,还是选择更大、更具规模优势的规模,在新的环境下要求组织规模应更合理化。规模小的企业有利于适应环境的变化,在未来变化的环境中更具优势,但它们也需要具有规模大的企业的一些特征;而大规模的企业则需要通过组织的调整与组织结构的设计具备一些小企业的特性。

3.1.2.4 对管理人员的影响

对管理人员的影响主要体现在管理环境的变化对管理人员的素质要求越来越高。他们不仅要管理素质越来越高的下属、管理知识劳动者,同时还要学会如何在变化的环境中,在经济全球化的环境下进行有效管理,成为知识管理者、变化管理者和跨国管理者。

3.1.3 全球化:引发战略变革

那些大公司成功的根本原因是设计了一个全球化的战略,从而很好地利用了全球的资源。

不可否认,国际化与全球化让整个世界正在变成一个村庄。在原有的市场秩序中,除领先的欧美日韩企业外,中国、印度、巴西、俄罗斯等新近崛起的大国正在不断地调整自身的姿态,充分发挥自己的资源和劳动力优势,以进一步开放的国内市场和政府政策来参与全球竞争的博弈。在全球市场,行业管制不断放松,产品技术的生命周期不断缩短。这些特征在汽车、电讯、计算机、手机、家电等行业急剧加速。中国和印度正在相互竞争成为世界的生产基地。

此时,企业的生产管理活动范围将由国内拓展到全球,不能仅靠利用国内资源来谋求发展,而是必须广泛地利用世界各国的资金、技术、劳动力等生产要素发展自己,以求实现资源的最佳配置。同时,其生产协作关系也不再局限于国内,而是要在全球范围内寻求合作伙伴;而且,企业的发展也不仅仅受国内经济形势、资源环境等因素的影响,同时也要受到国际经济形势、资源、环境等因素的制约。

在全球化的背景下,必须建立高效、便捷、可靠的全球化要素传输流动网络,采用各种先进的要素传输手段,特别是信息传输手段,否则,企业就无法在国际竞争中取胜,这对企业的组织结构设计提出了新的要求。

在外国企业进入中国市场的同时,中国企业也在积极寻求海外发展之路。在汽车、家电、IT 等行业,全球的主要竞争者都已经在中国亮相,合资、并购、OEM 等商业现象不断出现。中国企业也开始向全球化迈出艰难的第一步,体验着全球市场的竞争力度和难度。

这种从发展中国家到发达国家的"逆过程",以及发展中国家彼此迅速渗入的国际化进程,最终会导致一个"你中有我,我中有你"的全球一体化格局。经济全球化背景下,战略联盟已成为西方企业间合作竞争的新形式。

案例 3-1　沃尔玛全球化的 6 个原则

沃尔玛自 1991 年开始从美国向海外拓展以来,一直大力推行全球化。从 1996 年至 2000 年,该公司销售增长中有 27％来自海外经营。即使是全球经济不景气的 2001 年和 2002 年,海外经营对公司销售的贡献也达到了 17％。沃尔玛成功拓展海外市场的经验,总结起来就是做好几大决策。

（1）选择产品:选择一个或少量的产品系列作为全球化的先头部队。

（2）选择市场:通过认真分析,挑选适合进入的市场。

（3）选择打入市场的方式:选定目标市场后,企业应确定出口产品与当地生产的比例。

（4）移植企业文化与经验:把企业的经营模式带入目标市场。

（5）占领当地市场:对当地客户、竞争对手和所在国政府的要求与行动进行预估并做出相应的调整与反应。

（6）全球化拓展的速度:包括评估企业的管理能力是否满足企业的全球化拓展。

3.1.4 全球化管理

3.1.4.1 国际化经营的内涵

（1）国际化经营的特征：国际化经营是涉及两个或更多国家的经营活动，或者说经营活动被国界以某种方式所分割。

（2）跨国界的经营活动内容与形式：①商品在国际间的交流，即国际贸易；②特许，包括商标、专利权、专有技术即具有财产价值的知识产权的使用；③劳务输出，包括市场广告、法律服务、财务信息咨询、保险、货物运输、会计以及管理技术咨询等服务的输出；④国际间接投资，包括证券及不动产投资等；⑤国际直接投资。

3.1.4.2 国际化经营的特征

1）跨国界经营

国际经营要涉及不同的主权国家，企业所面对的不是单一的外部环境，而是多元、复杂的外部环境，而且这种多元性和复杂性往往随着国际化经营的地理范围和目标市场的扩大而日益扩大，它具有以下特点：

（1）各国整体和个体差异决定了国际经营活动所面对的政治和法律制度各不相同。

（2）不同的经济体制和经济发展水平决定了从事国际化经营的企业面对的经济环境有别于国内。

（3）各国拥有的价值观、生活方式、语言文化的差异又决定了国际经营者必须面对多种文化冲突的问题。

2）多元化经营

多元化经营跨越生产领域的幅度很大，有些生产领域的经营性质甚至完全不同，各产品之间的技术联系很少。

3）资源共享

国际企业允许其各子公司和代理机构共同利用公司资源，包括资产、专利、商标及人力资源。

4）全球战略和一体化管理

国际企业的决策较为复杂，任何企业在国际经营决策过程中，要考虑的因素更多，要协调的子系统更多，要在一个更广的范围、更长的时间内进行成本和效益规划。因此，国际经营者必须综合内外部环境，根据经营目标制定有效的全球性经营战略，将各子公司和代理机构整合在企业之中。

3.1.4.3 国际化经营的动机

（1）利用优势能力。如果企业拥有较强的竞争优势，那么企业内部的合力就会要求他通过扩大规模和扩张市场来实现这些优势。

这些优势包括:①所有权优势:指企业拥有的或能够获得的外国企业所不具备或无法获得的资产及所有权;②内部化优势:指通过建立企业内部市场,发挥自有的所有权优势,使企业缓解或排除外部市场的结构性和交易性的失灵可能造成的风险和损失,从而节约交易成本;③区位优势:指因生产地点的不同选择而形成的竞争优势。

（2）为了占领日益增长的世界商品和服务市场。企业将地理目标市场扩大到其他的国家,可增加消费者的数量,提高购买能力。

（3）获取关键性战略资源。通过直接投资建厂,可以低成本地获得战略性资源。

（4）抵御和分散风险。

（5）对竞争对手进行反击。

3.1.4.4　国际化经营的环境要素

1）政治与法律环境

世界上不同国家有着不同的政治制度和法律环境,这些制度关系到投资行为的难易程度及其安全性,从而直接或间接的影响着跨国公司的经营活动。

（1）国家政治体制。不同的国家政治体制常导致政府政策、法规、行政效率等方面的差异,从而对直接投资形成有利或不利的影响。

（2）政治的稳定。对外投资会因为东道国的政治不稳定而遭受巨大的经济损失。

（3）政府对外来经营者的态度。通常反映在政府对外资的政策上,主要是政府对外国企业的鼓励和限制程度,对国外经营者所提供的便利条件和优惠措施,对外国企业生产经营活动的干预程度,以及对外国企业的经营政策的连续性和稳定性。

（4）本国与东道国之间的政治和经济联系。

（5）法律环境。指本国和东道国颁布的法规,以及各国之间缔结的贸易条约、协定和国际贸易法规等。特别是涉外法律体制是外来经营者所关注的焦点。

2）经济和技术环境

经济和技术环境包括以下内容:

（1）经济体制和经济政策。

（2）经济发展水平及其发展潜力。

（3）市场规模及准入程度。

（4）技术发展水平。

（5）社会基础设施。

3）文化环境

文化因素指企业所在的国家或地区中人们的处世态度、价值取向、道德行为准则、教育程度、风俗习惯等构成的环境因素。

文化环境包括宗教、语言、教育体制等,包括以下几个方面:

(1) 文化环境的指标。

(2) 权力距离。

(3) 不确定性的避免。

(4) 个人主义或集体主义。

(5) 男性化或女性化。

4) 自然地理环境

自然地理环境包括自然资源、地理位置、地形、气候等。

3.1.4.5 全球化战略选择

1) 国际模式

母公司开发现有的核心能力并将其传递给子公司,母公司向世界各地的子公司转移技术和知识。

缺点:他不能为子公司提供最大限度的自由使他们能够根据当地的情况作出反应。因此,通常不能以规模经济实现低成本。

2) 多国模式

母公司行使最终控制权,但赋予子公司很大的自主权,使其成为自治单位。

优点:减少协调与指导,能够迅速反应。

缺点:较高的制造成本和重复工作。

3) 全球模式

适合低成本全球竞争战略。公司通常在成本较低和技术好的地方进行生产,将标准化的产品向全球市场销售。

缺点:不能根据用户品味和喜好迅速作出反应,需要大量协调工作。

4) 跨国模式

为获得优势,需要同时从适应当地情况、转移技术和节约成本中追求利润,从而使得企业能够同时获得全球扩展的所有利益。

3.2 企业伦理

3.2.1 伦理与道德

企业伦理学是研究企业道德现象的科学,而要认识企业道德,有必要首先了解更基础的两个概念——伦理、道德。

"伦"是指人、群体、社会、自然之间的利益关系,包括人与他人的关系,人与群体的关系,人与社会的关系,人与自然的关系,群体与群体的关系,群体与社会的关系,群体与自然的关系,社会与社会的关系,社会与自然的关系等。"理"即道理、规则和原则。"伦"与"理"合起来就是处理人、群体、社会、自然之间利益关系的行为规范。

那么,什么是道德呢?"道者,路也","道"的本来含义是道路,引申为原则、规范、规律。"德"是指人们内心的情感和信念,指人们坚持行为准则的"道"所形成的品质或境界。"道者,人之所共由;德者,人之所自得。"可见,"道"是指规范,"德"则是对该种规范的认识、情感、意志、信仰以及在此基础上形成的稳定的和一贯的行为。

"道德"与"伦理"这两个概念,一般并不做很严格的区分,它们经常可以互换使用,特别是作为"规范"讲时,更是如此,如"应该讲道德"与"应该讲伦理"是同一个意思,"道德规范"与"伦理规范"也是等同的。

曼纽·G·维拉斯奎(Manuel G. Velasquez)指出道德规范有以下特点:

(1)道德规范处理的是我们认为会对人类带来利益或造成伤害的事情。

(2)道德规范的建立和改变不取决于某个权威机构的决定,道德规范的有效性取决于它的合理性。

(3)道德规范应该优先于自身利益,也就是说,如果一个人有道德义务做某件事,那么,即使与自身利益相冲突也应该做,当然,这不是说,追求自身利益总是错的,而是说不能把自身利益置于伦理之上。

(4)道德规范是建立在公正、不带偏见的基础之上的,我们不能根据对特定的个人或群体有利或有害来评价道德规范,而是从普遍的立场,即把每一个人的利益都公正地考虑进去。

(5)道德规范与特定的情感和词汇联系在一起,例如,一个人的行为违背道德规范,就会感到内疚、羞耻、悔恨,就会把这种行为说成是"不道德"或"错的"。

3.2.2 企业是道德行为主体

所谓"企业是道德行为主体",是指企业能够而且应该讲究伦理,能够而且应该承担道德责任。

讲究伦理就是在行为过程中遵守伦理规范。企业有没有能力这样做呢? 完全有能力。企业可以通过多种途径,把基本伦理规范融合到企业目的、企业文化、企业战略、企业结构、企业制度中,融合到计划、控制系统中,融合到日常活动中。

事实上,任何有意识的人类行为,不管是个体的还是群体的,都可以而且应该进行道德评价,企业行为是人群集合体有意识的行为,当然也不例外。我们承认,企业与普通人还是有些区别的,"企业不是一个有感情、有良心的道德主体"。尽管,企业本身不会有耻辱感或良心的谴责,但是,道德处罚对企业仍然起作用。社会舆论谴责的直接后果是企业形象受损,而企业形象受损必然导致企业绩效下降。舆论监督与经营业绩有如此密切的关系,企业不会对此等闲视之。而说到经济赔偿,则企业比个人往往更有能力,可见,企业能够承担道德责任。

当然,也要避免另一个极端,只看到企业的道德责任,而看不到企业内部人员的道德责任。

3.2.3 企业伦理与企业道德

企业是一个利益相关体,企业经营是一种合作活动。企业要有所有者,没有所有者的初始投入,就不可能有企业。企业要有顾客,产品或服务得有足够数量的人按足够高的价格购买才行,购买的人越多,愿意出的价格越高,企业越能获得利润。企业要有员工,员工的素质越高,员工与员工之间、员工与企业之间的合作程度越高,越能生产出具有竞争力的产品或服务。企业要有供应者,企业不可能所有原材料、零部件都自己生产,不可能所有技术都自己开发,不可能自备所有的资金,故需要原材料、零部件、技术、资金供应者。原材料、技术、资金的供应越是稳定可靠,企业经营就越顺利。企业要有竞争者,企业通常不喜欢有竞争者,但没有了竞争者,就成了垄断,而垄断是法律所不容的。企业还需要政府、社区、公众的理解、合作与支持。同样,所有者、顾客、员工、供应者、竞争者、政府、社区、公众也能从与企业的合作中获得好处,他们也离不开企业。可见,企业有许多利益相关者,而且与他们关系十分密切。可以说,企业的任何决策、任何行为都会对利益相关者产生或多或少的影响。怎样处理与利益相关者的关系是企业不可避免的、每时每刻都面临的问题。

利益相关者(stakeholder)是指可能对组织的决策和活动施加影响或可能受组织的决策和活动影响的所有个人、群体和组织。

戴维·韦勒(David Wheeler)和玛丽亚·西拉帕(Maria Sillanpaa)把利益相关者分为直接利益相关者(primary stakeholder)和间接利益相关者(secondary stakeholder)。直接利益相关者包括:所有者、普通员工和管理者、顾客、社区、供应商和其他合作伙伴。间接利益相关者包括:政府、公共组织、社会压力团体、新闻界和学术界、工会、竞争者。由于直接利益相关者与组织有直接的利益关系,所以往往更受重视。而实际上,有些情况下间接利益相关者也能对组织产生重大的影响。

案例 3-2 强生公司应对危机

1982 年 9 月 30 日,星期二,强生公司总部得到消息:在芝加哥有人服用掺有氰化物的泰诺胶囊后死亡。泰诺是强生的一个子公司的产品,占止痛药市场 35% 的份额,其销售额大约占强生总销售额的 7%,利润占强生总利润的 15%～20%。

由于公司内部的沟通失灵,强生一开始否认这一事实,但第二天早晨便向报界承认了此事。公司管理层认为,虽然生产工厂并未出现氰化物污染,但是公司不应心存侥幸。

强生的董事长兼首席执行官詹姆斯·伯克决定亲自负责处理"泰诺危机"。10 月 4 日,他到华盛顿会见联邦调查局(FBI)和美国食品与药品管理会(FDA)的人士。他考虑收回泰诺胶囊,但两个机构的人士都建议他不要这样做。伯克解释说:"联邦调查局不希望我们那样做,因为如果那样的话就会使掺毒者这么认为:'嗨,我赢了,我能迫使一家大公司就范'。而 FDA 的人则怀疑如果那样做的话,所制造出来的恐慌比可能消除的还要多。"然而,第二天,当加利福尼亚州又发生了一起涉及泰诺的中毒事件后,FDA 同意伯克收回所有的泰诺胶囊。

这次共收回了零售价值 1 亿多美元的 3100 万瓶泰诺胶囊。收回活动从向消费者提供药片换回胶囊的广告开始。强生公司为了澄清事实真相,登出广告许诺以药片换回胶囊,并向医生、医院和销售商发出 50 万份邮递电报,向媒体发表声明,以便找到所有尚留在市场上的泰诺胶囊,伯克出现在大型全国电视节目中,强生还允许麦克·华莱士来拍摄强生公司战略小组的会议,并在高收视率的电视专栏节目《60 分钟》中播放。

按道理讲,药品是在离开公司后被下毒的,强生与污染药品的人没有任何来往。但是,强生公司还是陷入了困境。泰诺的销售额大幅度下降。据估计,损失将近 80%。强生报道说,他们 1982 年采取的保护公众的主动行为使公司损失了 1 亿美元。然而,到 1985 年底,泰诺的市场销售额达到了新的高峰。

1986 年 2 月 9 日,有人发现纽约州的一名年轻妇女死在床上。她前一天晚上服用过两颗超力泰诺胶囊。这两颗胶囊内掺有氰化物。泰诺的噩梦重演了!

这次中毒事件十分令人费解,因为为了对付早先 1982 年出现的中毒事件,已对药瓶进行了三层密封。首席执行官詹姆斯·伯克立刻取消所有胶囊装的泰诺的广告。强生建立了一个由高级主管们组成的危机处理小组来对付此事。举行会议时,伯克认为,没有任何包装是可以阻止掺毒的,将来也不可能有这样的包装。2 月 16 日,公司决定收回所有泰诺胶囊,并停止所有胶囊装的药品在药店里出售。

泰诺马上经历了第二次快速复苏。五个月内,市场份额重新回升到原来的 90%。之后,强生重新成为市场止痛药的领导者。

企业伦理具有以下特征:

(1) 企业伦理是关于企业及其成员行为的规范。虽然企业是由个人组成的,但企业的行为却不能简单地表述为单个成员的行为之和,企业具有自己的目标、利益和行为方式。当一个人问企业应该做什么,企业的道德责任是什么,就意味着企业本身被看成一个"道德角色"或"道德个人"。然而,具体工作毕竟是由企业成员来做的,在讨论企业应该遵守的行为规范时,实际上也提出了单个成员所应遵守的行为规范,如管理者、技术人员、生产人员、营销人员、财务人员、后勤人员等的行为规范。

(2) 企业伦理是关于企业经营活动的善与恶、应该与不应该的规范。指导企业及其成员行为的规范有许多,有技术规范,如不准戴手套操作车床;有礼节规范,如对来访者以礼相待。企业伦理是关于善恶的规范。企业伦理告诉人们哪些经营活动(指以赢利为目的的所有活动)是善的、应该的,哪些活动是恶的,不应该的。究竟什么是善的经营行为,什么是恶的经营行为,正是企业伦理学所要讨论的。一般而言,"人们总是把那些有利于自己、他人及社会群体的行为和事件当成是善,而把那些有害于自己、他人及社会群体的行为和事件当成是恶。"

(3) 企业伦理是关于怎样正确处理企业及其成员与利益相关者关系的规范。

3.3 企业社会责任

自20世纪90年代中后期以来,企业社会责任运动在一些发达国家逐渐兴起,倡导企业在追求利润的同时,还要承担起对利益相关者的社会责任,包括联合国在内的一些国际组织还制定了《企业生产准则》、SA8000企业社会责任管理体系等准则,并为越来越多的国家、国际组织和企业所接受。这是人类对自身发展中存在问题进行认真反思的结果,是社会进步的一种表现。近几年来,这种潮流也开始明显影响我国,其强调的对员工、消费者、环境和社区的社会责任不仅是实现企业可持续发展的需要,也契合了当前我们构建社会主义和谐社会的要求。

3.3.1 企业社会责任的内涵

企业社会责任是指企业在创造利润、对股东利益负责的同时,还要承担对员工、社会和环境等方面的责任和义务。企业社会责任的范围很广,根据所承担的责任不同,大致可分为四个层次:

1) 经济责任

经济责任是指企业维持正常的生产经营并实现盈利的责任。一个企业首先必须经营成功,才能为社会提供需要的产品、为政府提供税收、为群众提供就业岗位、为员工提供工资收入、为股东提供利益回报,最终推动经济的发展和繁荣。因此,经济责任是一个企业最重要的、不可回避和弱化的社会责任。

2）法律责任

法律责任是指企业的生产经营活动必须遵守法律法规，承担相应的义务，在法律允许的范围内追求经济利益的最大化。市场经济是法制经济，因此法律责任是市场经济条件下企业必须履行的基本社会责任，包括依法经营、照章纳税、不侵犯他人的合法权益，做一个遵纪守法的好企业公民。

3）道德责任

企业道德责任是指企业在生产经营活动中自觉履行伦理准则和道德规范。企业道德责任是较高层次的社会责任，分为内、外两个方面：从企业内部来讲，主要包括善待员工，关注职工生命安全和身体健康，改善工作环境，保障职工合法权益，注重职工事业成长，让职工分享企业发展的成果；从企业外部来讲，包括遵守商业道德、平等交易、诚实守信，以及尊重自然、保护环境、珍惜节约资源能源等。

4）慈善责任

慈善责任是指企业从利他主义的道德责任出发，自愿参与的非法律或道德伦理要求的回馈社会的捐赠活动。企业慈善责任包括支持慈善事业、捐助社会公益、保护弱势群体等，是最高层次的社会责任，也是最能体现企业社会责任的方面。

3.3.2　社会责任是现代企业不可回避的责任

企业是现代社会的基础，不仅是社会财富的创造者，也是社会责任的承担者。企业承担社会责任不仅仅是社会良知的呼唤和社会道德的要求，更是企业可持续发展和融入全球化的客观要求。

1）社会责任是企业文化不可或缺的部分

如果说资本、厂房、设备和生产经营设施等资产和企业员工是企业的"硬实力"的话，那么企业宗旨、价值观、创新机制、市场信用、社会责任意识和由此产生的治理结构、企业信誉、品牌影响力等就是企业的"软实力"。在物质产品极大丰富和信息交流日趋便捷的今天，企业的"硬实力"较容易被复制和替代，而企业的"软实力"更多地表现为一种企业文化，是一种社会认同，是不能轻易被模仿的。

企业社会责任是企业文化的核心内容之一，也是企业竞争力的重要组成部分。企业承担社会责任是一种企业品牌的投资、企业信誉的投资以及企业社会效益的投资。在当今激烈的市场竞争中，只有那些以履行社会责任为基础和前提的企业，才能取得社会认同，获得强大的竞争力。因此，有远见的公司都致力于将企业社会责任纳入公司的发展战略，将其视为企业生存和长远发展的重要前提。在企业内，积极承担对员工的法定义务和道德义务；在企业外部，充分考虑公司战略是否有利于公众利益、生态环境、社会进步和社区和谐；同时要以适当的方式回报社会，热心公益，扶助弱者，树立企业良好的公众形象和社会地位。

2）社会责任是企业可持续发展的需要

在传统经济理论中,赚取利润是企业的唯一目标,企业只是被动地履行着经济责任、法律责任等较低层次的社会责任。随着经济社会的发展,人们的价值观、消费观和社会发展观都在发生改变,一些跨国公司开始认识到:公司的可持续发展与环境、社会的关系不再是分离的、对立的,而是相互促进、相互协调的。履行企业社会责任,不仅可以增进职工的忠诚感和归属感,也可以更多地赢得顾客的青睐和消费者的满意,对企业的可持续发展是有利的。

联合国全球契约办公室执行主任、全球契约峰会的主要策划人乔戈·凯尔作出了这样的结论:"我们的调查研究显示,越重视社会责任的企业,未来发展的空间和速度也就越大。"基于这种认识,越来越多的西方国家企业把履行社会责任作为其不可推卸的责任。福特、三菱、通用电器、戴姆勒克莱斯勒等知名跨国公司,不仅主动在公司内部的管理、经营理念中体现对企业社会责任的承担,还积极参与到将企业社会责任推广到全球的运动中。在国内,已有一些优秀的企业在积极履行社会责任,如接纳下岗失业人员再就业、更换低能耗的设备、控制污染物的排放、热心公益慈善事业等。不少大企业还将承担社会责任纳入公司战略发展规划中,如国家电网公司发布了我国中央企业的首份《企业社会责任报告》,向全社会展现其诚信开放的现代企业形象,获得了各界好评。

3）社会责任是企业走向世界的"门票"

随着中国逐步融入全球一体化,由跨国公司倡导的全球企业社会责任运动也开始明显影响我国,跨国公司纷纷要求中国的合作商和供应商承担相应的社会责任,包括遵守相应的法律法规、保障员工基本权益等。为了更好地督促相关企业履行社会责任,还要求相关企业必须接受劳工保护标准、环保标准审查等。如麦当劳、耐克、迪斯尼、沃尔玛等跨国公司相继对中国的供应商和分包商提出企业社会责任标准（SA8000）认证。中国的一些企业尤其是加工贸易和出口企业开始感受到企业社会责任浪潮的压力,越来越多的中国企业开始认识并接受企业社会责任检查,从 1995 年起,至少已有 8 000 家企业获得 SA8000 认证,而一些以牺牲社会责任来过度降低成本的企业被拒之于全球供应链门外。

虽然目前国内舆论还主要将 SA8000 认证作为跨国公司限制发展中国家劳动密集型产品出口的一个新工具,但不可否认,要想进入以跨国公司为主导的国际市场,必须遵守跨国公司间形成的游戏规则。国内企业不能单纯地将承担社会责任看作是增加了企业负担,而是要以此为契机,变被动为主动,切实承担起应尽的社会责任,它不仅能让企业获得进入国际市场的通行证,而且对于快速提升企业品牌形象、拓宽国际市场能起到至关重要的作用。

3.3.3 提升企业社会责任感

当前,举国上下都在为构建社会主义和谐社会而努力,企业作为社会系统的有机组成部分,是国民经济的基础,也是市场经济的主体。提升企业社会责任感,履行社会责任和义务,是所有企业不可推卸的责任,也是构建社会主义和谐的重要组成部分,当然也更需要政府、企业和社会等各方面的共同推动。

1) 广泛宣传理念,营造舆论氛围

观念引导行动,要让企业更多地履行社会责任,首要的是要增强企业的社会责任意识。目前我国企业的社会责任认知度总体上偏低。据浙江大学和浙江省企业调查队的一份调查,浙江省仅有一半左右被调查企业对"企业社会责任"的概念"比较了解",而对"跨国公司生产守则"和"SA8000"了解的则更少。同时,社会公众对企业社会责任的认知也不高。为此,加强对企业社会责任理念的宣传非常必要,要营造"以承担社会责任为荣、以逃避社会责任为耻"的舆论氛围。首先要借助媒体受众的广泛性,增加媒体公益广告的播放频率,尤其要增加黄金时间段的公益广告数量。其次,可以利用各类论坛、培训等方式让企业及地方政府了解和熟悉企业社会责任和国际惯例,提高企业主动履行社会责任意识。此外,还可以通过企业社会责任评比等活动,对那些积极承担社会责任的优秀企业和企业家予以嘉奖、宣传,对严重违法的企业进行曝光,形成社会舆论的监督。

2) 严格执法、健全法制

纵观国外企业社会责任运动发展历程,都经历了一个从被动遵守到主动履行的过程,其中严格的法律法规是基础。而目前我国还没有独立的企业社会责任法,有关企业社会责任的法律条款散见于《劳动法》、《环境保护法》、《产品质量法》、《公司法》等诸多法律法规中。而且,一些法律法规未能根据经济社会发展的实际情况及时加以修订,对一些企业的违法行为只以罚款了事,导致违法成本很低,甚至低于守法成本。另一方面,由于上述监督执法权分属于劳动保障、环境保护、质量监督等多个部门,容易形成执法交叉或执法空白等问题,出现问题容易推诿扯皮,导致执法不力。此外,一些地方政府还存在着经济利益唯上的思想,对企业不承担社会责任的后果认识不清,地方保护主义思想盛行,甚至干预相关部门的执法行为,包庇、纵容违法行为。

如果没有完善的法律和严格的执法为基础,仅凭企业主的自身素质和自觉行动来推动社会责任的履行是不现实的。为此,一方面要加大执法力度,真正做到有法必依、违法必究,让违法者付出惨重的代价。另一方面要进一步完善相关的法律法规,对违反法律的行为作出具体的惩戒规定,对积极承担社会责任的企业予以道德、经济等方面的奖励。

3）加强政府引导

政府作为社会的组织和协调者,应更好地运用自己的监督和管理职责,引导企业提升社会责任感。事实上,许多国家的政府机构都在积极倡导和协助企业履行社会责任。如法国政府有专门的机构,负责可持续发展事务包括企业社会责任;意大利成立了由政府、企业、工会、社会团体代表参加的关于企业社会责任的多边对话机制;西班牙每年为社会责任工作突出的企业颁奖;丹麦实行积分卡制度,为企业在社会责任方面的成绩打分并向公众公布。

根据我国情况,可从以下方面考虑发挥政府在提升企业社会责任方面的作用:一是建立企业社会责任评价体系,涵盖劳动关系、环境保护、信用状况等方面,并使其制度化、规范化,将其作为企业参加政府采购、招标、资金投放和工商年检等工作的基本条件之一。二是完善政策,特别是要完善慈善捐赠的免税政策,以及完善善款的运作机制并增加透明度。虽然企业捐赠的最终目的并非减税,但合理有效的减免税制度却能极大刺激捐赠数额的提高。根据我国目前的税法,企业捐款中只有纳税额 3% 以内的部分才免税,且实物捐赠不享受税收优惠,而国外此免税比例通常达到 8%～10%。另外,我国的捐赠免税手续也较烦琐,迫切需要加以改进和完善。

4）发挥非政府组织的作用

在西方发达国家的企业社会责任运动中,非政府组织作为一种中间力量,发挥的作用越来越重要。在我国,各种非政府组织的发育还很不成熟,其监督和引导企业履行社会责任方面的职能更是薄弱,当前尤其有必要发挥以下几类非政府组织的作用。

（1）行业协会、企业联合会等企业组织。引导此类组织根据行业特点制定出相应的企业社会责任标准,增加它们对企业履行社会责任情况的监督职责,对所有企业成员履行社会责任情况进行跟踪,向公众公布相关情况,接受社会监督,引导企业增加履行社会责任的自律行为。

（2）工会组织。工会作为工人阶级的群众组织,担负着维护职工合法权益、协调劳资关系、促进企业发展的职能。各类企业都应按照《工会法》的要求,保障劳动者组织和参加工会的权利,增强工会参与利益协调的能力,使劳动者有足够的集体力量维护自身合法权益。各级总工会要发挥监督管理职能,特别是加强对外资企业和民营企业的监督,对阻挠或抵制建立工会组织的行为,应按照《工会法》和《劳动法》的相关规定追究法律责任。

（3）公益性组织。包括绿色环保志愿者协会、残疾人协会、少年儿童保护组织、消费者协会等以促进和保护公共利益为宗旨的非营利性组织。要充分发挥它们代表所属群体利益,为相关利益群体表达诉求的职能,对企业社会责任履行情况进行监督,给社会责任缺失的企业以压力,使之成为政府以外的督促企业履行社会责任的一支重要力量。

（4）各类慈善组织。在继续完善政府慈善机构和运作机制外,民政部门应制定相应政策,鼓励发展各类民间慈善组织,特别是各类有特定救助对象,或以个人、企业命名的基金会等,以方便慈善企业家有效地开展慈善活动。目前,我国已有越来越多的民营企业家热衷于慈善事业,并屡屡出现在各类慈善排行榜上。2003年温州乐清市成立了全国首家由民营企业建立的慈善机构——民营企业扶贫济困总会,当年的认捐额就超过2亿元,如今每年都有数百万元善款用于救灾、大病救助或贫困大学生救助等,并探索性地制订出"认捐本金留在企业,每年按本金的5%交纳会员费"的资金管理办法,使捐款具有持续性和稳定性,值得借鉴学习。

案例 3-3　2006 年中国企业社会责任调查报告

一、调查背景

经历了持续 20 多年的高速增长,在得到了最初想要的富足与进步之后,我们突然发现,世界正变得越来越偏离我们原来的理想。

今天的中国已成为"世界工厂",作为社会经济的命脉,企业为国家的发展和人民的福利贡献良多。然而,在高速发展的转型时期,一方面,由于制度的不健全,一些企业的机会主义行为倾向恶性膨胀,唯利是图,放任自身不负责任的行为从而对社会产生损害;另一方面,由于传统文化的积弊、价值观冲突等作用,公众普遍尚未树立起新财富观,因而对企业应承担的社会责任也缺乏正确认识,对其经营目的与行为常以有色眼镜视之。

同其他社会不和谐现象一样,社会责任观念与经济高速增长的不相适应也是社会发展失衡的一种表现。在中华民族实现伟大复兴的道路上,社会不稳定是我们需克服的重大障碍。党中央在十六届四中全会上提出,要把构建和谐社会放在重要位置,提出了"以人为本,全面协调可持续的科学发展观,建设社会主义和谐社会"的长远目标。每个社会公民,切实履行自己所应承担的社会责任是构建和谐社会的必然要求。

企业,作为法人,是市场经济的主体。作为由人组成的社会组织,企业也应该是公民社会的主体。一方面,社会环境和自然环境是企业经营活动所必需的各种要素(财务资本、人力资本、自然资本和社会资本)的最终来源和基本保障;另一方面,组织化的企业拥有巨大的资源,其决策和行为也会对社会及自然环境产生重大或不可逆转的影响。因此,企业在作为社会福利的创造者,不断提高其创造价值的效率的同时,也应该作为社会进步的推动者,积极改进对各种经营要素的回报的公平性,不仅要关注投资人的利益,还要平衡关注其他对企业做出贡献的利益相关者的利益,与政府、公众以及其他机构共同致力于保证环境健康和社会和谐。企业社会责任就是企业对社会的义务,不但企业的投资人、决策管理者和普通员工需要履行公民义务,而且企业整体作为企业公民,也应该履行社会责任。所以,倡导和落实企业社会责任,是实现平衡发展、构建和谐社会的重要内容。

在此背景下,以北京大学民营经济研究院为主体,联合中央电视台、《环球企业家》杂志社、《中国企业家》杂志社、全国工商联、中国企业社会责任同盟等机构,决定发起中国企业社会责任调查。

二、调查目的

通过中国企业社会责任调查,我们希望:了解中国企业认识和履行社会责任的现状;了解中国企业与发达国家企业在认知和履行社会责任方面存在的差距;了解企业与公众在社会责任认知方面的距离。我们希望,通过此次调查活动能为中国企业树立起一种行为规范,引导企业把追求经济效益与履行社会责任统一起来,构建一种经济全球化背景下中国企业新型治理结构;通过此次调查活动,我们更希望帮助公众树立一种崭新的企业观和财富观,与社会各方面携起手来共同打造符合建设和谐社会要求的企业。

三、调查设计

(1) 调查的流程:2006 年度中国企业社会责任调查是从 2006 年 7 月份正式展开,12 月下旬结束,全程持续 5 个月。本次调查面向中国境内所有合法注册并经营 3 年以上、经营良好的独立法人企业或企业集团,并重点关注 2005~2006 年度中国境内经营状况良好并在履行社会责任方面表现突出的国有企业、民营企业及外资在华企业。企业通过自愿报名、组委会主动征询、专业人士推荐等不同方式参加调查。其中,在最初的企业信息采集阶段,根据地域、经济类型、规模和媒体评价等要素进行抽样,共对 980 家企业发出问卷,收回有效问卷 517 份。为保证调查结果的有效性,防止填写者的主观趋势判断,问卷内容排列顺序经过调整处理。为保证可靠性,对企业提交案例的内容分析,进行了背对背编码,以保证一致率。

之后,对这 517 家企业履行社会责任的情况的评估,经过了企业信息标准化计算、专业调查机构民意调查、公众投票、企业实地调研与暗访、专家评议等环节。

(2) 调查的保障:本次调查由政府部门领导、著名经济学家及各界专业人士担任专家委员会顾问,由学者、行业专家、资深财经记者组成专家委员会,同时委托专业调查公司进行企业信息采集和公众满意度调查。调查活动本着公开、公平、公正的原则,充分体现广泛性、代表性和权威性,使调查活动能够全面真实地反映中国企业履行社会责任的现状和前景。

本次调查活动的标准以北京大学民营经济研究院完成的科研成果《中国企业

社会责任调查评价体系与标准》为依据,该评价体系对企业的股东权益责任、社会经济责任、员工权益责任、法律责任、诚信经营责任、公益责任、环境保护责任等指标进行量化比较,已经过了多轮专家论证和实践操作检验,在指标完备性、操作可执行性、检验结果等方面均得到认可。

四、主要发现

(1) 企业的社会责任意识正在深化。中小型企业在社会责任指标表现上与大型企业相比并无显著差异,内资企业的表现不逊于外资企业。

(2) 企业自身的组织保障和内部制度建设是影响履行社会责任效果的重要条件。

(3) 法律规范与社会监督是企业履行社会责任的强大推动力。

(4) 企业与公众对社会责任的理解存在显著偏差。

(5) 公众对企业损害员工权益和消费者权益的行为最为反感。

五、结论

从国际发展趋势和我国建设和谐社会的发展目标来看,主动实施企业社会责任的战略管理,将有利于企业以前所未有的方式,将现实的和潜在的各种利益相关方团结起来,共同协作,持续创造价值和优化分配价值。

但目前在中国,对于企业社会责任问题,还存在着许多似是而非的认识甚至误解。也许我们应该突破"是或者非"的思维定势,重新反复思考这样一些问题:作为社会公民的一员,企业与其他公民有何不同? 基于此,企业该履行什么样的社会责任? 当我们要求企业履行社会责任的同时,其他所有的社会公民该对企业承担什么责任? 实践中的企业社会责任管理和决策,不会单纯地根基于某种思想,而总是在千头万绪中寻求平衡。对企业和企业家来说,这既是永恒的挑战,又是无限的机会——至少,活生生的人永远不会被程序化的机器所取代。同时,社会责任意识和判断能力,以及与政府和公众等利益相关者在社会责任问题上的沟通与合作能力,将一直是高级商务技巧的重要维度。无论企业将要肩负多少社会责任,正视责任是最为智慧的选择。

3.4 企业文化

企业文化,或称组织文化(Corporate Culture or Organisational Culture),是一个组织由其价值观、信念、仪式、符号、处事方式等组成的其特有的文化形象。

3.4.1 企业文化理论的提出

20世纪80年代初,美国哈佛大学教育研究院的教授泰伦斯·迪尔和麦肯锡咨询公司顾问艾伦·肯尼迪在长期的企业管理研究中积累了丰富的资料。他们在6个月的时间里,集中对80家企业进行了详尽的调查,写成了《企业文化——企业生存的习俗和礼仪》一书。该书在1981年7月出版后,就成为最畅销的管理学著作之一。后又被评为20世纪80年代最有影响的10本管理学专著之一,成为论述企业文化的经典之作。它用丰富的例证指出:杰出而成功的企业都有强有力的企业文化,即为全体员工共同遵守,但往往是自然约定俗成的而非书面的行为规范;并有各种各样用来宣传、强化这些价值观念的仪式和习俗。正是企业文化这一非技术、非经济的因素,导致了这些决策的产生,大到企业中的人事任免,小至员工们的行为举止、衣着爱好、生活习惯。在两个其他条件都相差无几的企业中,由于其文化的强弱,对企业发展所产生的后果就完全不同。

3.4.1.1 企业文化的要素

迪尔和肯尼迪把企业文化整个理论系统概述为五个要素,即企业环境、价值观、英雄人物、文化仪式和文化网络。企业环境是指企业的性质、企业的经营方向、外部环境、企业的社会形象、与外界的联系等方面,它往往决定企业的行为。价值观是指企业内成员对某个事件或某种行为好与坏、善与恶、正确与错误、是否值得仿效的一致认识。价值观是企业文化的贺信,统一的价值观使企业内成员在判断自己行为时具有统一的标准,并以此来选择自己的行为。英雄人物是指企业文化的核心人物或企业文化的人格化,其作用在于作为一种活的样板,给企业中其他员工提供可供仿效的榜样,对企业文化的形成和强化起着极为重要的作用。文化仪式是指企业内的各种表彰、奖励、聚会以及文娱活动等,它可以把企业中发生的某些事情戏剧化和形象化,来生动地宣传和体现本企业的价值观,使人们通过这些生动活泼的活动来领会企业文化的内涵,使企业文化"寓教于乐"。文化网络是指非正式的信息传递渠道,主要是传播文化信息,它是由某种非正式的组织和人群以及某一特定场合所组成,它所传递的信息往往能反映职工的愿望和心态。

3.4.1.2 企业文化的内容

根据企业文化的定义,其内容是十分广泛的,但其中最主要的应包括如下几个方面:

1) 经营哲学

经营哲学也称企业哲学,是一个企业特有的从事生产经营和管理活动的方法论原则。它是指导企业行为的基础。一个企业在激烈的市场竞争环境中,面临着各种矛盾和多种选择,要求企业有一个科学的方法论来指导,有一套逻辑思维的程序来决定自己的行为,这就是经营哲学。例如,日本松下公司"讲求经济效益,重视生存的意志,事事谋求生存和发展",这就是它的战略决策哲学。北京蓝岛商业大厦创办于 1994 年,它以"诚信为本,情义至上"的经营哲学为指导,"以情显义,以义取利,义利结合",使之在创办三年的时间内营业额就翻了一番,跃居首都商界第四位。

2) 价值观念

所谓价值观念,是人们基于某种功利性或道义性的追求而对人们(个人、组织)本身的存在、行为和行为结果进行评价的基本观点。可以说,人生就是为了价值的追求,价值观念决定着人生追求行为。价值观不是人们在一时一事上的体现,而是在长期实践活动中形成的关于价值的观念体系。企业的价值观,是指企业职工对企业存在的意义、经营目的、经营宗旨的价值评价和为之追求的整体化、个异化的群体意识,是企业全体职工共同的价值准则。只有在共同的价值准则基础上才能产生企业正确的价值目标。有了正确的价值目标才会有奋力追求价值目标的行为,企业才有希望。因此,企业价值观决定着职工行为的取向,关系企业的生死存亡。只顾企业自身经济效益的价值观,就会偏离社会主义方向,不仅会损害国家和人民的利益,还会影响企业形象;只顾眼前利益的价值观,就会急功近利,搞短期行为,使企业失去后劲,导致灭亡。

我国老一代的民族企业家卢作孚(民生轮船公司的创始人)提倡"个人为事业服务,事业为社会服务,个人的服务是超报酬的,事业的服务是超经济的"。从而树立起"服务社会,便利人群,开发产业,富强国家"的价值观念,这一为民为国的价值观念促进了民生公司的发展。北京西单商场的价值观念以求实为核心,即"实实在在的商品、实实在在的价格、实实在在的服务"。在经营过程中,严把商品进货关,保证商品质量;控制进货成本,提高商品附加值;提倡"需要理解的总是顾客,需要改进的总是自己"的观念,提高服务档次,促进了企业的发展。

3) 企业精神

企业精神是指企业基于自身特定的性质、任务、宗旨、时代要求和发展方向,并经过精心培养而形成的企业成员群体的精神风貌。

企业精神要通过企业全体职工有意识的实践活动体现出来。因此,它又是企业职工观念意识和进取心理的外化。

企业精神是企业文化的核心,在整个企业文化中起着支配的地位。企业精神以价值观念为基础,以价值目标为动力,对企业经营哲学、管理制度、道德风尚、团体意识和企业形象起着决定性的作用。可以说,企业精神是企业的灵魂。

企业精神通常用一些既富于哲理又简洁明快的语言予以表达,便于职工铭记在心,时刻用于激励自己,也便于对外宣传,容易在人们脑海里形成印象,从而在社会上形成个性鲜明的企业形象。如王府井百货大楼的"一团火"精神,就是用大楼人的光和热去照亮、温暖每一颗心,其实质就是奉献服务;西单商场的"求实、奋进"精神,体现了以求实为核心的价值观念和真诚守信、开拓奋进的经营作风。

4) 企业道德

企业道德是指调整本企业与其他企业之间、企业与顾客之间、企业内部职工之间关系的行为规范的总和。它是从伦理关系的角度,以善与恶、公与私、荣与辱、诚实与虚伪等道德范畴为标准来评价和规范企业。

企业道德与法律规范和制度规范不同,不具有那样的强制性和约束力,但具有积极的示范效应和强烈的感染力,当被人们认可和接受后具有自我约束的力量。因此,它具有更广泛的适应性,是约束企业和职工行为的重要手段。中国老字号同仁堂药店之所以 300 多年长盛不衰,在于它把中华民族优秀的传统美德融于企业的生产经营过程之中,形成了具有行业特色的职业道德,即"济世养身、精益求精、童叟无欺、一视同仁"。

5) 团体意识

团体即组织,团体意识是指组织成员的集体观念。团体意识是企业内部凝聚力形成的重要心理因素。企业团体意识的形成使企业的每个职工把自己的工作和行为都看成是实现企业目标的一个组成部分,使他们对自己作为企业的成员而感到自豪,对企业的成就产生荣誉感,从而把企业看成是自己利益的共同体和归属。因此,他们就会为实现企业的目标而努力奋斗,自觉地克服与实现企业目标不一致的行为。

6) 企业形象

企业形象是企业通过外部特征和经营实力表现出来的,被消费者和公众所认同的企业总体印象。由外部特征表现出来的企业的形象称表层形象,如招牌、门面、徽标、广告、商标、服饰、营业环境等,这些都给人以直观的感觉,容易形成印象;通过经营实力表现出来的形象称深层形象,它是企业内部要素的集中体现,如人员素质、生产经营能力、管理水平、资本实力、产品质量等。表层形象是以深层形象为基础,没有深层形象这个基础,表层形象就是虚假的,也不能长久地保持。流通企业由于主要是经营商品和提供服务,与顾客接触较多,所以表层形象显得格外重要,但这绝不是说深层形象可以放在次要的位置。北京西单商场以"诚实待人、诚心感人、诚信送人、诚恳让人"来树立全心全意为顾客服务的企业形象,而这种服务是建立在优美的购物环境、可靠的商品质量、实实在在的价格基础上的,即以强大的物质基础和经营实力作为优质服务的保证,达到表层形象和深层形象的结合,赢得了广大顾客的信任。

7) 企业制度

企业制度是在生产经营实践活动中所形成的,对人的行为带有强制性,并能保障一定权利的各种规定。从企业文化的层次结构看,企业制度属中间层次,它是精神文化的表现形式,是物质文化实现的保证。企业制度作为职工行为规范的模式,使个人的活动得以合理进行,内外人际关系得以协调,员工的共同利益受到保护,从而使企业有序地组织起来为实现企业目标而努力。

3.4.2　企业文化的功能

研究企业文化,其目的是利用企业文化为企业的生存与发展发挥作用。那么,企业文化到底有些什么功能呢?

3.4.2.1　企业文化具有导向功能

所谓导向功能就是通过它对企业的领导者和职工起引导作用。企业文化的导向功能主要体现在以下两个方面:

(1) 经营哲学和价值观念的指导。经营哲学决定了企业经营的思维方式和处理问题的法则,这些方式和法则指导经营者进行正确的决策,指导员工采用科学的方法从事生产经营活动。企业共同的价值观念规定了企业的价值取向,使员工对事物的评判形成共识,有着共同的价值目标,企业的领导和员工为着他们所认定的价值目标去行动。美国学者托马斯·彼得斯和小罗伯特·沃特曼在《寻求优势》一书中指出"我们研究的所有优秀公司都很清楚他们的主张是什么,并认真建立和形成了公司的价值准则。事实上,一个公司缺乏明确的价值准则或价值观念不正确,我们则怀疑它是否有可能获得经营上的成功"。

(2) 企业目标的指引。企业目标代表着企业发展的方向,没有正确的目标就等于迷失了方向。完美的企业文化会从实际出发,以科学的态度去制立企业的发展目标,这种目标一定具有可行性和科学性。企业员工就是在这一目标的指导下从事生产经营活动。

3.4.2.2　企业文化的约束功能

企业文化的约束功能主要是通过完善管理制度和道德规范来实现。

1) 有效规章制度的约束

企业制度是企业文化的内容之一。企业制度是企业内部的法规,企业的领导者和企业职工必须遵守和执行,从而形成约束力。

2) 道德规范的约束

道德规范是从伦理关系的角度来约束企业领导者和职工的行为。如果人们违背了道德规范的要求,就会受到舆论的谴责,心理上会感到内疚。同仁堂药店"济世养生、精益求精、童叟无欺、一视同仁"的道德规范约束着全体员工必须严格按工艺规程操作,严格质量管理,严格执行纪律。

3.4.2.3 企业文化的凝聚功能

企业文化以人为本,尊重人的感情,从而在企业中造成了一种团结友爱、相互信任的和睦气氛,强化了团体意识,使企业职工之间形成强大的凝聚力和向心力。共同的价值观念形成了共同的目标和理想,职工把企业看成是一个命运共同体,把本职工作看成是实现共同目标的重要组成部分,整个企业步调一致,形成统一的整体。这时,"厂兴我荣,厂衰我耻"成为职工发自内心的真挚感情,"爱厂如家"就会变成他们的实际行动。

3.4.2.4 企业文化的激励功能

共同的价值观念使每个职工都感到自己存在和行为的价值,自我价值的实现是人的最高精神需求的一种满足,这种满足必将形成强大的激励。在以人为本的企业文化氛围中,领导与职工、职工与职工之间互相关心,互相支持。特别是领导对职工的关心,职工会感到受人尊重,自然会振奋精神,努力工作。另外,企业精神和企业形象对企业职工有着极大的鼓舞作用,特别是企业文化建设取得成功,在社会上产生影响时,企业职工会产生强烈的荣誉感和自豪感,他们会加倍努力,用自己的实际行动去维护企业的荣誉和形象。

3.4.2.5 企业文化的调适功能

调适就是调整和适应。企业各部门之间、职工之间,由于各种原因难免会产生一些矛盾,解决这些矛盾需要各自进行自我调节。企业与环境、与顾客、与企业、与国家、与社会之间都会存在不协调、不适应之处,这都需要进行调整和适应。企业哲学和企业道德规范使经营者和普通员工能科学地处理这些矛盾,自觉地约束自己。完美的企业形象就是进行这些调节的结果。调适功能实际也是企业能动作用的一种表现。

3.4.3 企业文化类型

3.4.3.1 按照企业的任务和经营方式的不同划分

迪尔和肯尼迪把企业文化分为四种类型:

(1)硬汉型文化。这种文化鼓励内部竞争和创新,鼓励冒险。属竞争性较强、产品更新快的企业文化特点。

(2)努力工作尽情享受型文化。这种文化把工作与娱乐并重,鼓励职工完成风险较小的工作。是竞争性不强、产品比较稳定的企业文化特点。

(3)赌注型文化。它具有在周密分析基础上孤注一掷的特点。是一般投资大、见效慢的企业文化特点。

(4)过程型文化。这种文化着眼于如何做,基本没有工作的反馈,职工难以衡量他们所做的工作。是机关性较强、按部就班就可以完成任务的企业文化特点。

3.4.3.2　按照企业的状态和作风的不同划分

（1）有活力的企业文化。特点重组织、追求革新,有明确的目标,面向外部,上下左右沟通良好,责任心强。

（2）停滞型企业文化。特点是急功近利,无远大目标,带有利己倾向,自我保全、面向内部,行动迟缓,不负责任。

（3）官僚型企业文化。特点是例行公事,官样文章。

3.4.3.3　按照企业的性质和规模的不同划分

（1）温室型。为传统国有企业所特有的。对外部环境不感兴趣,缺乏冒险精神,缺乏激励和约束机制。

（2）十穗者型。中小型企业特有。战略随环境变动而转移,其组织结构缺乏秩序,职能比较分散。价值体系的基础是尊重领导人。

（3）菜园型。力图维护在传统市场的统治地位,家长式经营,对工作人员的激励处于较低水平。

（4）大型种植物型。大企业特有。其特点是,不断适应环境变化,工作人员的主动性、积极性受到激励。

3.4.3.4　按照企业对各种因素重视的程度不同划分

（1）科层型。垄断的市场中从事经营的公司所拥有。非个性化的管理作风,金字塔式组织结构,注重对标准、规范和刻板程序的遵循,组织内部缺乏竞争,人们暗地里勾心斗角。

（2）职业经理型。工作导向,有明确的标准,严格的奖惩制度,组织结构富于灵活性,内部竞争激烈。

（3）技术型。技术专家掌权,家长式作风,着重依赖技术秘诀,职能制组织结构。

3.4.4　企业文化的结构

企业文化的结构是指企业文化系统内各要素之间的时空顺序、主次地位与结合方式,企业文化结构就是企业文化的构成、形式、层次、内容、类型等的比例关系和位置关系。它表明各个要素如何链接,形成企业文化的整体模式。即企业物质文化、企业行为文化、企业制度文化、企业精神文化形态。

3.4.4.1　企业文化的三大结构要素

企业文化的三大结构要素,即企业物质文化要素、企业制度文化要素、企业精神文化要素。

3.4.4.2　企业文化理论出现的必然性

企业文化理论的出现有其历史的必然性：

（1）由于生产力的发展，新型办公工具如因特网等的普及应用，企业的日常管理规则也发生了一些变化，劳动工具的变化要求思想观念的更新。

（2）劳动中人的智力因素比例增加，脑力劳动者人数相对增长，相应地，企业管理者也不能再把这些高素质的员工视作机器人，而是要给员工以感情尊重、理智尊重。

（3）随着生产力的发展，人的需要满足层次攀高，企业必须适应这一新情况，从而制定出适合现代人的管理方法，这一点与"社会人"在管理界的提出有相同的现实基础。

（4）竞争加剧，企业为了在竞争中取胜，在提高劳动效率的同时，职工的生产积极性与创造性在劳动中显得越来越重要，企业必须提出符合需要的价值观念，如创新、服务、信誉等。

（5）企业规模的扩大、跨国公司的出现，成千上万人，甚至是不同国籍、不同民族的人在一个公司工作，需要统一思想、统一观念、统一行为。

3.4.4.3　企业文化的特质

1）历史性

历史性是一切社会事物的最基本属性之一。企业在一定的时空条件下产生、生存与发展，企业的现象本身就是当时社会政治、经济、文化的折射，企业本身就是创造历史的载体，去讨论先有企业还是先有文化，就像讨论先有蛋还是先有鸡一样。经济基础决定上层建筑，企业的经营与政治活动、文化现象的联系千丝万缕，挥之不去。可以说，企业文化是历史的产物，必定带有历史的烙印，折射出大到一个时代，一个国家的一定时期，或者一个民族、一个地域，小到一个地方区域的经济与文化特征。反过来，企业文化一旦形成，也在改变着企业所处的环境，因为企业毕竟是走在时代前列的社会生活中最活跃的社会组织，信息交融与思想变革首先从企业发生。当代的企业文化的基础，是已经比较成熟的商品经济理论。

2）人本性

企业文化关注的中心，在于对企业中人的因素的管理与激发，虽然如此做的终极目标在于企业价值的顺利实现，但这并不妨碍企业以开发人的潜能为切入点的管理模式为企业带来的巨大张力。当衣、食等最基本的生存需求得到满足后，人们需要满足交流的需要、给予的需要、被尊重的需要、个人价值实现的需要等。一个人一生中最宝贵、历时最长的时间与空间都是用于职业生涯的，所以，企业的成长与发展需求与个人的成长与发展需求在企业文化这个层面达到了完美的契合。企业文化是一种以人为本的文化，着力于以文化因素去挖掘企业的潜力，尊重和重视人的因素在企业发展中的作用。

3) 复杂性

世界上没有两片完全相同的树叶。每个企业都在特定的环境中生存与发展，所面临的历史阶段、发展程度，以及本身固有的文化积淀都不相同。成功是不能复制的，企业文化也同样不能拷贝。把别人成功的企业文化照搬照抄教条行事，或者如赵括谈兵一样将优秀的企业文化奉为金科玉律，试图找到放之四海而皆准的真理，最终只会害了企业。

4) 动态性

一个企业的企业文化一旦形成，就具有在一定时期之内的相对稳定性。随着企业的发展以及企业生存环境的变化，企业文化也随之发生改变。有一种说法叫做"呈螺旋式上升状"，这其实是一种理想状态下优秀的企业文化的发展态势。僵化的、落后的企业文化也在运动，只是在企业内部没有经过合理的梳理、整合与提炼的文化因素没有形成良性体系，各种文化因素的冲突正在进行量变的积累。一个优秀的企业的文化体系建成之后，就会显示其对外部因素以及新生文化因子强大的吸收力、包容力与消化力，形成动态开放的系统。

5) 有机性

企业文化是一个整体有机系统，企业文化的各个构成要素以一定的结构形式排列，各个要素相对独立，各司其职。同时，企业文化又是一个系统工程，是一个严密有序的有机结合体，由企业内互相联系、互相依赖、互相作用的不同层次、不同部分结合而成。企业文化既然以企业价值实现为最终目标，那么就不可能不涉及到企业的战略规划；既然以人为本，那么就不可能不涉及到人力资源开发；既然是一种管理方法，那么就不可能不涉及到企业的管理制度，可以说，企业文化今天之所以被管理界推崇备至，与它的这一性质不无关系。

3.4.4.4　商品流通企业文化的特点

商品流通企业与生产制造企业相比，其企业文化具有如下两个方面的特点：

1) 商品流通企业文化以营销行为文化为中心

文化以人为载体，一个企业的文化特点必然内化到每一个员工的内心深处，并通过他们的行为表现出来，包括语言、动作、表情、礼节等。这是企业文化在员工身上的外化，称为行为文化。商品流通企业以营销活动为中心，而且营销活动直接形成了企业的服务产品，因此通过营销活动表现出来的营销行为文化处于重要地位，是企业文化的中心。

首先，顾客需要优秀的营销行为文化。顾客到商店，既需要商品，也需要服务，而且优质服务会促进顾客购买商品。生产企业主要以产品显示它的竞争实力，流通企业主要是通过服务来吸引顾客。流通企业"服务第一"、"用户至上"、"用户就是上帝"等经营理念都要通过具体的营销行为才能实现。热情的态度、规范的操作、文明的商业用语、相互尊重的礼节等都是顾客所需要的,这些会给顾客留下深刻的印象,是形成流通企业竞争力的重要方面。

其次,营销行为文化是商品流通企业文化传播的窗口。企业文化所形成的企业特色,提高了企业的知名度和竞争实力,但这是建立在用户认可的基础上的。所以企业文化需要传播,只有传播才能提高企业的知名度和竞争力。人的任何社会行为都具有文化含义,是一种文化符号。商品流通企业营销人员的营销行为是本企业价值观念、企业精神和制度体系等文化内容的体现。这是由于企业文化具有导向、约束、激励等功能,在这些功能的作用下,使得企业员工的营销行为必然表现出本企业的文化特色,用户和顾客就是根据他们的行为感知并认可企业的文化特色,从而实现了企业文化的传播。

2)购物环境文化是企业文化的重要组成部分

企业文化的三层次结构中,环境文化属物质文化层次,是精神文化的表现形式。企业物质文化包括产品、技术条件、工艺设备、建筑设施和生产经营环境等物质要素表现出来的文化特征。流通企业由于不生产制造产品,它的物质文化主要是指购物环境文化。购物环境包括商场建筑物、铺面、招牌、卖场装饰、商品陈列、休息场所以及计算机信息管理系统等。购物环境是商场建设的总体表现,是企业的外在形象,它反映了企业的经营实力、精神面貌和管理水平。购物环境是商品流通企业必需的条件,特别是对经营生活资料的商场,购物环境会直接影响顾客的购物情绪。色彩温馨、醒目的招牌使人们过目而不忘,独具特色的门面和整洁、舒适的铺面环境(包括商品陈列)给顾客以美的感受,快速准确的收银设施使顾客感到方便可靠,等等。优雅的购物环境给顾客以巨大的吸引力。不同类型的流通企业,顾客对购物环境的要求也不完全相同,经营生产资料的物资企业,由于许多商品并不陈列在现场,用户需要有提供商品信息的计算机系统。在大型百货商场,顾客对品种丰富、陈列多样化的要求较高。对超级市场,顾客更注重"开放式和容易进出"。日本的专家曾就这个问题做过一个调查。调查选在一个有5.2万人的商圈内进行,共发出了2000张问卷,调查结果说明,从顾客关心的角度看,商品流通企业的购物环境处于重要位置,环境文化是商品流通企业文化的重要组成部分。

案例 3-4   不同国家的企业文化模式与管理特点

文化与民族是分不开的,一定的文化总是一定民族的文化。企业文化是一个国家的微观组织文化,它是这个国家民族文化的组成部分,所以一个国家企业文化的特点实际就代表这个国家民族文化的特点。下面我们仅对能代表东西方民族文化特点的几个国家和地区的企业文化和管理特点作一些简要介绍。

一、美国的企业文化的模式与管理特点

美国是一个多民族的移民国家,这决定了美国民族文化的个人主义特点。

美国的企业文化以个人主义为核心,但这种个人主义不是一般概念上的自私,而是强调个人的独立性、能动性、个性和个人成就。在这种个人主义思想的支配下,美国的企业管理以个人的能动主义为基础,鼓励职工个人奋斗,实行个人负责、个人决策。因此,在美国企业中个人英雄主义比较突出,许多企业常常把企业的创业者或对企业做出巨大贡献的个人推崇为英雄。企业对职工的评价也是基于能力主义原则,加薪和提职也只看能力和工作业绩,不考虑年龄、资历和学历等因素。以个人主义为特点的企业文化缺乏共同的价值观念,企业的价值目标和个人的价值目标是不一致的,企业以严密的组织结构、严格的规章制度来管理员工,以追求企业目标的实现。职工仅把企业看成是实现个人目标和自我价值的场所和手段。

二、欧洲国家的企业文化模式与管理特点

欧洲文化是受基督教影响的,基督教给欧洲提供了理想价格的道德楷模。基督教信仰上帝,认为上帝是仁慈的,上帝要求人与人之间应该互爱。受这一观念的影响,欧洲文化崇尚个人的价值观,强调个人高层次的需求。欧洲人还注重理性和科学,强调逻辑推理和理性的分析。

虽然欧洲企业文化的精神基础是相同的,但由于各个国家民族文化的不同,欧洲各个国家的企业文化也存在着差别。英国人由于文化背景的原因,世袭观念强,一直把地主贵族视为社会的上层,企业经营者处于较低的社会等级。因此,英国企业家的价值观念比较讲究社会地位和等级差异,不是用优异的管理业绩来证明自己的社会价值,而是千方百计地使自己加入上层社会,因此在企业经营中墨守成规,冒险精神差。

法国最突出的特点是民族主义,傲慢、势利和优越感,因此法国人的企业管理表现出封闭守旧的观念。

意大利崇尚自由,以自我为中心,所以在企业管理上显得组织纪律差,企业组织的结构化程度低。但由于意大利的绝大多数企业属于中小企业,组织松散对企业生计影响并不突出。

德国人的官僚意识比较浓,组织纪律性强,而且勤奋刻苦。因此,德国的企业管理中,决策机构庞大、决策集体化,保证工人参加管理,往往要花较多的时间论证,但决策质量高。企业执行层划分严格,各部门负责只有一个主管,不设副职。职工参与企业管理广泛而正规,许多法律都保障了职工参与企业管理的权力。职工参与企业管理主要是通过参加企业监事会和董事会来实现。按照《职工参与管理法》规定,20 000人以上的企业,20名代表中,劳资代表各占一半,劳方的10名代表中,企业内推举 7 人,企业外推举 3 人;10 000~20 000 人的企业中,监事会成员 16 人,劳方代表 8 人,其中企业内推举 6 人,企业外推举 2 人,10 000 人以下的企业,监事会成员中的劳资代表均各占一半。

三、日本的企业文化模式与管理特点

日本是一个单民族的国家,社会结构长期稳定统一,思想观念具有很强的共同性。同时,日本民族受中国儒家伦理思想的影响,侧重"和"、"信"、"诚"等伦理观念,使日本高度重视人际关系的处理。这些决定了日本企业文化以和亲一致的团队精神为其特点。"和"被日本企业作为运用到管理中的哲学观念,是企业行动的指南。

以团队精神为特点的日本企业文化,使企业上下一致地维护和谐,互相谦让,强调合作,反对个人主认和内部竞争。企业是一利益共同体,共同的价值观念使企业目标和个人目标具有一致性。企业像一个家庭一样,成员和睦相处,上级关心下级,权利和责任划分并不那么明确,集体决策,取得一致意见后才作出决定,一旦出了问题不归咎个人责任,而是各自多作自我批评。企业对职工实行终身雇用,年功序列工资制。

日本是一个单一民族的岛国,但它并不封闭守旧,反而革新精神强,大量吸收西方文化中重视科学技术和理性管理,并与传统文化结合起来,形成巨大的生产力。

四、中国企业文化的现状

新中国成立以前,受外国资本和封建官僚买办控制的企业中,劳动者处于被残酷剥削和压迫之下,他们没有自由,没有平等,有的只是愤怒和反抗。在旧中国,具有一定代理性的中国企业文化只有在民族资本主义企业中才存在,它是由老一代的民族企业家所倡导的。前面已经提到的由民生轮船公司的创始人卢作孚先生于 1925 年所倡导的"民生精神"就是一例。

新中国成立以后,国有企业是中国经济的主体,企业文化也如同整个国家的经济建设一样,经历了一番曲折的道路。在传统计划经济体制下,高度集权的管理模式对企业文化建设既有积极的一面,也存在着严重的消极影响。所谓积极的一面是有利于体现企业的社会主义共性,形成注重国家利益的大集体观念和艰苦奋斗精神,如 20 世纪 50~60 年代出现的"两参一改三结合"的"鞍钢宪法"和"三老四严"的"大庆精神",就是这种观念和精神的代表。所谓消极的一面,是这种集权管理模式强化了"官本位"观念,管理活动行政化,职工群众的积极性未能充分发挥出来,民主管理的监督约束机制显得无力。特别是在极"左"思潮的干预下,"以阶级斗争为纲",把政治挂帅绝对化,严重阻碍了企业民主制度的建立和监督制度的形成。实行经济体制改革以后,传统计划经济体制逐步转换为社会主义市场经济体制,中国企业文化建设的环境开始转变,特别是现代企业制度的建立,为建立有中国民族特色的企业文化创造了有利的政治法律环境,企业文化建设也取得了明显成效,本章中所列举的例子说明了这一点。

中国是一个历史悠久的文明国家,中国的传统文化内涵丰富,其中既有积极的一面,也有消极的一面。关于如何利用传统文化中的积极因素建立有中国特色的企业文化,稍后再作讨论。

3.4.5　企业文化建设的原则与途径

3.4.5.1　企业文化建设的一般原则

(1)必须坚持社会主义方向。企业是为提高人民的物资文化生活而存在,这是社会主义国家中企业存在的最基本的价值观。企业在从事商品生产和商品流通的过程中,必须促进生产发展,满足社会日益增长的物质和文化生活的需要。企业进行文化建设应把这作为它的经营思想和宗旨,使之具有明确的社会主义特征。

(2)强化以人为中心。文化以人群为载体,人是文化生成的第一要素。企业文化中的人不仅仅是指企业家和管理者,还应该包括企业的全体职工。企业文化建设中要强调关心人、尊重人、理解人和信任人。企业团体意识的形成,首先是企业的全体成员有共同的价值观念,有一致的奋斗目标,才能形成向心力,才能成为一个具有战斗力的整体。

(3)表里一致,切忌形式主义。企业文化属意识形态的范畴,但它又要通过企业或职工的行为和外部形态表现出来,这就容易形成表里不一致的现象。建设企业文化必须首先从职工的思想观念入手,树立正确的价值观念和哲学思想,在此基础上形成企业精神和企业形象,防止搞形式主义,言行不一。形式主义不仅不能建设好企业文化,而且是对企业文化概念的歪曲。

(4)注重个异性。个异性是企业文化的一个重要特征。文化本来就是在本身组织发展的历史过程中形成的。每个企业都有自己的历史传统和经营特点,企业文化建设要充分利用这一点,建设具有自己特色的文化。企业有了自己的特色,而且被顾客所公认,才能在企业之林中独树一帜,才有竞争的优势。

(5)不能忽视经济性。企业是一个经济组织,企业文化是一个微观经济组织文化,应具有经济性。所谓经济性,是指企业文化必须为企业的经济活动服务,要有利于提高企业生产力和经济效益,有利于企业的生存和发展。前面讨论的关于企业文化的各项内容中,虽然并不涉及"经济"二字,但建设和实施这些内容,最终目的都不会离开企业经济目标的实现和谋求企业的生存和发展。所以,企业文化建设实际是一个企业战略问题,称文化战略。

(6)继承传统文化的精华。马克思主义认为:"人们自己创造自己的历史,但他们并不是随心所欲地创造,而是在直接碰到的从过去继承下来的条件下创造。"

（《马克思恩格斯选集》第1卷,第603页)中国企业文化建设也是这样,它应该是在传统文化的基础上进行增值开发,否则企业文化就会失去存在的基础,也就没有生命力。增值开发就是对传统文化进行借鉴,去其糟粕,取其精华。我国传统文化中的民本思想、平等思想、务实思想等都是值得增值开发的内容。中国民本思想自古以来就相当强烈,并在一定程度上制约着专制行为。

社会主义企业中,劳动者是企业的主人,企业文化建设自然要以民本思想为重要的思想来源,并通过这一思想的开发利用,使职工群众产生强烈的主人翁意识,自觉地参与企业的民主管理。中国民族坚持人的平等性,认为"人皆为尧舜",这正是过去中国革命的思想基础。这种思想的增值开发并用于现代企业的文化建设,将为企业职工提供平等竞争的机会,有利于倡导按劳分配,同工同酬的运行机制。务实精神要求人们实事求是、谦虚谨慎、戒骄戒躁、刻苦努力、奋发向上。对此如能发扬光大,必将形成艰苦创业、勇于创新的企业精神。大庆"三老四严"的"铁人精神"就是这种民族精神增值开发的结果。

3.4.5.2 培育共同价值的观念

作为企业文化核心的价值观念的培养,是企业文化建设的一项基础工作。企业组织中的每个成员都有自己的价值观念,但由于他们的资历不同、生活环境不一样、受教育的程度也不相同等原因,使得他们的价值观念千差万别。企业价值观念的培育是通过教育、倡导和模范人物的宣传感召等方式,使企业职工扬弃传统落后的价值观念,树立正确的、有利于企业生存发展的价值观念,并形成共识,成为全体职工思想和行为的准则。

企业价值观念的培育是一个由服从,经过认同,最后达到内化的过程。服从是在培育的初期,通过某种外部作用(如人生观教育)使企业中的成员被动地接受某种价值观念,并以此来约束自己的思想和行为;认同是受外界影响(如模范人物的感召)而自觉地接受某种价值观念,但对这一观念未能真正地理解和接受;内化不仅是自愿地接受某种价值观念,而且对它的正确性有真正的理解,并按照这一价值观念自觉地约束自己的思想和行为。

企业价值观念的培育是一个长期的过程。在这个过程中,企业组织中个体成员价值观念的转变还可能由于环境因素的影响而出现反复,这更增加了价值观念培育的复杂性。价值观念的培育,需要企业领导深入细致的思想工作,善于把高度抽象的思维逻辑变成员工可以接受的基本观点。这其中,思想政治工作十分重要,它能唤起职工对自己生活和工作意义的深思,对自己事业的信念和追求。

由于企业价值观念是由多个要素构成的价值体系,因此在培育中要注意多元要素的组合,即既要考虑国家、企业价值目标的实现,又要照顾职工需求的满足。但首先考虑的还应是国家和民族的利益。日本松下公司的七条价值观念中,第一条就是"工业报国",我国老一代企业家卢作孚倡导的"民生精神",也是基于"服务社会,便利人群,开发产业,富裕国家"这一为国为民的价值观念。

3.4.5.3 构塑企业精神

企业精神构塑是在企业领导者的倡导下,根据企业的特点、任务和发展走向,使建立在企业价值观念基础上的内在的信念和追求,通过企业群体行为和外部表象而外化,形成企业的精神状态。

企业精神与企业价值观是既有区别又密切相关的两个概念,价值观是企业精神的前提,企业精神是价值观的集中体现。价值观具有分散性和内隐性,如存在的价值、工作价值、质量价值等,它是人们的信念和追求。但企业精神则不同,它比较外露,容易被人们所感觉。企业价值观和企业精神共同构成了企业文化的核心。

流通企业精神构塑,首先要根据商品流通的行业特点,确定和强化企业的个性与经营优势,通过这种确定和强化唤起职工的认同感,增强职工奋发向上的信心和决心,形成企业的向心力、凝聚力和发展动力;二是以营销服务为中心,引导和培育企业职工创名牌、争一流、上水平的意识和顾客第一、服务至上的经营风尚,使企业在市场竞争中立于不败之地;三是大力提倡团结协作精神,使企业形成一个精诚合作的群体,建立和谐的人际关系;四是发扬民主,贯彻以人为本,造就尊重人、关心人、理解人的文化氛围,激励职工参与意识,使他们把自己与企业视为一体,积极为企业的兴旺发达献计献策;五是提炼升华,将企业精神归纳为简练明确、富有感召力的文字表达,便于职工理解和铭记在心,对外形成特色加强印象。

企业精神的形成具有人为性,这就需要企业的领导者根据企业的厂情、任务、发展走向有意识地倡导,亲手培育而成。在构塑企业精神的过程中,特别应将个别的、分散的好人好事从整体上进行概括、提炼、推广和培育,使之形成具有代表性的企业精神。北京王府井百货大楼的"一团火"精神就是以普通售货员张秉贵的事迹为代表概括提炼而成。

3.4.5.4 确立正确的经营哲学

作为企业经营管理方法论原则的企业经营哲学,是企业一切行为的逻辑起点。因此,确立正确的经营哲学,是企业文化建设的一项重要任务。

商品流通企业确立经营哲学,虽有某些共同的方法论要素,如"服务为本"、"用户第一"等,但各企业由于人、财、物的状况不同、所处的环境不同,每个企业选择具有本企业特色的经营哲学是可能的。确立企业哲学,需要经营者对本企业的经营状况和特点进行全面的调查,运用某些哲学观念分析研究企业的发展目标和实现途径,在此基础上形成自己的经营理念,并将其渗透到员工的思想深处,变成员工处理经营问题的共同思维方式。企业经营哲学通常应在代表企业精神的文字中体现,这不仅有利于内部渗透,而且也便于顾客识别。例如,北京王府井百货大楼"一团火"精神的表述,既反映了企业员工奉献服务的精神实质,也体现出企业强调通过内部员工之间、企业与顾客之间、本企业与其他企业之间建立平等互助、团结友爱的新型人际关系,坚持全心全意为人民服务的办店宗旨和经营方针,以此赢得顾客和市场,促进企业发展。

经营哲学的确立,关键是要有创新意识,创建有个性的经营思想和方法。英国盈利能力最强的零售集团——马狮百货公司的经营哲学,就是创立了"没有工厂的制造商",按自己的要求让别人生产产品,并打上自己的"圣米高"牌商标,取得了成功。武商集团的创新策略是,把商品经营、资产经营和资本经营融为一体,跳出传统经营方式的束缚,在全国零售行业中创造了利润总额四连贯的佳绩。

3.4.5.5　企业形象设计

企业进行形象设计,首先是提供货真价实的商品,在品种、档次、价格、款式、包装等方面应有自己的特色;其次是提供优质服务,要通过营业人员的营销行为文化给顾客留下深刻的印象;第三是设计优美舒适的购物环境,这一方面有利于优质服务水平的充分发挥,重要的是刺激顾客的购买欲望和产生强烈的好感;第四是店铺门面设计,店面装饰应体现行业特点,招牌应做到新颖、醒目、反映经营特色,有利于引客进店和给顾客留下深刻印象,橱窗设计应与店铺建筑物协调,形成店面的整体美。企业形象设计一般经过形象调查、形象定位和形象传播三个阶段。形象调查是了解公众对本企业的认识、态度与印象等方面的情况,为企业形象设计提供信息。形象定位是在形象调查的基础上,根据企业的实际状况,用知名度和美誉度的高低程度对企业形象进行定位。形象传播是以广告或公关方式,将企业形象的有关信息向社会传播,让更多的顾客认识和接受,从而提高企业形象。

案例 3-5　流行的企业文化

现代中外许多成功企业的经营之道为现代企业提供了值得借鉴的宝贵经验。

一、民生文化

民生公司发展之所以如此迅速,和创始人卢作孚的经营成功有着极大关系。在卢作孚的长期经营实践中,一个突出的特点便是十分注重文化意识在经营管理中的作用。例如,他极为注意强化企业对职工的凝聚力,鼓励企业和职工的双向参与。他曾提出一个著名的口号:公司问题,职工来解决;职工问题,公司来解决。他把这一口号印在轮船的床单和茶杯上,逐步培养职工树立一种和公司同生存共荣辱的集体意识,在企业发展中起到了良好的作用。

二、松下文化

松下公司在几十年的经营生涯中形成了独特的企业文化,制定了七大精神:

"产业报国、光明正大、和亲一致、奋斗向上、礼节谦虚、顺应同比、感谢报恩",充分体现了松下那种谦和、执著、一以贯之的朴实风格。

三、大庆文化

以"铁人"王进喜为代表的大庆油田工人,把"艰苦创业"作为座右铭,坚持"有条件上,没有条件创造条件也要上"的创业精神。大庆人艰苦创业、三老四严的精神,化作了中国工人阶级自力更生、艰苦创业的强大力量。

四、索尼文化

索尼的企业哲学中突出的一点就是十分重视人的因素和民主作风,特别看重中层管理人员的作用,并设法淡化等级观念。该公司领导努力将工厂的车间搞得比工人的家庭更舒服,而把管理人员的办公室尽量布置得朴素些。另外,索尼人始终不满足现状,时时有"饥饿感"、"紧迫感"伴随,这可谓索尼文化的另一特色。正因如此他们不断学习世界上比自己先进的东西,经过消化,创造出别人没有的东西,适应了市场,赢得了声誉。

五、IBM 文化

IBM 的信条就是"IBM 就意味着最佳服务"。因为他们懂得,优质服务是顾客最需要的。这不能不说是 IBM 公司多年来一直取得成功的一个奥秘。

3.4.6 企业文化变革

当企业状况不佳时,领导常会想到要改变公司的文化。这个思考方向相当正确,因为它体认到"软件"——人的信念与行为——至少和组织结构等"硬件"同等重要,甚至犹有过之。单靠策略或结构的改变,对公司只能达到一定程度的影响。一如计算机未搭配适当的软件就毫无功用;组织的硬件(策略与结构)如果没有软件(信念与行为)配合,也会运作迟钝。

1) 如何变革成功

如果企业文化变革不能和绩效相互结合,员工改革的理念模糊不清,变革和策略与运营的现实情况脱节,这样通常导致企业文化变革以失败收场。其实要改变企业文化,必须借助一组流程——社会运作机制——以改变员工的信念与行为,使其直接联结到企业的经营成果上。

2) 从信念及行为改变企业文化

近年流行的一句话是这么说的:"光是思考,不会找到新的行动方式:要行动,才能找到新的思考方式。"要藉行动找到新的思考方式,得先明白"文化"一词的意义。一个组织的文化,就其本质而言,乃是组织员工所共享的价值观、信念与行为规范的总和。有心改变某种文化的人,往往最先提及要改变价值观,其实这是放错了焦点。价值观——基本的原则与标准,如诚信、尊重顾客或是通用电器标举的"无界限"等——可能需要强化,但极少需要改变。如果员工,特别是位居最高层级者,违背了公司的基本价值观,领导必须出面公开谴责。

影响特定行为的信念,才是比较需要改变的部分。这些信念会受到各种因素的制约,如学历、经验、有关公司前景的传言、对领导言行的观感等。只有新证据出现,而且足以充分证明原有信念错误时,人们才会改变信念。例如,如果公司员工都相信自己所处的是一个没有成长远景的成熟产业,就不会花太多时间与精力寻找成长的机会;如果他们认为少做事也能拿同样的报酬,工作的热诚就会受到影响。

案例 3-6　EDS 的企业文化变革

EDS 的 CEO 布朗,加入 EDS 之后的首要工作就是专注在员工的信念与行为上,以改变公司的文化。2000 年 1 月,在一次高阶主管会议上,布朗要求与会者列出过去五年形成公司自我形象认知的最重要信念,同时也要求他们由公司未来发展的角度着眼,列出最需要的一些信念。结果大家通过小组讨论,得到下列的结论。

一、EDS 的旧信念

(1) 我们属于大量生产的企业。EDS 处于一个成长缓慢的成熟产业——计算机服务外包业——特性为竞争激烈、差异小,因而利润率偏低。

(2) 我们的成长不可能达到市场的平均水准。身为大量生产行业中最大的厂商,EDS 很难达成高获利成长。

(3) 有收入才有利润,业务做得愈大,利润总会多少跟着来(这一信念必然导致资原配置不当)。

(4) 每位主管拥有所有的资源——控制权是关键。每一部门都完全自主,各自保卫自己的地盘(这个信念使企业各部门间无法互助合作)。

(5) 同事就是我的对手。(这一信念和上面控制资源的信念一样,也会成为成功的重大阻碍,因为内部的竞争行为具有破坏性。我们的对手应该在外面的市场中,而不在隔壁的办公室里。为了成为市场赢家,团队精神、知识分享、互助合作绝对是不可或缺的)。

(6) 别人都不负责任("那可不是我的错"),我们懂得比客户多。

(7) 我们的员工会告诉客户他所需要的解决方案(这一信念使 EDS 的员工不能认真倾听客户的问题与需求)。

二、EDS 的新信念

(1) 我们可以比市场成长得更快——不但获利,而且更有效率地运用资本。

(2) 我们可以逐年提高生产力。

（3）我们会为客户的成功全力以赴。

（4）我们会提供卓越的服务。

（5）互助合作是我们成功的关键。

（6）我们将做到权责分明和全力以赴。

（7）我们会更用心倾听客户的话。

第二份清单变成了一项改变态度的方案,而且实施对象除了最高阶主管,还包括 EDS 各级主管。行为是将信念转化为行动,通过行为才能产生成果,让该发生的事情发生。不过我们谈到行为时,比较强调的不是个别的行为,而是行为的规范,即在公司环境中,符合常规的行为方式,也有人将之称为"参与法则"。这些规范谈的是员工该如何共同工作,对公司能否创造竞争优势具有关键性的影响。

本章思考题

1. 简述文化差异对管理的重要性。

2. 论述全球性管理工作面临的主要挑战。

3. 阐述公司的社会责任与经济效益之间的关系。

4. 识别影响道德行为的因素。

5. 解释企业文化是如何约束管理者行为。

参考文献

1. 哈罗德·孔茨. 管理学[M]. 北京:经济科学出版社,1995.

2. 斯蒂芬·P·罗宾斯. 管理学原理(第四版)[M]. 北京:中国人民大学出版社,2003.

3. 安德鲁·J·杜伯林. 管理学精要(第7版)[M]. 北京:电子工业出版社,2007.

4. 芮明杰. 管理学——现代的观点[M]. 上海:上海人民出版社,1999.

5. 周三多等. 管理学——原理与方法[M]. 上海:复旦大学出版社,1999.

6. 戚安邦. 管理学[M]. 北京:电子工业出版社,2006.

7. 彼得·德鲁克. 管理使命、责任、实务(使命篇)[M]. 北京:机械工业出版社,2006.

8. 彼得·德鲁克. 管理使命、责任、实务(实务篇)[M]. 北京:机械工业出版社,2006.

9. 刘松. 管理智慧[M]. 北京:机械工业出版社,2006.

4 决 策

> "有效的管理者不做太多的决策。他们所做的,都是重大的决策。"
> "要看'正当的决策'是什么,而不是'人能接受的'是什么。"
>
> ——彼得·德鲁克

本章提要

作为一个组织,为了适应不断变化的外部环境和内部条件,保证组织既定目标的实现,管理者经常要进行各种类型的决策。本章解释了决策的定义和过程,介绍了决策的各种类型和进行决策的方法。

学习目标

(1) 全面了解决策的概念和内涵。

(2) 认识决策在管理过程中的重要性。

(3) 掌握决策的过程。

(4) 重点掌握各种决策方法。

管理学小故事

谁是森林能手?——临危决策失误的典型案例

热带雨林里,风和日丽,各种动物在树枝上、草丛间玩耍,上蹿下跳,十分活跃,一切都显得生机盎然。突然,暴雨袭来,洪水很快就淹没了森林的大部分,大小动物拼命向最高处奔去。待大家聚到高处,洪水还在暴涨,于是大家推选最聪明的猿猴主持召开会议,大家为如何脱险议论纷纷,一时不知所措。

猿猴说:要看谁最会游泳? 大家推选出青蛙、水蛇等四大水手。猿猴又想到说:"只会游泳,跑得不快,也不能迅速报信求救!"大家一致赞成,但谁是水陆都行的能手呢? 猿猴看到了蜈蚣。它会水,腿又多,一定跑得快。猿猴自鸣得意地断然作出决定:马上让蜈蚣出发。大家也心情坦然地继续开会。当天已漆黑,大家忽然发现蜈蚣还没有走,因为脚太多,穿鞋成了最费时间的事。大家对猿猴的错误决策十分愤慨,群起而攻之。

这个故事告诉我们:一是决策不能想当然,而是要有"二次决策"。即针对决策之后的负效应再做一次决策,以保证决策的顺利。二是要有反向思维,即在决策取得一致意见的过程中,要想到与其相反的决策。只有正反双渠道思考,才能表现出决策者的成熟、能力与水平。

4.1 决策概述

4.1.1 决策理论

决策理论学派是在第二次世界大战之后发展起来的一门新兴的管理学派。决策理论学派的主要代表人物是赫伯特·西蒙(Herbert. A. Simon),由于他在决策理论研究方面的突出贡献,在 1978 年度被授予诺贝尔经济学奖。

其理论要点归纳如下:

(1)决策贯穿管理的全过程,决策是管理的核心。西蒙指出组织中经理人员的重要职能就是作决策。他认为,任何作业开始之前都要先做决策,制定计划就是决策,组织、领导和控制也都离不开决策。

(2)系统阐述了决策原理。西蒙对决策的程序、准则、程序化决策和非程序化决策的异同及其决策技术等作了分析。西蒙提出决策过程包括 4 个阶段:搜集情况阶段;拟定计划阶段;选定计划阶段;评价计划阶段。这四个阶段中的每一个阶段本身就是一个复杂的决策过程。

(3)在决策标准上,用"令人满意"的准则代替"最优化"准则。以往的管理学家往往把人看成是以"绝对的理性"为指导,按最优化准则行动的理性人。西蒙认为事实上这是做不到的,应该用"管理人"假设代替"理性人"假设,"管理人"不考虑一切可能的复杂情况,只考虑与问题有关的情况,采用"令人满意"的决策准则。

(4)一个组织的决策根据其活动是否反复出现可分为程序化决策和非程序决策。经常性的活动的决策应程序化以降低决策过程的成本,只有非经常性的活动,才需要进行非程序化的决策。

4.1.2 决策的定义

何谓决策? 不同的学者看法不同。一种最简单的定义就是,"从两个以上的备选方案中选择一个的过程就是决策。"著名的管理学家周三多把决策定义为:组织或者个人为了一定的目标对未来某种活动的方向或者形式做出选择或者调整的过程。

这一定义表明：

（1）决策要有明确的目标。决策就是通过解决某个问题来达到目标,决策的目的是为了解决问题或利用机会,这就是说,决策不仅仅是为了决策问题,有时也是为了利用机会。

决策目标应该具有以下特点:目标清晰,有一定的标准可供衡量比较;目标要规定完成期限;责任明确。

（2）决策的本质是一个过程。决策是一个多阶段、多步骤的分析判断过程,贯穿于管理活动的各个阶段,各个环节,而不是只有拍板的一瞬间才是决策。

通过决策,组织不仅要选择业务的内容和方向,而且要决定如何组织业务活动的具体展开,同时还要决定资源如何筹措、结构如何调整、人事如何安排,等等。只有当这一系列的具体决策都制定好,相互协调,并与组织目标一致,才能认为组织的决策已经形成。而这一系列的决策本身,从活动目标的确定,到活动方案的拟定、评价和选择,就是一个包含了许多工作、由众多人参与的过程。

（3）决策的结果是选择出一个满意的方案。决策要有若干个可行的备选方案,如果备选方案只有一个,就无从比较优劣,更没有选择的余地。每个可行方案都有其利、弊,因此,必须对每个方案进行综合分析与评价,确定各方案对目标的贡献程度和带来的潜在问题。

传统的决策理论认为,最优方案往往要求从诸多方面满足各种苛刻的条件,只要其中有一个条件稍有差异,最优目标便难以实现。而科学的决策理论认为,从诸多方案中选择一个比较满意的方案即是合理方案,在现实条件下,满意方案不仅能够使主要目标得以实现,而且其他次要目标也能得以实现。

4.1.3 决策的原则

管理学中的决策遵循的是满意原则,而不是最优原则。抉择的最优原则在现实生活中是不现实的,需要调查所有的信息,并且了解这些信息的价值,再制定出抉择的执行方案,并对决策的结果及时地预测。

现实中这些条件是不可能满足的,所以说管理者只能遵循满意的原则。获取的信息都可能受到社会的影响,决策的依据只能是适量的信息,决策者的能力也是有限的,不可能制定出完美的方案,最后,管理者的预测也有不全面的一面,所以说决策还是遵循满意原则。

4.1.4 决策的依据

决策者在决策时离不开信息,信息的数量和质量直接影响决策的水平。这要求管理者在决策之前以及决策过程中都尽可能地通过多种渠道收集信息,作为决策的依据。但这并不是说管理者要不计成本地收集各方面的信息。管理者在决定收集什么样的信息、收集多少信息以及从何处收集信息等的同时,要进行成本一收益分析。只有在收集的信息所带来的收益超过因此而付出的成本时,才应该收集信息。

所以我们说,合理的决策,本身必须符合效率、满意、有限合理、经济性的原则。适量的信息是决策的依据,信息量过大固然有助于决策水平的提高,但对组织而言可能不经济,信息量过少则使管理者无从决策或导致决策收不到应有的效果。

4.1.5 决策过程

决策过程并不是一个瞬时的过程,在决策过程中包括一系列的步骤:

(1) 识别问题。识别问题是至关重要的,决策者必须能够区分问题的症状与问题的实质。识别问题需要进行大量的考察和思考。问题的产生可能是由于不良的组织结构,缺乏监督,或者是对执行的活动缺乏了解。正如德鲁克所讲的,"有效的决策人,首先要辨明问题的性质:这是一再发生的经常性问题呢,还是偶然的例外?"通过定义问题,可以确定一系列的可行性目标。

(2) 分析问题。在问题被明确之后,应该对问题进行系统的分析。分析问题的前提条件是收集实际资料。所需资料的数量和搜集信息的范围主要取决于问题的性质和复杂程度。可以通过往日的记录来获得信息和资料,其他人和其他组织的观点和建议也是一些好的来源。收集到所需的信息后,下一步工作就是有序地整理这些信息。 些标准比如可靠性、重要性、时间、原因和结果、人力因素以及技术因素都可以用于对信息进行划分和归类。

(3) 拟定备选方案。过去的经验、创造性以及最新实践都有助于拟定备选方案。寻求备选方案的过程是一个具有创造性的过程,在这一阶段,决策者必须开拓思维,充分发挥想像力。

(4) 评价备选方案。备选方案拟定出之后,决策者应对每一个方案的可应用性和有效性进行检验。可以运用一些标准,诸如每个备选方案涉及的风险、需要的时间、可利用的设施和资源以及费用一效益分析等,来对这些备选方案进行比较。如果所有的备选方案都不令人满意,决策者还必须进一步寻找新的备选方案。在这一阶段,德鲁克指出,要看"正当的决策"是什么,而不是"人能接受的"是什么。

(5) 选择最佳方案。决策者不能总是只顾及备选方案的优越性,还必须在选择最佳方案时考虑到可利用的资源。在选择最佳方案时,一个有用的规则是使执行方案过程中可能出现的问题数量减少到最小,而执行方案对实现目标的贡献达到最大。

(6) 执行方案。选择出最佳方案,决策过程还没有结束。决策者还必须设计所选方案的实施方法,使方案付诸实施。在执行阶段,决策者必须对存在的一些抵制情绪有所预见,尤其是来自受决策影响的员工的抵制。不恰当地沟通也可能阻碍所选方案的实施。

(7) 检查方案的有效性。决策者最后的职责是根据已建立的目标来衡量效益,定期检查计划的执行情况,并将实际情形与计划结果进行对比。为了提高决策质量,需要对以前决策的效果定期进行检查。通过检查,决策者可以从中知道他的错误是什么,出在什么地方,以及如何改善。

案例 4-1 哈默传奇——决策的重要性

犹太人阿曼德·哈默 1898 年生于纽约,1917 年在医学院学习期间掌管了父亲的一家制药工厂。由于经营有方,他成为当时美国唯一的大学生百万富翁。他在 20 世纪 20 年代与苏联进行了大量的易货贸易,后来他又涉足艺术品收藏与拍卖、酿酒、养牛、石油等行业,在每一个领域里都取得了非凡的成就。

1924 年列宁逝世,这对哈默在苏联的活动产生了负面的影响。就在他考虑是否继续留在那里的时候,他随便走进一家商店,想买一支铅笔。售货员给他拿了一支德国造铅笔。在美国这种铅笔只值两三美分,在苏联却值 26 美分。哈默大度地花了一美元买下了这支铅笔。在他的头脑中,已把这支铅笔同百万美元的生意联系起来了。然后他跑到德国和英国,花高薪聘请制造铅笔的行家里手,随后哈默回到莫斯科选址建厂。虽然他深切地感到,他在列宁保护下的黄金时代已发生巨大变化,但工厂终于办起来了,而且提前几个月开工,最终成为世界上最大的铅笔工厂。

及时的、正确的决策给哈默带来了巨大的成功。1987 年他完成了《哈默自传》,在这本书里,就有哈默定律:天下没什么坏买卖,只有蹩脚的买卖人。

4.2 决策的类型

从不同的角度进行划分,决策可以分为不同的类型。

4.2.1　按决策的重要性划分

（1）战略决策。是为了组织全局长期的发展所进行的大致方针的决策,影响组织活动的方向和内容,是具有方向性、长期性、全局性、根本性的决策。

（2）战术决策。又称管理决策,是战略决策执行过程中在组织内贯彻的具体决策。

（3）业务决策。又称执行性决策,是日常工作中为提高生产效率、工作效率而做出的决策,涉及范围较窄,只对组织产生局部影响。

4.2.2　按决策主体的不同划分

（1）集体决策:是指多个人一起做出的决策。集体决策具有如下一些优点:能收集到更大范围的、更完整的信息;能集思广益,想出更多的方案;能提高决策的合理性;能够加强联系,更好的沟通,调动成员的积极性;决策结果能得到更多的认同。

但集体决策也存在一些弊端:消耗较多的时间、效率偏低;责任不清楚;成员容易产生从众心理,屈从压力。

（2）个人决策:指单个人做出的决策。相对于集体决策,个人决策具有如下的优点:决策时间较短,效率高,责任明确。在组织的活动过程中,每个成员都要制定一系列的决策,这类决策不仅影响个人在组织内的活动方式,而且会影响其他成员的活动效率以及组织任务的完成。常用于紧迫情况下的决策。但个人决策容易在冲动情况下做出。

4.2.3　按决策的起点不同划分

（1）初始决策。组织对从事某种活动或从事该种活动的方案所进行的初次选择,是零起点决策。

（2）追踪决策。在初始决策的基础上对组织活动方向、内容或方式的重新调整。因此追踪决策是非零起点决策。

4.2.4　按决策所涉及的问题性质不同划分

组织中的问题可被分为两类:一类是例行问题,指那些重复出现的管理问题;另一类是例外问题,指那些偶然发生的、新颖的、性质和结构不明的、具有重大影响的问题。

赫伯特·西蒙(Herbert. A. Simon)根据问题的性质把决策分为程序性决策与非程序性决策,程序性决策涉及的是例行问题,非程序性决策涉及的是例外问题。

（1）程序性决策。按预先规定的程序、处理方法和标准来解决管理中经常重复出现的问题。又称重复性决策、定型化决策或常规决策。

（2）非程序性决策。解决不经常重复出现的、非例行的新问题所进行的决策。又称一次性决策、非定型化决策或非常规决策。

在非程序性决策时，处理突发危机是棘手的，具有很大的风险性，经理们都不希望这类事件发生。但正因为突发事件的处理具有风险性，是领导艺术高低的检验尺度，因此，突发事件对于有着高超领导艺术的经理来说，不仅仅是个危机，更是一次机遇和挑战。

（3）程序性决策与非程序性决策。两者的区别见图 4-1。

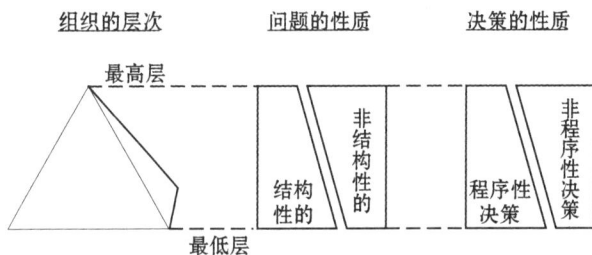

图 4-1　程序性决策与非程序性决策的区别

4.2.5　按决策时环境因素的可控制程度划分

（1）确定型决策。指在稳定条件下进行的决策。决策者确切知道自然状态的发生，每一备选方案都只有一种确定无疑的结果。

（2）风险型决策。指方案的实施可能会出现几种不同的情况（自然状态），每种情况下的后果（效益）和出现的可能性（概率）是可以确定的。

（3）非确定型决策。指在不稳定条件下进行的决策。方案实施可能出现的自然状态或所带来的后果和发生的可能性均不确定。

4.3　决策方式选择的影响因素

影响组织决策的主要因素包括以下几个方面：

1）环境

外部环境对组织决策的影响表现在两个方面：

（1）环境的特点影响着组织决策的频率和内容；环境的特点影响着组织的活

动选择。

（2）环境中的其他行动者及其决策也会对组织决策产生影响。对环境的习惯反应模式影响着组织的活动选择。

2）组织文化

构成组织文化的主要内容有：组织成员共同采用的价值观；组织管理制度；组织成员的行为习惯。

在不同的组织文化下，存在着不同的决策方式；在某种组织文化中行之有效的决策方式，在另外一种组织文化中，可能会导致严重的问题。

从决策方面来说，组织文化会对决策的制定和执行都产生重大影响：

（1）组织文化制约着包括决策制定者在内的所有组织成员的思想和行为。

（2）组织文化通过影响人们对改变的态度而对决策起影响和限制作用；组织文化是构成组织内部环境的注意因素。

3）伦理标准

决策者是否重视伦理以及采用何种伦理标准会影响其对待行为或事物的态度，进而影响其决策。

不同的伦理标准会对决策产生不同的影响，可以从下面这个例子中看出。不同的国家可能有不同的伦理标准。如在巴西，一个人可能认为，只要金额较小，贿赂海关官员在伦理上就是可以接受的。而在新加坡，人们却认为公务员已经为他的工作取得了报酬，不应再得到额外的报酬，认为这样做不符合伦理。在前一种伦理标准下，人们会做出以较小的金额贿赂海关官员的决策，以加快货物的通关速度；而在后一种伦理标准下，人们却会对同样的现象采取举报行动。

4）决策者对风险的态度

任何决策都带有一定程度的风险性。愿意承担风险的决策者，通常会未雨绸缪，在被迫对环境做出反应以前就采取进攻性的行动，并会经常进行新的探索。不愿意承担风险的决策者，通常只会对环境做出被动的反应，他们对变革、变动表现出谨小慎微，其活动则要受到过去决策的严重制约。

不同类型决策者的决策效用参见图 4-2。

5）决策的时间紧迫性

美国学者威廉·金和大卫·克里兰把决策划分为时间敏感型决策和知识敏感型决策。时间敏感型决策是指那些必须迅速而尽量准确做出的决策，战争中经常出现此类决策，这类决策对速度的要求甚于一切。知识敏感型

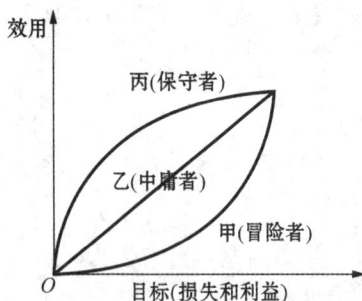

图 4-2　决策效用图

决策是指那些对时间要求不高,而讲究决策质量的决策。在做这类决策时,决策者通常有宽裕的时间来充分利用各种信息。组织中的战略决策大多属于此类决策。

4.4　决策方法

在管理实践中,由于决策目标、可利用的资源以及组织内外部环境的复杂多变,有的问题需要决策者借助于决策模型和数学工具进行周密、全面的分析权衡,以实现对未来不确定性的管理,提高管理的正确性;也有的问题可以通过运用决策者的历史经验和科学判断来完成。科学的决策方法包括:集体决策方法、关于组织活动方向和内容的决策方法,以及在既定方向下从事某项活动的不同方案选择的方法。

4.4.1　集体决策方法

4.4.1.1　名义小组技术(Nominal Group Technique)

名义小组技术是指在决策过程中对群体成员的讨论或人际沟通加以限制,但群体成员是独立思考的。像召开传统会议一样,群体成员都出席会议,但群体成员首先进行个体决策。

在问题提出之后,采取名义小组技术方法有以下几个具体步骤:

(1)成员集合成一个群体,但在进行任何讨论之前,每个成员独立地写下他对问题的看法。

(2)每个成员将自己的想法提交给群体,然后一个接一个地向大家说明自己的想法,直到每个人的想法都表达完并记录下来为止(通常记在一张活动挂图或黑板上)。所有的想法都记录下来之前不进行讨论。

(3)群体现在开始讨论,以便把每个想法搞清楚,并做出评价。

(4)每一个群体成员独立地把各种想法排出次序,最后的决策是综合排序最高的想法。

名义小组技术的主要优点在于,使群体成员正式开会但不限制每个人的独立思考,但是又不像互动群体那样限制个体的思维,而传统的会议方式往往做不到这一点。

4.4.1.2　德尔菲法(Delphi Method)

又称为有控制的专家反馈法。德尔菲这一名称起源于古希腊有关太阳神阿波罗的神话。传说中阿波罗具有预见未来的能力,因此,这种预测方法被命名为德尔菲法。1946年,兰德公司首次用这种方法用来听取有关专家对某一问题或机会的意见。运用该技术的关键是:①选择好专家,这主要取决于决策所涉及的问题或机会的性质;②决定适当的专家人数,一般 10～20 人较好;③拟订好意见征询表,它的质量直接关系到决策的有效性。

德尔菲法依据系统的程序,采用匿名发表意见的方式,即专家之间不得互相讨论,不发生横向联系,只能与调查人员发生关系,通过多轮次调查专家对问卷所提问题的看法,经过反复征询、归纳、修改,最后汇总成专家基本一致的看法,作为预测的结果。这种方法具有广泛的代表性,较为可靠。

这种方法的优点主要是简便易行,具有一定科学性和实用性,可以避免会议讨论时产生的害怕权威随声附和,或固执己见,或因顾虑情面不愿与他人意见冲突等弊病;同时也可以使大家发表的意见较快被收集,参加者也易于接受结论,具有一定程度综合意见的客观性。德尔菲法的主要缺点是过程比较复杂,花费时间较长。

德尔菲法的具体实施步骤如下:

(1) 组成专家小组。按照课题所需要的知识范围,确定专家。专家人数的多少,可根据预测课题的大小和涉及面的宽窄而定,一般不超过 20 人。

(2) 向所有专家提出所要预测的问题及有关要求,并附上有关这个问题的所有背景材料,同时请专家提出还需要什么材料。然后,由专家做书面答复。

(3) 各个专家根据他们所收到的材料,提出自己的预测意见,并说明自己是怎样利用这些材料并提出预测值的。

(4) 将各位专家第一次判断意见汇总,列成图表,进行对比,再分发给各位专家,让专家比较自己同他人的不同意见,修改自己的意见和判断。也可以把各位专家的意见加以整理,或请身份更高的其他专家加以评论,然后把这些意见再分送给各位专家,以便他们参考后修改自己的意见。

(5) 将所有专家的修改意见收集起来,汇总,再次分发给各位专家,以便做第二次修改。逐轮收集意见并为专家反馈信息是德尔菲法的主要环节。收集意见和信息反馈一般要经过三、四轮。在向专家进行反馈的时候,只给出各种意见,但并不说明发表各种意见的专家的具体姓名。这一过程重复进行,直到每一个专家不再改变自己的意见为止。

(6) 对专家的意见进行综合处理。

4.4.1.3　头脑风暴法(Brain Storming)

头脑风暴法又称脑力激荡法。是比较常用的集体决策方法,便于发表创造性意见,因此主要用于收集新设想。通常是将对解决某一问题有兴趣的人集合在一起,在完全不受约束的条件下,敞开思路,畅所欲言。头脑风暴法的创始人是英国心理学家奥斯本。

头脑风暴法是鼓励在小组中进行创造性思维的最常用方法。头脑风暴法的目的在于创造一种畅所欲言、自由思考的氛围,诱发创造性思维的共振和连锁反应,产生创造性思维。这种方法的时间安排应在 1～2 小时,参加者以 5～6 人为宜。

1)头脑风暴法的应用原则

(1)禁止批评和评论,也不要自谦。对别人提出的任何想法都不能批判、不得阻拦。即使自己认为是幼稚的、错误的,甚至是荒诞离奇的设想,亦不得予以驳斥。如果妄加评论,许多人就会变得更加拘谨。他们未发表的意见或许非常好,或许可以激发别人的好意见。

(2)提倡畅所欲言,任意思考。会议提倡在自由的气氛中随便思考、任意想象、尽量发挥,主意越新、越怪越好,因为它能激发出有创意的观点。

(3)追求数量而非质量。意见越多,产生好意见的可能性越大。各种设想,不论大小,甚至是最荒诞的设想,记录人员也要认真地完整记录。

(4)鼓励综合各种见解或在他人见解上进行发挥,取长补短,探索改进的办法。除提出自己的意见外,鼓励参加者对他人已经提出的设想进行补充、改进和综合。

2)头脑风暴法的注意事项

参加人数一般为 5～10 人,最好由不同专业或不同岗位者组成。会议要明确主题,主题需提前通报给与会人员,让与会者有一定准备。选好主持人,主持人要熟悉并掌握该方法的要点,摸清主题现状和发展趋势,善于激发成员思考,使场面轻松活跃而又不失脑力激荡。设记录员 1～2 人,要求认真将与会者每一设想不论好坏都完整地记录下来。

3)对头脑风暴法的评价

头脑风暴法可以排除折中方案,对所讨论问题通过客观、连续的分析,找到一组切实可行的方案,因而头脑风暴法得到了广泛的应用。例如在美国国防部制订长远科技规划中,曾邀请 50 名专家采取头脑风暴法开了两周会议。参加者的任务是对事先提出的长远规划提出异议。通过讨论,得到一个使原规划文件变为协调一致的报告,在原规划文件中,只有 25%～30% 的意见得到保留。由此可以看到头脑风暴法的价值。

当然,头脑风暴法实施的成本(时间、费用等)是很高的,另外,头脑风暴法要求参与者有较好的素质。这些因素是否满足会影响头脑风暴法实施的效果。

4.4.1.4 戈登法(Gordon Method)

戈登法又称教学式头脑风暴法或隐含法。戈登法是由美国麻省理工大学教授威廉·戈登于 1964 年始创的,这是一种由会议主持人指导并进行集体讲座的技术创新技法。其特点是不让与会者直接讨论问题本身,而只讨论问题的某一局部或某一侧面;或者讨论与问题相似的另一问题;或者把问题抽象化后向与会者提出。主持人对提出的构想加以分析研究,一步步地将与会者引导到问题本身上来。

戈登法是由头脑风暴法衍生出来的、适用自由联想的一种方法。但其与头脑风暴法有所区别:头脑风暴法要明确提出主题,相反,戈登法并不明确地表示主题,而是在给出抽象的主题之后,寻求卓越的构想。例如,在寻求烤面包器的构想时,按照头脑风暴法就是提出一个新的烤面包器的构想的课题。但是,戈登法采取以"烧制"作为主题,寻求有关各种烧制方法的设想的方式。在这种技法中,有关的成员完全不知道真正的课题。只有领导人知道,采用从成员的发言中得到启示的方法,推进技法的实施。

戈登法的优点是将问题抽象化,有利于减少束缚、产生创造性想法,难点在于主持者如何引导。

4.4.2 关于组织活动方向和内容的决策方法

4.4.2.1 经营业务组合分析法(BCG Matrix)

该方法是由波士顿咨询集团(Boston Consulting Group,BCG)在 20 世纪 70 年代初开发的,因此又称为波士顿矩阵法(BCG 矩阵)。BCG 矩阵将组织的每一个战略事业单位(SBUs)标在一种二维的矩阵图上,从而显示出哪个 SBUs 提供高额的潜在收益,以及哪个 SBUs 是组织资源的漏斗。BCG 矩阵的发明者、波士顿公司的创立者布鲁斯认为"公司若要取得成功,就必须拥有增长率和市场份额各不相同的产品组合。组合的构成取决于现金流量的平衡"。如此看来,BCG 的实质是为了通过业务的优化组合实现企业的现金流量平衡。这是制定公司层战略最流行的方法之一。

BCG 矩阵区分出四种业务组合:

(1) 问题型业务(Question Marks)。处在这个领域中的是一些风险较大的产品。这些产品可能利润率很高,但占有的市场份额很小。这往往是一个公司的新业务,为发展问题业务,公司必须建立工厂,增加设备和人员,以便跟上迅速发展的市场,这意味着大量的资金投入。只有那些符合企业发展长远目标、企业具有资源优势、能够增强企业核心竞争力的业务才得到肯定的回答。得到肯定回答的问题型业务适合于采用增长战略,目的是扩大 SBUs 的市场份额,甚至不惜放弃近期收入来达到这一目标。得到否定回答的问题型业务则适合采用收缩战略。

(2) 明星型业务(Stars)。这个领域中的产品处于快速增长的市场中并且占有支配地位的市场份额,但这并不意味着明星业务一定可以给企业带来源源不断的现金流,因为市场还在高速成长,企业必须继续投资,以保持与市场同步增长,并击退竞争对手。高层管理者必须具备识别行星和恒星的能力,将企业有限的资源投入在能够发展成为现金牛的恒星上。同样的,明星型业务要发展成为现金牛业务适合于采用增长战略。

（3）现金牛业务（Cash cows）。处在低增长率、高市场份额这个领域中的产品产生大量的现金，但未来的增长前景是有限的。由于市场已经成熟，企业不必大量投资来扩展市场规模，同时作为市场中的领导者，该业务享有规模经济和高边际利润的优势，因而给企业带来大量现金流。企业往往用现金牛业务来支付账款并支持其他三种需大量现金的业务。现金牛业务适合采用稳定战略来保持 SBUs 的市场份额。

（4）瘦狗型业务（Dogs）。这个低增长率、低市场份额领域中的产品常常是微利甚至是亏损的，瘦狗型业务存在的原因更多的是由于感情上的因素，虽然一直微利经营，但像人养了多年的狗一样恋恋不舍而不忍放弃。其实，瘦狗型业务通常要占用很多资源，如资金、管理部门的时间等，多数时候是得不偿失的。瘦狗型业务适合采用收缩战略，目的在于出售或清算业务，以便把资源转移到更有利的领域。

BCG 矩阵（图 4-3）的精髓在于把战略规划和资本预算紧密结合了起来，把一个复杂的企业行为用两个重要的衡量指标来分为四种

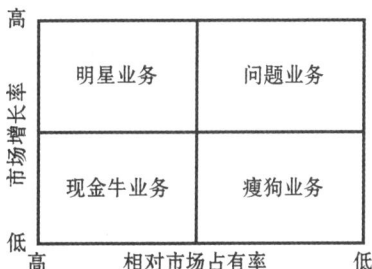

图 4-3　BCG 矩阵

类型，用四个相对简单的分析来应对复杂的战略问题。该矩阵帮助多种经营的公司确定哪些产品宜于投资，宜于操纵哪些产品以获取利润，宜于从业务组合中剔除哪些产品，从而使业务组合达到最佳经营成效。

4.4.2.2　政策指导矩阵法（Directional Policy Matrix）

政策指导矩阵法（简称 DP 矩阵）是由荷兰皇家壳牌集团开发的一个业务组合计划工具，用于多业务公司的总体战略制定。政策指导矩阵更直接细化业务组合，从市场前景和相对竞争能力两个角度来分析企业各个经营单位的现状和特征。如图 4-4 所示：

处于区域 1 和 4 的经营单位竞争能力较强，市场前景也比较好。应优先发展这些经营单位，确保它们获取足够的资源，以维持自身的有利市场地位。

处于区域 2 的经营单位虽然市场前景较好，但竞争能力不够强。应分配给这些经营单位更多的资源以提高其竞争能力。

处于区域 3 的经营单位市场前景虽好，但竞争能力弱。要根据不同的情况来区别对待

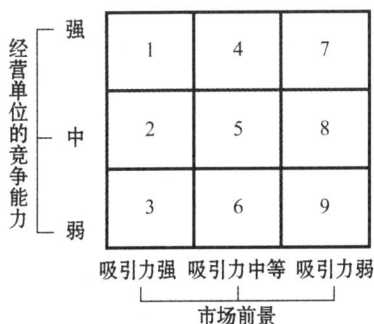

图 4-4　政策指导矩阵

这些经营单位:最有前途的应得到迅速发展,其余的则需逐步淘汰。

处于区域 5 的经营单位一般在市场上有 2～4 个强有力的竞争对手。应分配给这些经营单位足够的资源以使它们随着市场的发展而发展。

处于区域 6 和 8 的经营单位市场吸引力不强且竞争能力较弱,或虽有一定的竞争能力但市场吸引力较弱。应缓慢放弃这些经营单位,以便把收回的资金投入到赢利能力更强的经营单位。

处于区域 7 的经营单位竞争能力较强但市场前景不容乐观。这些经营单位本身不应得到发展,但可利用它们的较强竞争能力为其他快速发展的经营单位提供资金支持。

处于区域 9 的经营单位市场前景暗淡且竞争能力较弱。应尽快放弃这些经营单位,把资金抽出来并转移到更有利的经营单位。

4.4.3 选择活动方案的决策方法

4.4.3.1 确定型决策方法

确定性决策问题是指决策者确切地知道不可控制的环境的未来表现。

1) 线性规划(Linear programming)

线性规划是一种寻求单位资源最佳效用的数字方法,常用于组织内部有限资源的调配问题。线性规划是在线性约束条件下求解线性目标函数的最大值或最小值的方法。

从实际问题中建立数学模型一般有以下三个步骤:

(1) 根据影响目标的因素找到决策变量。

(2) 由决策变量和目标之间的函数关系确定目标函数。

(3) 确定决策变量所要满足的约束条件。

例 4-1 某工厂要安排生产Ⅰ、Ⅱ两种产品,已知生产单位产品所需的 A、B 两种原材料的消耗如表 4.1 所示,生产一单位产品Ⅰ可获利 2 元,生产一单位产品Ⅱ可获利 3 元,问应如何安排生产可获利最多?

表 4.1 某工厂的有关资料

	Ⅰ	Ⅱ	原材料的限量
原材料 A	2	4	24(kg)
原材料 B	4	2	30(kg)

解:(1) 确定决策变量:设 x、y 为产品Ⅰ、Ⅱ的生产数量。

(2) 确定目标函数:获利最大,即求 $2x+3y$ 的最大值。

（3）需满足的约束条件：

　　原材料 A 限制：$2x+4y\leqslant24$

　　原材料 B 限制：$4x+2y\leqslant30$

　　基本要求：$x\geqslant0,y\geqslant0$

解得当 $x=6,y=3$ 时，目标函数 $2x+3y$ 可以得到最大值，最大值为 21。

2）盈亏平衡分析（Cost-Volume-Profit Analysis）

盈亏平衡分析是把生产总成本划分为固定成本和变动成本的基础上，分析成本、产量（销量）和利润三者之间的数量关系的计量方法。所以又称量本利分析。它广泛应用于生产方案选择、目标成本预测、利润预测、价格制定等决策问题上。

盈亏平衡分析的基本原理是边际分析理论。其具体方法是把企业的总成本分为固定成本和可变成本后，观察产品的销售单价与单位可变成本的差额，若单价大于单位可变成本，便存在"边际贡献"。当总的边际贡献与固定成本相等时，恰好盈亏平衡。这时每增加一个单位产品，就会增加一个边际贡献的利润。在应用盈亏平衡分析法时，关键是找到盈亏平衡点的产量，如图 4-5 所示。

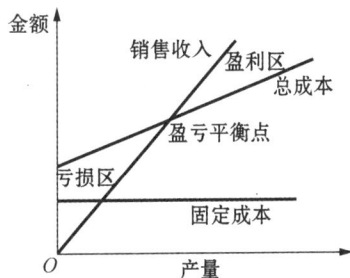

图 4-5　盈亏平衡分析图

假设产量等于销售量（无库存），平均变动成本、产品销售价格不随产量的变动而变动，固定成本保持不变，产品及产品组合保持不变，则在盈亏平衡点上，企业总收入与总成本相等，企业处于不盈不亏的状态。企业的产量若低于平衡点的产量，则会发生亏损，而高于平衡点的产量，则会获得赢利。

例 4-2　某企业生产某种产品，销售单价为 10 元，生产该产品的固定成本为 5000 元，单位产品可变成本 5 元。求企业经营的盈亏平衡产量。

解：根据题意，设盈亏平衡点产量为 x 件，则有

　　$10x=5000+5x$

　　$x=1000$（件）

4.4.3.2　风险型决策

如果未来可能发生的情况不止一种，管理者不知道到底哪种情况会发生，但知道每种情况发生的概率，则须采用风险型决策方法。常用的风险型决策方法是决策树法。

决策树法是用树状图来描述各种方案在不同情况（或自然状态）下的收益，据此计算每种方案的期望收益从而做出决策的方法，对分析多阶段的管理决策问题极为有用。

决策树的构成要素如下：

(1) 决策点。即所要解决的问题,用方框"□"表示。

(2) 方案枝。由决策点引出的直线,每条直线代表一个方案,并由它与状态结点相连。

(3) 状态结点。反映各种自然状态所能获得的机会,在各个方案枝的末端,用圆圈"○"表示。

(4) 概率枝。从状态结点引出的若干条直线,反映各种自然状态可能出现的概率,每条直线代表一种自然状态。

(5) 损益值点。反映在各种自然状态下可能的收益值或损失值,用三角形"△"表示。

例 4-3 某企业拟生产一种新产品,据市场预测,畅销的概率为 0.3,中等销路的概率为 0.5,滞销的概率为 0.2。各生产状态下的收益值见表 4.2,问应采用哪种生产方案?

表 4.2 某企业的收益值表

方案	各种状态下的收益值(万元)		
	畅销 (概率 0.30)	中等销路 (概率 0.50)	滞销 (概率 0.20)
大批生产	21	12	9
中批生产	17	15	11
小批生产	4	3	2

运用决策树法进行决策时,应首先绘制决策树形图,然后计算各个方案的期望收益值,再选取最大的期望收益值进行剪枝决策。

结点 1 的期望收益值为:$21 \times 0.30 + 12 \times 0.50 + 9 \times 0.20 = 14.10$

结点 2 的期望收益值为:$17 \times 0.30 + 15 \times 0.50 + 11 \times 0.20 = 14.80$

结点 3 的期望收益值为:$4 \times 0.30 + 3 \times 0.50 + 2 \times 0.20 = 3.10$

方案 2 的期望收益最大,故选择中批生产。

4.4.3.3 不确定型决策

管理者不知道多少种情况会发生,或虽知道多少种情况会发生,却不知道每种情况发生的概率,则需采用不确定型决策方法(图 4-6)。常用的不确定型决策方法有三种:

(1) 小中取大法。趋向于保守的、持悲观主义看法的管理者,认为未来会出现最差的自然状态,因此不论采取哪种方案,都只能获该方案的最小收益。采用小中取大法进行决策时,首先计算各方案在不同自然状态下的收益,并找出各方案所

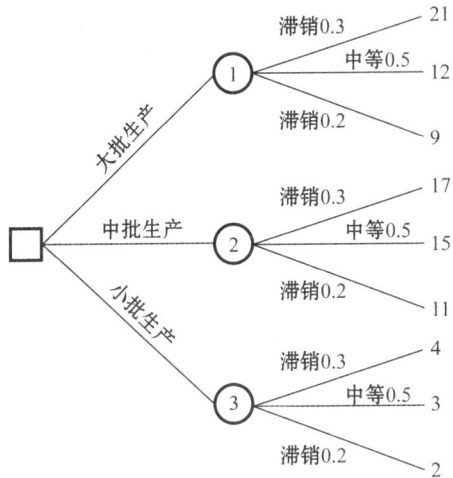

图 4-6　不确定型决策

带来的最小收益,即在最差自然状态下的收益,然后进行比较,选择在最差自然状态下收益最大或损失最小的方案作为所要的方案。

在上例中,大批生产的最小收益为 9 万元,中批生产的最小收益为 11 万元,小批生产的最小收益为 2 万元,比较发现,中批生产的最小收益最大,所以选择中批生产。

(2) 大中取大法。乐观的管理者,认为未来会出现最好的自然状态,因此不论采取哪种方案,都能获取该方案的最大收益。采用大中取大法进行决策时,首先计算各方案在不同自然状态下的收益,并找出各方案所带来的最大收益,即在最好自然状态下的收益,然后进行比较,选择在最好自然状态下收益最大的方案作为所要的方案。

在上例中,大批生产的最大收益为 21 万元,中批生产的最大收益为 17 万元,小批生产的最大收益为 4 万元,比较发现,大批生产的最大收益最大,所以选择大批生产。

(3) 最小最大后悔值法。管理者在选择了某方案后,如果将来发生的自然状态表明其他方案的收益更大,就会为自己的选择而后悔。最小最大后悔值法就是使后悔值最小的方法。采用这种方法进行决策时,首先计算各方案在各自然状态下的后悔值(某方案在某自然状态下的后悔值＝该自然状态下的最大收益－该方案在该自然状态下的收益),并找出各方案的最大后悔值,然后进行比较,选择最大后悔值最小的方案作为所要的方案。

在上例中,画出后悔值表如下:

表4.3　各方案在各自然状态下的后悔值

方案	畅销	中等销路	滞销
大批生产	0	3	2
中批生产	4	0	0
小批生产	17	12	9

由表4.3中看出,最小的最大后悔值为3,故最优方案为大批生产。

案例分析

案例4-2　丰田汽车进军欧美

20世纪60年代后期,由于世界能源紧张,日美之间爆发了一场"汽车大战"。当时,丰田汽车公司等日本的一些企业认为,能源紧张将会影响汽车市场需求的变化,因而及时决策生产省油价廉的小汽车;而美国和西欧的一些汽车公司对能源的危机的反应迟钝,继续生产豪华的大型汽车。进入70年代,产油国对石油采取禁运政策,汽油价格猛涨,能源危机席卷世界,消费者大量转向购买节能型的小汽车。利用这一机会,以丰田汽车公司为代表的日本汽车公司的产品大量打入美国、西欧市场,而美欧汽车产量则大幅度下降。

案例4-3　中美企业管理者决策方式的比较分析

古今中外的管理者都很注重管理当中的决策,因为企业决策的正确与否无疑是企业兴衰成败的关键。企业的决策除了在一定程度上受外部条件制约外,主要是由企业领导者的决策行为所决定的。企业领导者的决策行为,包括判断能力、组织能力、预测能力、协调能力以及领导者个人的价值观和行为偏好等。其中领导者个人的价值观和行为偏好对其决策行为起着不容忽视的影响作用。

而文化是对个人的价值观和行为偏好具有很大影响力的因素,由于中国和美国有着很不相同的文化底蕴,这种差异必然会体现于其管理者的决策行为之中。文化对于决策行为的影响,通过一份对中美合资企业双方管理者进行的调查访问可以得到说明,该访问访谈了北京地区10个中美合资企业中的17位中方、14位美方高级管理者,结果显示,双方管理者对对方都持有某些偏见,这些偏见尤其体现在对对方决策风格的消极评论上,这里我们陈述一下该访谈的结果:

第一,美方管理者对中方管理者决策风格的评论:①不作决策。他们认为在中国,员工把经理看得很高,奉为上人,所以每件事都要由大老板来决策,其他人只是需要等待指示。②一致决策。他们认为与美方管理者相比,中方的管理者更倾向于达成一致,倾向于分散决策的责任,而不是勇于来承担责任。

第二,中方管理者对美方管理者决策风格的评论:他们认为美方管理者过于专断,不爱听取下级意见。

由于文化差异的存在,使双方管理者在涉及到决策问题时,大多感到很不愉快。因而,我们认为有必要研究一下中国和美国的文化对合资企业领导者决策行为的影响,从而对上述决策问题上的跨文化冲突做出一些解释。

1) 中国文化对管理者决策行为的影响

中国的管理决策方式受传统的君臣关系的影响。传统的君臣关系的总原则是"惠忠",就是说做君主的要实行仁政,要有恩惠加于辅臣,同时做辅臣的一定要忠诚,要以诚心奉侍君主。在这一传统思想的影响下,儒家提出了"按等级固定消费"的观念,孔子就执著地贯彻"俭不违礼"的原则。一次,他的学生子贡想免去祭祀中所用的羊,孔子就说"赐也,尔爱其羊,我爱其礼"(《论语 述而》),认为羊不能免。孔子所说的礼,就是封建等级制度。这种传统的等级制度在中国文化中的影响可谓根深蒂固。此外,中国传统的中庸思想也影响着中方管理者的决策行为。孔子说:"中庸知为德也,其至矣乎!"可见,儒家把中庸思想看作是最高的道德。其中"和为贵"的思想就成了中国人几千年来处理人际关系、民族关系、社会关系的传统原则。

由于上述儒家文化对中国长久的熏陶,形成了中国企业管理者决策行为的如下特点:

(1) 不善于对下级进行授权。由于传统的等级制度的影响,形成了中国企业当中上下级之间较大的权力距离,这种大的权力距离表现为企业当中的管理者等级秩序严格,权力较大者拥有相应的特权,下属对上级有强烈的依附心理。在西方人士看来,中国企业里高层与中、低层管理人员的权力距离显著地大于西方企业,这种权力距离方面的差异,也可以通过各级经理人员的薪酬等级结构反映出来,据《世界经理人文摘》中文版1998年4月号所载的"第十次亚洲经理薪酬调查"的数据,在西欧的企业中,高层管理人员年薪通常是初级管理人员年薪的2.6倍,在台北,相应的比例是3.2倍,在上海则高达4.8倍。出于较大的权力距离的存在,使中国企业里高层管理人员拥有比他们的西方同事更大和更广泛的权力,而中、低层管理人员得到的授权则远远小于西方的同等级人士,因而形成了中国的中、低层管理者不善于做出决策的行为特征,这也是在上述访谈中为美方管理者批评最多的行为特征。

明确的分权、授权以及权责相称是现代组织管理的重大进步,是组织结构合理化和高效率运行的保证机制。充分运用分权、授权,实行大权集中,小权分散,能够有力地提高管理绩效。因此,中方管理者应该在合资企业中尽快学会授权。

(2) 决策上的集体主义。由于"和为贵"思想的影响,中国的管理者通常群众观念较强,形成了群体决策,民主集中的决策风格,这也是在访谈中被美方管理者批评的一种行为特征。他们认为中方管理者往往以一致同意作决策,而往往不愿意说,"这是我做的决定,我来负责。"事实上,群体决策确有其不足之处,即权力相对分散,责任不易明确,有时候效率较低。但是这种群体决策又有其无可替代的优点,即能够集思广益,充分发挥领导集团的整体功能和决策能力。正如在访谈中中方管理者对自己的决策系统的评价,他们认为在中方管理者眼中,决策是一件大事,不仅要听到各级管理人员的声音,还要听到广大员工的声音,以及客户和消费者的声音。随着现代企业的发展,企业的经营管理目标已不再仅仅是实现利润最大化,而是要达到股东满意、员工满意、顾客满意、社会满意的四满意目标。在这一复杂的决策过程中,个人决策日益体现出其局限性和弊端,而群体决策则充分体现出了其在复杂情况下有助于提高决策质量,有效防止个人或单方专断的作用,有利于维护合资企业的整体利益。

2) 美国文化对管理者的决策行为的影响

美国管理者的决策行为是在美国的自由、平等精神之下发展起来的。美国所提倡的自由、平等观念,在18世纪启蒙思想家卢梭等人的著作中就有充分的阐述。他们宣称:自由和平等是天赋不可剥夺的权力。1776年美国的《独立宣言》中说:一切人生来就是平等的,均享有不可侵犯的天赋人权:生存、自由、追求幸福。正是这种天赋人权形成了美国文化强调个体、重视个体的特点,社会关系的显著特点也表现为平等。体现在其决策风格上,则是:

(1) 管理即授权。美国企业相对于中国企业,拥有上下级之间较小的权力距离,下级通常认为上级是"和我一样的人",美国人在"管理"这一概念的含义中,特别强调"授权",他们信奉最接近过程的人最了解情况,对问题最有发言权。对于这一点,在访谈中中方的管理人员给予了肯定。他们认为美方的高层经理通常会给下属制订一个目标,然后就是由下属来达到这个目标和成果,高层经理只是以成果来衡量目标,至于中间用什么样的方式去做,他基本上是不会干预的。任何一个阶层的部门经理,都可以在部门的范围之内作决策,如何把工作做好,只要不违反公司的商业道德即可。例如,部门内部员工的招聘、升级,每一个员工的工资调整,都是由部门经理来决定。也就是说,每一个部门,不管你是多么小的一个经理,只要你底下有员工,归到你的部门管,那么,你就有全权来管。

(2) 决策上的个人主义。由于美国文化当中强调个体、重视个体的特点,加之美国企业当中的管理者通常拥有管理方面的理论和实践经验,所以他们在决策中比较注意自己个人的意志,因此主观性比较强。这也是在访谈中为中方管理者所批评的一种行为特征,他们认为美方的管理人员我行我素,通常滥用权力,认为:"我是大老板,照我说的做",而不是采取积极配合的决策方式。根据现代管理理论,这种个人决策制有其长处,即权力集中,责任明确,指挥灵敏,效率较高,也易于考核领导业绩。但相应也有其不足之处,即受个人能力、知识、精力限制较大。如我们上面所述,在企业规模日益增大,市场情况飞速变化的现代经济当中,这种个人决策正在日益显示出其局限性和弊端。很多美国管理学家也已经发现了美国企业这种个人决策方式的局限性,哈佛大学管理学家洛奇曾经指出,历来指导美国经济的个人主义价值观已无法适应新的环境,需要向日本的集团主义学习,提出治"美国病"需要"东方药"。管理大师德鲁克也认为,日本企业"一致同意"的决策方式是值得美国企业学习、借鉴的重要内容。

综上所述,文化的差异形成了中美双方管理者决策行为的不同。事实上,在中美合资企业的内部管理中,美国式的管理制度占据着支配地位,而美国是科学管理的发源地,因而中美合资企业应该成为中国管理者学习国外先进管理思想和管理方法的最好学校。但是,我们不能由此就认为,合资企业的管理决策应该由美方管理者的个人决策来支配,况且美国方式也并非就是唯一正确的方式,这一点连美国人自己也承认。一位美方总经理在访谈中就深有感触地说:"傲慢的美国人不相信或不理解还有另外一种做生意的方式,但是实话实说,日本人已经显示出了他们做生意的某些方式要比美国人好,虽然大多数人不承认这一点。"

基于上述中美双方管理者决策行为上的跨文化冲突,我们认为决策权共享是合资企业解决问题,取得成功的保证,因为共同决策体现着合资双方相互制衡的经济关系。而占有多数股权的一方并不应强行做出决策,否则必将断送合资企业的前途。

来自不同国家的人们为了共同的或是比较接近的经营目的而合伙创业,组建了合资企业。企业的运作和发展,需要各方良好的合作和整体的协调。而在决策层得到跨文化管理的理解与成功无疑是企业管理成功的关键,正如一个中美合资企业的中方经理在一篇报告中写到:一些思维方式和价值观念不同的人共同管理一个企业,再没有比高级职员间和谐共事更重要了。希望中美双方的管理者都能以此为鉴,办好合资企业。

问题:通过中美企业文化对决策的影响比较,你认为合资企业应如何解决不同文化的冲突?

本章思考题

1. 决策的概念是什么?

2. 决策的分类有哪些?

3. 决策方法有哪些?

4. 什么是头脑风暴法? 在你的工作中有什么问题是可以采用头脑风暴法决策的? 请举一例。

5. 某企业为了扩大某产品的生产,拟建设新厂。据市场预测,产品销路好的概率为 0.7,销路差的概率为 0.3。有以下两种方案可供企业选择:

方案一:新建大厂,需投资 300 万元。据初步估计,销路好时,每年可获利 100 万元;销路差时,每年亏损 20 万元。服务期为 10 年。

方案二:新建小厂,需投资 140 万元。销路好时,每年可获利 40 万元;销路差时,每年仍可获利 30 万元。服务期为 10 年。

请用决策树方法进行决策。

参考文献

1. 周三多. 管理学——原理与方法(第四版)[M]. 上海:复旦大学出版社,2007 年第四版.

2. 王一心. 读故事学管理[M]. 北京:海潮出版社,2005 年 5 月第一版.

5 计 划

> 缺乏计划或一个不好的计划是领导人员没有能力的标志。
>
> ——H·法约尔
>
> 夫未战而妙算胜者,得多也;未战而妙算不胜者,得少也。多算胜,少算不胜,而况于无算乎! 吾以此观之,胜负见矣。
>
> ——孙子兵法

本章提要

本章主要阐述了计划及目标的含义,以及计划工作的特点和作用,理解决策的含义、分类、方法,掌握计划、决策的程序,目标管理的概念、基本过程和特点。

学习目标

(1) 理解计划的概念。

(2) 了解计划的类型、特点及作用。

(3) 了解制订计划的程序。

(4) 掌握制订计划的方法。

(5) 掌握目标管理的原理和基本方法。

管理学小故事

三组人步行

有人做过这样一个实验:组织三组人,让他们沿着公路步行,分别向 10 公里外的三个村子行进。

甲组不知道去的村庄叫什么名字,也不知道它有多远,只告诉他们跟着向导走就是了。这个组刚走了两三公里时就有人叫苦了,走到一半时,有些人几乎愤怒了,他们抱怨为什么要大家走这么远,何时才能走到。有的人甚至坐在路边,不愿再走了。越往后大家的情绪越低,七零八落,溃不成军。

乙组知道去哪个村庄,也知道它有多远,但是路边没有里程碑,人们只能凭经验估计大致要走两小时左右。这个组走到一半时才有人叫苦,大多数人想知道他们已经走了多远了,比较有经验的人说:"大概刚刚走了一半的路程。"于是大家又簇拥着向前走。当走到四分之三的路程时,大家又振作起来,加快了脚步。

丙组最幸运。大家不仅知道所去的是哪个村子、它有多远,而且路边每公里有一块里程碑。人们一边走一边留心看里程碑。每看到一个里程碑,大家便有一阵小小的快乐。这个组的情绪一直很高涨。走了七八公里以后,大家确实都有些累了,但他们不仅不叫苦,反而开始大声唱歌、说笑,以消除疲劳。最后的两三公里,他们越走情绪越高,速度反而加快了。因为他们知道,要去的村子就在眼前了。

上述实验表明,要想带领大家共同完成某项工作,首先要让大家知道要做什么,即要有明确的目标(走向哪个村庄);其次要指明行动的路线,这条路线应该是清楚的、快捷的(如路标),也就是说,要提出实现目标的可行途径,即计划方案。这些是有效开展工作的前提。确定目标及计划行动方案是计划职能的核心任务。由此可以说,计划是对未来行动方案的说明,是预测未来、设定目标、决定政策、选择方案的连续程序化的工作。通常所说的5W1H,就是目标是什么(What)、讨论为什么(Why)、确定何时(When)、何地做(Where)、何人做(Who),以及如何做(How)。

5.1 计划的类型、层次和作用

5.1.1 计划概述

在汉语中,"计划"一词词性既可能是名词,也可能是动词。从名词意义上说,计划是指用文字和指标等形式所表述的,组织以及组织内不同部门和不同成员,在未来一定时期内,关于行动方向、内容和方式安排的管理文件。计划既是决策所确定的组织在未来一定时期内的行动目标和方式在时间和空间的进一步展开,又是组织、领导、控制和创新等管理活动的基础。从动词意义上说,计划是指为了实现决策所确定的目标,预先进行的行动安排。这项行动安排工作包括:在时间和空间两个维度上进一步分解任务和目标,选择任务和目标实现方式、进度规定、行动结果的检查与控制等。我们有时用"计划工作"表示动词意义上的计划内涵。

正如哈罗德·孔茨所言:"计划工作是一座桥梁,它把我们所处的这岸和我们要去的对岸连接起来,以克服这一天堑。"计划工作给组织提供了通向未来目标的明确道路,给组织、领导和控制等一系列管理工作提供了基础。尽管我们所处的现实与预期的目标有天壤之别,计划工作能帮助我们实现预期的目标。有了计划工作这座桥,本来不会发生的事,现在就可能发生了;模糊不清的未来变得清晰实在。

计划是对未来行动方案的说明,是一种预测未来、设定目标、决定政策、选择方案的连续程序化的工作。通常所说的5W1H,:就是目标是什么(What)、讨论为什么(Why)、确定何时(When)、何地做(Where)、何人做(Who),以及如何做(How)。从过程的角度,计划工作指制订计划、执行计划、检查执行情况三个阶段的工作过程。

因此,我们可以将计划定义为:管理者确定目标、预测未来、制订实现这些目标的行动方针的过程。它是组织各个层次管理人员工作效率的根本保证。计划职能就是使人们知道他们被希望去实现的是什么,这样组织整体的努力才有效。

5.1.1.1 目标与计划

管理工作具有很强的目的性。组织目标是指组织期望在未来要达到的一种状态和结果。它的重要性在于组织的存在具有一定目的,而目标正是界定和说明这一目的,它通常可用一系列数量指标来刻画。一旦目标确定,它就成为引导组织行为的一个重要的激励和方向。计划是目标实现的蓝图,具体明确了实现目标所必需的资源组合、时间进度、任务和其他举措。目标明确未来要达到的状态,计划则明确现在的手段。

图 5-1 显示了组织目标和计划的层次。计划过程从确定组织的宗旨和使命开始。使命对于组织,特别是外部公众来说,能表达组织的基本目标。公司使命是制订战略目标和计划层次(公司)的基础,进而又形成战术层次(地区)和运营层次(部门)的目标和计划。每个层次的计划都对其他层次起支持作用。

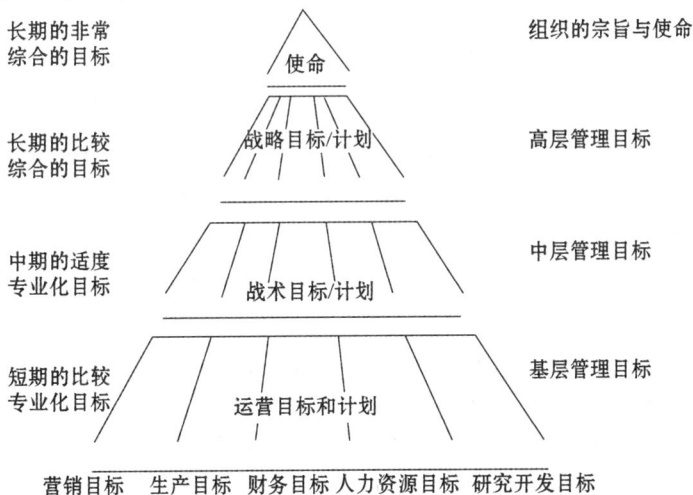

图 5-1 目标网络体系

案例 5-1 "隆中策"

诸葛亮的"隆中策"是我国最早、最大的成功计划工作案例之一。

隆中策的第一步是确定组织目标:兴汉室,图中原,统一天下。

隆中策的第二步是制订分步实施方案,即确定分步计划的阶段目标:第一,先取荆州为家,形成"三分天下"之势;第二,再取西川建立基业,壮大实力,以成鼎足之状;第三,"待天下有变,命一上将将荆州之兵以向宛、洛,将军身率益州之众以出秦川",这样,"大业可成,汉室可兴矣"。

隆中策的第三步是确定实现目标的指导方针:"北让曹操占天时,南让孙权占地利,将军可占人和"。内修政理,外结孙权,西和诸戎,南抚彝、越,等待良机。

隆中策又进一步对敌、我、友、天、地、人做了极为细致透彻的分析,论证了为什么应当有这样的指导方针。

诸葛亮所作之隆中策并非主观臆断,而是在调查研究和预测的基础上,在于他准确、及时、充分地掌握信息。诸葛亮的信息来源,一靠交友,二靠云游,这才能做到知天下事、知天下人,否则也难以画出西川五十四州的地图。

诸葛亮的隆中策就是一项完整的计划工作。三分天下之后,如果不是后来关羽交恶东吴,丢了荆州;如果不是刘备又在战术上犯了错误,使鼎盛时期的蜀汉大伤元气;如果后主刘禅是明君,诸葛亮也不会功败垂成。蜀汉之所以被晋灭掉,并非隆中决策之失,而是执行计划有误。

5.1.1.2 计划与决策

决策是指组织或个人为了实现某一目标,而从若干个可行性方案中选择一个满意方案的分析判断过程。其含义有四层:第一,决策是为实现一定的目标服务的,在对决策方案做出选择前一定要有明确的目标;第二,决策必须有两个以上的方案;第三,决策要进行方案的比较,选择一个满意的方案;第四,决策是一个多阶段、多步骤的分析判断过程。以西蒙为代表的决策理论学派强调,管理就是决策,决策是管理的核心,贯穿于整个管理过程。因此决策不仅包含了计划,而且包含了管理,甚至就是管理本身。确定目标、制订计划、选择方案,是目标及计划决策;机构设置、人事安排、权限分配,是组织决策;计划执行活动的检查与检查的时点、检查手段的选择,是控制决策。因此,计划仅是决策过程中一个阶段的工作内容,决策不仅包含了计划,而且包含了整个管理过程,决策就是管理本身。

我们认为,决策和计划是两个相互联系又相互区别的概念。它们需要解决的问题不同。决策是关于组织活动方向、内容和方式的选择。我们是从"管理的首要工作"这个意义上来把握决策的内涵的。任何组织在任何时期,为了表现其社会存在性,必须从事某种社会所需要的活动。在从事这项活动之前,组织必须首先对活动的方向、内容和方式进行选择。计划则是对组织内部不同部门和成员在该时期内从事活动的具体内容和要求。因此说决策和计划是相互区别的。但计划和决策又是相互联系的,因为,首先,决策是计划的前提,计划则是决策的逻辑延续。决策为计划的安排提供了依据,计划则为决策所选择的目标活动实施提供了组织保证;其次,在实际工作中,决策和计划是相互渗透、相互交织的。决策制订过程中,不论是对内部能力优势或劣势的分析,还是在方案选择时关于各个方案执行效果或要求的评价,实际上都已经开始孕育着决策的实施计划。反过来,计划的编制过程,既是决策的组织落实过程,也是决策的更为详细的检查和修订的过程。无法落实的决策,或者说决策选择的活动中某些任务如果没法完成,则必然会导致决策一定程度的调整。

5.1.2 计划的特点和作用

5.1.2.1 计划的特点

1)计划的目的性

任何组织或个人制订计划都是为了有效地达到某种目标。在计划工作过程的最初阶段,制订具体的明确的目标是其首要任务,其后的所有工作都是围绕目标进行的。例如,某家品牌产品的经理希望明年市场占有额有较大幅度的增长,这就是一种不明确的目标,为此就要制订计划,根据过去的情况和现在的条件确定一个可行的目标,比如市场占有额增长 20%,利润增长 30%。这种具体而明确的目标不是单凭主观愿望就能确定的,它要符合实际情况,要以许多预测和分析工作作为基础。计划工作要使今后的行动集中于目标,要预测并确定哪些行动有利于达到目标,哪些行动不利于达到目标或与目标无关,从而指导今后的行动朝着目标的方向迈进。

2)计划的首要性

计划在管理职能中处于首要地位,这主要是由于管理过程当中的其他职能都是为了支持、保证目标的实现,因此这些职能只有在计划确定了目标之后才能进行。因为只有在明确目标之后才能确定合适的组织结构,下级的任务和权力,伴随权力的责任,以及怎样控制组织和个人的行为不偏离计划等。所有这些组织、领导、控制职能都是依计划而转移的。没有计划,其他工作就无从谈起。计划首要性的另一个原因是,在有些情况下,计划是唯一需要完成的管理工作。计划的最终结果可能导致一种结论,即没有必要采取进一步的行动。计划首先要做的工作是进行可行性分析,如果分析的结果表明该计划是不合适的,那么,所有工作也就告一段落,无须再实行其他的管理职能。

3) 计划的普遍性

任何层次的管理者或多或少都有某些制订计划的权力和责任。一般来说,高层管理人员仅对组织活动制订结构性的计划。换句话说,高层管理人员负责制订战略性的计划,而那些具体的计划由下级完成。这种情况的出现主要是由于人的能力是有限的,现代组织的工作是如此繁杂,即使是最聪明最能干的领导人,也不可能包揽全部计划工作。此外,授予下级某些制订计划的权力,有助于调动下级的积极性、挖掘下级的潜在能力。这无疑对贯彻执行计划,高效地完成组织目标大有好处。

4) 计划的经济性

计划的经济性可用计划的效率来衡量。计划效率是指制订计划与执行计划时所有的产出与投入之比。如果一个计划能够达到目标,但它需要的代价太大,这个计划的效率就很低,它就不是一份好的计划。在制订计划时,要好好考虑计划的效率,不但要考虑经济方面的利益和耗损,还要考虑非经济方面的利益和耗损。

5.1.2.2 计划的作用

早在泰勒推行科学管理运动时期,许多管理者就已认识到计划在管理实践中具有重要的作用。特别是近十几年来,生产技术日新月异,生产规模不断扩大,分工与协作的程度空前提高,每一个社会组织的活动不但受到内部环境的影响,还要受到外来多方面因素的制约,企业要不断地适应这种复杂的变化的环境,只有科学地制订计划才可能协调与平衡多方面的活动,求得本组织的生存和发展。

1) 计划是管理者指挥的依据

管理者在制订计划之后,还要根据计划进行指挥。他们要分派任务,要根据任务确定下级的权力和责任,要促使组织中的全体人员的活动方向趋于一致而形成一种复合的、巨大的组织化行为,以保证达到计划所设定的目标。如国家要根据五年计划安排基础建设各项目的投资,企业要根据年度生产经营计划安排各月的生产任务、新产品开发和技术改造。管理者正是基于计划来进行有效的指挥。

2) 计划是降低风险、掌握主动的手段

将来的情况是变化的,特别是当今世界是处于一种剧烈变化的时代当中,社会在变革,技术在革新,人们的价值观念也在不断变化。计划是预期这种变化并且设法消除变化对组织造成不良影响的一种有效的手段。未来可能会出现资源价格的变化、新的产品和新的竞争对手,国家的政策、方针也可能发生变化,顾客的意愿和消费观念也会变化,如果没有预先估计到这些变化,就可能导致失败。计划是针对未来的,这就使计划制订者不得不对将来的变化进行预测,根据过去的和现在的信息来推测将来可能出现哪种变化,这些变化将对达成组织目标产生何种影响,在变

化确实发生的时候应该采取什么对策,并制订出一系列备选方案。一旦出现变化,就可以及时采取措施。虽然,有些变化是无法预知的,而且随着计划期的延长,这种不确定性也就相应增大,这种情况的出现是由于人们掌握的与将来有关的信息是有限的,由于未来的某种变化可能完全因某种偶然因素引起的,但这并没有否认计划的作用。通过计划工作,进行科学的预测可以把将来的风险减少到最低限度。

3) 计划是减少浪费、提高效益的方法

计划工作的一项重要任务就是要使未来的组织活动均衡发展。通过对计划进行认真的研究,消除不必要的活动所带来的浪费,能够避免在今后的活动中由于缺乏依据而进行轻率判断所造成的损失。计划工作要对各种方案进行技术分析,选择最适当的、最有效的方案来达到组织目标。此外,由于有了计划,有利于组织中各成员统一思想、激发干劲,组织中成员的努力将合成一种组织效应,这将大大提高工作效率从而带来经济效益。计划工作还有助于用最短的时间完成工作,减少迟滞和等待时间,减少盲目性所造成的浪费,促使各项工作能够均衡稳定地发展。计划工作对现有资源的使用可以经过充分的分析研究,使各部门都明确整个组织的现状,减少闭门造车的工作方式,使组织的可用资源充分发挥作用,降低成本。

4) 计划是管理者进行控制的标准

计划工作包括建立目标和一些指标,这是一份好的计划所应包括的内容。这些目标和指标将被用来进行控制。也许这些目标和指标还不能被直接地在控制职能中使用,但它确实提供了一种标准,控制的所有标准几乎都源于计划。计划职能与控制职能具有不可分离的联系。计划的实施需要控制活动给予保证。如果在控制活动中发现的偏差,就可以使管理者修订计划,建立新的目标。

5.1.2.3　计划的权变因素

在有些情况下,长期计划可能更重要,而在其他情况下可能正相反。类似的,在有些情况下指导性计划比具体计划更有效,而换一种情况就未必如此。这是因为计划的制订过程中有各种因素影响计划的有效性的。环境的多变性及组织活动的动态性,常常使计划不能预期完成和实现目标,为保证计划工作的有效性,要考虑计划工作对环境的应变,即原计划突然失效或不再适合时就要采取能够付诸实施的新的行动计划(即权变计划,又叫应急计划或应急预案)。

计划工作中的权变因素(权变:随机应变的意思)包括组织的层次、组织的发展阶段、环境的变化、计划的时间跨度四个方面。

1) 组织层次

在大多数情况下,基层管理者的计划活动主要是制订作业计划,当管理者在组织中的等级上升时,他的计划角色就更具战略导向。而对于大型组织的最高管理者,他的计划任务基本上都是战略性的。当然,在小企业中,所有者兼管理者的计划角色兼有这两方面的性质。

（1）高层管理部门：制订战略计划，具有指导性。

（2）中层管理部门：制订战术计划，具有指令性。

（3）一线管理人员：制订作业计划，具有执行性。

2）组织的发展阶段

组织的生命周期一般可分为形成期、成长期、成熟期和衰退期。在组织生命周期的各个阶段上，计划的类型并非都具有相同的性质，计划的时间长度和明确性应当在不同的阶段上作相应调整。如果所有的事情都保持不变，管理无疑会从采用具体计划中获益，这不仅是因为具体计划指出了一个明确的方向，而且是由于它建立了非常详细的基准，可用以衡量实际的绩效。

但问题是，事情并非总是一样的。当组织进入成熟期，可预见性最大，从而也最适用于具体计划。而在组织的幼年期，管理者应当更多地依赖指导性计划，因为处于这一阶段要求组织具有很高的灵活性。在这个阶段上，目标是尝试性的，资源的获取具有很大的不确定性，辨认谁是顾客很难，而指导性计划使管理者可以随时按需要进行调整。在成长阶段，随着目标更确定、资源更容易获取和顾客的忠诚度的提高，计划也更具有明确性。当组织从成熟期进入衰退期，计划也从具体性转入指导性，这时目标要重新考虑，资源要重新分配。

计划的期限也应当与组织的生命周期联系在一起。短期计划具有最大的灵活性，故应更多地用于组织的形成期和衰退期；成熟期是一个相对稳定的时期，因此更适合制订长期计划。

（1）形成期——导向性计划更适用，应特别重视战略计划的制订。

（2）成长期——在战略计划指导下，应以短期计划为主，增加具体性。

（3）成熟期——组织相对稳定，计划跨度要延长，具体计划最适用。

（4）衰退期——要重新考虑企业目标、宗旨，计划转向指导性，重新制订新的战略计划。

3）环境的变化

环境变动越大，不确定性越大，计划应更具导向性和灵活性，以短期为主。若环境稳定，可制订综合长期计划。环境的不确定性越大，计划更应当是指导性的，计划期限也应更短。

如果正在发生着快速和重要的技术、社会、经济、法律或其他变化，精确规定的计划实施路线反而会成为组织取得绩效的障碍。例如，20世纪80年代末期，当航空公司之间在主要的国际航线上展开价格战时，在定价、给各航线分配飞机数量和容量以及编制经营预算等方面，航空公司应当采用更带有指导性的计划。而且，变化越大，计划就越不需要精确，管理就越应当具有灵活性。

4) 计划的时间跨度

当前计划对未来承诺的影响越大,其计划期限也应越长。承诺概念是指计划期限应当延伸到足够远,以便在此期限中能够实现当前的许诺。计划对太长的期限和太短的期限都是无效的。

管理者不是计划未来的决策,而是计划当前决策对未来的影响。今天的决策是对未来行动和支出的许诺,学院和大学对教师的终身聘用决策,提供了一个说明许诺概念的极好例子。

当学院给予其教师队伍中的某个成员终身聘用资格时,即向该教师许诺提供终身雇佣保障。因此,学院管理当局必须对是否需要该教师的专长直到他退休这个问题进行慎重的评估,而终身聘用决策,则反映了这种评估的结果。如果某个学院向一名 30 岁的社会学导师授予终身聘用资格,那这个学院的管理当局应当已经有了一个计划,这项计划至少要覆盖 30～40 年甚至更长的期限,也就是要覆盖该教师可能在此学院中授课的最长年限。最重要的是,这项计划应当证明在这段期间永久地需要社会学导师。

有趣的是,在 20 世纪 60 年代末到 70 年代初期,许诺概念被许多学院的行政管理者们忽略了。他们授予一些学科的许多教师终身聘用资格,这些学科当时在学生中最流行,如哲学和宗教,但是这些学院的行政管理者们没有考虑到在许诺期间内这些学科是否会始终流行。当对这些学科的课程需求下降时,这些学院的行政管理者们发现,他们被那些处于低需求领域但却获得了终身聘用资格的教师队伍锁住了。

20 余年前,管理最佳的公司都设有庞大的计划部门,这些部门产出数不清的 5 年和 10 年计划,而且每年都对这些计划进行修订。例如,通用电气公司曾经有一个 350 人的计划班子,这些人煞费苦心地编制出许多非常详细的报告。但是现在,计划正逐渐地转交给经营单位去做,成为经营单位中层管理者职责的一个部分。同时计划本身也只覆盖较短的期间,并只考虑那些可行的选择。通用电气公司正式计划班子的人员已减少到 20 人左右,而且他们的作用仅仅是向经营者们提供建议。今天,通用电气公司的 13 种业务领域的总经理,每年只需提交五份报告,每份报告只有一页纸,在报告中只要求说明该业务所处产业在未来的两年中可能出现的机会和可能存在的障碍。

在不断变化的世界中,只有傻瓜才自以为是地相信他能准确地预测未来,但这并不等于说计划不重要。因此,管理良好的组织很少在非常详细的、定量化的计划上花费时间,而是努力开发面向未来的多种方案。南加利福尼亚爱迪生公司是一家电力公用事业公司,向加利福尼亚州的 390 万居民提供服务。公司制订了 12 种未来的方案,这些方案基于经济景气、中东石油危机、环境主义的传播,以及其他的发展趋势。公司之所以采取了这种灵活的计划方式,是因为在 20 世纪 70 年代到 80 年代期间,那些费尽心机制订出来的长期计划,最终由于一些意外事件的发生而变得毫无用处。这些意外事件,如石油输出国组织(OPEC)冻结油价、切尔诺贝利核电站事故导致的对放射性污染的限制条例等,随时都有可能发生。当然,南加利福尼亚爱迪生公司不是唯一一家要面对不确定性日益增加的世界的公司,绝大多数公司都发现它们所处的环境变得更具动态性和不确定性。不仅如此,非营利组织也经历着类似的变化,例如,对于医院和学院来说,人口结构的变化、竞争的激化、政府资助的缩减以及扶摇直上的成本,都在迫使这些组织的管理者开发更灵活的计划。

5.1.3 计划的层次体系

一个计划包含组织将来行动的目标和方式。计划与未来有关,是面向未来的,而不是过去的总结,也不是现状的描述;计划与行动有关,是面向行动的,而不是空泛的议论,也不是学术的见解。

面向未来和面向行动是计划的两大显著特点。认识到这一点,我们就能够理解为何计划是多种多样的。哈罗德·孔茨和海因·韦里克从抽象到具体,把计划分为一种层次体系,见图 5-2。

下面简要分析各种形式的计划。

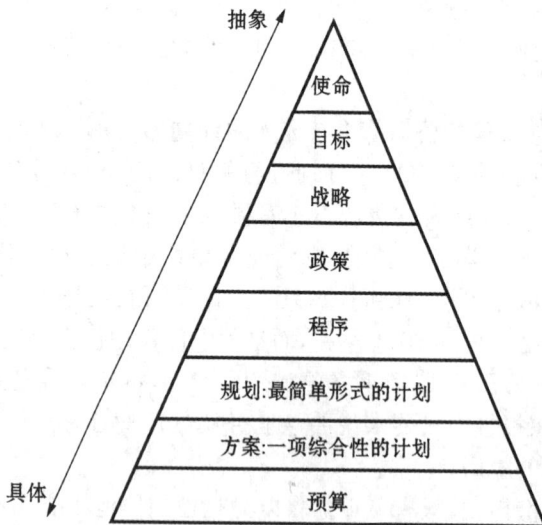

图 5-2　计划的层次体系

1)目的或使命

目的或使命指明一定的组织机构在社会上应起的作用和所处的地位。它决定组织的性质,决定此组织区别于彼组织的标志。各种有组织的活动,如果要使它有意义的话,至少应该有自己的目的或使命。比如,大学的使命是教书育人和科学研究,研究院所的使命是科学研究,医院的使命是治病救人,法院的使命是解释和执行法律,企业的目的是生产和分配商品和服务。

2)目标

组织的目的或使命往往太抽象,太原则化,它需要进一步具体为组织一定时期的目标和各部门的目标。组织的使命支配着组织各个时期的目标和各部门的目标,而且组织各个时期的目标和各部门的目标是围绕组织存在的使命所制订的,并为完成组织使命而努力的。如虽然教书育人和科学研究是一所大学的使命,但一所大学在完成自己使命时会进一步具体化不同时期的目标和各院系的目标,比如最近3年培养多少人才、发表多少论文等。

3)战略

战略是为了达到组织总目标而采取的行动和利用资源的总计划,其目的是通过一系列的主要目标和政策去决定和传达一个组织期望自己成为什么样的组织。战略并不打算确切地概述组织怎样去完成它的目标,这是无数主要的和次要的支持性计划的任务。战略是一种特殊意义的计划,特别是企业战略,意义重大,在本章第二节中会进行详细论述。

4)政策

政策是指导或沟通决策思想的全面的陈述书或理解书。但并不是所有政策都是陈述书,政策也常常会从主管人员的行动中含蓄地反映出来。比如,主管人员处理某问题的习惯方式往往会被下属作为处理该类问题的模式,这也许是一种含蓄的、潜在的政策。政策能帮助事先决定问题的处理方法,一方面减少对某些例行事件处理的成本,另一方面把其他计划统一起来了。政策支持了分权,同时也支持上级主管对该项分权的控制。政策允许对某些事情有酌情处理的自由,一方面我们切不可把政策当规则,另一方面我们又必须把这种自由限制在一定的范围内。自由处理的权限大小取决于政策自身及主管人员的管理艺术。

5)程序

程序是制订处理未来活动的一种必需方法的计划。它详细列出必须完成某类活动的切实方式,并按时间顺序对必要的活动进行排列。它与战略不同,它是行动的指南,而非思想指南。它与政策不同,它没有给行动者自由处理的权力。出于理论研究的考虑,我们可以把政策与程序区分开来,但在实践工作中,程序往往表现为组织的政策。比如,一家制造业企业的处理订单程序、财务部门批准给客户信用的程序、会计部门记载往来业务的程序等,都表现为企业的政策。组织中每个部门都有程序,并且在基层,程序更加具体化、数量更多。

6）规则

规则没有酌情处理的余地。它详细、明确地阐明必需行动或无需行动,其本质是一种管理决策。规则通常是最简单形式的计划。

规则不同于程序:其一,规则指导行动但不说明时间顺序;其二,可以把程序看作是一系列的规则,但是一条规则可能是也可能不是程序的组成部分。比如,"禁止吸烟"是一条规则,但和程序没有任何联系;而一个规定为顾客服务的程序可能表现为一些规则,如在接到顾客需要服务的信息后 30 分钟内必须给予答复。

规则也不同于政策。政策的目的是指导行动,并给执行人员留有酌情处理的余地;而规则虽然也起指导行动的作用,但是在运用规则时,执行人员没有自行处理之权。

必须注意的是,就其性质而言,规则和程序均旨在约束思想;因此只有在不需要组织成员使用自行处理权时,才使用规则和程序。

7）方案

方案是一个综合性的计划,它包括目标、政策、程序、规则、任务分配、要采取的步骤、要使用的资源以及为完成既定行动方针所需的其他因素。一项方案可能很大,也可能很小。通常情况下,一个主要方案可能需要很多支持计划。在主要计划进行之前,必须把这些支持计划制订出来,并付诸实施。所有这些计划都必须加以协调和安排时间。

8）预算

预算是一份用数字表示预期结果的报表。预算通常是为规划服务的,其本身可能也是一项规划。

5.1.4　计划的分类

计划是将决策实施所需完成的任务进行时间和空间上的分解,以便具体落实到组织中的不同部门和个人。因此,计划的分类可以依据时间和空间两个不同的标准。除此之外,还可以根据计划的明确程度和计划的程序化程度对其进行分类。把计划分为组织战略和战术性计划是管理活动中比较常见的分类。表 5.1 列出按不同方法分类的计划类型。

表 5.1　计划的类型

分类标准	类型
时间长短	长期计划 短期计划

分类标准	类型
职能空间	业务计划
	财务计划
	人事计划
综合性程度 （涉及时间长短和涉及的范围广狭）	组织战略
	战术性计划
明确性	具体性计划
	指导性计划
程序化程度	程序性计划
	非程序性计划

值得指出的是,这些分类方法所划分出的计划类型很难截然独立。比如,长期与短期就不存在定量的数值标准,程序化程度更难用某一个统一的定量标准区分其高低。另外,虽然理论研究将计划按一定标准进行分类,但现实中的计划往往是综合的,比如,长期财务计划与短期财务计划、指导性人事计划与具体性人事计划等。计划工作必须追求时间与空间、明确性、程序化程度等方面的平衡。

1) 长期计划和短期计划

管理人员采用长期、中期和短期来描述计划。长期计划描述了组织在较长时期,通常为5年以上的发展方向和方针,规定了组织的各个部门在较长时期内从事某种活动应达到的目标和要求,绘制了组织长期发展的蓝图。短期计划具体地规定了组织的各个部门在目前到未来的各个较短的时期阶段,特别是最近的时段中,应该从事何种活动,从事该种活动应达到何种要求,因而为各组织成员在近期内的行动提供了依据。

计划可以按照时间期限的长短分成长期、中期和短期计划。现有的习惯做法是将1年以内的计划称为短期计划,1年以上5年以内的计划称为中期计划,5年以上的计划称为长期计划。但是对一些环境条件变化很快、本身节奏很快的组织活动,其计划分类也可能是一年计划就是长期计划,季度计划就是中期计划,而月度计划就是短期计划。

在这3种计划中,通常长期计划主要是方向性和长远性的计划,它主要回答的是组织的长远目标与发展方向以及大政方针方面的问题,通常以工作纲领的形式出现。中期计划是根据长远计划制订的,它比长期计划要详细具体,是考虑了组织内部与外部的条件与环境变化情况后制订的可执行计划。短期计划则比中期计划更加详细具体,它是指导组织具体活动的行动计划,它一般是中期计划的分解与落实。

在管理实践中,长期、中期和短期计划必须有机地衔接起来,长期的计划要对中、短期计划具有指导作用,而中、短期计划的实施要有助于长期计划的实现。如果不考虑长期计划目标,而仅局限于短期任务的完成,那么这种管理工作实际上也属于一种无目的的行为。

2）业务计划、财务计划和人事计划

从职能空间分类,可以将计划分为业务计划、财务计划及人事计划。组织是通过从事一定业务活动立身于社会的,业务计划是组织的主要计划。我们通常用"人、财、物,产、供、销"这6个字来描述一个企业所需的要素和企业的主要活动。业务计划的内容涉及"物、供、产、销",财务计划的内容涉及"财",人事计划的内容涉及"人"。作为经济组织,企业业务计划包括产品开发、物资采购、仓储后勤、生产作业以及销售促进等内容。

作为经济组织,企业业务计划包括产品开发、物资采购、仓储后勤、生产作业以及销售促进等内容。长期业务计划主要涉及业务方面的调整或业务规模的发展,短期业务计划则主要涉及业务活动的具体安排。比如,长期产品计划主要涉及产品新品种的开发,短期产品计划则主要与现有品种的结构改进、功能完善有关;长期生产计划安排了企业生产规模的扩张及实施步骤,短期生产计划则主要涉及不同车间、班组的季、月、旬乃至周的作业进度安排;长期营销计划关系到推销方式或销售渠道的选择与建立,而短期营销计划则为在现有营销手段和网络的充分利用。

财务计划与人事计划是为业务计划服务的,也是围绕着业务计划而展开的。财务计划研究如何从资本的提供和利用上促进业务活动的有效进行,人事计划则分析如何为业务规模的维持或扩大提供人力资源的保证。比如,长期财务计划要决定,为了满足业务规模发展、从而资本增大的需要,如何建立新的融资渠道或选择不同的融资方式,而短期财务计划则研究如何保证资本的供应或如何监督这些资本的利用效率;长期人事计划要研究如何保证组织的发展提高成员的素质,准备必要的干部力量,而短期人事计划则要研究如何将具备不同素质特点的组织成员安排在不同的岗位上,使他们的能力和积极性得到充分的发挥。

3）战略计划、战术性计划和作业性计划

计划可以按照所涉及的组织活动范围分成战略性、战术性和作业性计划。

战略计划是指应用于整个组织,为组织确立总体目标并寻求组织在环境中的地位的计划。在一个组织中,战略计划关系到整体的运作,并要求多层次的介入。战略计划是由组织高层管部门制订的,高层管理部门为整个组织提出指导性的目标,然后逐级由较低层次的管理部门提出相应的目标与计划来达成组织的目标。随着计划工作过程在组织中自上而下地推行,目标的主题和业绩的衡量就越来越具体。战略计划是对组织未来两年、五年甚至更长时期中的宏伟蓝图的描述,并为组织在未来成功地运作做好准备。

战略计划始于组织的使命。组织的使命是对该组织为什么而存在的明确阐述,它决定了组织中将发生或应发生的一切。著名管理学家彼得·德鲁克曾指出:对于每一个企业而言,有两个根本性的问题需要回答:我们的企业是什么? 它应该是什么? 对于第一个问题的答案是由消费者决定的,而不取决于生产者。消费者对企业的产品看法和意见,企业管理者必须认真考虑和接受。第二个问题要求企业决定它们是否找对了事业,或是否应改变其方向。有些企业由于受经济形势、竞争的压力或其他非常事件的影响,不得不调整经营方向;有些企业出于生产率、创新及获利能力等方面的考虑,也需要寻找新的机会和寻求新的方向。这些改变都将促使企业重新定义其使命。

战术计划是将战略计划中具有广泛性的目标和政策,转变为确定的目标和政策,并且规定了达到各种目标的确切时间。战术计划通常是由组织的中层管理部门制订的,它是对各部门必须做什么,必须如何做,以及由谁负责来做好的具体安排,它的时间跨度一般为一年。

作业计划是由基层管理者制订的,用于完成其工作职责的计划。战术计划虽然比较具体,但在时间、预算和工作程序方面还不能满足实际实施的需要,因此,必须制订作业计划。作业计划根据战术计划确定的具体目标,确定工作流程,划分合理的工作单位,分派任务和资源,以及确定权力和责任。

战略、战术和作业计划强调的是组织纵向层次的指导和衔接。具体来说,战略计划往往由高层管理人员负责,战术和作业计划往往由中、基层管理人员甚至是具体作业人员负责,战略计划对战术、作业计划具有指导作用,而战术和作业计划的实施要确保战略计划的实施,参见图5-3。

4) 具体性计划与指导性计划

根据计划内容的明确性标准,可以将计划分为具体性计划和指导性计划。

具体性计划具有明确规定的目标,不存在模棱两可。比如,企业销售部经理打算使企业销售额在未来6个月中增长15%,他可能会指定明确的程序、预算方案以及日程进度表,这就是具体性计划。指导性计划只规定某些一般的方针和行动原则,给予行动者较大的自由处置权,它指出重点但不把行动者限定在具体的目标上或特定的行动方案上。比如,一个增加销售额的具体计划可能规定未来6个月中销售额要增长15%,而指导性计划则可能只规定未来6个月中销售额增加12%～16%。

相对于指导性计划而言,具体性计划虽然更易于执行、考核及控制,但是缺少灵活性,而且它要求的明确性和可预见性条件往往很难得到满足。

计划目标	责任单位	举例
组织的宗旨与使命 ⋯⋯⋯⋯ 高层管理人员		
长期计划目标 ⋯⋯⋯⋯ 高层管理人员		在未来5年中使销售额 保持年均15%的速度增长
组织短期绩效目标 ⋯⋯⋯⋯ 高层管理人员		明年底销售量增加到10万
地区计划目标 ⋯⋯⋯⋯ 地区经理		明年底西部地区的销售量达到3万, 东部地区的销售量达到7万
部门计划目标 ⋯⋯⋯ 部门经理		人力资源部:明年10月前 招聘并培训22名合格员工
分部计划目标 ⋯⋯分部管理人员		人力资源部培训分部: 明年6月前完成培训课程设计
个人计划目标 ⋯⋯工作人员		培训分部工作人员:明年8~9月 完成新员工的培训

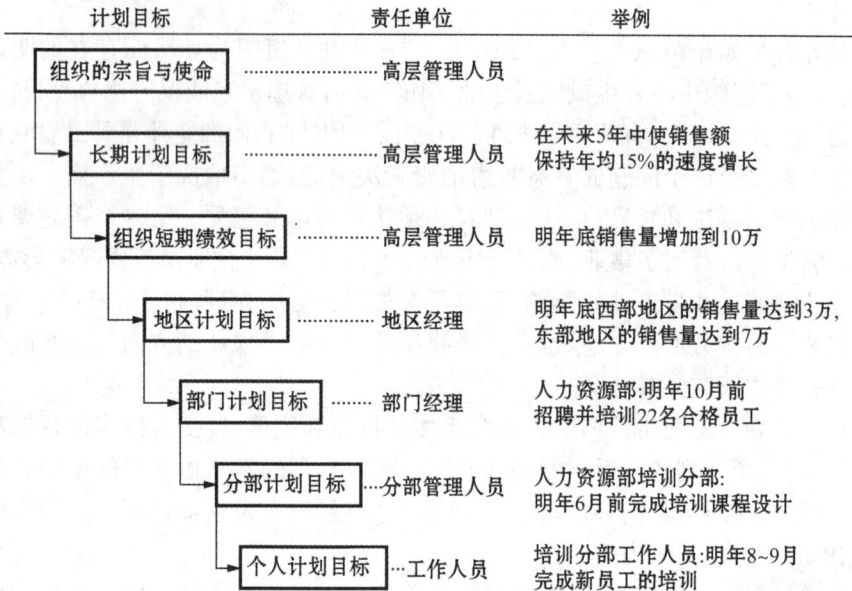

图 5-3　计划和组织的层次

5）程序性计划与非程序性计划

西蒙把组织活动分为两类:一类是例行活动,指一些重复出现的工作,如订货、材料的出入库等。有关这类活动的决策是经常反复的,而且具有一定的结构,因此可以建立一定的决策程序。每当出现这类工作或问题时,就利用既定的程序来解决,而不需要重新研究。这类决策叫程序化决策,与此对应的计划是程序性计划。

另一类活动是非例行活动,不重复出现,比如新产品的开发、生产规模的扩大、品种结构的调整、工资制度的改变等。处理这类问题没有一成不变的方法和程序,因为这类问题或在过去尚未发生过,或因为其确切的性质和结构捉摸不定或极为复杂,或因为其十分重要而需用个别方法加以处理。解决这类问题的决策叫做非程序化决策,与此对应的计划是非程序性计划。

W·H·纽曼指出,"管理部门在指导完成既定目标的活动上基本用的是两种计划:常规计划和专用计划。"常规计划包括政策、标准方法和常规作业程序,所有这些都是准备用来处理常发性问题的。每当一种具体常见的问题发生时,常规计划就能提供一种现成的行动指导。专用计划包括为独特的情况专门设计的方案、进程表和一些特殊的方法等,它用来处理一次性的而非重复性的问题。

5.2　组织战略管理

计划作为对组织内部从事组织活动的具体活动和要求,组织战略是一种特殊意义的计划。组织战略是指应用于整体组织的,为组织未来较长时期(通常为 5 年以上)设立总体目标和寻求组织在环境中的地位的计划。组织战略划的任务不在于看清企业目前是什么样子,而在于看清企业将来会成为什么样子。彼得·德鲁克说过,“一个企业不是由它的名字、章程和公司条例来定义,而是由它的任务来定义的。企业只有具备了明确的任务和目的,才可能制订明确和现实的企业目标。”因此,组织战略的首要内容是远景陈述(vision statement)和使命陈述(mission statement)。它的第二项内容是战略定位,即通过外部环境和内部条件研究,确定企业在行业中合适的地位。第三项内容是战略选择,选择企业合适的发展途径。最后,通过制订一系列战术性计划将组织战略付诸实施。尤其是企业战略,它是在竞争环境下发展出来的,因此其构建方法也具有特殊性。现代企业的业务具有复杂化和多样化的特点,使得组织战略分化为业务战略和公司占了两个层面。

5.2.1　组织战略的构建

组织战略是在决策的基础上,从组织的使命出发,根据组织外部环境和自身资源的分析,将自身资源和环境发展相匹配的过程。

5.2.1.1　组织使命

组织使命(又称为宗旨)回答组织是什么、为什么存在的问题。组织使命超越组织的具体活动,是指导一切活动的准则,它规定了组织的核心价值观和核心目标,决定了组织的性质,是决定此组织区别于彼组织的标志。德鲁克认为“只有明确了企业的宗旨和企业使命,才有可能确定清洗而显示的企业目标。企业的宗旨和使命是确定优先次序、制订战略、编制计划、进行工作安排的基础;是进行管理工作设计,特别是进行管理结构设计的出发点”。

比如,大学的使命是教书育人和科学研究,研究院所的使命是科学研究,医院的使命是治病救人,法院的使命是解释和执行法律,企业的目的是生产和分配商品和服务。我国优秀民营企业华为公司的使命就是“聚焦客户关注的挑战和压力,提供有竞争力的通信解决方案和服务,持续为客户创造最大价值”,由此,华为确定了“以客户为中心”的战略:“为客户服务是华为存在的唯一理由;客户需求是华为发展的原动力;质量好、服务好、运作成本低,优先满足客户需求,提升客户竞争力和赢利能力;持续管理变革,实现高效的流程化运作,确保端到端的优质交付;与友商共同发展,既是竞争对手,也是合作伙伴,共同创造良好的生存空间,共享价值链的利益。"华为经过十多年的努力,在移动设备市场领域排名全球第三,被商业周刊评为全球十大最有影响力的公司,2008年华为实现合同销售额233亿美元,同比增长46%。其中75%的销售额来自国际市场。在2008年专利申请公司(人)排名榜上排名第一;LTE专利数占全球10%以上。

5.2.1.2 战略环境分析

战略环境分析是为完成企业使命和战略选择服务的。环境分析通常采用SWOT分析法对影响组织绩效的优势、劣势、机会和威胁进行研究。SWOT分析最早由美国旧金山大学韦里克(H·Weihrich)教授于20世纪80年代初提出的。所谓SWOT分析法,是一种综合考虑企业内部条件和外部环境的各种因素,进行系统评价,从而选择最佳经营战略的方法。

SWOT分析法的4个英文字母分别代表:优势(Strength)、劣势(Weakness)、机会(Opportunity)、威胁(Threat)。从整体上看,SWOT可以分为两部分:第一部分为SW,主要用来分析内部条件;第二部分为OT,主要用来分析外部条件。利用这种方法可以从中找出对自己有利的、值得发扬的因素,以及对自己不利的、要避开的东西,发现存在的问题,找出解决办法,并明确以后的发展方向。

企业内部的优势和劣势是相对于竞争对手而言的,一般反映在企业的资金、技术设备、职工素质、产品、市场、管理技能等方面。判断企业内部的优势和劣势一般有两项标准:一是单项的优势和劣势。例如:企业资金雄厚,则在资金上占优势;市场占有率低,则在市场上占劣势。二是综合的优势和劣势。为了评估企业的综合优势和劣势,应选定一些重要因素加以评价打分,然后根据其重要程度通过加权确定。

企业外部环境的机会是指环境中对企业有利的因素,如政府支持、高新技术的应用、良好的购买者和供应者的关系等。企业外部的威胁是指环境中对企业不利的因素,如竞争对手的出现、市场增长率缓慢、购买者和供应者讨价还价的能力增强、技术老化等。这是影响企业当前竞争地位或未来竞争地位的主要障碍。

SWOT分析的指导思想就是在全面把握企业内部优劣势与外部环境的机会和威胁的基础上,制订符合企业未来发展的战略,发挥优势、克服不足,利用机会、化解威胁。

因此,企业战略指定过程的4个基本步骤是:对外部环境进行研究,发现机会与威胁,找到企业关键成功因素;对内部资源进行评估,人情企业的优势和劣势,形成特色竞争力;结合企业的社会责任,隐居管理指的价值观念将可以做的和能做的进行匹配,制订出战略方案;最后据此评价和选择战略方案。

5.2.1.3 战略管理过程

图5-4展示了战略管理的整个过程。首先,主管人员从使命、目标和战略方面

对企业所处位置进行评估。然后,审视企业内部和外部环境,找出需要变革的和内部环境出现的情况可能需要重新确定企业使命、目标,或者需要在公司层面、业务层面 重新制订新的战略。实施新的战略是战略管理过程的最后一步。

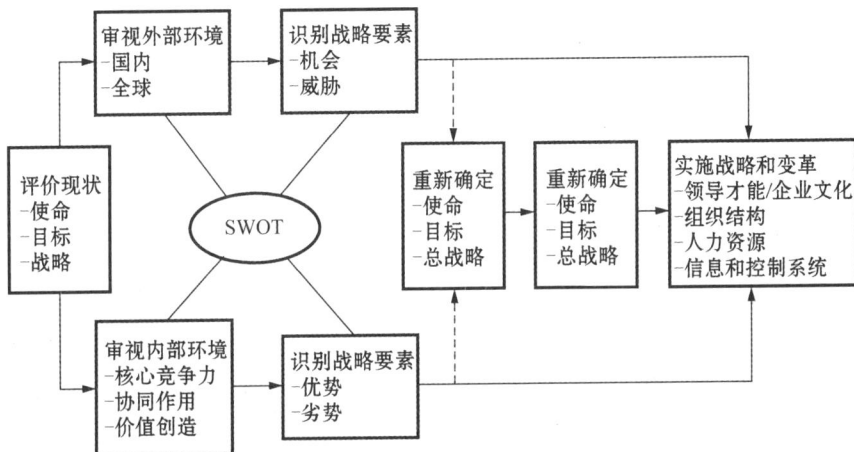

图 5-4 战略管理过程

5.2.2 公司层面战略

如果一个公司只有一个业务,那么公司层面战略就是经营层面的战略。但是当一个公司具有两个和两个以上不同业务单位的时候,公司层面战略考虑的问题就与经营单位不同,这就涉及到公司层面战略。在这个层面上,公司领导要考虑的是两个基本问题:公司要进入哪个行业(或者从哪个行业退出),公司内部业务单位如何协调从而最大限度地发挥资源整合的优势。也就是定方向(该做什么业务和不做什么业务)和处理各个经营单位之间的关系(控制和协调)。

5.2.2.1 一体化战略

"一体化"的原意是指将独立的若干部分加在一起或者结合在一起成为一个整体。一体化战略是指企业充分利用自己在产品、技术、市场上的优势,根据物资流动的方向,使企业不断地向深度和广度发展的一种战略。一体化战略可以分为纵向一体化和横向一体化。纵向一体化是指企业通过获得所有权,将公司活动范围扩展到上下游领域的战略。它分为前向一体化和后向一体化。前向一体化是公司对上有供应商进行扩张,后向一体化是公司对下游分销商、零售商或最终用户进行扩张。横向一体化是指企业通过获取所有权,与处于相同行业、生产同类产品或工艺相近的企业实现联合,实质是资本在同一产业和部门内的集中,目的是实现扩大规模、降低产品成本、巩固市场地位。

有多种原因可导致企业选择纵向一体化,最常见的原因有:①分享上下游的丰厚利润。比如说,我国彩电行业没有核心技术,行业利润很薄,向上有扩张改变经营局面成为众多企业的梦想。②消减交易成本。上下游企业交易的不确定性、复杂性和机会主义行为都可能迫使企业实行一体化。比如,与发电企业的冲突就可能导致发电企业兼并、收购煤矿。③充分利用过剩资源。制造商拥有大量销售人员就可能引发渠道扩张;大型的分销商可能会考虑利用自己的品牌生产自己的产品。④传递核心资源和强化市场力量。研发企业为了保障核心技术不被泄漏可能会自己生产;上下游资源关系到企业竞争优势时,企业可能不计成本占领战略高地。

横向一体化的原因主要是实现规模经济性和增强市场控制力。企业可能为了增加行业市场力量,消除过度竞争而进行横向一体化。例如,改革开放初期,我国电视制造企业均为小而全的企业,行业内有众多小企业,每家难以达到有效规模。以长虹为代表的几家企业对整个行业进行了清洗,逐步实现规模经营,增加了我国电视制造企业的竞争力。

5.2.2.2 多元化战略

多元化战略是指企业在多个行业或产品市场中,为了获得竞争优势而对业务进行的组织和管理行为。企业纵向一体化战略也是多元化战略的一种。

如果按照多元化经营产品之间及其使用的相关要素密切程度来划分,又可以分为相关多元化和非相关多元化。相关多元化是指企业为了追求竞争优势,增加或扩展其已有资源和能力而采用的战略。企业可以通过多业务共享的经营活动,或在多业务间传递核心能力来实现相关多元化。非相关多元化则是借助公司内外部投资,通过财物资源优化配置来创造价值的战略行为,有些非相关多元化的情况是公司的两个及更多的产品或服务不具备密切联系。例如冰箱和空调,虽是两种不同类产品,但两者之间有着密切联系,都是制冷设备。因此既从事冰箱又从事空调生产的企业属于企业相关多元化经营行为。但冰箱与生物产品完全不相关,因此既从事冰箱又从事生物产品生产的企业属于非相关多元化经营。

5.2.2.3 合作战略

企业的合作形式按照合作的深度可以分为战略联盟、串谋、长期契约、集团网络等形式。

战略联盟是两个或两个以上的经济实体(一般指企业,如果企业间的某些部门达成联盟关系,也适用此定义)为了实现特定的战略目标而采取的任何股权或非股权形式的共担风险、共享利益的长期联合与合作协议。战略联盟是现代企业竞争的产物,它是指一个企业为了实现自己的战略目标,与其他企业在利益共享的基础上形成的一种优势互补、分工协作的松散式网络化联盟。战略联盟企业的资源、能力和核心竞争力可以结合在一起使用,从而获得企业在设计、制造、产品或服务上的共同利益。它可以表现为正式的合资企业,即两家或两家以上的企业共同出资并且享有企业的股东权益;或者表现为短期的契约性协议,即两家公司同意对某种新产品开发问题进行合作。战略联盟是各企业在追求长期竞争优势过程中为达到阶段性企业目标而与其他企业的结盟,通过相互交换互补性资源形成合力优势,共同对付强大的竞争者。

串谋是指行业中的几个企业合作起来减少竞争、抬高价格并使得价格明显高于竞争水平价格。可以分为明显串谋和默契串谋。明显串谋是公司之间直接对产品的品质和价格达成协议。很多国家对明显串谋进行法律限制。默契串谋是指企业间通过观察对方的经营行为,在产品的质量和价格上实现一致,并使得产品价格高于一般水平。

长期契约关系是企业在纯粹市场交换关系基础上的一种合作形式,它们之间的长期关系使得企业间可以通过正式计划来更好地协调相互的活动,增加企业间信息的沟通,减少摩擦成本。在长期契约关系中,违反契约就意味着未来生意的损失。

集团网络是特指产业链中上下游企业之间长期的、半正式关系的复杂联合体,它包括两种网络:分包网络商和企业集团。许多日本企业采用了分包商网络,厂商之间具有较高水平的合作,分包商被赋予一系列更复杂的责任。企业集团则是更加紧密的网络关系,它们在一定程度上涉及更加正式的机构关系,如企业集团内部的交换股权,进入各自的董事会等。三菱、三井、住友等 6 家企业的组合就是企业集团的典型例子。

20 世纪 80 年代以来,管理实践表明,企业优势不仅来自竞争优势,也来自合作优势。合作可以给企业带来共同信息和知识,还可以降低交易成本,产生系统效应和专业化分工,也可以有效应对竞争和规避风险。

5.2.3 业务层面战略

关于组织在选择业务层面战略时如何确定主要战略模式的问题,已经有了很多理论框架。其中最重要的 3 种类型是波特的基本战略、米尔斯和斯诺的概念类型以及基于产品生命周期的战略。

1) 波特的基本战略(Generic Strategies)

波特指出,组织在业务层面上可以追求差异化战略、总成本领先战略或集中战略。

(1) 差异化战略(differentiation strategy)。这是将组织产品和服务的品质与竞争对手区别开来的政策。成功实施差异化战略的企业能够以高于竞争对手的价格销售自己的产品,因为顾客愿意为他们所感受到的额外价值支付更高的价格。实现差异化战略可以有许多方式:设计品牌形象(Mercedes Benz 在汽车业中声誉卓著)、技术特点(Coleman 在野营设备业中优势突出)、外观特点(Jenn-Air 在电器领域中独领风骚)、客户服务(Crown Cork 及 Seal 在金属罐产业中口碑良好)、经销网络(Caterpillar Tractor 在建筑设备业中影响巨大)及其他方面的独特性。最理想的情况是公司使自己在几个方面都差异化。例如卡特皮勒推土机公司(Caterpillar Tractor)不仅以其经销网络和优良的零配件供应服务著称,而且以其极为优质耐用的产品享有盛誉。所有这些对于大型设备都至关重要,因为大型设备使用时发生故障的代价是昂贵的。应当强调的是,差异化战略并不意味着公司可以忽略成本,但此时成本不再是公司的首要战略目标。

(2) 总成本领先战略(overall cost leadership strategy)。它是通过将成本降到低于竞争对手的水平来获得竞争优势。通过保持低成本,组织可以按照更低的价格销售而依然可以获得利润。总成本领先战略要求坚决地建立起高效规模的生产设施,在经验的基础上全力以赴降低成本,抓紧成本与管理费用的控制,以及最大限度地减小研究开发、服务、推销、广告等方面的成本费用。总成本领先地位非常吸引人。一旦公司赢得了这样的地位,所获得的较高的边际利润又可以重新对新设备、现代设施进行投资以维护成本上的领先地位,而这种再投资往往是保持低成本状态的先决条件。格兰仕实行的就是总成本领先战略,它高度聚集于单项产品,以规模为最高追求,依靠产能规模形成成本优势进而抢占全球市场的高度专业化模式,并开启了后来蔚为壮观的 OEM 大潮。

(3) 集中战略(focus strategy)。指企业专注于某一具体的区域市场、产品市场或购买群体。这一战略可以是差异化集中,企业在集中的市场上实行差异化,或者企业在集中的市场上以低成本制造和销售产品。集中战略与其他两个基本的竞争战略不同,低成本和差异化战略是将注意力放在整个产业上,而集中化战略是将焦点放在某特定市场上。

2) 米尔斯和斯诺的概念类型(Typology)

米尔斯(Miles)和斯诺(Snow)认为业务战略一般属于以下四个类型中的一种:前瞻者(prospector)、防卫者(defender)、分析者(analyzer)、反应者(eractor)。

(1) 实行前瞻者战略的企业是高度创新的企业,它总是寻求新的市场和新的机会,以增长和承担风险为导向。前瞻者战略是建立在变革、适应性、生产线再设计、依靠进入新市场增长、寻求新的发展和机遇的基础上的。多年来,3M 公司一直以自己是世界上最具创新精神的大型公司为自豪。3M 公司的雇员经常被激励以创新和创业的精神开发新产品和新点子。这种对创新的专注引导 3M 公司开发出广泛的新产品和新市场,如透明胶和防污涂料处理。

(2) 实行防卫者战略的企业专注于保护自己当前的市场、保持稳定的增长和服务于当前的顾客,通常采用降低成本、提高当前成品绩效的策略。例如,当书写工具饱和后,比克(BIG)公司采用的就是这种方法——一种较少进取性、较少企业家精神的管理风格,它的选择是保卫自己在产业中的主要份额。它的做法是强调高效率的制造和顾客满意度。eBay 正在积极地向海外市场扩张,但在本国它采用了防卫者战略,将业务专注在拍卖业务上。在对新市场进行前瞻的同时,它也在防卫自己的核心业务。

(3)采用分析者战略的企业试图保护自己的业务并在新的业务中尝试创新,他们将前瞻者和防卫者的战略要素结合起来。绝大多数企业采用这一战略,因为它们既要保护自己现有的业务,又要开创新的市场机会。杜邦公司目前采取的就是分析者战略,它高度依赖现有的化纤业务所产生的收益为将来做准备,同时又在系统地进入新的业务领域,如生物技术、农业和制药。雅虎公司将自己的角色聚焦于互联网入口业务,同时也在寻找机会将这一服务扩展到更多的应用。

(4)采用反应者战略的企业没有一个一致的战略,它随着环境的变化做出反应,但是无法与期货影响这些事件。可以预期,在这种情况下,企业的绩效往往不如采用其他战略的企业。

3)基于产品生命周期的战略

典型的产品生命周期一般可以分成四个阶段,即导入期、成长期、成熟期和衰退期。

(1)在导入期需求可能很高,有时甚至超过企业的供应能力。在这一情况下,经理们首要的工作是在不牺牲品质的条件下将产品销售出去。聘用新员工、管理库存和现金流也是经理们应当关心的问题。

(2)在成长期,市场上生产同类商品的企业增多,销售持续增长。这一阶段重要的管理问题包括保证品质和供货,企业开始实行差异化的方法。在成长阶段进入该行业的企业可能会威胁其他现有企业的竞争优势,因此如何阻止竞争者。

(3)经过一段成长期,产品进入了生命周期的第三个阶段:成熟期。产品总需求的增长开始方面,生产该产品的新企业数目开始减少,现有的生产该产品的企业数目也开始减少。对于期望长期经营该产品的企业来说,成熟阶段是非常重要的。产品的差异化在这一阶段仍然极为重要,但同时保持低成本、寻找新产品和服务也成为极重要的战略考虑。

(4)在衰退期,产品或技术的需求出现下降,生产产品的企业数量减少,总销售量也减少。需求量下降通常是因为有兴趣采购特定产品的人群已经购买了这一产品。在产品生命周期的早期阶段未能预见到衰退阶段的企业可能退出经营。那些对产品实行差异化、保持低成本或开发新产品或服务的企业在这一阶段将做得较好。

5.3 计划的程序和方法

5.3.1 计划的构成

一般来说,一项完整的计划应由以下要素构成:

(1) 目标。由一系列计划期内要实现的具体指标给出。

(2) 任务。组织在计划期内要开展的具体活动内容。

(3) 方针措施。组织在计划期内开展活动时所要采取的方针政策、行动方案以及各种应急措施与备选方案。

(4) 实施者。计划的具体执行者,即完成计划任务的部门或个人。

(5) 步骤。计划期内各种组织活动的阶段性划分,是组织各项活动的开始与结束时间的给定及其衔接关系的说明。

(6) 预算。计划期内组织的各种资源的配置方案,是对组织各部门或个人有权支配的人、财、物等资源量的具体规定。

有关计划构成的例子见表 5.2。

表 5.2 计划构成表

要素	规定内容	考虑因素	举例（销售计划）
目标	行动结果(以数量、质量指标表示)	生存与发展的需要、市场与环境的可能、自身条件与资源的制约	实现年销售收入 5 000 万元;本地市场占有率达到 50%;销售利润额达到 600 万元
任务	行动内容与实现目标的具体活动	目标与任务的因果关系	①促销宣传;②建立专卖店;③向学校赠送部分产品以扩大影响;④改进服务
方针措施	行动方针与措施及各种备选行动方案	实现目标的主要矛盾和解决矛盾的方法	①批发优惠;②现金付款优惠;③销售提成;④折扣让利
实施者	执行任务的部门或个人	职能与分工,责权分配,资源分布等	销售部负责促销、建立专卖店;生产部负责生产产品;公关部负责
步骤	各项活动开始与结束的时间及其衔接	任务的衔接关系及所需的时间跨度	3月底前刊出广告;5月底前建立五家专卖店
预算	任务所需资源数量	需要与可能提供的资源数量(现有与可开发的资源情况)	销售人员 10 人;服务人员 30 人;营业面积 300 平方米;流动资金 1 000 万元;广告宣传费 300 万元

资料来源:黄津孚著:《现代企业管理原理》第三版,北京经济学院出版社,1996 年 11 月。

5.3.2　编制计划的原理

编制计划不能随心所欲,而要遵循以下原理:

1) 限定因素原理

所谓限定因素,是指妨碍组织目标实现的因素,如果它们发生变化,即使其他因素不变,也会影响组织目标的实现程度。其含义正如木桶原理所表述的那样:木桶所盛的水量,是由木桶壁上最短的那块木板条决定的。这就是说,管理者在制订计划时,应该尽量了解那些对目标实现起主要限制作用的因素或战略因素,才能有针对性、有效地拟定各种方案,计划方案才可能趋于最优。

2) 灵活性原理

确定计划实施的预期环境靠的是预测,但未来情况有时是难以预测的。因此,计划需要有灵活性,才有能力在出现意外时改变方向,不至于使组织遭受太大的损失。这就是计划的灵活性原理。灵活性原理在计划中非常重要,特别是承担任务重、计划期限长的情况,比如战略计划,它的作用更明显。虽然,计划中体现的灵活性越大,出现意外事件时适应能力越强,对组织的危害性越小,但灵活性是有一定限度的。比如,不能为保证计划的灵活性而一味推迟决策的时间,未来总有些不确定的因素,当断不断则会坐失良机。

3) 承诺原理

计划应是长期的还是短期的? 计划期限的合理选择应该遵循承诺原理。长期计划的编制并不是为了未来的决策,而是通过今天的决策对未来施加影响。这就是说,任何一项计划都是对完成各项工作所做出的承诺,承诺越多,计划期限越长,实现承诺的可能性越小。这就是承诺原理。该原理要求合理地确定计划期限,不能随意缩短计划期限,计划承诺也不能过多致使计划期限过长,如果主管人员实现承诺所需的时间比他可能正确预见的未来期限还要长,他的计划就不会有足够的灵活性适应未来的变化,他应减少承诺,缩短计划期限。

4) 改变航道原理

计划是面向未来的,而未来情况随时都可能发生变化,所制订的计划显然也不能一成不变,在保证计划总目标不变的情况下,随时改变实现目标的进程(即航道),就是改变航道原理。应该注意的是,该原理与灵活性原理不同,灵活性原理是使计划本身具有适应未来情况变化的能力。而改变航道原理是使计划执行过程具有应变能力,就像航海家一样,随时核对航线,一旦遇到障碍就绕道而行。

5.3.3　计划的编制程序

计划编制本身也是一个过程。为了保证编制的计划合理,确能实现决策的组织落实,计划编制过程中必须采用科学的方法。虽然可以用不同标准把计划分成不同类型,计划的形式也多种多样,但管理人员在编制任何完整的计划时,实质上都遵循相同的逻辑和步骤。计划编制过程包括八个步骤的工作,其先后次序如图5-5 所示。

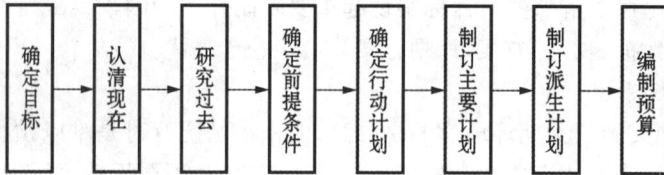

图 5-5　计划编制过程图

1）确定目标

确定目标是决策工作的主要任务。制订计划的第一步必须认识计划将要走向何方。目标是指期望的成果。目标为组织整体、各部门和各成员指明了方向,描绘了组织未来的状况,并且作为标准可用来衡量实际的绩效。计划工作的主要任务是将决策所确立的目标进行分解,以便落实到各个部门和活动环节,并将长期目标分解为各个阶段的目标。企业的目标指明主要计划的方向,而主要计划又根据反映企业目标的方式,规定各个重要部分的目标。而主要部门的目标又依次控制下属各部门的目标,如此等等,沿着这样的一条线以此类推。从而形成了组织的目标结构,包括目标的时间结构和空间结构。目标结构描述了组织中各层次目标间的协作关系。

2）认清现在

计划是连接我们所处的这岸和我们要去的对岸的一座桥梁。目标指明了组织要去的对岸。因此,制订计划的第二步是认清组织所处的这岸,即认清现在。认识现在的目的在于寻求合理有效的通向对岸的路径,即实现目标的途径。认清现在不仅需要有开放的精神,将组织、部门置于更大的系统中,而且要有动态的精神,考察环境、对手与组织自身随时间的变化与相互间的动态反应。对外部环境、竞争对手和组织自身的实力进行比较研究,不仅要研究环境给组织带来的机会与威胁,与竞争对手相比的组织自身的实力与不足,还要研究环境、对手及其自身随时间变化的变化。

3）研究过去

虽然"现在"不必然在"过去"的线性延长线上,但"现在"毕竟是从"过去"走来。

研究过去不仅是从过去发生的事件中得到启示和借鉴,更重要的是探讨过去通向现在的一些规律。从过去发生的事件中探求事物发展的一般规律,其基本方法有两种:一为演绎法,二为归纳法。演绎法是将某一大前提应用到个别情况,并从中引出结论。归纳法是从个别情况发现结论,并推论出具有普遍原则意义的大前提。现代理性主义的思考和分析方式基本上可分为以上两种,即要么从已知的大前提出发加以立论,要么有步骤地把个别情况集中起来,再从中发现规律。根据所掌握的材料情况,研究过去可以采用个案分析、时间序列分析等形式。

4) 预测并有效地确定计划的重要前提条件

前提条件是关于要实现计划的环境的假设条件,是关于我们所处的此岸到达我们将去的彼岸过程中所有可能假设情况。预测并有效地确定计划前提条件的重要性不仅在于,对前提条件认识越清楚、越深刻,计划工作越有效,而且在于组织成员越彻底地理解和同意使用一致的计划前提条件,企业计划工作就越加协调。

由于将来是极其复杂的,要把一个计划的将来环境的每个细节都做出假设,不仅不切合实际甚至无利可图,因而是不必要的。因此,前提条件是限于那些对计划来说是关键性的,或具有重要意义的假设条件,也就是说,限于那些最影响计划贯彻实施的假设条件。预测在确定前提方面很重要。最常见的对重要前提条件预测的方法是德尔菲法。

5) 拟订和选择可行性行动计划

"条条道路通罗马"、"殊途同归",这些都是描述实现某一目标的途径是多条的。拟订和选择行动计划包括三个内容:拟订可行性行动计划、评估计划和选定计划。拟订可行性行动计划要求拟订尽可能多的计划。可供选择的行动计划数量越多,被选计划的相对满意程度就越高,行动就越有效。因此,在可行的行动计划拟订阶段,要发扬民主,广泛发动群众,充分利用组织内外的专家,通过他们献计献策,产生尽可能多的行动计划。在寻求可供选择的行动计划阶段需要"巧主意",需要创新性。尽管没有两个人的脑力活动完全一样,但科学研究表明创新过程一般包括浸润(对一问题由表及里的全面了解)、审思(仔细考虑这一问题)、潜化(放松和停止有意识的研究,让下意识来起作用)、突现(突现绝妙的,也许有点古怪的答案)、调节(澄清、组织和再修正这一答案)。具体的方式有头脑风暴法、提喻法等。

评价行动计划,要注意考虑以下几点:

(1) 认真考察每一个计划的制约因素和隐患。

(2) 要用总体的效益观点来衡量计划。

(3) 既要考虑到每一计划的许多有形的可以用数量表示出来的因素,又要考虑到许多无形的不能用数量表示出来的因素。

(4) 要动态地考察计划的效果,不仅要考虑计划执行所带来的利益,还要考虑计划执行所带来的损失,特别注意那些潜在的、间接的损失。评价方法分为定性和定量两类。

(5) 按一定的原则选择出一个或几个较优计划。

6) 制订主要计划

完成了拟订和选择可行性行动计划后,拟订主要计划就是将所选择的计划用文字形式正式地表达出来,作为一项管理文件。拟写计划要清楚地确定和描述5W1H 的内容。

7) 制订派生计划

主要计划几乎肯定需要派生计划的支持。比如,一家公司年初制订了"当年销售额比上年增长 15%"的销售计划,这一计划发出了许多信号,如生产计划、促销计划等。再如当一家公司决定开拓一项新的业务时,这个决策是要制订很多派生计划的信号,比如雇佣和培训各种人员的计划、筹集资金计划、广告计划,等等。

8) 编制预算,用预算使计划数字化

在做出决策和确定计划后,赋予计划含义的最后一步就是把计划转变成预算,使计划数字化。编制预算,一方面是为了计划的指标体系更加明确,另一方面是企业更易于对计划执行进行控制。定性的计划,往往在可比性、可控性和进行奖惩方面比较困难,而定量的计划,则具有较硬的约束。

案例 5-2 "××胶囊"商业计划书(纲要)

一、××胶囊产品的概况

××胶囊是 JL 药业集团公司研制开发的保健食品,内含体内平衡因子。经多年的实验证明,体内平衡因子具有改善胃肠功能和抗衰老的功效。对便秘、肥胖、色斑、粉刺及并发症等现代文明病有一定的预防作用和疗效。

二、××胶囊生产计划

2001 年生产 50 万盒,2002 年 500 万盒,2003 年 1000 万盒,2004 年 1500 万盒,2005 年 2000 万盒(每盒 60 粒)。

三、××胶囊的市场前景分析

(1) 我国保健品市场发展现状及展望。

2000 年我国保健品销售额超过 500 个亿,其中年销量超过 10 亿的产品有红桃K、脑白金、昂立 1 号等。我国保健品市场在经过前些年的风雨洗礼后,已渐渐成熟,并被誉为"朝阳产业"。同时由于百姓消费观念的变化,花钱买健康渐渐成为消费时尚。

××胶囊是一个具有国际品质的体内环保产品。体内环保在西方发达国家如美国、日本等已形成一股热潮。公司审时度势,率先研制推出体内环保产品××。

(2) 国际上体内环保消费及产品开发情况(略)。

(3) ××胶囊的市场优势。

人们由于年龄的增长、工作的压力、生活方式的改变和饮食环境的污染及药物的毒副作用,造成体内平衡因子不断减少,致使机理失去平衡。通过摄入××体内平衡因子,可改善胃肠道功能,使体内保持平衡,恢复体内自然排毒除污的功能。

1) 体内环保与排毒、洗肠的区别(略)

2) 产品定位点

(1) ××在我国首次提出"体内环保"概念,这一鲜明而独特的口号,必将冲破市场竞争的巨大压力,在市场竞争中取胜。

(2) 科学而富有创造性的"体内平衡因子"的概念,定能掀起我国体内环保的一场深刻革命和消费热潮。

3) 市场机会点

(1) 生态环境保护已深入人心,而××所倡导的"体内环保"概念,迎合了国际体内环保的消费潮流。

(2) 生态环境污染的破坏、工作的压力、饮食的改变等,是导致现代文明病如便秘、肥胖、色斑等的主要原因。特别对女性而言。便秘、粉刺、色斑、皮肤老化等病症将使她们成为此胶囊的庞大而稳定的消费群体。

4) ××胶囊的消费群体分析

(1) 从性别的角度看,女性将是××胶囊消费的主力军。

(2) 从疗效的角度看,便秘、肥胖患者将成为主要消费对象。

(3) ××正是体内肠道的"清道夫",人人都需要天天消除宿便。

(4) 防治"现代文明病"的人越来越多。

因此,××胶囊市场发展潜力巨大。

四、营销策略

(1) 市场目标:在新产品上市的第一年度,以山东、湖南、广东、福建、湖北等省市为重点市场,将这些地区作为本年度的主攻市场,以东北、华北、西南为次重点市场,将这些地区作为公司下一步考虑的重点市场。在第一年里,公司不以利润为出发点,主要是做好市场部署工作,为以后的全国市场作演习。

(2) 营销策略:为达到上述目标,公司有针对性地实施差异化的市场策略,以重点市场为主要战场。在广告方面,以电视、报纸为主要媒体。

五、经济效益分析

表5.3　××胶囊经济分析表

年份	2001	2002	2003	2004	2005
发展计划/万盒	50	500	1 000	1 800	2 000
产值/万元	3 400	34 000	68 000	122 400	136 000
收入/万元	2 375	23 750	47 500	85 500	95 000
支出 成本/万元	630	6 300	12 600	22 680	25 200
广告费/万元	1 700	5 000	4 400	4 000	3 000
合计万元	2 330	11 300	17 000	26 680	28 200
毛利/万元	45	12 450	30 500	58 820	66 800

六、投资风险分析

（1）行业风险：保健食品品种繁多，竞争激烈。

（2）广告风险：广告投资较大。在广告大战中，如不注意搞好广告策划，建好终端销售网络，就有可能失败。

七、投资说明

1）资金需求及用途

2001年生产50万盒××胶囊，需原材料、包装费等约630万元。投入广告费、网络建设费1700万元，收入2375万元，广告投入与收入之比为约1∶2；2002年生产胶囊500万盒，需原材料、包装费6300万元，广告费、网络建设费5000万元，收入23750万元，广告投入与收入之比约为1∶5；从第三年开始，可以滚动发展，因网络已建好，广告费逐渐减少，广告效应会越来越大。

2）成立股份公司

3）投资参股模式

投资方可直接为本项目主体公司进行投资，并按投资协议持有项目公司扩资后一定比例的股份。投资方可以委派人员进入董事会参与公司的经营管理，尤其是监督本项目的进展。

八、公司基本情况

1）公司概况

珠海JL药业集团公司成立于1991年11月，是一家以生物工程为主导产业的公司，主要从事医药、保健品、化妆品的生产和销售。

2）公司管理体系

（1）集团管理架构（略）。

（2）管理团队（略）。

（3）人力资源计划（略）。

（4）激励机制：公司计划推行员工持股计划。

在案例5-2中，JL药业集团公司制订的"××胶囊商业计划书"中，首先对市场进行了分析：既包括我国保健品市场发展现状及展望，又包括国际上体内环保消费及产品开发情况，在对产品市场优势评估的基础上，对产品进行了准确的定位，确立了市场机会点，并有针对性地分析了消费群体，确立了相应的营销策略，并对经济效益和投资风险进行了一一说明。可见，编制计划是一个具体的过程，是在对企业的内外环境全面而具体分析的基础之上，树立企业清晰的战略目标，选择相应的计划实施方案的过程。

5.3.4　计划的编制方法

5.3.4.1　滚动计划法

滚动计划法将短期计划、中期计划和长期计划有机地结合起来，根据近期计划的执行情况和环境变化情况，定期修订未来计划。由于在计划工作中很难准确地预测未来，计划期限越长，这种不确定性就越大。为了提高计划的有效性，可以采用滚动计划法。其具体做法为：在计划制订时，同时制订未来若干期的计划，但计划内容采用近细远粗的方法，即把近期的详尽计划和远期的粗略计划结合在一起。在近期计划完成后，根据计划执行情况和环境变化情况，对原计划进行修订和细化。以后根据同样的原则逐期向前滚动，如图5-6所示。

滚动计划法虽然加大了计划编制的工作量，但它推迟了对远期计划的决策，增大了对未来估计的准确性，提高了计划的质量。同时，它使长期、中期和短期计划相互衔接，保证了组织能根据环境的变化及突发事件及时进行调节，使各期计划能基本保持一致，这就大大增强了计划的弹性，从而提高了组织的应变能力。

5.3.4.2　甘特图

甘特图是表示作业计划及其进展

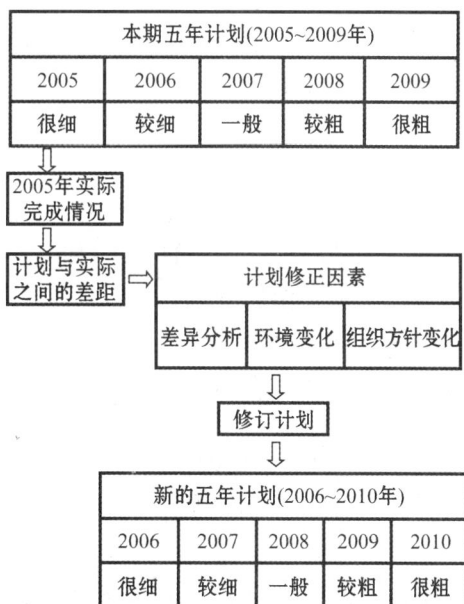

图5-6　滚动计划法示意图

情况的基本工具。它是一种线条图,纵向表示要安排的活动,横向表示时间,线条则表示整个期间计划活动与实际完成的情形。利用甘特图进行作业安排,简明直观,使管理人员很容易认清目前计划任务的进展情况,并实施有效的控制。

某一建设项目的甘特图如图 5-7 所示。图中空白线框表示计划活动顺序,涂色的线条则表示实际的进度,整个项目何时开始、何时完成一目了然,不仅非常直观,而且它还能帮助管理人员及时发现实际进度偏离计划的情况,以便采取措施及时进行纠正。

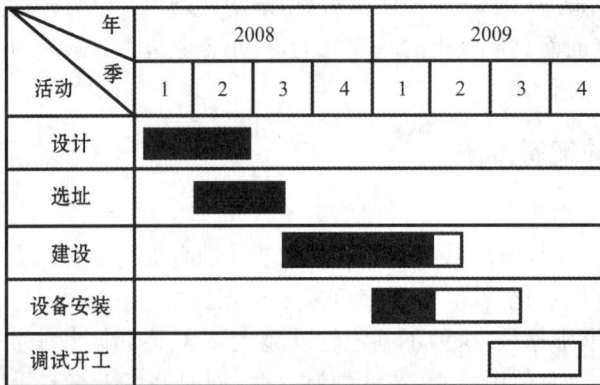

年\季\活动	2008				2009			
	1	2	3	4	1	2	3	4
设计	■	■						
选址		■	■					
建设			■	■	□			
设备安装				■	□			
调试开工							□	

图 5-7 简化的甘特图

对于甘特图可以进行适当的改进,以表示各种资源的负荷情况。例如把纵向的活动一栏改为所使用的各种设备情况,则甘特图就表明了各种设备的负荷情况。

5.3.4.3 网络计划技术

网络计划技术是 20 世纪 50 年代在美国产生和发展起来的。这种方法包括各种以网络为基础制定计划的方法,如关键路径法、计划评审技术、组合网络法等。网络计划技术是系统工程的一种重要方法,它可以广泛地应用在工业、农业、国防、交通和科研、日常行政工作等方面,并取得了显著的成效。网络计划技术在我国又称为统筹法,含有统筹兼顾合理安排之特点,由著名数学家华罗庚教授在 1965 年首先推广这种方法。

网络计划技术的原理是把一项工作或项目分成各种作业,然后根据作业顺序进行排列,通过网络图对整个工作或项目进行统筹规划和控制,以便用最少的人力、物力、财力资源,用最高的速度完成工作。

根据一张网络图就可以确定出关键路线或关键作业,即对整个工期造成影响的那些作业,然后可以依据这些分析,重新调整和平衡人力、物力、财力等资源的分配,最终得到一个多快好省的方案。一个实际的项目可能包含成千上万项作业,可能牵涉到数千家单位,这种场合下采用网络分析技术进行统筹规划将会显示出巨大的优越性。一般来说,网络分析方法特别适用于项目性的作业,如大型设备的制造、各种工程建设等。

网络图是网络计划技术的基础。任何一项任务都可分解成许多步骤的工作,根据这些工作在时间上的衔接关系,用箭线表示它们的先后顺序,画出一个由各项工作相互联系、并注明所需时间的箭线图,这个箭线图就称作网络图。图 5-8 便是一个简单的网络图。字母 A 到 M 代表活动,箭头下的数字代表该项活动所花的时间。

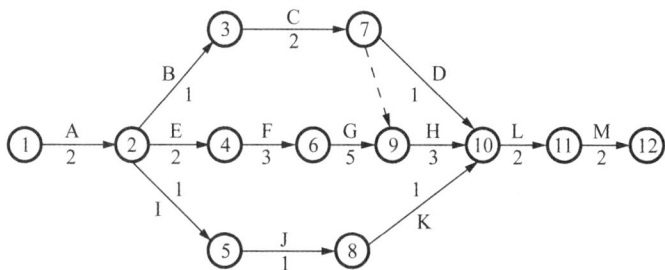

图 5-8　网络图

1) 网络图的构成要素

(1) "→"代表工序。是一项工作的过程,有人力、物力参加,经过一段时间才能完成。图中箭线下的数字便是完成该项工作所需的时间。此外,还有一些工序既不占用时间,也不消耗资源,是虚设的,叫虚工序,在图中用虚线箭头表示。网络图中应用虚工序的目的也是为避免工序之间关系的含混不清,以正确表明工序之间先后衔接的逻辑关系。

(2) "○"代表事项。是两个工序间的连接点。事项既不消耗资源,也不占用时间,只表示前道工序结束、后道工序开始的瞬间。一个网络图中只有一个始点事项,一个终点事项。

(3) 路线。网络图中由始点事项出发,沿箭线方向前进,连续不断地到达终点事项为止的一条通道。一个网络图中往往存在多条路线,如图 5-8 中从始点①连续不断地走到终点⑫的路线有 4 条,即:

ⅰ:①→②→③→⑦→⑩→⑪→⑫

ⅱ:①→②→③→⑦→⑨→⑩→⑪→⑫

ⅲ:①→②→④→⑥→⑨→⑩→⑪→⑫

ⅳ:①→②→⑤→⑧→⑩→⑪→⑫

比较各路线的路长,可以找出一条或几条最长的路线,这种路线被称为关键路线。关键路线上的工序被称为关键工序。关键路线的路长决定了整个计划任务所需的时间。关键路线上各工序完工时间提前或推迟都直接影响着整个活动能否按时完工。确定关键路线,据此合理地安排各种资源,对各工序活动进行进度控制,是利用网络计划技术的主要目的。

2) 网络图的绘制原则

(1) 有向性:各项工序都用箭线表示。

(2) 无回路:网络图中不能出现循环回路。

(3) 两点一线:两个结点之间只能有一条箭线。

(4) 源汇各一:网络图只能有一个起点和一个终点。

(5) 结点编号应从小到大,从左到右,不能重复。

3) 网络计划技术的评价

网络计划技术虽然需要大量而烦琐的计算,但在计算机广泛运用的时代,这些计算已大多程序化了。网络计划技术之所以被广泛运用是因为它有一系列的优点:

(1) 能把整个工程的各个项目的时间顺序和相互关系清晰地表明,并指出了完成任务的关键环节和路线。因此,管理者在制定计划时可以统筹安排,全面考虑,又不失重点。在实施过程中,管理者可以进行重点管理。

(2) 可对工程的时间进度与资源利用实施优化。在计划实施过程中,管理者调动非关键路线上的人力、物力和财力从事关键作业,进行综合平衡。这既可节省资源又能加快工程进度。

(3) 可事先评价达到目标的可能性。该技术指出了计划实施过程中可能发生的困难点,以及这些困难点对整个任务产生的影响,准备好应急措施,从而减少完不成任务的风险。

(4) 便于组织与控制。管理者可以将工程,特别是复杂的大项目,分成许多支持系统来分别组织实施与控制,这种既化整为零又聚零为整的管理方法,可以达到局部和整体的协调一致。

(5) 易于操作,并具有广泛的应用范围,适用于各行各业,以及各种任务。

5.3.4.4 投入产出法

投入产出法是 20 世纪 40 年代美国经济学家列昂节夫提出来的,它的主要根据是各部门经济活动的投入与产出之间的数量关系。投入产出法作为一种综合计划方法,首先要根据某一年份的实际统计资料来求出各部门之间的一定比例,编制投入产出表;然后计算各部门之间的直接消耗系数和间接消耗系数;进一步根据某些部门对最终产品的要求,算出各部门应达到的状况,据此编制综合计划。

投入产出法的主要特点有:

（1）反映了各部门的技术经济结构，可用以合理安排各种比例关系，特别是进行综合平衡的一种有效工具。

（2）在编制投入产出表的过程中，不仅能充分利用现有统计资料，而且能建立各种统计指标之间的内在关系，使统计资料系统化，编成的投入产出表则是一个比较全面反映经济过程的数据库，可以用来做多种经济分析和经济预测。

（3）由于通过表格形式反映经济现象，涉及的数学知识不深，因而易于理解，并易于为计划工作者所接受。

（4）适用范围较广，不仅可用于国家、部门或地区等宏观层次的计划制订，而且还可用以企业的计划安排。

5.4 计划的执行与动态管理

计划工作的目的是通过计划的制订和组织实施来实现决策目标。因此，编制计划只是计划工作的开始，更多更重要的工作还在于计划的执行。

组织计划执行的基本要求是：保证全面、均衡地完成计划。全面完成计划是指组织整体、组织内部的各个部门要按一切主要指标完成计划，而不能有所偏废。均衡地完成计划，指根据时段的具体要求，做好各项工作，按年、季、月，甚至旬、周、日完成计划，以建立正常的活动秩序，保证组织稳定地发展。

如果说决策与计划的制订主要是专业工作者的任务，计划的执行则需要组织所有成员的努力。能否全面、均衡地完成计划，在很大程度上取决于计划的执行过程中能否充分调动全体组织成员的工作积极性。

计划的执行需要全体成员的努力。为了调动组织成员的积极性，目标管理是一个比较有效的手段。

目标管理（Management by Objectives，MBO）是20世纪50年代中期出现于美国，以泰勒的科学管理和行为科学理论（特别是其中的参与管理）为基础形成的一套管理制度。要想准确地指明究竟谁是目标管理的创始人并不容易，但一般认为彼得·F·德鲁克对目标管理的发展和使之成为一个体系做出了重大贡献。

1954年，德鲁克在《管理的实践》一书中，首先提出了"目标管理和自我控制"的主张。他认为，并不是有了工作才有目标，而是相反，有了目标才能确定每个人的工作。所以"企业的使命和任务，必须转化为目标"，如果一个领域没有目标，这个领域的工作必然被忽视。因此管理者应该通过目标对下级进行管理，当即组织最高层管理者确定了组织目标后，必须对其进行有效分解，转变成各个部门以及每个人的分目标，管理者根据分目标的完成情况对下级进行考核、评价和奖惩。如果一个范围没有特定的目标，则这个范围必定被忽视，如果没有方向一致的分目标来指导各级主管人员的工作,则企业规模越大、人员越多时,发生冲突和浪费的可能性就越大。德鲁克的主张在企业界和管理学界产生了极大的影响,对形成和推广目标管理起了巨大的推动作用。

目标管理法不是像传统的目标设定法那样完全由上司给下级设定和分派目标,而是采取参与的方式来决定目标,也即上下级共同参与目标的选择并对如何实现目标达成一致意见。目标管理法的实质是员工参与制订目标,实现自我管理和自我控制。

目标管理法提出了一种新的目标设定逻辑,使组织内目标制订过程从单纯的自下而上转变为上下结合,并通过各级协商形成了目标的层级结构。在此结构中,某一层的目标与下一层的目标连接在一起,而且对每一位员工都提供了具体的个人绩效目标。这样,目标管理法就不仅保证了各层管理人员的"承诺意识",而且也使得目标设定真正成为提高工作绩效的动力。目标管理法被认为是一种科学合理的现代管理方法,而不单单是计划或目标的设定方法。

5.4.1 目标管理基本思想

目标管理指导思想上是以 Y 理论为基础的,即认为在目标明确的条件下,人们能够对自己负责,具体方法上是泰勒科学管理的进一步发展,它与传统管理方式相比有鲜明的特点,可概括为:

(1) 重视人的因素。目标管理是一种参与的、民主的、自我控制的管理制度,也是一种把个人需求与组织目标结合起来的管理制度,在这一制度下,上级与下级的关系是平等、尊重、依赖和支持的关系,下级在承诺目标和被授权之后是自觉、自主和自治的。

(2) 建立目标锁链与目标体系。目标管理通过专门设计的过程,将组织的整体目标逐级分解,转换为各单位、各员工的分目标。从组织目标到经营单位目标,再到部门目标,最后到个人目标。在目标分解过程中,权、责、利三者已经明确,而且相互对称。这些目标方向一致,环环相扣,相互配合,形成协调统一的目标体系。只有每个人员完成了自己的分目标,整个企业的总目标才有完成的希望。

(3) 重视成果。目标管理以制订目标为起点,以目标完成情况的考核为终结。工作成果是评定目标完成程度的标准,也是人事考核和奖评的依据,成为评价管理工作绩效的唯一标准。至于完成目标的具体过程、途径和方法,上级并不过多干预。所以,在目标管理制度下,监督的成分很少,而控制目标实现的能力却很强。

(4) 目标管理是参与管理的一种形式。企业的任务必须转化为目标,企业管理人员必须通过这些目标对下级进行领导并以此来保证企业总目标的实现。目标的实现者同时也是目标的制订者,即由上级与下级在一起共同确定目标。首先确定出总目标,然后对总目标进行分解,逐级展开,通过上下协商,制订出企业各部门、各车间直至每个员工的目标;用总目标指导分目标,用分目标保证总目标,形成一个"目标-手段"链。

(5)强调"自我控制"。大力倡导目标管理的德鲁克认为,员工是愿意负责的,是愿意在工作中发挥自己的聪明才智和创造性的;如果我们控制的对象是一个社会组织中的"人",则我们应"控制"的必须是行为的动机,而不应当是行为本身,也就是说必须以对动机的控制达到对行为的控制。目标管理的主旨在于,用"自我控制的管理"代替"压制性的管理",它使管理人员能够控制他们自己的成绩。这种自我控制可以成为更强烈的动力,推动他们尽自己最大的力量把工作做好,而不仅仅是"过得去"就行了。

(6)促使下放权力。集权和分权的矛盾是组织的基本矛盾之一,唯恐失去控制是阻碍大胆授权的主要原因之一。推行目标管理有助于协调这一对矛盾,促使权力下放,有助于在保持有效控制的前提下,把局面搞得更有生气一些。

(7)注重成果第一的方针。采用传统的管理方法,评价员工的表现,往往容易根据印象、本人的思想和对某些问题的态度等定性因素来评价。实行目标管理后,由于有了一套完善的目标考核体系,从而能够按员工的实际贡献大小如实地评价一个人。目标管理还力求组织目标与个人目标更密切地结合在一起,以增强员工在工作中的满足感。这对于调动员工的积极性,增强组织的凝聚力起到了很好的作用。

5.4.2　目标管理的过程

孔茨认为,目标管理是一个全面的管理系统,它用系统的方法,使许多关键管理活动结合起来,并且有意识地致力于高效地实现组织目标和个人目标。

在理想的情况下,这个过程开始于组织的最高层,并且有总经理的积极支持和指导。但是目标设置并非一定开始于最高层。它可以从分公司一级开始,也可以在职能部门这一级或甚至更低层开始。

1)制订目标

它包括确定组织的总体目标和各部门的分目标。总体目标是组织在未来从事活动要达到的状况和水平,其实现有赖于全体成员的共同努力。为了协调这些成员的努力,各个部门的各个成员都要建立与组织目标相结合的分目标。这样就形成了一个以组织总体目标为中心的一贯到底的目标体系。在制订每个部门和每个成员的目标时,上级要向下级提出自己的方针和目标,下级要根据上级的方针和目标制订自己的目标方案,在此基础上进行协商,最后由上级综合考虑后做出决定。

2)明确组织的作用

目标体系应与组织结构相吻合,从而使每个部门都有明确的目标,每个目标都有人明确负责。但是,组织结构往往不是按组织在一定时期的目标建立的。因此,有时会发现一个重要的分目标找不到对此负全面责任的主管部门,而组织中的有些部门又很难为其确定重要的目标,这种情况反复出现,说明组织机构已不再适应组织的发展,可能最终导致对组织结构的调整。理想的情况是,每个目标和子目标都应有某一个人的明确责任。然而,几乎不可能去建立一个完美的组织结构使每一特定的目标都成为某个人的责任。例如,在制订一种新产品投入的目标中,研究、销售和生产等部门的主管人员必须仔细地协调各自的工作。组织常设立一名产品主管人员来统一协调各种职能。

3）执行目标

建立了组织自上而下的目标体系之后,组织中的成员就要紧紧围绕确立的目标、赋予的责任、授予的权利,运用固有的技术和专业知识,为实现目标寻找最有效的途径。为了保证他们能实现目标,必须授予相应的权力,使之有能力调动和利用必要的资源。有了目标,组织成员便会明确努力的方向;有了权力,他们便会产生强烈的与权力使用相应的责任心,充分发挥自己的判断能力和创造能力,使目标执行活动有效地进行。这样,作为上级的管理者就可以腾出时间和精力,抓重点的综合性管理;同时,下属人员也会产生强烈的责任感,在工作中发挥自己的聪明才智和创造性,针对自己的不足,积极寻求自我提高,进而力争达到自己的目标。

4）评价成果

成果评价既是实行奖惩的依据,也是上下左右沟通的机会,同时还是自我控制和自我激励的手段。成果评价既包括上级对下级的评价,也包括下级对上级、同级关系部门相互之间的评价,以及各层次的自我评价。上、下级之间的相互评价,有利于信息、意见的沟通,从而有利于组织活动的控制;横向的关系部门相互之间的评价,有利于保证不同环节的活动协调进行;而各层次组织成员的自我评价,则有利于促进自我激励、自我控制以及自我完善。

目标成果的具体评价一般采用综合评价法,即按目标的实现程度,目标的复杂困难程度和在实现目标过程中的努力程度三个要素对每一项目标进行评定,确定各要素的等级分,修正后得出单项目标的分值,再结合各单项目标在全部目标中的重要性权数,便得出综合考虑的目标成果值,以此来确定目标成果的等级。

5）实行奖惩

组织对不同成员的奖惩,是以上述各种评价的综合结果为依据的。奖惩可以是物质的,也可以是精神的。公平合理的奖惩有利于维持和调动组织成员的工作热情和积极性,奖惩有失公正,则会影响成员行为的改善。

6）制订新目标并开始新的目标管理循环

成果评价与成员行为奖惩,既是对某一阶段组织活动效果以及组织成员贡献的总结,也为下一阶段的工作提供参考和借鉴。在此基础上,为组织成员及其各个层次、部门的活动制订新的目标并组织实施,便展开了目标管理的新一轮循环。

案例 5-3 北京 2008 年奥运会市场开发计划①
——北京 2008 年奥运会市场开发计划启动书

序言

2001 年 7 月 13 日,当国际奥委会授予中国北京 2008 年奥运会主办权时,全世界的目光在此凝聚了。人们将永远记住这一历史时刻。从此,奥林匹克史册翻开了新的一页。

北京 2008 年奥运会将把中国和世界更加紧密地联系在一起,将把中华民族大家庭的心紧紧地凝聚在一起。

展望未来,机会无限。北京奥组委将力争把 2008 年奥运会办成一届最出色的奥运会。我们期望与工商企业通力合作,把中国介绍给世界,把世界邀请到中国。

申办期间北京奥申委做过的一次调查表明,94.6%的中国人支持北京申办奥运会。对赞助企业来讲,民众的这种高度支持和热情意味着极其广阔的宣传和展示空间。

对于国际企业来说,2008 年奥运会为它们加强与中国的联系,拓展新的市场空间,提供一个强有力的平台。

对于中国的企业而言,2008 年奥运会将是它们走向世界,一展身手的良机。它们将在关键技术、产品和服务领域展示自己,提升企业的形象和产品品牌。

新奥运之旅即将开始。它将引导企业步进无穷的商机,开拓充满希望的市场,融入最有活力的经济,走向生机勃勃的未来。

第一部分 北京 2008 年奥运会赞助计划

北京 2008 年奥运会的赞助计划是最为全面的一揽子计划,产品类别众多,营销期长达五年。赞助企业享有使用 2008 年奥运会,中国奥委会和中国奥运代表团品牌进行市场开发的权利。该计划力求巩固、加强和保护赞助企业的特有权利。

一、宗旨

北京 2008 年奥运会赞助计划的宗旨为:

(1) 遵守《奥林匹克宪章》,遵循奥林匹克理想和北京 2008 年奥运会"绿色奥

---

① 案例正文引自 www. beijing2008. com.

运,科技奥运,人文奥运"的理念。

（2）推动奥林匹克运动的发展,提升北京 2008 年奥运会和中国奥委会在国内外的形象与品牌知名度。

（3）确保北京 2008 年奥运会获得充足、稳定的组织经费和可靠的技术和服务支持。

（4）为中外企业提供独特的奥林匹克市场营销平台,鼓励中国企业广泛参与,通过奥运会市场营销提高企业形象和产品品牌。

（5）为赞助商提供优质服务,使它们获得充分的投资回报,帮助赞助企业与中国奥林匹克运动建立长期的合作伙伴关系。

二、赞助层次

对北京 2008 年奥运会的赞助包括国际和国内两个方面:国际奥委会第六期全球合作伙伴计划在国际范围内对整个奥林匹克运动提供支持,包括支持北京奥运会。北京 2008 年奥运会赞助计划在主办国范围内对举办 2008 年奥运会提供支持。

北京 2008 年奥运会赞助计划包括三个层次:北京 2008 年奥运会合作伙伴、北京 2008 年奥运会赞助商、北京 2008 年奥运会供应商(独家供应商/供应商)。

每个层次设定了赞助的基准价位。在同一层次中,不同类别的基准价位也会有所差异,以体现不同行业之间的差别。具体价位将在销售过程中向潜在赞助企业做出说明。

北京奥组委的各级赞助商将为奥林匹克运动在全国的发展做出贡献;通过在技术、产品和服务等方面的赞助,支持北京奥组委的筹办工作,支持 2008 年奥运会的举办,支持中国奥委会以及中国奥运代表团。不同层次的赞助商享有不同的市场营销权。赞助商在主办国地域范围内享有市场开发的排他权(包括共同排他权)。

三、赞助商权益

赞助企业向北京奥组委、中国奥委会和中国奥运代表团直接提供有力的资金和实物支持。作为回报,赞助企业将享有相应的权益。以下是北京奥组委给予赞助企业的主要回报方式:

（1）使用北京奥组委和/或中国奥委会的徽记和称谓进行广告和市场营销活动。

（2）享有特定产品/服务类别的排他权利。

（3）获得奥运会的接待权益,包括奥运会期间的住宿、证件、开闭幕式及比赛门票,使用赞助商接待中心等。

（4）享有奥运会期间电视广告及户外广告的优先购买权。

（5）享有赞助文化活动及火炬接力等主题活动的优先选择权。

（6）参加北京奥组委组织的赞助商研讨考察活动。

（7）北京奥组委实施赞助商识别计划和鸣谢活动。

（8）北京奥组委实施防范隐性市场计划，保护赞助商权益。

根据对奥林匹克运动和北京奥运会贡献的价值不同，合作伙伴、赞助商和供应商享有不同的权益回报。

四、赞助销售

（一）销售方式

坚持"公开、透明、公平"原则，根据行业的不同情况采取以下不同的销售方式：

公开销售：公告销售通知或公开征集企业赞助意向。

定向销售：向具备技术条件的企业发出征集赞助邀请。

个案销售：直接与符合技术条件的企业进行销售洽谈。

（二）销售步骤

主要采取以下步骤进行销售：

（1）北京奥组委将征集情况通知企业或向企业征集赞助意向。

（2）企业提交赞助意向书。

（3）北京奥组委评估机构进行企业资格评审。

（4）北京奥组委销售机构与企业洽谈赞助方案。

（5）企业提交正式的赞助方案。

（6）北京奥组委评估机构提出赞助商候选人。

（7）北京奥组委确定赞助企业，报国际奥委会批准。

在实际操作中，以上步骤可根据需要增加或减少。

（三）销售进度

鉴于不同层次的赞助商对奥运会贡献的价值不同，销售进度也将体现投资差异。首先开始合作伙伴的销售。但根据销售进程，有可能同时进行不同层次的销售。

具体安排：

（1）合作伙伴：2003年第四季度～2004年第四季度。

（2）赞助商：2004年第二季度～2005年第二季度。

（3）独家供应商/供应商：2004年第四季度～2007年第二季度。

五、赞助商选择标准

选择赞助企业时，主要参照以下标准：

（1）资质因素：赞助企业必须是有实力的企业，是行业内的领先企业；发展前景良好，有充足的资金支付赞助费用。

（2）保障因素：能为成功举办奥运会提供充足、先进、可靠的产品、技术或服务。

（3）报价因素：企业所报的赞助价格是选择赞助企业最重要的考虑因素之一。

（4）品牌因素：企业具有良好的社会形象和企业信誉，企业的品牌和形象与奥林匹克理想和北京奥运会的理念相得益彰，产品符合环保标准。

（5）推广因素：企业在市场营销和广告推广方面投入足够的资金和做出其他努力，以充分利用奥运会平台进行市场营销，同时宣传和推广北京2008年奥运会。

第二部分 特许计划

一、奥运会特许计划

奥运会特许经营是指奥组委授权合格企业生产或销售带有奥组委标志、吉祥物等奥林匹克知识产权的产品。为享有这一权利，特许企业将向奥组委交纳一定的特许权费，以此对奥运会做出贡献。

奥运会特许计划旨在推广奥林匹克理念和奥运品牌，为公众提供接触奥运的机会，激发奥运热情。历届传统的特许产品有纪念章、T-恤衫、棒球帽等具有庆祝和纪念意义的产品。如今的特许经营计划已发展成为一个完整的设计统一、品种丰富、品质优秀的商品计划，更好地宣传和推广奥运会的整体形象。

二、北京2008年奥运会特许计划

（一）北京2008年奥运会特许计划的宗旨

广泛传播奥林匹克精神，树立北京奥运会、中国奥委会的品牌形象；大力弘扬中国文化，宣传北京特色；努力为优秀中国企业参与奥运会市场开发提供机会；积极推广"中国制造"优质产品，打造"中国制造 ＝ 高品质"品牌理念；最大化地为北京奥运会筹集资金。

（二）运营模式和发展阶段

北京奥运会特许经营计划将继续弘扬、推广奥林匹克品牌，同时加入中国元素、北京特色，塑造出独特的北京奥运品牌。在确定特许产品类别和品种时将紧紧围绕以上品牌内涵。

整个计划将围绕品牌管理的思路设计和管理特许产品，采取细分市场的营销策略，开发出高、中、低端不同层次的产品，以定位不同的目标顾客群。

整个计划由两部分组成：国内计划和国际计划。国内计划将在2003年下半年开始。国际计划在雅典2004年奥运会结束后开始。

所有特许产品的设计和制作都将遵循奥组委和中国奥委会编制的有关标志的图解手册和使用指南，这些手册中清楚地标明了中国奥委会商用标志和奥组委标志及徽记的使用规范。

1. 选择特许企业

在选择特许企业（生产或销售）时，我们将坚持以下原则：通过市场调查、资质评估、实地考察等方式选择特许企业。重点考察内容包括资金实力、生产能力、质量管理、设计能力、环保标准、防伪措施、营销策略、销售渠道、物流管理、售后服务等。

特许企业应有相应的财务能力按时交纳特许权费。采取阶段性签约的模式。合同期满后,要对特许经营商生产和经营情况重新评估,以决定是否续约。

2. 特许权费的收取

对于每个特许企业都将收取入门费和最低保证金。入门费不得抵扣特许权费,最低保证金可抵扣特许权费。

(三) 奥运会邮、币计划

1. 奥运会纪念邮票计划

奥运会纪念邮票计划将包括三个具体项目:普通邮票项目、个性化邮票项目和邮品。题材以体育(奥林匹克运动、国际奥委会形象、组委会形象、中国奥委会形象、奥运会项目、火炬接力、开闭幕式等)、文化(中国传统文化,北京传统文化和人文景观)、比赛场馆等内容为主。

整体计划在 2003 年底开始,时间跨度为 5 年。

2. 奥运会纪念币计划

奥运会纪念币计划包括纪念币和流通币两个部分,题材以体育(奥林匹克运动、国际奥委会形象、组委会形象、中国奥委会形象、奥运会项目、火炬接力、开闭幕式等)、文化(中国传统文化,北京传统文化和人文景观)、比赛场馆等内容为主。

纪念币项目以金币、银币等贵重金属币为主;流通币项目主要是铜币、镍币、纸币等。纪念币计划也在 2003 年底开始,2008 年结束。

问题:

1. 通过阅读本计划书,列出北京 2008 年奥运会赞助商计划的"5W1H"。

2. 为何本计划要划分不同赞助层次? 选择赞助商与特许经营者的标准有何区别?

3. 2008 年北京奥运会宗旨是如何体现在本计划中的?

案例 5-4   企业使命①

一、联想的使命与价值观

企业定位:联想从事开发、制造及销售最可靠的、安全易用的技术产品;我们的

---

① 本案例中,1~4 的资料来源于相应公司的网站,5 的资料来源于:Eric Garner, Mission How Leaders Create The Greatest Version Of What You Can Be, http://www. hotlib. com/articles/show. php? t=Mission_How_Leaders_Create_The_Greatest_Version_Of_What_You_Can_Be.

成功源自于不懈地帮助客户提高生产力,提升生活品质。

使命:为客户利益而努力创新;创造世界最优秀、最具创新性的产品;像对待技术创新一样致力于成本创新;让更多的人获得更新、更好的技术;最低的总体拥有成本(TCO),更高的工作效率。

核心价值观:成就客户——致力于客户的满意与成功;创业创新——追求速度和效率,专注于对客户和公司有影响的创新;精准求实——基于事实的决策与业务管理;诚信正直——建立信任与负责任的人际关系。

二、海尔的企业文化与价值观

海尔的文化观:有生于无。张瑞敏以这句话诠释了海尔文化之重要性。他说,企业管理有两点始终是我铭记在心的:第一点是无形的东西往往比有形的东西更重要。当领导的到下面看重的是有形东西太多,而无形东西太少。一般总是问产量多少、利润多少,没有看到文化观念、氛围更重要。一个企业没有文化,就是没有灵魂。第二点是老子主张的为人做事要"以柔克刚"。张瑞敏说:"在过去人们把此话看成是消极的,实际上它主张的弱转强、小转大是个过程。要认识到:作为企业家,你永远是弱势;如果你真能认识到自己是弱势,你就会朝目标执著前进,也就会成功。"有一次,一位记者问张瑞敏:"一位企业家首先应懂哪些知识?"张瑞敏想了想说:"首先要懂哲学吧!"张瑞敏能联系企业实际,从老子思想中悟到"无"比"有"更重要、"无"生"有"的道理,也悟出柔才能克刚、谦逊才能进取的为人做事之理。骄横与张扬永远是企业衰败之源。人的成熟,在于思想的成熟。企业家的成熟在于实践经验基础上形成的理念体系。一切成功的企业家都是经营哲学家。著名经济学家艾丰为《张瑞敏如是说》一书写序,题目就是:"不用哲学看不清海尔"。

海尔的人才观:人人是人才,赛马不相马。你能够翻多大跟头,给你搭建多大舞台。现在缺的不是人才,而是出人才的机制。管理者的责任就是要通过搭建"赛马场"为每个员工营造创新的空间,使每个员工成为自主经营的 SBU(Strategic Business Unit)。赛马机制具体而言,包含三条原则:一是公平竞争,任人唯贤;二是职适其能,人尽其才;三是合理流动,动态管理。在用工制度上,实行一套优秀员工、合格员工、试用员工"三工并存,动态转换"的机制。在干部制度上,海尔对中层干部分类考核,每一位干部的职位都不是固定的,届满轮换。海尔人力资源开发和管理的要义是,充分发挥每个人的潜在能力,让每个人每天都能感到来自企业内部和市场的竞争压力,又能够将压力转换成竞争的动力,这就是企业持续发展的秘诀。

海尔的战略观:先谋势,后谋利。

海尔的市场观:市场无处不在,人人都有市场。

海尔的品牌营销:品牌是帆,用户为师。

海尔的服务观：企业生存的土壤是用户。

海尔的管理之道：管理的本质不在于"知"而在于"行"。

海尔的形象：真诚到永远。

三、微软（Microsoft）的使命和价值观

在微软，使命是致力于帮助全球客户实现其潜能。微软所做的每一件事都反映了这一使命，并且其价值观是使这一使命的达成成为可能。

微软的价值观是：

（1）正直诚实。

（2）对客户、合作伙伴和技术充满热情。

（3）坦诚相处，尊重他人。

（4）勇于迎接挑战，并坚持不懈。

（5）自省，自我完善使自己达到最佳状态。

（6）对客户、股东、合作伙伴和雇员而言，在承诺、结果和质量方面值得信赖。

四、华为技术有限公司的使命

愿景：丰富人们的沟通和生活。

使命：聚焦客户关注的挑战和压力，提供有竞争力的通信解决方案和服务，持续为客户创造最大价值。

以客户为中心的战略：为客户服务是华为存在的唯一理由；客户需求是华为发展的原动力。质量好、服务好、运作成本低，优先满足客户需求，提升客户竞争力和赢利能力。持续管理变革，实现高效的流程化运作，确保端到端的优质交付。与友商共同发展，既是竞争对手，也是合作伙伴，共同创造良好的生存空间，共享价值链的利益。

五、国外其他著名公司的使命

锐步："Our purpose is to ignite a passion for winning, to do the extraordinary, and to capture the customer's heart and mind."

迪斯尼："To make people happy."

沃尔玛："To give ordinary folk the chance to buy the same things as rich people."

索尼："Our mission is to experience the joy of advancing and applying technology for the benefit of the public."

可口可乐："The basic proposition of our business is simple, solid and timeless. When we bring refreshment, value, joy and fun to our stakeholders, then we successfully nurture and protect our brands."

3M："To solve unsolved problems innovatively."

问题:

1. 企业的使命有何作用?

2. 本案例中各企业的宗旨对你有何启示?

案例 5-5　10 分钟提高效率

美国某钢铁公司总裁舒瓦普向一位效率专家利请教:"如何更好地执行计划的方法?"利声称可以给舒瓦普一样东西,在 10 分钟内能把他公司业绩提高 50%。接着,利递给舒瓦普一张白纸,说:"请在这张纸上写下你明天要做的 6 件最重要的事。"

舒瓦普用了约 5 分钟时间写完。利接着说:"现在用数字标明每件事情对于你和公司的重要性次序。"

舒瓦普又花了约 5 分钟做完。利说:"好了,现在这张纸就是我要给你的。明天早上第一件事是把纸条拿出来,做第一项最重要的。不看其他的,只做第 1 项,直到完成为止。然后用同样办法对待第 2 项、第 3 项⋯⋯直到下班为止。即使只做完一件事,那也不要紧,因为你总在做最重要的事。你可以试着每天这样做,直到你相信这个方法有价值时,请将你认为的价值给我寄支票。"

一个月后,舒瓦普给利寄去一张 2.5 万美元的支票,并在他的员工中普及这种方法。5 年后,当年这个不为人知的小钢铁公司成为世界最大钢铁公司之一。

问题:

1. 为什么总裁舒瓦普有计划却难以执行?效率专家利的方法的关键在哪里?

2. 效率专家利认为"即使只做完一件事,那也不要紧,因为你总在做最重要的事"。你认为制定计划光是做最重要的事够吗?

3. 效率专家利执行计划的方法使这个不为人知的小钢铁公司成为世界最大钢铁公司之一。为什么计划能有这么大的作用?

案例 5-6　福特的 Focus

福特公司目前已经建立了新世纪的全球发展战略规划。根据该战略规划,福特汽车公司推向市场的第一个产品是福特的 Focus,这是一款四缸节油型中型房车。福特公司开发 Focus 是为了取代已具有 30 年历史并销售了 2000 万辆的 Escort。

福特 Focus 的目标是在世界市场上使该车型成为销售量的领先者,成为世界性的汽车。目前,Focus 在欧洲和世界其他地方的销售非常理想。事实上,在 2000 年,福特在全球大约销售了 100 万辆 Focus。由这种销售量所带来的规模经济使福特公司可以以非常低的价格销售福特 Focus。福特 Focus 在 2001 年获得了《车与驾驶员》杂志第19届"十佳房车"评选大奖。高级舒适的座椅,宽敞的内部空间,漂亮的抛光漆,使得福特Focus在市场中非常具有吸引力。

福特Focus是在四个不同的国家中进行生产和组装的,这四个生产地点是德国的萨尔路易斯、墨西哥的埃米希洛、西班牙的瓦伦西亚和美国的密歇根的韦恩市。福特计划每年将生产超过100万辆Focus,并在全球100多个国家销售。其设计与以前的车型是完全不同的。在设计过程中,福特公司所采用的关键战略是开发一种全球化平台,汽车的85%的外壳金属设计仍然保留着全球标准化,但15%则根据当地消费者的需要和口味进行调整,使Focus的风格与外形经过调整与修改后,适应当地市场的特殊需要与特征。其他的关键性设计特征是使用智能型空间。这种设计的一个主要目的是为驾驶员提供更多的空间,福特公司认为,Focus车型的设计是从内部开始的,其结果是,福特Focus比其他中型房车提供了更多的内部空间。

问题:

1. 谈谈福特的Focus战略是怎样体现"全球思考,地区行动"的。

2. 福特保持其汽车产品的85%的统一标准的好处是什么?如果福特保持100%的统一标准,为什么会降低战略的有效性?

3. 联系本案例谈谈战略性计划与战术性计划的不同。

案例5-7 目标管理步步观①

某机床厂从1998年开始推行目标管理。该厂首先对厂部和科室实施了目标管理。经过一段时间的试点后,逐步推广到全厂各车间、工段和班组。

第一阶段:目标制订阶段

1. 总目标的制订

通过内外分析,该厂提出了200×年"三提高","三突破"的总方针。即提高经济效益,提高管理水平和提高竞争能力;在新产品数目、创汇和增收节支方面要有较大的突破。在此基础上,该厂把总方针具体化、数量化,初步制订出总目标方案,并发动全厂员工反复讨论,最后由职工代表大会通过,正式制定出全厂200×年的总目标。

2. 部门目标的制订

各部门的分目标由各部门和厂企业管理委员会共同商定,先确定项目,再制订各项目的指标标准。各部门的目标分为必考目标和参考目标两种。必考目标包括

---

① 案例正文引自管理与管理学(案例). 目标管理. www. buyke. com/data/trade/pages/36833. shtml.

厂部明确下达目标和部门主要的经济技术指标;参考目标包括部门的日常工作目标或主要协作项目。其中必考目标一般控制在2～4项,参考目标项目可以多一些。目标完成标准由各部门以目标卡片的形式填报厂部,通过协调和讨论最后由厂部批准。

3. 目标的进一步分解和落实到个人

(1) 部门内部小组(个人)目标管理,其形式和要求与部门目标制订相类似,拟定目标也采用目标卡片,由部门自行负责实施和考核。

(2) 该厂部门目标的分解是采用流程图方式进行的。具体方法是:先把部门目标分解落实到职能组,职能组再分解落实到工段,工段再下达给个人。

第二阶段:目标实施阶段

1. 自我检查、自我控制和自我管理

目标卡片经主管副厂长批准后,一份存企业管理委员会,一份由制订单位自存。每一个部门、每一个人都有具体的、定量的明确目标,并对照目标进行自我检查、自我控制和自我管理。

2. 加强经济考核

虽然该厂目标管理的循环周期为一年,但该厂实行每一季度考核一次和年终总评定。

3. 重视信息反馈工作

(1) 建立"工作质量联系单"来及时反映工作质量和服务协作方面的情况。尤其当两个部门发生工作纠纷时,厂管理部门就能从"工作质量联系单"中及时了解情况,经过深入调查,尽快加以解决。

(2) 通过"修正目标方案"来调整目标。内容包括目标项目、原定目标、修正目标以及修正原因等,并规定在工作条件发生重大变化需修改目标时,责任部门必须填写"修正目标方案"提交企业管理委员会,由该委员会提出意见交主管副厂长批准后方能修正目标。

第三阶段:目标成果评定阶段

该厂采用了自我评价和上级主管部门评价相结合的做法,即在下一个季度第一个月的10日之前,每一部门必须把一份季度工作目标完成情况表报送企业管理委员会(在这份报表上,要求每一部门自己对上一阶段的工作做一恰如其分的评价);企业管理委员会核实后,也给予恰当的评分;如必考目标为30分,一般目标为15分。每一项目标超过指标3%加1分,以后每增加3%再加1分。一般目标如果未完成但不影响其他部门目标完成的,扣一般项目中的3分,影响其他部门目标完成的则扣5分。加1分相当于增加该部门基本奖金的1%,减1分则扣除该部门奖金的1%。如果有一项必考目标未完成则扣至少10%的奖金。

该厂在目标成果评定工作中深深体会到:目标管理的基础是经济责任制,目标管理只有同明确的责任划分结合起来,才能深入持久,才能具有生命力,达到最终的成功。

问题:

1. 目标管理过程包括哪些环节? 各环节的要点是什么?

2. 结合本案例,说明在目标管理实施过程中应注意什么?

3. 在总目标制定及其分解过程中,全员参与所起的作用有哪些? 请分析之。

案例来源:根据《世界经理人文摘》相关资料改写

本章思考题

1. 什么是计划? 计划包括哪些内容?

2. 计划有哪些特点和作用? 如何理解计划的首要性?

3. 计划有哪些层次?

4. 计划有哪几种类型?

5. 公司层面战略有哪些种类?

6. 简述制定计划的步骤。

7. 什么是滚动计划法? 它有哪些特点?

8. 目标管理的实质是什么? 为什么说目标管理法是一种行之有效的管理方法? 运用目标管理法时要注意哪些问题?

参考文献

1. [美]哈罗德孔茨,海因茨·韦里克. 管理学[M]. 北京:经济科学出版社,2002.

2. [美]斯蒂芬·P·罗宾斯. 管理学原理(第四版)[M]. 北京:中国人民大学出版社,2003.

3. 安德鲁·J·杜伯林. 管理学精要(第7版)[M]. 北京:电子工业出版社,2007.

4. 芮明杰. 管理学——现代的观点[M]. 上海:上海人民出版社,1999.

5. 戚安邦. 管理学[M]. 北京:电子工业出版社,2006.

6. 彼得·德鲁克. 管理使命、责任、实务(使命篇)[M]. 北京:机械工业出版社,2006.

7. 彼得·德鲁克. 管理使命、责任、实务(实务篇)[M]. 北京:机械工业出版社,2006.

8. 刘松. 管理智慧[M]. 北京:机械工业出版社,2006.

9. 周三多. 管理学[M]. 北京:高等教育出版社,2005.

6　组织

> "现代组织的精髓在于：使个人的长处和知识具有生产性,使个人的弱点无关紧要。在传统的组织中——建造金字塔和哥特式大教堂的组织,或18世纪、19世纪军队的组建,每个人做着完全一样,不需要技能的工作,主要贡献是原始的人力。知识集中掌握在少数上层人物手中。"
>
> "在现代组织中,人人都有专门分工,掌握着相当先进的知识和技能。在现代组织中,有冶金学家和红十字救护专家,有培训人员和工具设计者,有资金筹集者和理疗医生,有预算分析家和计算机程序员,他们兢兢业业,奉献自己的知识,但都是为一个共同的目标而工作。一个人懂得的事情是微不足道的;一个人不可能无所不知。"
>
> ——彼得·德鲁克

本章提要

管理学家提出过众多有关组织的理论,从不同角度给组织以不同的解释。本章从组织的不同含义出发,阐述了组织的作用,正式组织与非正式组织;组织理论的发展过程,即古典、现代以及当代的组织理论发展脉络;组织的职能、组织结构、组织设计以及部门化等。

组织结构描述组织的框架体系,反映组织成员之间的分工协作关系。本章根据组织的不同功能介绍了组织结构的基本类型,并指出最佳的组织结构是最适合组织存在的特定条件的结构;在组织工作中对管理层次与管理跨度进行考虑会使人合作得更有效率;组织结构可以划分为机械型组织和有机型组织。

组织的实施需要进行组织设计,本章介绍了组织设计的任务、原则,以及要注意的影响因素。组织设计的内容包括:管理幅度和层次的设计,职能设计,部门设计,职位与职务设计,以及人员配备等。

为了适应组织目标的变化,组织变革和组织创新是每个企业必须面对的问题。本章介绍了组织变革的一般规律,组织变革的动力管理、阻力管理,以及组织创新的方向。

学习目标

(1) 重点掌握组织的涵义、职能，了解组织理论。
(2) 重点掌握组织结构的基本类型，理解管理层次与管理跨度、机械型组织与有机型组织。
(3) 掌握组织设计的基本问题和组织设计的内容。
(4) 掌握组织变革的一般规律和过程，了解组织创新的方向。

管理学小故事

和 尚 喝 水

从前有座山，山上有座庙，庙里有一只水桶、一根扁担。有一天庙里来了一个和尚，和尚要喝水，于是就用水桶和扁担到山下挑水喝。不久，庙里又来了一个和尚，和尚要喝水，于是就用水桶和扁担到山下抬水喝。后来庙里又来了一个和尚，和尚要喝水，可是问题出现了，一根扁担只有两头，一个和尚可以挑水喝，两个和尚可以抬水喝，三个和尚的话，就不知道该怎么办了，结果水桶和扁担被丢弃一旁，三个和尚也就都渴死了。

这个寓言告诉我们：合理的团队组织有利于很好地完成任务，组织工作做得好，就能分工明确、职责清楚，可以形成整体力量和放大效应。反之，人少、人多或者组织安排不合理，都会造成组织效率低下。

6.1　组织概述

上一章讲了计划，有了计划之后，就要将各个机构组织起来，以便完成计划制订的目标。本章将讲述如何建立适当的组织架构，将各部门的工作范围划分妥当，并适当地调配机构内的人力和物力。

6.1.1　组织的含义

组织是人类社会生活中最常见、最普遍的社会现象，它的产生源于人类的生产斗争和社会斗争。以原始人打猎为例，他们没有什么先进工具，一个人打猎很难成功。经过多年实践，他们发现集体打猎效果很好，并且发现听从一个人的指挥比乱哄哄地乱打更好，于是就推举一位能干的人当首领，其他的人听他指挥，这就是最原始的组织。

无论原始社会还是现代社会,人们往往需要和他人相互依存、相互合作,联合起来,共同行动,创造群体合力。组织就是人们对于这种要求、倾向的认识和行动的结果。

6.1.1.1 组织概念

组织一词在我国古汉语中,原意是"编织"的意思。唐朝著名国学大师孔颖达首先把组织引申到社会行政管理中,他说:"又有文德能治民,如御马之执矣,使之有文章如组织矣。"这里的组织的意思就是:将物的构成部分组合为整体。

英文中的组织一词(organization),渊源于"器官"(organ),因为器官自成系统。牛津大学辞典对组织的定义是:"为特定目的所作的,有系统的安排。"后来这个词汇越来越演变到专指人群。人类为了生存,在与大自然搏击的过程中结成了群体。只要有群体的活动,就需要管理,同时也就产生了组织。

现在我们所说的组织,一般有两种含义,一种是动词,就是有目的、有系统地集合起来,如组织群众,这种组织是管理的一种职能;另一种是名词,指按照一定的宗旨和目标建立起来的集体,如工厂、机关、学校、医院,各级政府部门,各个层次的经济实体,各个党派和政治团体等,这些都是组织。

从名词上说的组织可以按广义和狭义划分。从广义上说,组织是指由诸多要素按照一定方式相互联系起来的系统。从这个角度来看,组织和系统是同等程度的概念。在这个定义中,包含有生物学中有机体的组织,如皮下组织、肌肉组织等出自细胞组成的活组织;也包括动物的群体组织,如一窝蜜蜂就是一个以蜂王为核心,秩序井然、纪律严明的群体;还有人的组织等。

从狭义上说,组织就是指人们为了实现一定的目标,互相协作结合而成的集体或团体,如党团组织、工会组织、企业、军事组织等。狭义的组织专门指人群而言,运用于社会管理之中。

那么组织的一般含义是什么呢? 不同的学者从不同的角度出发形成了不同的观点。巴纳德认为,正式组织是有意识地协调两个以上的人的活动与力量的体系。卡斯特对组织的定义是:一个属于更广泛环境的分系统,并包括怀有目的并为目标奋斗的人们,包括一个技术分系统,即人们使用的知识、技术、装备和设施;一个结构分系统,即人们在一起进行整体活动;一个社会心理分系统,即处于社会关系中的人们;一个管理分系统,即负责协调各分系统,并计划与控制全面的活动。

我国《辞海》对组织的定义:组织是有目的、有系统、有秩序地结合起来,按照一定的宗旨和系统建立的集体。

组织的定义有很多,人们对组织的认识仍处于不断深入的过程中,随着人类实践的向前发展,人们的认识还会进一步演变和深化,但这并不妨碍人们对组织的理解。

案例 6-1　组织不能适应规模变化

上海汽车工业销售总公司原名为上海汽车工业供销公司,主要承担上海大众汽车的桑塔纳轿车的国内总销售。该公司原来只是从事单纯的供销专业公司,如今转变为一个集整车、配件经营、储运分流、材料供应、采购协调、库存管理、财务核算等为一体的大综合性物资流通公司。随着公司的快速发展,原来的组织机构暴露了许多弊端,如流通不畅,总经理工作负担繁重,决策缓慢,权责不清,权力高度集中等问题。公司原来的组织机构不得不进行改革。

企业的扩大、变小,是每个企业都会遇到的问题,如果不能对组织进行改革,要先分析组织结构问题的原因:是目标改变问题、企业计划问题,还是经营环境变化问题,然后决定组织改革的方案,确定改革的方向,再对结构内进行部门划分、工作划分、职能划分等,确定好各种改革措施,据之进行严格实施。

6.1.1.2　组织的作用

在当今世界上,人类社会的组织空前发展,其影响已深入到社会政治生活、经济生活、文化生活和家庭生活等各主要的社会生活领域之中。可以说组织对人类生活的渗透已经无所不在。一个人从生到死,无不处于这种或那种社会组织之中,如医院、保健站、幼儿园、各类学校、机关、团体、工厂、商店、企业等,五花八门,无不与人类生活密切相关。

组织具有重要的管理职能,它是确保人类社会、经济活动协调,使之顺利达到预期目标的必要条件。为此,管理的任务之一是建立一个有效的组织。一个有效组织应具有以下的主要作用:

(1) 有效组织能让每个员工明确自己应实施的工作,从而确保每个人都能有效完成各自任务。

(2) 有效组织能使每个员工明确个人在组织中的工作关系和隶属关系,从而确定各自工作的分工和合作,保证工作的有序开展。

(3) 有效组织还在于能维持所实施各项活动的相互关系,从而使组织的各部门、管理的各道程序保持统一、和谐。

(4) 有效组织还能明确组织中各部门、各岗位为完成工作所必需的权力,来调动各管理层的积极性、主动性和创造性,从而确保完成各自所承担的义务和责任。

6.1.1.3　正式组织与非正式组织

正式组织是为了达到组织的目标而按一定程序建立的、具有明确的职责关系和协作关系的一个群体。

它一般具有下列特点：

（1）具有共同的目标。

（2）具有正式的组织结构和职务关系。

（3）具有明确的分工和协作关系。

（4）强调效率原则。

（5）具有相对稳定性。

非正式组织则是由于人们具有共同的兴趣、爱好、价值现、习惯而自然结合在一起的小群体。

它一般具有的特点是：

（1）具有一定的群体目标，虽然没有正规的筹划。

（2）具有类似的价值观，有一套约定俗成的行为规范和标准。

（3）具有较强的凝聚力，因为他们具有共同的感情基础。

（4）具有不稳定性，由于它是自愿组合的，没有具体的约束。

（5）强调领袖人物的作用，非正式组织的领袖人物是自发产生的，这些人物以其较出众的智慧、经验、技艺、胆略来获得大家的信任，为此他们具有较大的影响力。

无论在什么地方都存在着正式组织与非正式组织。正式组织与非正式组织具有密切的联系，非正式组织对正式组织有重大的影响作用。如果能够善于利用非正式组织，它可以为正式组织实现目标起促进作用，反之则可能起妨碍甚至破坏作用。

有效利用非正式组织可以获得以下效果：

（1）促进信息传递。非正式组织对消息的传递较快，反映比较客观，不会因为害怕权威而改变自己的观点。管理者可以通过非正式组织传递的信息，及时客观地了解情况，有利于实现有效管理。

（2）促进组织目标的实现。正式组织同样也可以通过非正式组织传递信息的有效作用，让组织成员对目标有更深刻的理解，产生认同感和协作意愿，促进组织目标的实现。

（3）为正式组织成员提供满足感。正式组织强调组织的效率而忽视个人的情感，但非正式组织却是以感情为基础的，相互尊重、自由沟通，能给组织成员带来归属感、地位感、自尊等方面的满足。

总之，非正式组织可以弥补正式组织的一些不足，为正式组织实现组织目标起促进作用。然而，也要看到非正式组织的负面影响和妨碍作用，要重视非正式组织的存在，避免与它对立所带来的不利。

6.1.2　组织理论

以 20 世纪 30 年代为界,在此以前,差不多所有的管理学家和管理专家们尽管也在谈论组织,并且也对组织的问题进行过研究,但是,他们都没有想到过用"组织理论"这一术语来概括他们的工作。1937 年,厄威克与古利克的《管理科学论文集》问世,第一次正式提出"组织理论"这一概念以后,各种对组织的研究才归并到"组织理论"的名下。管理理论与组织理论逐渐成为两个平行的研究类别。

真正从组织的角度来给组织理论下定义的是英国学者 D·S·皮尤,他在《组织理论精粹》一书中指出:组织理论可以界定为研究组织的结构、职能和运转及组织中群体行为和个人行为的知识体系。这一定义列出了组织理论所要研究的内容,并指出了组织理论是一个知识体系,但稍嫌不足的是没有突出其规律性。由此,可以将皮尤的定义加以完善为:组织理论就是研究和解释组织的结构、职能和运转及组织中群体行为与个人行为等现象,并指出其中的规律的理论和知识体系。

组织理论作为对组织的本质及其运行规律加以科学概括的逻辑与知识的系统,本身也经历了一个产生、发展和逐步完善的过程。目前这一理论还处在不断发展之中。因此,我们要了解组织理论,并运用组织变革中的新经验来进一步丰富组织理论,就必须认真地研究组织理论不断演化的历史和在其历史进程中所产生的诸多学术派别。

以组织理论研究者的研究时期和著作出版的先后次序为标准,可将组织理论划分为三个发展阶段:

(1) 古典组织理论(20 世纪初至 30 年代)。

(2) 现代组织理论(20 世纪 30～50 年代)。

(3) 当代组织理论(20 世纪 60 年代至今)。

以泰勒、法约尔、韦伯为代表的管理学对组织问题的研究,可以称作是组织理论发展的古典时期。以梅奥的人际关系组织理论的形成,以及巴纳德的《经理人员的职能》和西蒙的《管理决策的新科学》的出版问世为分界线,表明组织理论的研究已进入现代理论时期。在 20 世纪 60 年代以后,本尼斯出版了《组织发展与官制体制的命运》,卡斯特与罗森茨韦克于 1979 年出版了《组织与管理:系统与权变的观念》,标志组织理论研究已进入当代组织理论时期。

6.1.2.1　古典组织理论

20 世纪的最初 30 年是人类现代化进程即工业化发展明显加快的时期。这种加速发展主要体现在两个方面:一是工业生产的规模日趋扩大,从无数个小工厂因激烈竞争而倒塌的废墟上产生出一个个大型企业;二是随着自由竞争向垄断的过渡,政府对工业和市场的宏观调控职能进一步得到强化。

20世纪初现代化进程的上述两个方面带来了两个结果:一是在大型企业组织中,劳资冲突加剧,市场竞争激烈,管理混乱无章,生产效率低下;二是国家在社会生活中的作用明显加强,国家的行政职能得到强化,官僚制的政府机关表现出较高的效率。

工业组织与行政组织的现状引起了一批在企业与行政机关担任管理工作的专家、学者的注意。他们开始有意或无意地触及到组织问题。由于不同的研究者所处的环境和所关切的对象不一样,他们在对组织进行研究时所选取的角度也是不一样的,从而也就形成了不同的理论和学派。

按照通常的分类方法,可以将这一时期有关组织理论的研究分为三大学派:科学管理学派、官僚体制学派和行政管理学派。

科学管理学派的代表人物是泰勒;官僚体制学派的代表是韦伯;行政管理学派的代表是法约尔。作为这一时期研究成果的汇集者是厄威克和古利克。

无论是泰勒、法约尔还是韦伯,他们都没有明确地提出过组织理论的课题。他们只是在自己的管理研究中较多地涉及到一般的组织问题。泰勒在阐述自己的科学管理理论时,反复强调生产效率的提高与科学管理体系的形成是直接相关的,他的所谓科学管理体系就是一个对企业的组织问题。在构造企业的合理组织时,他将作业与管理区分开来并专门对组织的职能问题作了研究,从而与其后继者形成了有关组织理论研究中的科学理论学派。

组织既可以存在于工业企业中,也可以存在于军队中,还可以存在于政府机关中。韦伯对行政机构中出现的官僚组织体制作了分析,他注意的重点是组织内部的权威关系即"个人为什么会服从命令,人们为什么会按他们被告知的那样去行事"。后来的一些学者继续对此作了深入的阐释,从而形成了科学管理时期组织理论研究中的官僚体系学派。

法约尔继承并发展了泰勒的思想,他认为管理的任务就在于建立起一种组织,使人们在其中能以最有效的方式从事活动。管理部门要完成这一任务,就要确立良好的组织结构。他对组织设计问题进行了探索,其成果构成了早期组织理论研究中的行政管理学派。在这一时期快要结束的时候,厄威克与古利克在致力于阐释法约尔的思想并努力构造专门的行政管理学的知识体系时,第一次正式地提出了"组织理论"这一概念。其后,许多管理专家和学者,都以"组织理论"为主题进行研究和著述,从而推动了一门独立学科的建设。因此也可以将科学管理时期的组织理论研究看作是组织理论这一学科发展的孕育阶段。

尽管厄威克已经生活在梅奥从事霍桑实验的年代,并且,他也对霍桑实验作过评述与研究,但是,厄威克终究是科学管理时代的人,他没有对人际关系组织理论产生过真正的兴趣。

6.1.2.2 现代组织理论

从 20 世纪 30 年代末起,在西方的工业生产中,电气化、自动化、通用化日益成为占主导地位的趋势。随着科学技术不断地转化为生产力。生产和资本的集中化程度越来越高,企业规模以及管理社会的各种机构的规模也变得日益庞大。无论是工业企业的组织还是服务于公益目标的组织,它们与外部的联系、自身内部的结构,特别是组织成员之间的关系日趋复杂化。

在新的技术进步和工业的巨大发展面前,传统的组织理论已经显现出落后性。无论是泰勒、韦伯,还是法约尔、厄威克、古利克,他们都把组织成员看作是只有一种需要即经济利益需要的纯理性的存在物。并且在他们的理论前提中,都包含着人只有通过物质的激励才能努力工作的假设。其实在任何一个组织中,组织的成员除了物质需求外,还有各种需要;人们除了在组织中结成一定的正式关系外,还会形成非正式的关系。

正是从人不仅是一个"经济的"存在物,而且还是一个"社会的"存在物,不仅是一个理性的存在物,还是一个感性的存在物出发,一批管理学家开始注意从人群关系入手研究个人的和群体的行为。也正是在这时期,西方社会科学研究中兴起了一股行为主义热潮。组织理论对人群关系、人的行为的研究明显地受到当时在经济学、政治学、社会学、心理学等学科中流行的行为主义的影响,从而带有强烈的行为主义的色彩。

近代组织理论时期,在众多的从事组织理论研究的学者中作出了较为显著贡献的是梅奥、伦西斯·利克特、道格拉斯·麦格雷戈、克里斯·阿吉里斯、弗雷德里克·赫兹伯格等人。他们的共同特点是特别强调组织中的社会、心理系统及人的行为因素的作用,提出了一系列不同于传统组织理论的新原则,如人格尊重原则、相互利益原则、人性激发原则、人人参与原则、相互领导原则以及协调一致原则。

梅奥比较注重对组织中人群关系的研究。在梅奥以前,研究组织理论的学者们,或者是从事组织建构的实际工作者们,只强调组织中管理的科学性和严密性,而轻视人的主观作用,把人仅仅看成是机器的附属物。梅奥和他的同事则注重研究人的情感、态度,研究了人的个体行为和群体行为,从而提出若干新的有关组织理论的原理。

组织理论经过古典理论阶段的发展以后,制度的与人际的两个方面都得到了充分的说明。但是,在上述的两个阶段中,组织理论学家更多地是以管理学家的面目出现的。尽管他们也强调组织问题,并且在厄威克和古利克提出"组织理论"这一专门术语以后,都将各自的学说置于组织理论的名称之下,但是,他们都没有表示过或没有明确地表示过组织理论是整个管理科学的基础。

巴纳德之所以被誉为是"现代组织理论之父",主要就在于他把组织问题变成管理的核心。巴纳德最早写的著作是《经理人员的职能》，从书名我们就可以知道，他最初只是为了研究经营者的职能。但是，当巴纳德对管理问题进行反复思考并引进社会学和系统论的研究方法以后，他突然发现经营者的职能及其管理过程都不过是组织的一些专门职能，在一个组织中担任着谋求组织的形成和维系着这种专门职能的人就是经营者。因此，研究和发展管理学，其核心与基础就是要阐明组织的本质特性。

　　巴纳德认为，虽然在古典的管理理论中，组织问题也得到过关注和研究，但是这些研究都是用于技术方面的，局限于组织的结构设计。他把这种研究比喻成是地形学和制图学。真正的组织研究不仅仅拿捏组织的技术问题，它应当超越组织的地形学和组织制图学，从理论上阐明组织的本质与特征。

　　西蒙是巴纳德学说的直接继承人。他从逻辑实证主义出发，第一个对科学管理时期的管理与组织学说特别是组织设计论进行了系统的批判。西蒙认为，组织理论学家不是医治组织疾病的医生，因此，他的工作不在于诊断出组织的毛病，为医治这种毛病开出处方；他应是一个研究组织病理的专家，其重要任务是提出有关组织的生理学和解剖学知识，去训练一般的组织管理方面的技术专家。在西蒙看来，组织运行过程的实质是通过向其成员提供决定前提来影响成员的决策，使成员都把实现组织目标作为自己的奋斗目标。因此，对西蒙来说，组织影响是基础，组织决策是核心，组织目标是归宿。

　　西蒙对组织理论研究的最大贡献是在组织决策方面。首先，他提出了与传统的决策理论相对立的组织决策基本理论。传统的微观经济学决策理论的主要内容是完全理性和利益最大化原则，西蒙的决策理论正好提出了与此相反的两个命题：一是"有限度的理性"，二是"令人满意的准则"。

　　西蒙在组织理论研究方面的第二个贡献是提出了系统的决策过程理论。传统的组织理论和经济学只研究决策结果的合理性，很少注意对决策过程加以探讨。西蒙将组织内部的决策活动分为经常性的与非经常性的两大类，他把前者称为程序化决策，将后者称为非程序化决策。一个组织不管其日常决策多么复杂，都可以将其分解为简单的行动步骤，并加以程序化。这种程序化决策可以借助计算机来完成。

　　对组织的程序化决策作出贡献的另一位学者是弗洛姆。他除了在期望理论方面有独特的见解外，最先对组织决策的方式进行了分类，并根据主客观条件和一定的法则建立了树状结构判断选择模型。

6.1.2.3　当代组织理论

　　组织理论既是组织与管理实践的产物，又是组织与管理实践中不可缺少的一个环节。组织与管理的实践都是在一定的环境下进行的。因此，不仅任何组织及其运行与它赖以存在的环境密切相关,而且任何组织理论的发展也与环境的变化息息相关。社会生产中工艺技术的演变、社会科学对人的各种行为和属性研究的进展以及社会政治的动态变化等,所有这些都使组织与管理的环境发生着变化,这种变化就从一定程度上促使组织理论的演变与发展。

组织作为人类社会的一种存在形式与赖以活动的方式,与社会生活的各个方面都有着联系,因而组织理论本身也就必然要包含许多因素与内容。但是,由于人的认识与实践的有限性,每一种组织理论体系的变化不可能同时涉及组织中的所有因素与内容。在通常情况下,某一种组织理论的体系只能从当时的组织环境出发,着重解决组织与管理中的某几个因素或某些问题。这样,不同时期出现的组织理论流派都具有不同的因素与内容。

有时一些理论侧重于人的方面,重视需要与激励;有时则侧重于制度、法规的方面,重视结构与功能;有时则侧重于运行过程,重视决策与变革。所有这些理论体系与流派都从不同的角度和侧面对组织理论的发展与完善起到了积极的推动作用。

作为理论研究,特别是构造体系与发展学术流派,允许人们将组织结构和运行中的某些因素与内容分离出来,进行相对独立的专门研究。但是,具体的组织与管理的实践以及理论进一步发展的趋势,必然要求人们将各个理论体系或流派中包含的不同因素与内容有机地结合起来,即不仅要考虑组织中人的行为与关系,而且还要考虑制度、法令等因素,甚至还要考虑决策与变革。因此,组织实践与组织理论的进一步发展就在于将传统的科学管理与行为科学时期所强调的人的因素结合起来。在 20 世纪 60 年代以后,一种新的组织理论学派即系统分析和权变理论渐渐流行起来。

如果说古典管理时期的组织理论是"正",现代组织理论时期中,人际关系时期的组织理论是"反",组织平衡和决策时期的组织理论是"合",那么,当代组织理论则是这种"合"的进一步发展,是下一个"正"、"反"、"合"的开端。

这一阶段的组织理论明显地带有综合性、有机性和总体性的特征。在系统分析和权变理论阶段,出现了诸多的代表人物和代表性著作,其中比较重要的代表人物有弗雷德·菲德勒、沃伦·本尼斯、弗里蒙特·卡斯特和詹姆斯·罗森茨韦克。

6.1.3　组织的职能

组织的职能,是指要设计和维持一套由不同层次的部门、单位、职位、人员以及他们之间的联系所组成的结构系统,以综合发挥组织各种资源的效用,保证组织的有效运行,实现组织目标。如果深入剖析一下。组织职能有两个方面的含义:一是静态地组织人们分工协作的结构系统;二是集约资源、力量以实现目标的动态过程。两者有机联系,形成管理实体的组织运动。具体来说主要有以下三个方面:组织结构、组织设计和部门化。

6.1.3.1 组织结构

就本质而言,组织结构是反映组织成员之间的分工协作关系。设计组织结构的目的是为了更有效地和更合理地把组织成员组织起来,即把一个个组织成员为组织贡献的力量有效地形成组织的合力,让他们有可能为实现组织的目标而协同努力。每个社会组织内部都有一套自身的组织结构,它们既是组织存在的形式,本身还是组织内部分工与合作关系的集中体现。所有组织成员都将在此结构中充当一定的角色,承接一定的工作,否则就没有资格待在组织之中。

就传统的组织结构设计而言,是以韦伯的官僚组织体制为代表,该理论存在着许多不足,主要表现在:

(1)韦伯对官僚组织的分析偏于静态研究,过分强调了机械式正式组织的功能和层级等级体制。

(2)韦伯理论偏重于对组织内部形态和管理结构进行分析,缺乏组织和组织环境相互关系的探讨,这是传统组织理论中存在的共同问题。

现代组织理论对组织结构有了更加深刻的理解。系统理论把组织分为两种,即封闭系统和开放系统。所谓封闭系统,就是摒弃社会环境因素对组织的影响,而单独研究组织问题。韦伯的官僚组织结构实际上就是建立在封闭系统上。开放系统把组织当作一个生物或社会有机体,它与社会环境的互相作用,从而保持组织的功能与社会环境间的动态平衡。客观世界的各种系统(无论是有生命的,还是无生命的),实际上都是与周围环境有着相互依存和相互作用的开放系统,绝对的孤立系统在客观上是不存在的。

6.1.3.2 组织设计

组织设计的基本任务是根据组织目标建立一套科学的组织机构,合理配备人员,明确各个管理层次和职能部门的责任、权力和应有的利益;合理确定组织各部分之间的相互关系,借助这种关系使组织各部分发挥协调的功效,充分调动各方面的主动性、积极性和创造性,从而形成一个统一、有效的管理机体,保证组织目标的实现。发挥整体大于部分之和的优势,使有限的人力资源形成最佳的配置效果。

任何一个组织不可能是由几个人来管理的,而是由一群人来管理。尤其对今天的组织来说更是如此。面对全球一体化的经济形势,面对变幻莫测的市场,面对日新月异的科学技术,面对日趋激烈的竞争,任何组织的领导者都会感到需要决策的问题太多,仅靠一个层次的领导是不行的,时间不够用,能力不够大,唯一的选择是由一群人来管理,分为多个层次的领导。这就提出了权力和责任的划分问题以及分工和协调问题,也就是必须设计出相应的组织机构,更好地发挥管理者群体的作用,实现有效管理。

同样的组织规模,如果采用不同的组织结构,往往会得出完全不同的组织效应。一个优秀的组织结构,能够做到机构精简、高效,分工合理而明确,协作紧密而有序。这样的组织既高效又统一,既发挥了个人的积极性和创造性,又能保持高度的和谐统一,甚至还可以发挥出"以一当十"的巨大作用。反之,一个不良的组织结构,会因为机构臃肿、人浮于事而效率低下;因为职责不清、职能重叠而扯皮不止;因为有权无责而滥用权力;因为有责无权而消极怠工。总之,在一些成功的企业中,我们可以看到优秀的组织设计,同样,在一些失败的组织中,我们也可以找到那种不良的组织设计。

一个好的组织设计应当是:清晰的职责层次顺序,流畅的意见沟通渠道,准确的信息反馈系统,有效的协调合作体系,相对封闭的组织结构。同时,随着社会的前进和经济的发展,执行管理功能的组织,不能一成不变,不能刻板僵化、整齐划一,应当随着外部环境的改变对组织进行相应的变革。

6.1.3.3 部门化

在组织选择与设计好生产业务过程及各种工作岗位后,就需考虑如何将这些工作岗位构成工作单位和部门,以便进行有效管理。这时组织需要作结构上的安排。以保险公司为例,可以将从事人身保险的工作者安排在一个工作单位中,将从事房屋保险的工作者安排于另一个工作单位中,等等。这样的分组是必要的,因为它有利于组织协调,有利于从事同种工作的人员间的互相交流、学习,也便于领导和管理。部门化的基本形式有:

1) 职能部门化

职能部门化指按不同的职能划分部门,也就是将业务相近或性质相同的工作划分为一个管理部门,设立职能部门。

实行职能部门化,组织可以依靠各个职能领域的专家,有利于对该职能部门进行领导、监督和协调。运用这种方式进行部门化,可以使某些职能部门短小精悍,如在一个组织中组建一个为整个组织进行人事管理的部门——人事处(部或科)。

这种组织形式的缺点在于:决策慢,职能部门要由整个组织负担其经费,往往易造成机构臃肿、费用大,而其业绩却不易计量、考核。

2) 产品部门化

产品部门化系将工作按产品或产品系列组建部门,并可在各产品部门内设立各种职能工作岗位。这样的组织方式可以在发挥职能部门化优点的同时,克服其某些缺点。大部分大的经营组织都采用产品部门化形式。

按产品部门化有利于进行综合协调;加速做出决策和易于评价一个单位的业绩,也便于对其下属各工作单位的业绩做出评价。它可以更快地对环境变化做出反应。然而按产品建立的部门需要为各个职能领域聘用专家。

3）顾客部门化

顾客部门化是按照特定的顾客或一类顾客建立工作的部门,例如,在一家地区的银行中,可以按小企业、大企业及居民储蓄分别设立部门。

这种部门化的最大优点是可以按照特定的顾客建立部门以适应他们的特种需要。例如上述的地区银行按顾客建立的部门,小企业营业部可用根据小企业的需求进行融资活动,大企业营业部可以根据大企业特点进行信贷活动。这种组织方式的缺点是各部门各需一套工作班子,用人较多;工作者的负荷有时会不足,但又不易在部门间进行人员的调度使用。

4）地区部门化

按地区建立部门,将以服务的地区作为分工和组织部门的基础。例如,我国的银行系统,各银行均在各地区建立部门(分行、支行)。世界上的一些大企业,特别是跨国公司,均在各主要地区市场建立自己的分公司、子公司。

在一个组织的活动与地区的关系特别密切时,这种组织形式是最有效的,它可以适应地区的特种要求与特定环境。这种组织形式的缺点,也在于各地区的部门均需有一大批人员,造成职工队伍庞大。

5）工艺(流程)部门化

工艺(流程)部门化指工业企业按生产技术工艺特点或流程来划分部门、组织业务活动。优点是组织能够发挥人员集中的技术优势,易于协调管理,简化培训。缺点是如果一个部门发生问题,将直接影响整个组织目标的完成;部门之间的协作也是一个问题;不利于培养"多面手"人才。

6）多种部门化形式的并用

由于组织的日益复杂化和多样化,大部分的组织在单一的整体组织下按不同部门化形式设置其下属部门。复杂的环境因素,加以不同的层次和不同的领域均有其不同的要求,因而组织分工和建立部门不能强求划一,允许根据具体情况和特种需要,采用不同的形式。例如,某公司在公司这一级是按职能进行部门化;在采购职能系统中再按产品建立部门;在产品部门中再分别按顾客或按地区建立分部和地区服务部门。

6.2 组织结构

6.2.1 组织结构的含义

组织结构(Organization structure)是描述组织的框架体系。

组织具有整体性,任何组织都是由许多要素、部分、成员按照一定的联结形式排列组合而成的。一个组织,除了有形的物质要素外,在各构成部分之间,实际上还存在着一些相对稳定的关系,即纵向的等级关系及其沟通关系,横向的分工协作关系及其沟通关系。这种关系构成了无形的构造——组织结构,它涉及到组织的管理幅度的确定、组织层次的划分、组织机构的设置、各单位之间的联系沟通方式等问题。因此,组织结构也可以理解为一种组织形式,这种形式是由组织内部的部门划分、权责关系、沟通方向和方式构成的有机整体。

就本质而言,组织结构是反映组织成员之间的分工协作关系。设计组织结构的目的是为了更有效地和更合理地把组织成员组织起来,即把一个个组织成员为组织贡献的力量有效地形成组织的合力,让他们有可能为实现组织的目标而协同努力。每个社会组织内部都有一套自身的组织结构,它们既是组织存在的形式,又是组织内部分工合作关系的集中体现。所有组织成员都将在此结构中充当一定的角色,承接一定的工作,否则就没有资格待在组织之中。

6.2.2　组织结构的基本类型

管理机构的组织形式,随着生产、技术和经济的发展而不断演变,但应与管理组织的目标、状态、条件、规模相适应。规模不同,组织形式也不一样。如果从企业组织机构的发展过程来看,到 20 世纪 90 年代末,已有以下几种基本组织形式。

6.2.2.1　直线型组织结构

对于生产规模小、生产非常简单的工业企业,通常采用直线型组织结构。厂长下设若干车间主任,每一车间主任下又设若干班组长。这种组织形式,一切指挥和管理职能基本上都由行政负责人自己执行,只有少数职能人员协助,但不设专门的职能机构。这种机构形式比较简单,指挥管理统一,责任和权限比较明确。但它要求行政负责人通晓多种专业管理知识,能亲自处理许多业务。因此,这种形式只适用于比较简单的管理系统。

这种组织形式的主要特点是:命令系统单一直线传递,管理权力高度集中,实行一元化管理,决策迅速,指挥灵活。但要求最高管理者要通晓多种专业知识。这种形式适用于规模较小、任务比较单一、人员较少的组织。以制造业企业为例,直线型组织结构如图 6-1 所示。

6.2.2.2　职能型组织结构

职能型组织结构是按分工负责原则组成的机构,各级行政负责人都设有相应的职能机构,这些职能机构在自己的业务范围内,都有权向下级下达命令和指示。因此,下级行政负责人,除要服从上级行政领导的指挥外,还要服从上级职能机构

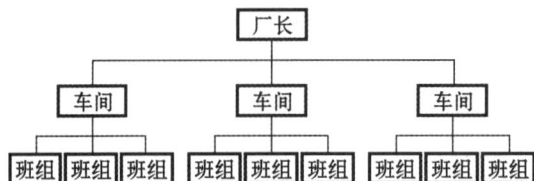

图 6-1　制造业直线型组织结构

的指挥。

这种组织形式的特点是:在组织中设计若干职能专门化的机构,这些职能机构在自己的职责范围内,都有权向下发布命令和指示。

其优点是职责明确,每个人都能在职能组织之下有自己的岗位,了解本身的任务,组织的稳定性高,能够充分发挥职能机构的专业管理作用,并使直线经理人员摆脱琐碎的经济技术分析工作。

其缺陷是:

(1)妨碍组织的集中统一指挥,多头领导,不利于明确划分各级行政负责人和职能科室的职责权限。

(2)弹性较差,对于调整、改革易产生一种自发的抗拒倾向。

(3)在工作人员缺席(如病、产假)的情况下,易导致工作无法继续进行。

职能制结构在企业的作业性工作岗位上是适用的。这种组织适用于任务较复杂的社会管理组织和生产技术复杂、各项管理需要具有专门知识的企业管理组织。以制造企业为例,职能制组织的结构如图 6-2 所示。

职能型结构不适用于高层次管理,也不适用于知识性生产的领域。因为在这些领域中是创造性的非重复劳动,要求组

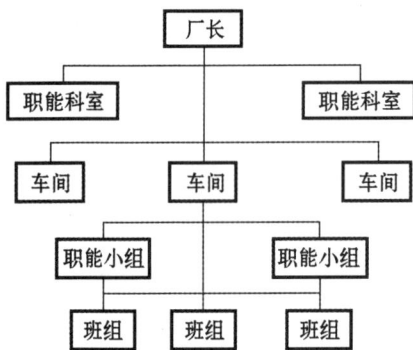

图 6-2　制造业职能型组织结构

织成员有整体观念、随机应变能力和决策能力,要求组织有充分的柔性和弹性。此外,在这些领域中,工作交叉多,分工不宜很明确,工作成果也不易鉴别。

6.2.2.3　直线职能型组织结构

在直线职能型结构中,一方面,各级行政负责人有相应的职能机构做助手,以充分发挥其专业管理的作用;另一方面,每个管理机构内又保持了集中统一的生产指挥和管理。因此,这是一种较好的组织结构形式。以制造企业为例,这种组织设

计如图 6-3 所示。

这是一种在吸收了上述两种组织结构的优点和克服了它们的缺点的基础上形成的一种组织结构。它与直线型的区别在于,职能机构只是作为直线管理者的参谋和助手,它们不具有对下面直接进行指挥的权力。因此,这种组织形式保持了直线制集中统一指挥的优点,又具有职能分工专业化的长处。但是,这种类型的组织存在职能部门之间横向联系较差、信息传递路线较长、适应环境变化差的缺陷。

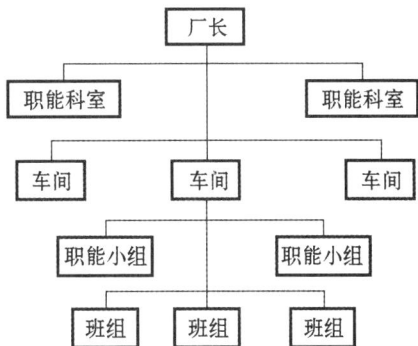

图 6-3　制造业直线职能型组织结构

直线职能型是一种普遍适用的组织形式,我国大多数企业和一些非营利组织经常采用这种组织形式。

6.2.2.4　分权事业部型组织结构

随着社会经济的迅速发展,在一部分大中型公司、企业里,因为规模比较庞大,实行多种经营、跨国经营,产品、技术种类比较繁多,加上市场因素多变,为了适应这种需要,于是就采用了分权事业部型。

分权事业部型,是指在大公司之下按产品类别、地区或经营部门,分别成立若干自主营运的事业部。每个事业部均自行负责本身的效益及对总公司的贡献。

事业部必须具备 3 个基本因素:

(1) 相对独立的市场。

(2) 相对独立的利益。

(3) 相对独立的自主权。

这一组织制度实际上是在集中指导下进行分权管理,它是在职能制和直线职能制结构的基础上,为克服两者的缺点而发展起来的组织形式。以制造企业为例,这种组织设计如图 6-4 所示。

这种类型结构的特点是:组织按地区或所经营的各种产品和事业来划分部门,各事业部独立核算、自负盈亏,适应性和稳定性强,有利于组织的最高管理者摆脱日常事务而专心致力于组织的战略决策和长期规划,有利于调动各事业部的积极性和主动性,并且有利于公司对事业部的绩效进行考评。这种组织结构形式的主要缺陷是:资源重复配置,管理费用较高,且事业部之间协作较差。这种形式主要适用于产品多样化和从事多元化经营的组织,也适用于面临市场环境复杂多变或所处地理位置分散的大型企业和巨型企业,是现代社会化大生产发展的必然趋势。

分权事业部制组织形式的基本原则是:"政策制定与行政管理分开",即"集中

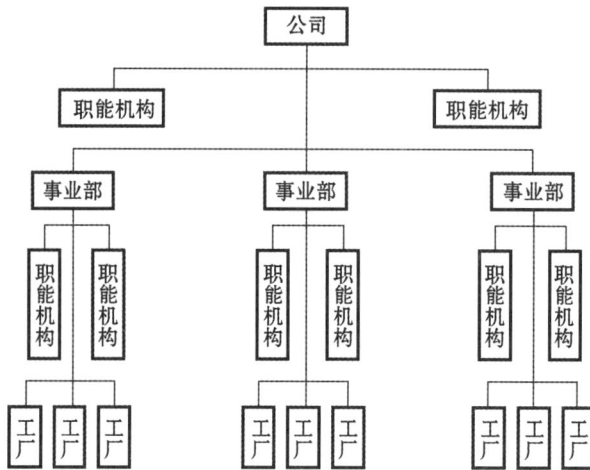

图 6-4 制造业分权事业部型组织结构

决策,分散经营"。就是说,使公司最高一级领导阶层摆脱日常行政事务,集中力量来研究和制订公司的各项政策,例如财权、重要领导人的任免。长期计划和其他主要政策由总公司掌握,而公司所属的各个事业部,则在总公司政策的控制下发挥自己的主动性和责任心。

6.2.2.5 矩阵型组织结构

矩阵组织是一种按职能划分的部门同按产品、服务或工程项目划分的部门结合起来的组织形式。在这种组织中,每个成员既要接受垂直部门的领导,又要在执行某项任务时接受项目负责人的指挥。这里的"矩阵",是从数学移植过来的概念。这种组织形式,把按照职能划分的部门和按照产品或项目划分的专题小组结合起来,形成一个矩阵。专题小组是为完成一定的管理目标或某种临时性的任务而设的,每个专题小组的负责人,都在厂长的直接领导下工作。小组成员既受专题小组领导,又与原职能部门保持组织与业务联系,受原职能部门领导。

可以说,矩阵结构是对统一指挥原则的一种有意识的违背。其主要优点有:

(1)纵横交错,打破了传统管理中管理人员只受一个部门领导的原则,加强了各部门的联系,有利于互通情况、集思广益、协作配合,可以提高组织信息传递和效应控制的效率。

(2)可以把不同部门、不同专业的人员组织在一起,发挥专业人员的长处,提高技术水平和管理水平。

(3)能够充分利用各种资源、专业知识和经验,有利于新技术的开发和新产品的研制。

（4）既能适应管理目标和组成人员的临时性，又能保持原有组织的稳定性。

其主要缺陷是：组织结构稳定性较差，双重职权关系容易引起冲突。同时还可能导致项目经理过多、机构臃肿的弊端。这种组织主要适用于科研、设计、规划项目等创新性较强的工作或者单位。此种形式如图 6-5 所示。

采取矩阵组织形式，可促进综合管理和职能管理的结合。我国在总结国内外企业管理经验的基础上，提出了四项最基本的综合管理：即全面计划管理，全面质量管理，全面经济核算和全面人事管理。这些管理制度包含着矩阵组织的思想。

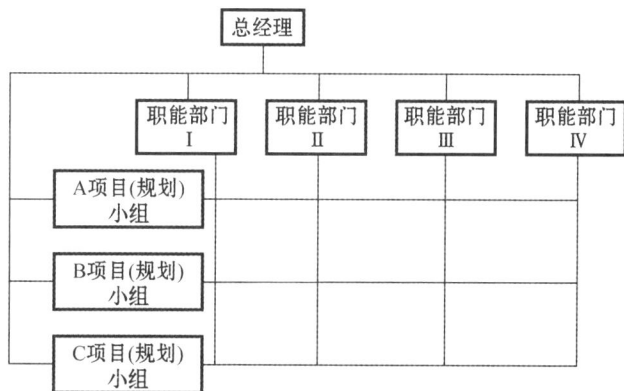

图 6-5 矩阵型组织结构

6.2.2.6 多维立体组织结构

这种结构是矩阵结构的进一步发展，是近期来适应新形势要求产生的一种新的管理组织形式。它是在一个企业的组织机构中包括三四个方面的管理机构，使企业能够更好地协调，更易发挥效率。其结构一般分三维：

（1）按产品划分的事业部，是产品利润中心。

（2）按职能（市场研究、生产、调查、技术、管理）划分的专业参谋机构，是专业成本中心。

（3）按地区划分的管理机构，是地区利润中心。

在这种管理组织结构形式下，事业部经理不能单独作出决策，而是由产品事业部经理、专业参谋部门和地区部门的代表三方面共同组成产品事业委员会，对各类产品的产销进行领导。这样，就把产品事业部经理和地区经理以利润为中心的管理与专业参谋部门以成本为中心的管理较好地结合起来，协调了产品事业部之间、地区之间的矛盾，有助于及时互通情报，集思广益、共同决策。立体多维组织形式如图 6-6 所示。

在国外，这种组织结构大多适用于跨国公司或规模巨大的跨地区性的公司。

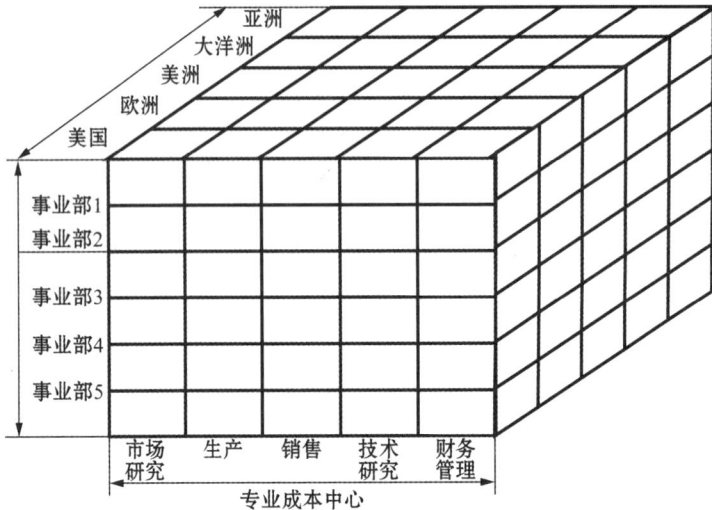

图 6-6　多维立体组织结构

随着中国经济的繁荣和对外开放的发展,这种组织也被用于中国的一些大型公司或企业。

6.2.2.7　网络型组织结构

网络型组织结构是利用现代信息技术手段而建立和发展起来的一种新型组织结构。现代信息技术使企业与外界的联系加强了,利用这一有利条件,企业可以重新考虑自身机构的边界,不断缩小内部生产经营活动的范围,相应地扩大与外部单位之间的分工协作。这就产生了一种基于契约关系的新型组织结构形式,即网络型组织。

网络结构是指组织把主要功能分散到各独立公司,让各独立公司自行处理,而以一个小型组织总部来负责控制。各公司是以合约的形式联系起来,以电脑网络作为沟通桥梁,把信息传递到中央。网络结构是一种只有很精干的中心机构,以契约关系的建立和维持为基础,依靠外部机构进行制造、销售或其他重要业务经营活动的组织结构形式。被联结在这一结构中的两个或两个以上的单位之间并没有正式的资本所有关系和行政隶属关系,但却通过相对松散的契约纽带,透过一种互惠互利、相互协作、相互信任和支持的机制来进行密切的合作。卡西欧是世界有名的制造手表和袖珍型计算器的公司,却一直只是一家设计、营销和装配公司,在生产设施和销售渠道方面投资很少。20 世纪 80 年代初 IBM 公司在不到一年的时间内开发 PC 机成功,依靠的就是微软公司为其提供软件,英特尔公司为其提供机芯。网络型结构使企业可以利用社会上现有的资源使自己快速发展壮大起来,目前,已经成为国际上流行的一种新形式的组织设计。

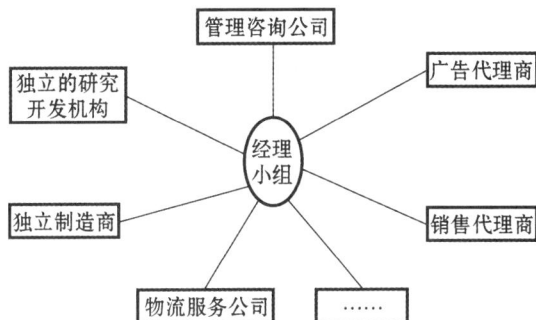

图 6-7 网络型组织结构

这种组织类型的最大好处,就是有助于增强企业组织在国际市场上的竞争力。另外,网络组织有助于加强企业的灵活性,因为公司可以按需要与不同类型的公司签约,使用其服务,而无需负担沉重的人事及固定开支。由于组织可以不断变动去迎合新产品及市场机会,因此极具弹性。此外,这亦可能是最节省成本的方式,由于不需聘用大量人事及行政人员去处理监督工作,行政费用可以大大减低。但是,由于不是所有程序均经自身机构处理,因此管理人员无法对各种业务直接控制,只能透过合约来约束及利用各种电子媒介传递信息,以协调整个机构的工作。

网络结构是小型组织的一种可行的选择,也是大型企业在联结集团松散的单位时通常采用的组织结构形式。采用网络型结构的组织,它们所做的就是创设一个"关系"的网络,与独立的制造商、销售代理商及其他机构达成长期协作协议,使它们按照契约要求执行相应的生产经营功能。由于网络型组织的大部分活动都是外包、外协的,因此,公司的管理机构就只是一个精干的经理班子;负责监管公司内部开展的活动,同时协调和控制外部协作之间的关系。

在国际性营运方面,网络型组织更为有效。现时香港就出现很多与内地合作的公司,在香港的写字楼只靠电话、电脑、传真机等做联络工具;生产方面以合约形式交给大陆厂家负责;运输方面与运输公司合作,将货品运输至外国;再与外国总经销商签约,由它负责当地的批发工作。所谓公司,其实是专注接洽工作,而非生产及销售的机构。

案例 6-2 是否要建立组织结构

老王及家人经过共同努力,将自家的一个杂货店发展成为一个中型的百货商场。按说,一家人应该高高兴兴才是,但现在的老王家里却充满着火药味。事情是这样的,老王与小王就百货商场设还是不设职能部门争吵开了。老王认为,自己经营小百货有经验,没有必要搞那些花架子,儿子学的那些东西对自己的经营没有什么用处。小王则根据自己在财经大学学过的《管理学》,坚持按照组织结构的要求来设置职能部门。他认为,父亲思想太陈旧、古板,不懂得运用科学来管理,应该洗洗脑子,接受一点新观念,用一些新方法。两人争议了大半天,谁也说服不了谁。

对老王与小王争议的问题,不是三言两语就能解决得了的。在解决问题之前,我们得对组织有一个较为明白的了解,这样才能使我们的建议有说服力。作坊式企业或一般意义上的个体户企业不需要复杂的结构就能完成信息的传递、收集和整理,随着企业的发展、壮大,简单的组织形式就越来越适应不了企业运作的要求,于是就需要构建一个组织机构来强化管理。这样说来,老王的百货商场似乎是应该按小王的建议去办,只是,我们这样讲一通大道理,肯定与小王一样,是说服不了老王的。而且,基本类似的组织,不同的运作方式也会导致程度不同甚至完全不同的运作绩效。

如果要问哪种组织结构最好?这的确是个很难回答的问题。因为每一种合理的组织结构,相对于一定的条件来说,都有其优越性,而当条件发生变化时,它就会逐渐丧失其合理性。组织结构是随着生产力和社会的发展而不断发展的,每一种类型的组织结构都有其优点和缺点,都有一定的适用范围,世界上没有也不可能存在适用于一切情况的十全十美的组织结构。因此,笼统地问哪种组织结构最好,脱离具体条件,是无法做出明确的判断的。但是,相对于某一组织特定的条件来说,必定有一种更有利于提高管理效率因而也是最佳的组织结构。否则,就没有研究组织结构的必要,也没有改革组织结构的必要了。最佳的组织结构,是最适合组织存在的特定条件的结构。

6.2.3 管理层次与管理跨度

管理层次与管理跨度的合理设定使组织工作更有效率。因为一个主管人员能有效管理的人数是有限的,这需要在一个组织中设定管理层次,而管理跨度是与管理层次负相关。

6.2.3.1 管理层次

管理层次也称组织层次,是指从企业最高一级管理组织到最低一级管理组织的各个组织等级。每一个组织等级即为一个管理层次。如果从构成企业纵向结构的各级领导职务来定义,管理层次就是从最高一级领导职务到最低一级领导职务的各个职务等级。企业有多少个领导职务等级,就有多少级管理层次。

管理层次从表面上看,只是组织结构的层次数量,但其实质乃是组织内部纵向分工的表现形式,各个层次将担负不同的管理职能。管理层次的多少取决于管理幅度的大小,这是由管理幅度的有限性决定的。产生这种有限性的原因在于:

(1) 任何企业领导者的知识、经验和精力都是有限的,因而能够有效的领导的下级人数必然也是有限度的。超过一定的限度,就不可能进行有效的领导。

(2) 下级人员受其自身知识、专业、能力、思想等素质条件和岗位工作的负担、眼界等分工条件的局限,在没有上级领导任何指导的情况下,很难做到完全自觉地、合乎要求地执行和完成计划规定的各项任务,自动、圆满地解决由于分工引起的各种复杂的协调问题,并随时根据变化了的情况主动、正确地调整自己的工作。这样,下级人员对上级领导的管理幅度也提出了限制。若不顾这种限制而任意地加大管理幅度,结果只能是引起管理工作的混乱。

6.2.3.2　管理跨度

管理跨度也称管理幅度,是指一名领导者直接领导的下级人员的人数。如上所述,人的能力是有限的,因而任何一个管理者所能够管理的下属也是有限的,在一定的限度内,管理是高效的,当超过这个限度时,管理的效率就会随之下降。因此,主管人员要想有效地领导下属,就必须认真考虑究竟能直接管辖多少下属的问题。许多管理学家对管理跨度问题作了认真的研究,并提出了许多建议。有的管理学家认为,在组织的高层领导中,通常一个主管人员可以有效地管理 4～8 人,在组织的低层,一个主管人员能够有效管理 8～15 人;有的管理学家则认为,无论是在组织的哪一层级上,一名主管人员理想的下属应当是 4 人。实际上,管理跨度是一个极其复杂的问题,只能具体情况具体对待,不能一概而论。

从形式上看,管理幅度仅仅表示了一名领导人直接领导的下级人员的人数,但由于这些下级人员都承担着某个部门或某个方面的管理业务,所以,管理幅度的大小,实际上意味着上级领导人直接控制和协调的业务活动量的多少。尽管领导者可通过授权,放手让下级在职权范围内自主管理,但毕竟不能不过问下级的任何工作。因此,管理幅度的概念本身就表明,它既同人(包括领导者和下属)的状况有关,也同业务活动的特点有关。

上级直接领导的下级人数多,称之为管理幅度大或跨度大;反之,则称之为管理幅度小或跨度窄。管理跨度的宽窄是直接影响组织效率的重要因素之一,也是管理层次设计的关键制约因素之一。管理跨度过宽或过窄都不利于组织的高效运作,常常会造成管理者疲于奔命或人浮于事的现象。

组织层次与管理宽度是密切联系在一起的,在组织规模一定的情况下,较大的管理宽度意味着较少的组织层次。相反,较小的管理宽度而意味着较多的组织层次。根据管理层次和管理跨度的反比关系决定了两种基本的管理组织结构形态:扁平组织结构形态和锥形组织结构形态。

1) 扁平结构形态

扁平结构形态也称为宽跨度结构形态。是指在组织规模已定、管理幅度较大、管理层次较少的一种组织结构形态。优点是：

(1) 及时发现信息所反映的问题并及时采取相应的纠偏措施。

(2) 由于层次较少，所以信息失真可能性较小。

(3) 有利于下属主动性和首创精神的发挥。

局限性：主管不能对每位下属进行充分、有效的指导和监督；每位主管从较多的下属那里取得信息，可能会淹没最重要、最有价值的信息，并影响信息的及时利用。

2) 锥形结构形态

锥形结构形态是指管理幅度较小，从而管理层次较多的高、尖、细的金字塔形态。

优点：较小的管理幅度可以使每位主管仔细地研究从每个下属那儿得到的有限信息，并对每个下属进行详尽的指导。

局限性：过多的管理层次，不仅影响了信息从基层传递到高层的速度，而且由于经过的层次太多，可能会导致信息在传递中失真；同时，过多的管理层次，可能会影响各层主管积极性的发挥；过多的管理层次也往往会使计划的控制工作复杂化。

6.2.3.3　管理跨度的影响因素

一个管理人员到底能够有效地管理多少下属？进行企业组织的管理跨度设计，可以参考以下方法：明确影响本企业管理跨度的主要变量因素，影响本企业管理跨度的变量因素会有很多，而且会因企业的具体情况不同而有别。但主要因素通常不会超出以下七种：

(1) 管理工作的复杂度。管理工作的复杂度越高，需要投入的时间和精力就越多，则管理跨度就会相应变窄，反之则变宽。管理工作的复杂度与下属人员工作的不确定性有关，如果下属的工作是创新性极强的研究工作，复杂多变，则上级的管理也就需要经常接触、反复磋商，需要投入很大精力。如果下属的工作具有很大相似性，即使比较复杂，管理起来也不会太困难，管理跨度则可以适当加宽。

(2) 人员的素质。领导者和下属的素质都会对管理跨度造成影响。素质越高，管理跨度就可以越大，反之则越小，这是很显然的。如果领导者精力充沛、工作能力很强，管理跨度宽一些也能做得很好；同样，如果下属的素质比较高，能很好领会领导的意图，这样的下属，多几个也比较容易管理。

(3) 授权。授权即员工所拥有职权的合理化和明确化程度。如果员工的职权非常合理而且明确，员工就可以在自己的职权范围内相当独立地完成自己的工作。相反，如果上级对员工的授权不足，或者员工对自己应该干什么不甚了了，就会增加向上级请示汇报的次数,从而使领导者不得不缩小管理跨度。

(4) 规范化与制度化的程度。如果企业的规范化与制度化的程度很高,多数工作都有据可查、有法可依,那么工作人员就不必事事向上级请示,即使有不清楚的地方来请示上级,领导者也往往可以照章办事,而无须大费周章。

(5) 信息的沟通度。管理当然离不开上下级的沟通,如果沟通的效果很好且效率很高,显然能够为管理者节省不少时间和精力。假如沟通不畅,就需要频繁的接触和反复的沟通,管理者花费的时间和精力必然会增加。

(6) 组织变革的速度。每个企业组织都会随着环境的变化而发生或大或小、或快或慢的变化。变革的速度慢,则企业的各方面都会比较稳定,企业员工习惯成自然,都能按部就班地完成自己的任务,管理起来就容易得多;反之,如果企业经常变动,员工往往就无所适从,必须经常请示领导,则管理跨度就要相应变窄一些才能应付过来。

(7) 组织空间分布的相近性。现在的企业规模越来越大,许多企业不再局限于一个地区,跨国公司已不鲜见。空间分布的扩大对管理当然是一种挑战,虽然现在的通讯工具日益发达,但通过任何通讯工具的交流都不如面对面的沟通。

近年来,随着组织内员工素质的不断提高,以及内部管理体系的不断完善,特别是信息技术的普遍运用,组织的管理层次越来越少,组织越来越精简,越来越扁平化。如美国管理协会对 100 家公司所做的一项调查研究显示,大型公司(超过5 000人)总经理管理幅度为 1~14 人,平均为 9 人,中型公司(500~5 000 人)总经理管理宽度为 3~17 人,平均为 7 人,因此不应片面假设一个普通运用的管理幅度。

在现代管理中,越来越多的组织正在努力扩大管理的幅度,比如,通过把下属培训成在处理程序性事务方面拥有丰富的经验,或者通过引进高新技术等,来实现管理宽度的扩大。现代西方企业的实践表明,未来最成功的企业将属于扁平型组织,管理幅度将加大,除特大型和超复杂型企业外,一般企业适宜的管理层次为 35级。如拥有 14 万员工的柯达公司将其管理层由 12 层压缩到 4 层,丰田公司从主席到一线主管之间只有 5 层。

6.2.4 机械型组织与有机型组织

通常情况下,根据组织的复杂化程度、组织的正规化程度和组织的集权化程度,可以将企业的组织结构简单地划分为机械型组织和有机型组织两大类。

1) 机械型组织

机械型组织也称官僚行政组织,是综合使用传统组织设计原则的产物。机械型组织坚持统一指挥,在组织内部形成一条正式的职权链,强调上级对下属的绝对控制和监督权。机械型组织通常拥有复杂的管理层次,易形成高耸且非人格化的组织平面图,且随着该类组织规模日益扩大、组织层级日益增多而使上下级的管理沟通变得日趋复杂化,为此组织必然通过运用一系列的规范性条例形成严密的保障程序,来加强企业正规化的程度。所以,这类组织结构通常会体现出高复杂化、高正规化、高集权化的特性。它通过对企业运作规则、经营条例及正规化操作程序的制定来代替人的随机判断和主观能动作用的发挥,这类组织结构强调的是标准化,而非人性化。同时,这种结构使组织的稳定性、高效率达到了相当水平,但也反映出组织僵化、反应迟钝的弱点。职能型组织结构、事业部制组织结构均属于机械型组织。

2)有机型组织

有机型组织也称适应性组织,它与机械型组织形成鲜明对照,具有低复杂性、低正规化和分权性的特征。有机型组织不具有标准化的工作和规则条例,往往呈现为一种较为松散但具有高度灵活应变性的组织形式,能根据需要迅速地做出调整。同样在有机型组织内部也进行相应的劳动分工,但这种分工并不强调标准化程度,造成这种差别的主要原因是有机型组织中的员工通常是职业化的,具有相当熟练的工作技巧,能独立处理各种问题,他们所受的教育培训已经将标准的职业行为灌输到他们个人的行为规范中,因而不需要直接监督和规则约束,他们的个体行为就基本上符合组织的要求,达到了"从心所欲,不逾矩"的境界,体现了较强的人性空间。同时,有机型组织保持低程度的集权,与机械型组织中员工从事纯粹的操作性、执行性工作不同,上级往往只需给出任务的方向和目标,其他工作则可由下属自行解决、处理。

因此,在机械型组织中,下属对上级的依赖性较强,而在有机型组织中,下属无需对上级有过高的期望。直线结构、矩阵结构、多维立体结构以及网络结构就属于有机型组织结构。

6.3　组织设计

案例6-3　金果子公司如何进行组织设计

金果子公司是美国南部一家种植和销售黄橙和桃子两大类水果的家庭式农场企业,由老祖父约翰逊50年前开办,拥有一片肥沃的土地和明媚的阳光,特别适合种植这些水果。公司新长期以来积累了丰富的水果存储、运输和营销经验,能有效地向海内外市场提供新鲜、质好的水果。经过半个世纪的发展,公司已初具规模。老祖父十年前感到自己体衰,将公司的管理大权交给儿子杰克。孙子卡尔前两年从农学院毕业后,回到农场担任了父亲的助手。

金果子公司大体上开展如下 3 个方面的活动:一是有相当一批工人和管理人员在田间劳动,负责种植和收获橙和桃;另一些人员从事发展研究,他们主要是高薪聘来的农业科学家,负责开发新的品种并设法提高产量水平;还有一些是市场营销活动,由一批经验丰富的销售人员组成,他们负责走访各地的水果批发商和零售商。公司的销售队伍实力强大,而且他们也像公司其他部门的员工一样,非常卖力地工作着。

不过,金果子公司目前规模已经发展得相当大了。杰克和儿子卡尔都感到有必要为公司建立起一种比较正规的组织结构。准备请管理咨询人员来帮助他们公司设计组织结构。如何帮助该公司设计组织结构呢?

6.3.1　组织设计的基本问题

组织设计的基本问题包括:组织设计的任务、职责和影响因素等。

6.3.1.1　组织设计的任务

组织设计首先需要解决的问题就是组织中各部门和人员之间的正式关系和各自的职责确定;其次,组织设计需要考虑的是组织中的最高部门将以何种方式向其下属各个部门、各个单位或人员分派任务,并作出规划;第三,在一些较为复杂、专业化程度较高的组织中,要对组织的协调给予足够的重视,甚至可以设置专门的协调机构,因为组织的专业化程度越高,不同部门之间活动的差异性也就越大,组织协调的问题也就越突出;第四,需要明确地确立组织中的职权系统结构,也就是组织中的权力、地位和等级之间的正式关系应当是怎样的,必须有一个明确的规定。这些就是组织设计的任务。

6.3.1.2　组织设计的原则

一个好的组织设计应当是:清晰的职责层次顺序,流畅的意见沟通渠道,准确的信息反馈系统,有效的协调合作体系,相对封闭的组织结构。同时,随着社会的前进和经济的发展,执行管理功能的组织,不能一成不变,不能刻板僵化、整齐划一,应当随着外部环境的改变,对组织进行相应的变革。组织设计应当充分考虑以下因素:

1)目标明确

一个好的组织必须目标明确。首先应明确大系统的总目标,组织的设计和建立必须能指引管理部门的视线,将每个组织成员的视线指向组织的总目标,指向成果。

2)任务明确

组织系统的目的、目标和任务三者是一致的,但三者概念的层次不同。管理过程中,是在目的指引下制定具体的目标,由目标落实到任务。因此,不仅目标要明确,而且任务要明确、落实。组织的设计和建立应能使其每一个成员,尤其是管理人员的工作专门化,做任何一项工作,必须具体而且特定。

共同的任务是各管理单位和个人任务的基础。组织中的每一个成员,都必须了解个人的任务应该如何配合整个组织的任务,也必须知道整个组织的任务对个人的意义。只有这样,组织中每一个成员的努力才能配合整个组织的共同利益。

3）完成任务的方法明确

任务明确后还必须明确如何完成任务,这也是目的性系统的特点,不仅总的任务要明确,而且各层次的分任务也应明确,就是完成任务的每一个步骤,甚至每一行动的要求都应是明确的。组织中的每一个管理单位及组织中的每一个成员,都必须清楚其所处的地位和归属,了解从何处取得所需的指令和资料,知道如何去完成工作任务。

4）管理效率高

管理效率高,是指管理机构花最少的人力,尤其是最少的高绩效的人才,完成组织所需要的管理,保持机构的正常运转,达成组织的目标。也就是说,是以最少的人力来从事管理、组织、内部控制、内部联系和用于处理人事问题。组织结构必须能促成人的自我管理和自我激励。

5）决策合理性

目的性系统如何才能有效地向目标逼近,每一步都需要决策。一个组织机构必须经得起决策程序的考验,考验其是否有助于作出正确决策,能否使决策转化为行动和结果。

6）沟通渠道畅通

在管理中,这种沟通是以信息沟通为前导去指引人力、物力、财力的沟通。一个组织的优劣,在很大程度上取决于沟通,特别是信息沟通的能力。组织的设计和建立,应保证有畅通的信息沟通渠道,促进信息的传递速度、准确性以及信息接受率的提高。

7）稳定性与适应性

组织必须有相当程度的稳定性,能够以昨天的成就为基础,规划未来,保持本身的稳定性和连续性。但是,稳定并不是一成不变的。相反,它必须随着环境的变化,使组织结构具有高度的适应性。一个完全刚性的结构,往往难以达到真正的稳定。组织结构只有能够随时调整自己以适应新的形势、新的要求、新的条件,才能得以稳定。

8）具有自我更新能力

一个有生命力的组织机构,还必须能够根据组织目标的变化对组织机构提出的新要求而不断调整自身的组织机构,完善内部管理。通过提高组织成员的经验和能力完善组织机能,而使组织具有执行新工作的能力。

组织设计是一个十分复杂的问题,它需要设计者具有全面、系统的观点,从总体上为组织定位,根据组织战略、目标和职能作出设计。随着社会的发展、管理的进步、大量新技术的应用,组织的形态正在改变着,以至于组织设计也不可完全袭旧的程式。所以,在组织设计的问题上,需要有更多的创新,有更多的实事求是的精神和因地制宜的态度,从而根据实际需要进行组织设计。

6.3.1.3 组织设计的影响因素

1) 组织环境

任何组织及其管理活动都是在一定的环境中进行的,都要受到各种各样环境及其因素的影响。一个有效的组织必须是适应环境的,不适应环境变化往往是组织失败的主要原因之一。环境对组织来说是极其重要的。因此,任何一个组织要在特定的环境中生存和发展,就必须了解其所处的环境,尤其是要及时掌握环境变化,使组织适应环境,并根据环境的变化及时对组织进行调整和变革。

组织面临的外部环境是多种多样的,一般可以分为:

(1) 社会环境。指一个国家的人口总数,年龄构成、人口分布、教育水平、文化传统、社会风格,还应包括一个国家根据人类社会发展要求制定的社会发展战略。社会环境对组织的生存发展影响很大。如该社会现有的人力资源的数量和质量直接关系到一个组织功能的强弱;又如我国对社会发展提出了"实施可持续发展战略"要求保持人口、资源、环境、经济、社会在相互协调中推进社会的发展。这就要求组织及其活动必须自觉遵守,尤其是产业组织的经济活动必须防止杜绝污染空气、水质,出现噪音等行为。

(2) 经济环境。指一个国家的生产力水平,经济资源状况,国际和国内的供给、需求、竞争状况,还包括一个国家的经济发展战略及采取的相应的经济政策。一个组织,尤其对经济组织来说,经济环境会直接制约着它的生存和发展。例如面临供大于求的市场,为启动经济发展,我国政府推行了积极的财政货币政策,营造了刺激需求的社会经济环境。作为企业组织来说这就是一个极好的发展机遇,企业应根据市场需求及其变化,及时调整产业结构、产品结构乃至组织结构。

(3) 政治法律环境。指一个国家为保证经济发展、社会稳定所制定的政治制度和法律制度,以及与之相适应的一系列法规和政策,还应包括社会政局的稳定程度和政策的稳定程度。政治法律环境对任何组织来说影响都很大,而且还带有不同程度的强制性质,要求组织及其活动必须遵守。

(4) 文化环境。研究表明,机械组织适用于稳定的环境,有机组织适用于动态的不稳定的环境。下面分析几个国家的不同的文化环境对企业组织结构产生的影响。

美国企业的组织结构带有明显的科层制特色,规范化程度高,权责清楚;意大

211

利企业的组织结构中有许多的横向交流;英国企业也有这样的特征,但是下级向上级的交流就比较少;而在挪威的企业中,最基层的人员可以直接向组织的最高层反映情况;而在阿拉伯国家,组织结构中的人际交往就极少。

在我国,文化对组织结构设计的影响也是比较明显的。一方面,我国文化中权力距离比较大,容易形成技术集权的组织结构;而另一方面,制度有规定工人可以参加管理,因此在组织设计中必须反映这一规定;此外,中国传统文化特别讲究人和,不希望组织内部存在明显的冲突,内部的竞争一般也是不受欢迎,至少不是公开受到鼓励。这样的组织结构设计中,机械式的组织比较常见的。

2)组织战略

战略与组织结构之间的关系是理论界争论较多的问题之一,其问题是战略决定组织结构,还是组织结构决定战略。对企业的战略与结构之间关系研究有重大贡献的是美国的企业史学家艾尔弗雷德·钱德勒。他对美国100家大公司的发展进行了深入的考察。在追踪了这些企业长达50年的发展历史之后,他得出了这样一个结论:公司的战略变化在于公司的组织结构变化。具体地说就是:钱德勒发现,简单的战略通常只要求一种简单、松散的组织结构,也因此可以采取一种集权式的体制;当公司成长壮大后,战略随之改变,变得更有雄心,组织结构也因此而变得壮大。所以,钱德勒由此提出了战略决定结构的理论。但是自20世纪80年代以来,一些理论家认为企业的内部资源对企业的战略有决定性的作用。这些资源中自然也包括企业的组织结构。我们认为,战略与组织结构二者之间的关系没有绝对的决定与被决定的固定关系,而是一个相互影响、相互作用的关系。如果我们考虑组织设计,就必须考虑组织的战略,而当制定战略时,就必须考虑一定的组织结构的影响。在这里,我们自然将战略作为组织设计的最重要的影响因素。这里的战略指的是组织的重大发展决策、规划,对企业而言,就是企业的经营战略。战略选择的不同,将在两个层次上影响组织结构:一是不同的战略对组织开展的义务活动有不同的要求,这会影响组织设计中的职务设计和部门划分;二是组织战略重点的改变,会导致组织的工作重点及各部门与职务在组织中重要程度的改变,因此要求对组织结构进行必要的调整。

组织结构是实现组织目标的手段,而目标产生于组织的总体战略。因此,组织结构与组织的总体战略是紧密联系在一起的,结构要服从于战略。如果最高管理层对组织的战略作出重大调整,那么就必须修改组织结构,以此来适应和支持战略的变革。

随着企业战略从单一产品向一体化再向多样化经营的转变,组织结构将从有机型转变为更为机械的形式。探索者战略的组织要以创新求生存,因此有机式组织更好地适应了这一战略,因为它灵活,能保持最大的适应性;相反,防御者战略寻求稳定性和效率性,因此它需要一种机械式的组织与它相配。

3) 技术

任何组织的生存与发展都离不开一定的技术。因为组织总是需要将某些投入转变为产出,该过程需要一定的技术。这一点在企业中表现得十分典型。当然,非企业性的组织同样需要一定的技术来完成任务。技术的类型是多种多样的。考察技术因素对组织结构的影响,需要对技术进行分类。在这个方面作出了开创性贡献的是英国的管理学家琼·伍德沃德。她为了寻找统一指挥、管理幅度等传统原则与组织结构、组织绩效之间的关系,对英国南部的近100家小型制造业企业进行了调查,可是没有发现带有规律性的结论。后来她将企业按照所采用的生产技术的差异进行分类,结果发现了技术对企业组织结构的影响。她将企业的生产技术划分为三类:第一类是单件生产的技术;第二类是大量生产的技术;第三类是连续生产的技术,也是最复杂的技术。伍德沃德发现:技术类型与公司的结构之间存在密切的联系,有高度的相关性;此外,技术还与组织的绩效有一定的关系。这种关系见表6.1。

表6.1　技术类型与公司结构及组织绩效之间的关系

	单件生产	大量生产	连续生产
结构特征	低度纵向化 低度横向化 低度正规化	中度纵向化 高度横向化 高度正规化	高度纵向化 低度横向化 低度正规化
有效结构	有机式	机械式	有机式

伍德沃德的研究对象主要是制造业企业。其结论的应用范围受到了限制。查尔斯·佩罗认为现代技术的分类不能仅仅局限于制造业企业的生产过程,不能以生产技术作为分类的基本标准。于是,他提出了新的技术分类标准,这个标准有两个:一是任务的可变性程度,二是问题的可分析性。

在第一类因素中,主要考察例外情况的多少。例外情况较少,技术就属于常规性的,其工作就可以高度规范化,由此可以采用机械式的组织结构;而当例外的情况较多时,往往会使用非常规技术。

在第二类因素中,问题可分析性是对探索过程的一种评估。典型的一种情况是可分析性较少,问题非常的确定,人们可以使用逻辑和推理分析来寻找问题的答案,例如一个成绩一直十分优秀的学生在一次考试中成绩突然表现得不理想,对这种问题就可以采用逻辑和推理的方法进行分析,针对情况采取解决问题的办法。另一种情况是具有高度的不确定性,过去从来都没有碰到过的新问题,如建筑设计师接受的一项任务是按照以往从来都没有采用过和听说过的标准来完成设计任务。这个任务就有很高的不确定性。

佩罗将这两种因素进行结合,划分出了对组织设计有影响的四种技术,如表6.2所示。

表 6.2 对组织设计有影响的四种技术

		任务变量	
		少量例外	大量例外
问题的分析性	确定	常规技术	工程技术
	不确定	手工技术	非常规技术

在常规技术下,组织结构可以高度地规范化,如生产钢铁和汽车的企业,还包括石油生产企业等大多建立这样的组织结构;在工程技术下,一般要用理性、系统的知识来处理大量例外的事务,所以建立的组织有一定的灵活性,如建筑公司大多属于这一类;在手工艺技术下,问题有较大的不确定性,但是例外的问题也比较少,组织应当有恰当的分权,保持较高的灵活性;在采用非常规技术,由于问题具有较大的不确定性,而且要处理的例外问题多,对组织的灵活性要求很高,组织应当是高度的分权化,并要保持较低的程度的正规化。

总之,技术对组织结构的影响是突出的。如当今企业组织结构所发生的巨大变化,最主要的原因是信息技术的普及和在企业生产经营中的采用。

组织结构必须因技术类型而异。一般而言,技术越是常规,结构就越为标准化。机械式结构与常规技术相匹配;另一方面,越是非常规的技术,结构就越是有机式。这种类型要求具有灵活性,组织应是分权化的,所以成员相互频繁作用,以很低程度的正规化为特征。介于两者之间的手艺技术,需要有丰富知识和经验解决问题,组织必须分权化。而工程技术,应当分散决策权限,以低正规化来保持组织的灵活性。

4）规模

组织的规模对其结构具有明显的影响作用。大规模的组织要比规模小的组织更趋向于高程度的专业化和横向及纵向的分化,规则条例也更多。但是,这种影响不是线性关系,而是规模对结构的影响程度在渐渐地减弱。也就是说,组织发展到一定程度之后,随着组织的再扩大,规模的影响显得不重要了。

这里的规模指的是组织的人数。组织的规模越大,组织结构就会趋于复杂和规范化。它表现在:第一,随着规模的扩大,在管理者的管理幅度的约束下不可避免地需要分层,因此会形成多层次的组织结构;第二,随着组织规模的扩大,组织的关系更加复杂,协作也更加困难,因此需要对员工进行部门划分,形成多部门结构。

企业发展的实践也证明,在小规模的企业,容易形成有机式的组织;而随着组织规模的扩大,企业就会逐步形成机械式的组织。

6.3.2 组织设计的内容

组织设计的内容包括:管理幅度和管理层次的设计、组织职能设计、组织部门设计、组织职位和职务设计、组织人员配备等方面。

6.3.2.1 管理幅度和管理层次设计

通常将一名领导人能够有效地直接领导的下级人数,称为有效管理幅度。它是决定管理层次的一个基本因素。如果企业为了某种目的而减少管理层次,那么,必然受到有效管理幅度的制约,必须以保证领导工作有效为前提。管理层次设计一般可分为以下四个步骤进行:

1) 按照企业的纵向职能分工,确定基本的管理层次

(1) 实行分散经营、分散管理的企业,总公司与分公司无疑是两个大的管理层次;总公司内部,有由主要领导人组成的战略决策层和由高层职能部门构成的专业管理层;分公司内部一般又分为经营决策层、专业管理层和作业管理层。这样,从总体上讲,共有五个基本的管理层次。

(2) 在集中经营、集中管理的企业里,有的企业规模较小、技术简单,通常只要设置经营决策、企业管理层和作业管理层三个层次就可以了。

2) 按照有效管理幅度推算具体的管理层次

3) 按照提高组织效率的要求,确定具体的管理层次

影响组织效率的因素除了领导者的管理幅度外,还有下属的积极性和完成任务的能力。所以,确定具体的管理层次,应将这两方面结合起来通盘考虑。对于下属来说,高效率的组织应该是:下级有充分而明确的职权,能够参与决策,了解集体的目标;能够提供安全与地位,每个人都有发展的机会;能够依靠小集体的团结与协作,完成所承担的工作任务等。

4) 按照组织的不同部分的特点,对管理层次做局部的调整

以上所确定的管理层次,是就整个企业而言。如果企业的个别组织单位有特殊情况,还应对其层次做局部调整,例如,科研和技术开发部门,若层次多、主管人员多,不利于发挥技术人员的创造性,就可以适当的减少层次。有的生产单位技术复杂,生产节奏快,人员素质又低,需要加强控制,在这样的条件下,适当增加层次则是必要的。

6.3.2.2 组织职能设计

设计好组织职能是企业管理中的重要一环。组织按权利层级可以细分为领导决策层、中层执行层、基层执行层这 3 个层面;按业务内容分,可以分为市场、营销、

生产、质量、人力资源、财务等;按管理层面分可以分为计划、执行、督导、考核等层面。因此设计组织的职能应充分考虑到权利层级、业务层级和管理层级。

在职能职权设计中,企业领导不应对下属的能力、道德、专业做过于苛刻的要求,以至把左右的权利都归到自己身上,这样不利于发展员工的积极性和创造性。关键在于你是否能设计出可有效执行的职能,保证企业的安全、有序运行。如营销部门的职能中所规定的销售政策的制定,经销商的考察、管理等,可以根据权限的层级来规定。营销部门的销售政策的制定,是文本上方案的制定,审核可以通过分管副总,核准则应由总经理来把关了,这样各个层级上的人都有了各自的职能,总经理也不用担心大权旁落;销售部门有了这个职能后,他的责任心和压力都会同步增加,对于开展企业的营销无疑是一种动力,比起只靠总经理一个人在考虑要强多了。总经理剩下的事就是根据职能和业绩计划进行考核和分析,把他宝贵的时间用来思考更大的市场问题。

6.3.2.3　组织部门设计

企业组织各部门的划分是确立企业机构,并根据各职位的特征对它们进行分类的过程,部门划分的方法如图 6-8 所示:

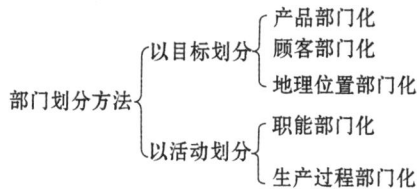

图 6-8　企业组织部门划分方法

1)产品部门化

划分方法如图 6-9 所示。其优点在于:目标单一,力量集中,可使产品质量和生产效益效率不断提高;分工明确,易于协调和采用机械化;单位独立,管理便利,易于绩效评估。

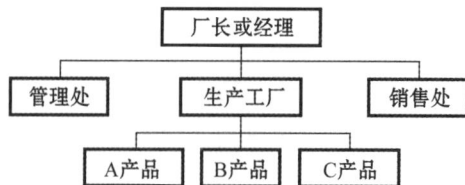

图 6-9　产品部门化设计

2)顾客部门化

划分方法如图 6-10 所示。这种划分虽能使产品或服务更切合顾客的实际要求,但同时却牺牲了技术专业化的效果。

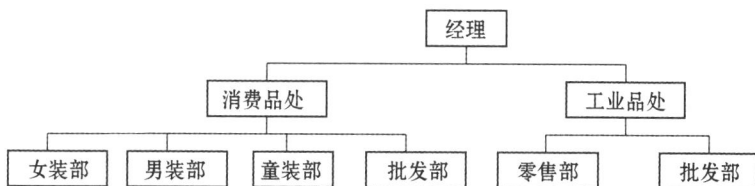

图 6-10 顾客部门化设计

3)地理位置部门化

划分方法如图 6-11 所示。这种划分最大的优点是对所负责地区有充分的了解,各项具体业务的开展更切合当地的实际需要。但是容易产生各自为政的弊病,忽视了公司的整体目标。

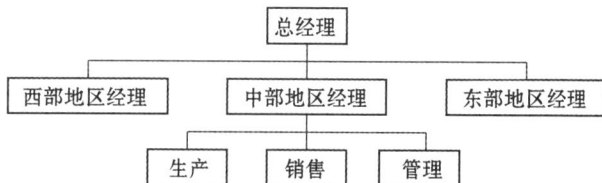

图 6-11 地理位置部门化设计

4)职能部门化

划分方法如图 6-12 所示,它是以同类性质业务为划分基础,在组织中广为采用。此种划分优点在于责权统一,便于专业化。但往往会因责权过分集中,而出现决定迟缓和本位主义现象。

图 6-12 职能部门化设计

按部门职能专业化的原则,通常可把部门划分为三种类别:

(1)生产部门。商业和服务业,即营业部、服务部、客房部、餐厅部等;制造业为车间、技术部、营销部等。

(2)控制部门。如办公室、人事部、财务部等。

(3)支持部门。总务、后勤、保安、服务业的工程部,制造业的维修部等,财务部、人事部、办公室也有此职能。

5）生产过程部门化

划分方法如图 6-13 所示，它是根据作为流程划分的，多见于加工流程型的生产组织。这种划分所形成的部门，专业程度高，生产效率也高，常用于组织大量大批产品的加工制造。

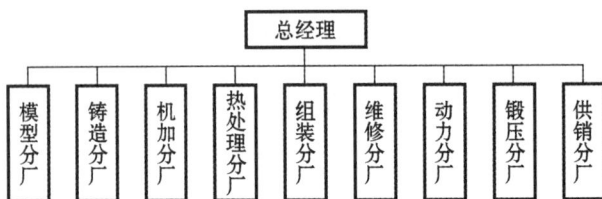

图 6-13　生产过程部门化设计

6）混合

划分方法是综合以上各种划分方法而成的一种划分方法，如图 6-14 所示。它一般用于大规模的企业组织中，至少运用以上两种划分方法，有的则运用以上全部的划分方法。

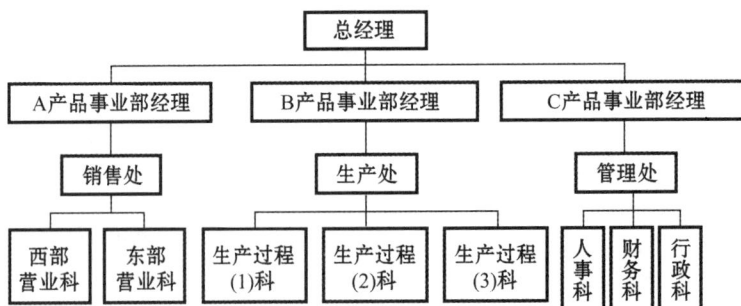

图 6-14　混合设计

部门划分的评价标准：

（1）能否最大限度利用专业化技术和知识。

（2）能否有效地利用机器设备。

（3）能否便于直线下达命令。

（4）能否便利协调。

（5）能否发挥员工的聪明才智。

6.3.2.4　组织职位与职务设计

职位和职务设计首先要对职位与职务进行分析，就是对企业内的各种职位及其相应的职务进行分类和区别。职位分析，是对企业内所有的职位，按一定的标准,加以分类整理,使工作与人员相互配合,在达到人事管理上因事设人、按才录用、同工同酬、按劳分配的目的。职务分析,就是通过观察和研究,确定关于某种特定职务的范围、内容。

职位分析要遵循一定的程序。至少要按以下几个步骤做深入细致的工作:

1) 明确职位与职务分析的目的与作用

进行职位与职务分析,有着明确的目的性。

(1) 明确职位和职务的分类与内容,有助于人员录用和人员安置,可以为有不同技术和经验的人员安排适宜的职位和职务。

(2) 有助于职务评价,作业环境等评价过程。

(3) 因能明确职位与职务所需条件,有助于选定对员工培训的内容。

(4) 在安排企业所需人员时,有助于从质的方面估计所需人员。

2) 调查研究,明确分类标准,确定各种职类

对企业系统内的各种工作岗位的工作内容,比如对任务多少、范围大小、权力与责任的轻重等,做周密的调查和深入的分析,看全部的工作可以分成多少种类,每一种叫做一个职类。职位调查工作可分为两个方面:

(1) 搜集参考资料。在职位分类以前,必须首先明确企业的机构设置、全部的业务、各类人员的状况,搜集有关企业法规及图表等,以便了解各组织单位职位间的相互关系以及现在职位数额,然后加以研究与分析。

(2) 职位调查。职位调查就是对职位的现状进行调查。其主要方式有:①实地调查,即派出经过训练的专门人员,直接与各岗位的工作人员进行面谈,进行直接调查,将调查结果记入工作说明书;②书面调查,即对每一岗位的人员,分送工作说明书,请其详细填写;③综合运用上述两种方法。

3) 职位分类的构成

职位分类主要由以下几个因素构成:

(1) 职位。指符合一定条件的人,用全部或部分工作时间来承担的经常性的职务和责任,是两者的有机结合。

职务,是指工作人员为完成某项任务必须进行的工作行为。这种工作行为,既可以发生在人与物之间,也可以发生在人与人之间。所谓责任,是指担任一定职位的人,对其工作的同意和承诺。它约束人的工作行为,意味着一个人必须做什么或不能做什么。因此,一定的职位是一定职务和责任的综合体,是由主管机关根据法令或职权,分配给工作人员担任的。一个职位只能由一个工作人员来担任,其职权是有一定范围的。职位可能是常设的,也可能是暂时的;可能是实授的,也可能是空缺的。由于职位是以工作和责任为内容,而且数量是有限的,所以当工作或责任有增减时,必将引起职位的变化。

职位是职位分类构成的基础,在这种基础上,又形成各种职务和高低不等的职级。

(2)职级。指职务、责任和职权基本相同的职位的总和。就是说,凡工作性质、职务、责任、技术、教育等因素相同的职位,均属于同一个职位级别,并可用一个称谓来表明本职级内的各职位。在同一职级内,所需的资格条件都是相同的,可以用同样的考试内容及方法来选用所需人员。

在职位分类中,职级的定义是至关重要的。因为职位是否相同,能否适用相同的管理原则,都是由职级的定义来决定的。

(3)职等。指工作性质不同,而工作繁简难易、责任轻重及所需资格条件相当的职位归类。也就是说,在职位分类过程中,把工作性质不同,但困难程度、职责轻重、工作所需资格条件相同的所有职位归纳成职等。职等要求不同联系间待遇上的平衡,即同工同酬。所有职位都可以归入不同的职等。

(4)职系。指一些工作性质相同而责任轻重和困难程度不同,分属不同职级的职位系列。它包括工作性质相似的职级。一般言,一个职系就是一种专门职业。如果以职级为单元,横的方向以职等区分其程度;纵的方向以职系区分其性质。职系是职位分类纵向划分的基础。职系的主要功用,在于提供专门人才供职、晋升或转调的基础。

(5)职组。也称为职群。通常由若干个员工创造性质相同、相互有联系的职业、专业及工作的等级系列组成。职组的主要作用在于有助于职位的分类,但它并不是必不可少的因素。因此,有时也可以把它省略。

(6)职门。指将若干个工作性质相近的职组进行归纳,成为一个门类,如我们常说的部门。职门在职位分类中的作用很小,它是职务分类中最粗略的划分。

4)职位分析的方法

职位分析的方法,有以下几种:

(1)比较法。即将未归级的职位与已经归级的职位相比较,如其内容与已经归级的职位内容完全相似时,就应划为同一职位。否则,就应与另行分析评价归级。此法较为简单,适用于小规模的职位分类。

(2)评分法。即将各职位根据预先定的评分标准,按照项目,分别予以评分并求出总分,然后对照各职位的分值,归于适当的职位内。

(3)因素法。即将待归级职位的内容与职位规模的内容相比较,如果与规范所述内容一致,就归入同一职位。反之,则应重新分析。

6.3.2.5 组织人员配备

企业各部门人员的配备是根据企业人员配备架构的形态、企业人员配备架构设计的原则以及企业组织任务和目标的企业组织和企业组织各部门的划分,并结合企业人力资源的实际情况来进行人员的配备,目的是要达到群体结构优化,在进行企业各部门人员配备时应根据以下原则。

1)目标核心原则

所谓核心原则是指群体结构中必须具备的体现"内聚力"的坚强支柱。一个管理群体只能有一个核心,这个核心持有的"内聚力"是管理人员组合的灵魂。贯彻核心原则,要认真解决群体结构中核心人物的选拔及培养问题。

2)整体效应原则

一个结构合理的员工群体,其每个成员的个体作用必定得到充分发挥,整体效应处于良好状态。因为,一个员工群体结构所具有的"整体力量",不是每个成员"个体力量"的代数和,而是员工群体每个成员的能力系数和配合系数的乘积。这是一个受多种因素影响、涉及面很广的一个问题。过去,人事主管在配备员工时,比较注意每个员工个体的质量,很少考虑整体结构是否合理。因而,有的群体,就其每个成员来说,素质都较好,但组合在一起,却运转不灵,连个人的作用也难以发挥,成了"内耗型"的部门。企业的员工群体结构是否合理,要看它的整体效应以及在领导功能、创造功能和人员功能上整体发挥得如何。

3)功能互补原则

企业的员工群体是一个多系列、多层次、多要素的动态综合体,只有按人才结合、功能互补的原则,配备企业员工,才能使员工群体的结构合理,形成"内聚力大,摩擦力小;向心力大,离心力小;合力大,分力小"的战斗和谐集体,产生较佳的整体功能。

群体结构的功能互补,一般包括下列几个方面。

(1)具有梯形的年龄结构。企业的员工群体就是由适当比例的不同年龄区段的员工构成的整体。生理学和心理学的研究表明,人在30岁以前各方面生理机能运行最佳,体力充沛,记忆力强,善于接受新事物,是知识成长和积累的阶段;30～50岁,年富力强,思维活跃,分析能力和判断能力最强,适合于搞组织领导工作;50岁以后,经验最丰富,但体力和记忆力衰退,不善于接受新事物,为决策顾问期。不同年龄区段的干部有不同的长处,在群体中能起到不同的作用,三者又都有短处,如都由同一年龄区段的干部组成班子,则会出现同步老化或同步经验太少。因此年龄上形成梯形结构,有利于取长补短、开创新局面。

(2)具有合理的专业知识结构。企业员工群体应实行不同文化程度和不同专业知识的员工的合理搭配。由于现代社会生产具有复杂性、多变性、竞争性和整体性,企业员工群体必须具有丰富的经验和广博的知识,成员中除具有懂得管理的基本知识和技能这些共性外,还应把具有某方面专业知识的人才结合在一起,使企业文化工作、组织管理、经营供销、工程技术、财务、后勤服务等达到管理集体专业化、管理集体所管理的各个领域中,都有懂得专业知识和业务的成员,形成知识的互相补充和立体结构。

(3)具有较好的智能结构。企业的员工群体应由不同类型智能的员工协调组合。人们的智能类型水平差别很大。就管理人员说,有的富于远见卓识,善于分析综合,有决断能力,是思维型干部;有的足智多谋,沉着冷静,是参谋型干部;有的善于做组织管理,协调各方关系,属组织管理型干部;有的乐于脚踏实地,埋头苦干,属实际型干部。如果都由同一智能类型的人组成管理群体,即使个体都很优秀,也不能达到好的整体功能。智能特点相似的人在一起往往合作不好,不同智能类型的管理成员协调配合起来,就有可能组成多功能和高效能的管理群体。

(4)具有较合理的素质结构。企业的管理群体应由不同类型素质的管理成员协调组合。人的素质是各种各样的,不同素质的人理解问题和处理问题很不一样,形成的效果也很不一样,条理型的科学家也许更适宜于发展性的研究,而推测型的科学家则更宜于探索性研究。企业面临的工作环境复杂,需要有开拓型、创新型、果敢型、泼辣型的干部,也需要有计划型、学究型、依附型、宽容型干部。各种不同素质的干部红花绿叶,相得益彰,各有所长,相互补充。如果都由同一 素质类型的人组成班子,不是好的结构。

(5)应有精干高效的工作结构。企业员工群体应是人员精干、人数合理、效率高的组织。在工作结构中,机构不在多而在于精,人不在多而在于关系清,在于每个员工都具有胜任现职工作的专业知识和组织领导能力,配备精干,因事设人,讲究效率,用最少的人和钱办最多的事。如果工作结构是机构重叠,人浮于事,肯定不是好结构。

合理的企业员工群体结构,是一个多维的、动态的综合体,它既要将各种不同年龄、知识、能力、素质的管理人员进行合理搭配,形成最佳员工群体结构,实现整体效应,也要随企业内外环境和条件的变化,不断调整、补充和更新群体的要素,使企业员工群体始终保持最佳状态。

4)动态交易原则

按照权变学派的理论,管理的有效与否,既不决定于管理者的个人品质,也不决定于某种固定不变的管理行为,而是取决于管理者是否适应所处的具体环境。因而,作为一个有效的企业的员工群体,应适应企业所处的具体环境,应适应企业经营目标和企业各种不同的管理职责的要求。而企业的经营目标,又是随着国家、社会以及市场不同时期需求情况的变化而变化的。企业内部的管理职责,也将由于经营目标的变化,有着不同的内容。所以,企业员工群体的组合不可能是固定不变的静态组合,而是随着环境条件和经营目标、管理职责的变化而变化的动态组合。由此可知,员工群体结构合理化的过程,必然是动态交易的过程。但是,永恒的"动"与相对的"静"是相互依存的。合理的员工群体结构在动态中做到相对稳定,才能保持员工群体优化的平衡。

还应看到,虽然员工群体的各类人员的配备在一定条件下是一个常数,但员工的擢升、任免、调入、调出、选拔、补充、离退休等都是变量,而且进出的人选条件不可能完全相同,这也说明,员工群体的结构不可能是永恒不动,要使员工群体结构能在"动"中仍保持结构的优化状态.必须注意以下几点:

(1)要使员工的发现、培养、选拔、使用的工作制度化、正常化。不能临战招兵,更不能从组织人事部门的任务观点出发,应对差事,滥竽充数。

(2)实行员工合同制,没有特殊原因,不能随意调动更换,保持员工群体结构的相对稳定性。

(3)调配、任免要尽量同步进行,做到有出有进,保持工作的连续性和继承性,不要出而不进,出现空缺,影响员工群体功能的发挥,更不能搞"一刀切"的大换班,使员工群体的工作运行中断。

(4)选准苗子,定向培养,定向使用,使"梯队建设"绵延不断,拥有一支专业配套、结构齐全、可供随叫选配的后备干部队伍,以便及时补充员工群体结构小的空缺。

6.4 组织变革与组织创新

案例 6-4 不变革,则灭亡

1993年4月之前,固特瑞公司的分公司吉奥公司最高首脑,一直在面对生产聚氯乙烯(PVC),这是个赔钱的买卖——1991年分公司销售额为12亿美元,亏损1.35亿美元——所以固特瑞公司卖掉了吉奥。

威廉·派新特受命创新独立的吉奥公司,他的任务是要使公司起死回生。在担任公司首脑的头12个月里,派新特进行了彻底的变革,并收到了惊人的效果。

派新特指出固特瑞公司犯了一个战略性的错误,它想使吉奥公司成为一个专业的医药生产商。他认为吉奥公司是一个医药产品的高成本生产商。公司本应该致力于药品生产及降低成本,但却把大量资金花在研究和开发上。

派新特对吉奥公司实行的变革方案十分全面。他裁减了1/3以上的员工,为留下来的员工设立了具有奖励作用的利润分成和股票奖励计划。他从人力资源和采购等职能部门中拨出2700万美元,并使用外部供应商从事许多工作,而这些工作以前是由吉奥公司内部来完成的。派新特还取消了大多数经理的私人办公室,以使他们和工人更接近。他关闭了8个工厂中的3个,降低了25%的PVC生产能力。他对存留的工厂进行了重组,给员工更大的自主权。其结果是:现在5个工厂的产量超过原来8个工厂的产量。派新特还重新设计生产线,取消了销售缓慢的产品,并大大削减了生产中所用材料的数量。

到1994年4月,吉奥公司在作为一家独立公司成立的头一年中,销售额达10亿美元,利润3180万美元。与上一年销售9.06亿美元、亏损2700万美元形成鲜明对比。也就是说,在销售额增长不足1亿美元的情况下,派新特的变革方案带来了5800万美元的利润。

组织建立起来,是为实现管理目标服务的,当管理目标发生变化时,组织也需要通过变革自身来适应这种新的变化的要求。即使管理目标没有发生变化,但影响组织的外部环境和内部环境如果发生了变化,那么组织也必须对自身进行变革,才能保证管理目标的实现。因此,组织不是僵硬的、一成不变的。管理目标的变化,或者影响组织存在和管理目标实现的各种因素的变化,必然会带来组织模式、组织结构、组织关系等的相应变化,否则,就无法使管理目标得到实现。

一般说来,组织模式应力求相对稳定,频繁而不必要的变动对于实现管理目标是不利的。但任何组织都处于动态的社会变动中,由于环境的变化,或影响管理目标的各种因素发生变化,组织也会通过变革而发生某些变化,一成不变的组织是不存在的。不变革的组织没有生命力,必然走向衰亡,所以,组织的变革是绝对的,而组织的稳定是相对的。

在组织的稳定与变革之间,管理者会不会陷入无所适从的状况?因为管理者如果极力维护组织的稳定就有可能导致组织的僵化,如果积极推进组织的变革,又有可能造成组织不稳定和人心涣散。管理者盲目地推行变革也同样会使组织消亡,甚至会使组织消亡得更快。这就要求管理者在推动组织变革时要非常谨慎,必须首先确定组织的变革已经是非常必要的,才能展开变革的进程。在组织的变革中,还需要有正确理论的指导,有计划、有步骤地进行。也就是说,必须根据未来发展可能出现的趋势,在科学预测的基础上,有计划、有步骤地对组织进行变革。只有这样才能使组织的变革获得成功,才能使组织得到生存和发展,反之则会使组织倒退或消亡。

6.4.1 组织变革的一般规律

组织是一个不断地与其环境发生作用的开放系统,其内外部环境因素的变化,必然要求组织作出相应的变革。

6.4.1.1 组织变革的动因

组织结构变革的原因在于:

1）企业经营环境的变化

诸如国民经济增长速度的变化、产业结构的调整、政府经济政策的调整、科学技术的发展引起产品和工艺的变革等。企业组织结构是实现企业战略目标的手段,企业外部环境的变化必然要求企业组织结构做出适应性的调整。

2）企业内部条件的变化

企业内部条件的变化主要是指:

（1）技术条件的变化,如企业实行技术改造,引进新的设备要求技术服务部门的加强,以及技术、生产、营销等部门的调整。

（2）人员条件的变化,如人员结构和人员素质的提高等。

（3）管理条件的变化,如实行计算机辅助管理,实行优化组合等。

3）企业本身成长的要求

企业处于不同的生命周期时对组织结构的要求也各不相同,如小企业成长为中型或大型企业,单一品种企业成长为多品种企业,单厂企业成为企业集团等。

对于管理者来说,应当在何种情况下维护组织的稳定和在何种情况下促进组织的变革,这是一个非常重要的问题。但是,组织变革大都不是突发性的,是有先兆可循的,如果在管理中发生如下几种情况,就必须认真思考组织的变革问题。组织结构需要变革的征兆有:

（1）企业经营成绩的下降,如市场占有率下降,产品质量下降,消耗和浪费严重,企业资金周转不灵等。

（2）企业生产经营缺乏创新,如企业缺乏新的战略和适应性措施,缺乏新的产品和技术更新,没有新的管理办法或新的管理办法推行起来困难等。

（3）组织机构本身病症的显露,如决策迟缓,指挥不灵,信息交流不畅,机构臃肿,职责重叠,管理幅度过大,扯皮增多,人事纠纷增多,管理效率下降等。

（4）职工士气低落,不满情绪增加,如管理人员离职率增加,员工旷工率,病、事假率增加等。

6.4.1.2 组织变革的目标

组织变革主要从属于两大目标:

1）使组织适应环境,以便在不断变化的环境中求发展

虽然组织行为对环境会有一定的影响,但环境的变化是客观的,任何组织的管理当局都无法阻止。也无法控制身外的环境因素。他们唯一可以做到的就是连续不断地变革自己的组织机构,设计新的奖励、报酬制度、决策程序、生产经营流程和对组织成员工作实绩的考核程序等。通过这些内部变革的办法,以求满足组织成员对尊重和参与的需要,能够适应竞争的加剧和其他环境变动等外部环境变化的要求,从而使自己在变化的环境中得以发展。

2) 改变组织成员的观念、态度、交往手段和彼此联系的方式等

一个组织,除非其成员能随着环境的变化而更新自己的观念,并能以不同的方式处理彼此间的关系、他们与工作的关系以及他们与外部顾客等的关系,否则它就不可能应付环境的变化。组织的成败兴衰取决于人们怎样做出决定,任何一种工作设计的变革,工资结构和分配制度,用工制度或组织目标的变动等,都是为了变更人们的观念和修正人们的行为。这种变更人的观念、改造人的行为的变革,是针对个人、群体、组织以及群体之间的行为方式而做的。所以,改造组织成员的观念和行为,也就像使组织适应环境一样,是组织变革的一个最基本、最重要的目标。

6.4.2　组织变革管理

在现代社会,越来越多的组织面临着一种复杂、动态多变的环境。如果说以前的管理特点是长期的稳定伴随着偶尔的短期的变革,今天的情形正好相反,往往是长期的变革伴随着短期的稳定。在这种情况下,管理者必须比以往任何时候更加关注变革和变革管理,帮助员工更好地理解不断变革中的工作环境,并采取措施克服变革的阻力,激发变革的动力,使组织在变革中求得繁荣和发展。

任何变革都面临着动力和阻力问题。这是对待变革所表现出来的两种不同的态度及方向相反的作用力量。这两种力量的强弱对比,会从根本上决定了变革的进程、代价乃至成败。

6.4.2.1　组织变革的过程

组织的变革,虽然从动因上看有主动性变革和被动性变革。但就变革的过程而言,都贯穿着管理者的自觉性主动性,因为任何一项变革,都是通过管理者承担起来的,没有管理者的变革计划和变革方案,就不可能存在着变革的行动。

组织变革的方案是在发现了组织存在着的问题之后制定的对组织加以改造、改组和重建的工作。因为,组织为了主动地适应环境的变化和新的形势,就必须进行有计划的改革和变革,只有主动、有计划的变革,才能使变革的成功概率提高。一般来说,变革的方案有如下几种:

(1) 打破原状,抛弃旧的一套,断然采取全新的办法。

(2) 采取逐步改革的办法,即在原有框框内作一些小的改革。

(3) 采取系统发展、统筹解决的办法,即由组织的领导或组织变革专家先设想一个最佳变革方案,经有关人员共同研究,分析修改,建立变革的系统模型,确定解决问题的具体措施,以便进一步地实施,最终达到组织高效化,有效地完成组织的各种任务。

总结组织变革的经验和教训,可以发现:在上述 3 种变革方案中,渐进性改革不能触及组织内根本性的问题,而且时间缓慢,显得零敲碎打,收效不大。第一种

革命性的变革要彻底推翻现状,会产生很大的振荡,因而阻力也会很大。只有第三种系统发展的计划性变革,才能把领导和成员的聪明才智焕发出来、组织起来,共同有系统地研究问题和制订改革方案,从而能在广大组织成员谅解、支持的基础上,朝着预定的目标顺利地推行组织的变革。

6.4.2.2　组织变革的动力

所谓动力,就是赞成和支持变革并努力去实施变革的驱动力。变革的动力,总的说来,是来源于人们对变革的必要性及变革所能带来好处的认识。比如,企业内外客观条件的变化,组织本身存在的问题,各层次管理者居安思危的忧患意识,以及变革可能带来的权力和利益关系的变化,这些都可能引发变革的动机,形成变革的推动力量。

组织变革的动力来自各方面,不仅来自组织的外部环境,而且来自组织内部。

1) 外部变革推动力

组织变革的外部环境推动力包含政治、经济、文化、技术、市场等方面的各种因素和压力,其中与变革动力密切相关的有以下几方面:

(1) 社会政治特征。全国的经济政策、企业改革、发展战略和创新思路等社会政治因素也许是最为重要的因素,对于各类组织形成强大的变革推动力。国有企业转制、外资企业竞争、各种宏观管理体制改革、加入"世贸"和开发西部地区,都成为组织变革的推动力。

(2) 技术发展特征。机械化、自动化、特别是计算机技术对于组织管理产生广泛的影响,成为组织变革的推动力。由于高新技术的日益采用,计算机数控、计算机辅助设计、计算机集成制造以及网络技术等的广泛应用,对组织的结构、体制、群体管理和社会心理系统等提出了变革的要求。尤其是,网络系统的应用显著缩短了管理和经营的时间和距离,电子商务提供了新的商业机会,也迫使企业领导人重新思考组织的构架和员工的胜任力要求。知识管理成为重点。

(3) 市场竞争特征。全球化经济形成新的伙伴关系、战略联盟和竞争格局,迫使企业改变原有经营与竞争方式。同时,国内市场竞争也日趋激烈,劳务市场正在发展深刻的变化,使得企业为提高竞争能力而加快重组步伐,大量地裁员和并购,管理人才日益成为竞争的焦点。

2) 内部变革推动力

组织变革的内部推动力包括组织结构、人力资源管理和经营决策等方面的因素。

(1) 组织结构。组织变革的重要内部推动力是组织结构。由于外部的动力带来组织的兼并与重组,或者因为战略的调整,要求对组织结构加以改造。这样往往还会影响到整个组织管理的程序和工作的流程。因此,组织再造工程也成为管理心理学与其他学科研究的新领域。

（2）人员与管理特征。由于劳动人事制度的改革不断深入，干部员工来源和技能背景构成更为多样化，企业组织需要更为有效的人力资源管理。管理无疑成为组织变革的推动力。为了保证组织战略的实现，需要对企业组织的任务作出有效的预测、计划和协调，对组织成员进行多层次的培训，对企业不断进行积极的挖潜和创新，等等。这些管理活动是组织变革的必要基础和条件。

（3）团队工作模式。各类企业组织日益注重团队建设和目标价值观的更新，形成了组织变革的一种新的推动力。组织成员的士气、动机、态度、行为等的改变，对于整个组织有着重要的影响。随着电子商务的迅猛发展，虚拟团队管理对组织变革提出了更新的要求。

6.4.2.3　组织变革的阻力及其管理

案例 6-5　组织机构臃肿，决策实施艰难

某厂为一家生产照相机、测量仪器等光学仪器的工厂，老厂长因年老体衰辞职以后，厂里民主选举原来的秦副厂长为厂长，秦厂长是名牌大学精密仪器制造专业本科毕业生，长期在该厂工作，曾经担任过技术员、车间主任、分厂副厂长等职，又学过企业管理，上任之后，他看到组织机构存在不少问题：全厂职工2 400人，行政科室就有5～6个，每个科室有科长、副科长，还有好几名科员，全厂科室干部800多人，占全厂职工人数的1/3。科室人多，推诿扯皮现象非常严重，造成厂里管理效率低下。为此，秦厂长决定进行组织机构调整，把相关科室合并，精简出来的人充实到第一线去。这一方案在各层次决策会上顺利通过，各级干部也拥护，但到具体实施方案时，却难以进行。

企业组织机构臃肿是大多数企业的难题，为此需要对机构进行撤销归并，适当精兵简政，可以向同类企业学习机构设置、治理制度，协调原则等各方面的先进经验。在机构精简中，要划分各级职务，明确权责，互不重复，再据此配备职员，挑选胜任的员工，以提高组织机构效率。

同样，任何一个组织变革都包含内部阻力和外部阻力。无论是来自内部利益相关者还是外部利益相关者，阻力的本质都是一样的。

1）利益损失

人们对变革阻力的第一来源是担心自身利益受到损害。譬如，内部员工担心自己不再受重用、以前的专业优势将得不到发挥、既得利益和权力会丧失、工作上将付出更多等。外部利益相关者（如供应商、客户、竞争同行等）则可能担心组织变革会影响他们自身的发展壮大、经济利益受到损害，因而会抵制变革。

2）个人和组织的惯性

人们对变革阻力的第二来源是习惯。像任何物体一样,组织整体和组织中的个体都存在惯性。人们习惯了长期以来形成的工作方式、思维方式和生活方式,即使知道改革对自身长远利益有利,但要在短期内改变习惯就会感到困难。

3）有限的耐心

人们尽管相信变革会给他们带来好处,但是在一个快速变化的竞争社会里,人们的耐心有时是有限的。多数人都希望能很快地看到变革带来的好处,否则容易对变革失去信心。

一般说来,每一个人作为个人,他的本性都是积极进取的。但是个人被组织起来之后,形成组织之后,组织却往往会形成一种运动惯性,成为一切变革的阻力。所以,组织变革就是一个不断地消除阻力的过程。在这个过程中,要特别注意变革的策略,它们包括:

(1) 选择好时机。组织变革前要重视舆论工作,做好各方面的准备。有时成员思想抵触较大时,要加强工作,促使条件成熟,切不可武断行事,最好是避开工作和任务特别繁忙的季节,以免过多影响任务的完成。

(2) 明确从何处着手。组织的变革必须来自上层,自上而下才能推行,即使不是从最高层开始变革,也需要在获得上层的许可条件下,从中层或从基层的某一点发动。

(3) 弄清变革的范围和深度。组织变革准备涉及多大的范围,准备进行几个阶段,每个阶段达到什么样的深度,解决哪些重点问题等,都要心中有数。

(4) 始终把握组织变革的目标。组织变革的最终目标在于使组织与其所处的环境相适应,不断提高组织效力,同时要改造成员的行为方式,激励成员的积极性,使组织充满活力。

此外,我们常常遇到组织发展的概念,其实,在组织变革的概念中包含着组织发展的内涵。因为,组织的任何变革都是自觉的,是有目的、有计划的主动变革,这种变革必然意味着推动组织的发展。再者,组织变革不是偶然、一次性完成的,而是长期的和不断地进行着的,这就意味着在连续的变革中包含发展的方向性。所以,变革本身就是发展,变革和发展是对同一事件的两种称谓。当然,人们一般是把发展看作一个过程,而把变革看作发展中的一个个环节,每一次变革都是发展中的一个关节点,每一次变革都推动了组织的发展,从而促使组织结构和组织关系的改进,促使组织中个人的发展和管理水平的提高。在这种意义上,组织的发展意味着能够取得积极成果的组织变革。也就是说,组织的发展是在组织变革中实现的。因此,为了推动组织的发展,组织变革应当力求做到:第一,实事求是,从实际出发进行变革和寻求变革的途径,因为任何脱离现实的变革,其结果都会适得其反;第二,变革要有计划、有步骤,要把变革的愿望和理想与现实结合起来,以求使变革的代价较少而收获较大。

6.4.3 组织创新

随着经济的全球化和知识经济时代的到来,企业的组织也在发生深刻的变化。20 世纪末以来,在发达的市场经济国家,企业的组织正在发生一些明显的变化。

6.4.3.1 激发组织创新的因素

1)结构性因素

根据大量研究,我们可以总结出结构因素对创新作用的三个结论:

(1)有机式结构对创新有正面影响。有机式结构因其纵向变异、正规化和集权程度低,从而可以提高组织的灵活性、应变力和跨职能工作的能力,从而使创新意见更容易得到采纳。

(2)拥有富足的资源能为创新提供另一重要的基石。因为企业有了充足的资源才能投下巨资进行创新并承受失败的损失。

(3)单位间的密切沟通有利于克服创新的潜在障碍。

2)文化因素

充满创新精神的组织文化通常具有如下特征:

(1)接受模棱两可,过于强调目的性和创造性会限制人的创造性。

(2)容忍不切实际,乍看起来不切实际的东西往往可能带来问题的创新性精神。

(3)外部控制少,组织将规则、条例、政策这类控制减少到最低限度。

(4)接受风险,组织员工大胆试验,不用担心可能失败的后果。

(5)容忍冲突,组织鼓励不同的意见。

(6)注重结果甚于手段。提出明确的目标后,个人被鼓励积极探索实现目标的各种可行的途径。

(7)强调开放系统。组织时刻监控环境变化并快速作出反应。

3)人力资源因素

有创造力的组织要积极地对员工进行培训,以保持其知识的更新;同时,它还给员工提高生活保障,以减少他们因犯错误而遭解雇的顾虑;组织也鼓励员工成为革新能手。

6.4.3.2 面向未来的组织创新

当今世界经济环境变化多端,技术革新的速度越来越快,僵化的组织结构将难以适应动态变化的环境。因此,组织结构的变革与创新成为一种必然。纵观企业组织目前的现状,可把企业在组织结构上显出的发展趋势概括为以下几个方面。

1）重心两极化

随着买方市场的形成和竞争加剧,企业的重点部门由过去的生产转向研究开发和市场销售,从企业经营的过程来看,企业的结构特征正在形象地由"橄榄型"转变为"哑铃型"。

企业的组织结构发生这种转变最主要的原因是市场环境的变化。买方市场的形成,技术进步的加快,使得企业解决生存发展问题的关键不再是企业的生产问题,而是企业的产品的更新换代的快慢以及如何打开市场的问题。在大批量生产的工业经济时代,企业竞争取胜的法宝是低成本,而今天竞争取胜却要求的是快速度!甚至一些未来学家认为,未来的社会是"快者生存"的时代。因此企业的研究开发能力如何,就决定着企业产品更新换代的速度。另外,买方市场形成,品牌竞争已经成为基本的手段,如何占领市场、扩大市场成为企业的最重要的任务。所以企业的研究开发和市场销售成为当今企业的中心问题,也是资源配置的重点。在市场经济发达国家,一些企业的结构基本上就是由研究开发和市场研究、开发部门组成,生产部门很小甚至是没有。

2）外形扁平化

随着电子计算机和互联网络在企业生产经营中的应用,企业的信息收集、整理、传递和经营控制手段的现代化,金字塔式的传统层级结构正在向少层次、扁平式的组织结构演进。在当今的企业组织结构的变革中,减少中间层次,加快信息传递的速度,直接控制是一个基本的趋势。如一些跨国公司过去从基层到最高层有十几个层次,在先进的管理手段使用之后,层次精简为5～6个,大大提高管理的效率,降低了管理费用。根据这个趋势,有人甚至悲观地预言,未来的时代是不需要中层管理人员的时代。

3）运作柔性化

柔性的概念最初起源于柔性制造系统,指的是制造过程的可变性和可调整性,描述的是生产系统对环境变化的适应能力。后来,柔性就应用到企业的组织结构,指企业组织结构的可调整性,是对环境变化、战略调整的适应能力。在知识经济时代,外部环境变化以大大高于工业经济时代的变化数量级的速率变化,企业的战略调整和组织结构的调整必须及时,因此,柔性组织就应运而生,使得组织的运作带有柔性化的特征。

4）团队组织

在知识型企业中,一种称之为团队的小集体是备受赞誉的组织。这里的团队指的是在企业内部形成的具有自觉的团结协作精神、能够独立作战的集体。团队组织与传统的部门不一样,它是自觉形成,是为完成共同的任务,建立在自觉的信息共享、横向协调基础上的。在团队中,没有拥有制度化权力的管理者,只有组织者。在团队中,人员不是专业化,而是多面手,具有多重技能,分工的界线不像传统的分工那么明确,相互协作是最重要的特征。有了团队组织,团队精神也是现代企业管理的一个重点。有了一定的团队精神,团队组织才可能有效地运作。

5)整体形态创新

企业的整体形态创新是指企业形态的创新,自然这种整体形态的创新必然在内部组织上发生重大的变化。企业整体形态的创新一个最典型的例子,是虚拟企业的产生。虚拟企业是在经济全球化、信息化、知识化的形式下演变而来的一种动态网络联盟企业。它最重要的特征是将传统企业固定的、封闭的集权式结构改变为开放式网络结构,形象地说,就是由"集权制"转变为"联邦制"。虚拟企业最大的优势是具有灵活性。因为它不是一个结构固定的组织,而是一个在一定的利益条件下结合成的一个松散组织,在这个组织中各部分的调整容易而且快捷。具体来说,虚拟企业是一个外部化的网络组织。核心企业是这个网络的中心。在满足市场的需求方面它与网络中的其他企业紧密合作,因为它自身仅仅只保留了满足市场需求的部分关键功能。

虚拟企业也是在市场变化快、技术进步快、产品研制开发难度加大的形式下的企业生存发展模式。因为,它可以用市场的资源和协作的效率,最快地满足市场的需要。与虚拟企业相关的一个新的概念是战略联盟。有人认为,战略联盟与虚拟企业是同一种企业创新现象的两种不同的描述。我们认为,战略联盟主要指的是跨国公司之间结合而成的虚拟企业,而虚拟企业可以运用所有的企业。

案例 6-6 IBM 矩阵式的组织结构

1987 年,加州伯克利大学电子工程专业出身的叶成辉在美国加入 IBM 旧金山公司,成为一名程序员。因为不喜欢编程等技术类的工作,梦想着做生意、当经理,他便主动请缨到销售部门去做,经过了差不多 5 年时间的努力,获得了提升,成为一名一线的经理。随后,叶先生回到 IBM 香港公司,做产品经理。由于个人斗志高昂,业绩不错,而且"官运亨通",差不多每两年他都能够蹦一个台阶,如今,叶成辉已经是 IBM 大中华区服务器系统事业部 AS/400 产品的总经理。

从旧金山到香港,再从广州到北京;从普通员工到一线经理,再提升到现在做三线经理;从一般的产品营销,到逐步专注于服务器产品,再到 AS/400 产品经理,10 多年来,叶成辉一直在 IBM 的"巨型多维矩阵"中不断移动,不断提升。他认为,IBM 的矩阵组织是一个很特别的环境,"在这个矩阵环境中,我学到了很多东西。"IBM 是一个巨大的公司,很自然地要划分部门。单一地按照区域地域、业务职能、客户群落、产品或产品系列等来划分部门,在企业里是非常普遍的现象,从前的

IBM 也不例外。"近七八年以来，IBM 才真正做到了矩阵组织。"这也就是说，IBM 公司把多种划分部门的方式有机地结合起来，其组织结构形成了"活着的"立体网络多维矩阵。IBM 既按地域分区，如亚太区、中国区、华南区等；又按产品体系划分事业部，如 PC、服务器、软件等事业部；既按照银行、电信、中小企业等行业划分；也有销售、渠道、支持等不同的职能划分；等等，所有这些纵横交错的部门划分有机地结合成为一体。对于这个矩阵中的某一位员工比如叶成辉经理而言，他就既是 IBM 大中华区的一员，又是 IBM 公司 AS/400 产品体系中的一员，当然还可以按照另外的标准把他划分在其他的部门里。

IBM 公司这种矩阵式组织结构带来的好处是什么呢？叶成辉先生认为，非常明显的一点就是，矩阵组织能够弥补对企业进行单一划分带来的不足，把各种企业划分的好处充分发挥出来。显然，如果不对企业进行地域上的细分，比如说只有大中华而没有华南、华东、香港、台湾，就无法针对各地区市场的特点把工作深入下去。而如果只进行地域上的划分，对某一种产品比如 AS/400 而言，就不会有一个人能够非常了解这个产品在各地表现出来的特点，因为每个地区都会只看重该地区整盘的生意。再比如按照行业划分，就会专门有人来研究各个行业客户对 IBM 产品的需求，从而更加有效地把握住各种产品的重点市场。

"如果没有这样的矩阵结构，我们要想在某个特定市场推广产品，就会变得非常困难。"叶成辉说。"比如说在中国市场推广 AS/400 这个产品吧，由于矩阵式组织结构的存在，我们有华南、华东等各大区的队伍，有金融、电信、中小企业等行业队伍，有市场推广、技术支持等各职能部门的队伍，以及专门的 AS/400 产品的队伍，大家相互协调、配合，就很容易打开局面。"

"首先，我作为 AS/400 产品经理，会比较清楚该产品在当地的策略是什么。在中国，AS/400 的客户主要在银行业、保险业，而不像美国主要是在零售业和流通业；在亚太区，AS/400 的产品还需要朝低端走，不能只走高端；中国市场上需要 AS/400 的价位、配置以及每个月需要的数量等，只有产品经理才能比较清楚。从产品这条线来看，我需要跟美国工厂订货，保证货源供应。从产品销售的角度看，AS/400 的产品部需要各相关地区的职能部门协助，做好促销的活动；然后需要各大区、各行业销售力量把产品销售出去。比如，我需要在媒体上做一些访问，就要当地负责媒体公关的部门协助。再如，我认为'莲花宝箱'（为中国市场量身定制的 AS/400）除了主打银行外，还要大力推向中小企业市场，那么就需要跟中国区负责中小企业的行业总经理达成共识。当然，'莲花宝箱'往低端走，还需要分销渠道介入，这时，就需要负责渠道管理的职能部门进行协调。从某种意义上讲，我们之间也互为'客户'关系，我会创造更好的条件让各区、各行业更努力推广 AS/400。"叶成辉说。

任何事情都有它的"两面性"。矩阵组织在增强企业产品或项目推广能力、市场渗透能力的同时,也存在它固有的弊端。显然,在矩阵组织当中,每个人都有不止一个老板,上上下下需要更多的沟通协调,所以,"IBM 的经理开会的时间和沟通的时间,肯定比许多小企业要长,也可能使得决策的过程放慢。"叶成辉进一步强调,"其实,这也不成为问题,因为大多数情况下还是好的,IBM 的经理们都知道一个好的决定应该是怎样的。"另外,每一位员工都由不同的老板来评估他的业绩,不再是哪一个人说了算,评估的结果也会更加全面,"每个人都会更加用心去做工作,而不是花心思去讨好老板。"同时运用不同的标准划分企业部门,就会形成矩阵式组织。显然,在这样的组织结构内部,考核员工业绩的办法也无法简单。在特定客户看来,IBM 公司只有"唯一客户出口",所有种类的产品都是一个销售员销售的;产品部门、行业部门花大气力进行产品、客户推广,但是,对于每一笔交易而言,往往又是由其所在区域的 IBM 员工最后完成;等等。问题是,最后的业绩怎么计算?产品部门算多少贡献,区域、行业部门又分别算多少呢?叶成辉说:"其实,IBM 经过多年的探索,早已经解决这个问题了。现在,我们有三层销售产品、行业和区域,同时,我们也采取三层评估,比如说经过各方共同努力,华南区卖给某银行 10 套AS/400,那么这个销售额给华南区、AS/400 产品部门以及金融行业部门都记上一笔。"当然,无论从哪一个层面来看,其总和都是一致的。比如从大中华区周伟锟的立场来看,下面各分区业绩的总和,大中华区全部行业销售总额,或者大中华区全部产品(服务)销售总额,三个数字是一样的,都可以说明他的业绩。

在外界看来,IBM 这架巨大的战车是稳步前进的,变化非常缓慢。叶成辉认为,这其实是一种误会。对于基层的员工,对于比较高层的经理,这两头的变化相对比较小,比较稳定。比如说一名普通员工进入 IBM,做 AS/400 的销售,差不多四五年时间都不会变化,然后,可能有机会升任一线经理。再比如亚太区的总经理,也可能好多年不变,因为熟悉这么大区域的业务,建立起很好的客户关系,也不太容易。所以,外界就觉得 IBM 变动缓慢。"但是,在 IBM 矩阵内部的变化还是很快的。中间层的经理人员差不多一两年就要变化工作,或者变化老板,变化下属,这样就促使整个组织不断地创新,不断地向前发展。"叶成辉说,"我在 IBM 公司 10 多年,换了 10 多位老板。每一位老板都有不同的长处,从他们那里我学到了很多。其实,IBM 的每一位员工都会有这样的幸运。"矩阵组织结构是有机的,既能够保证稳定地发展,又能保证组织内部的变化和创新。所以,IBM 公司常常流传着一句话:换了谁也无所谓。

——摘自 HRM 案例库

案例 6-7 三九企业组织设计

一、案例介绍

三九企业是中国目前五大制药工业企业之一,是一家特殊形式的国家所有制——军队所有制企业。其直接行政主管单位在1987~1991年是第一军医大学,后从1992年开始脱离军医大学,归属中国人民解放军总后勤部生产部管理。作为一家军队开办的、经营有方的药品生产企业,它从1987年建成投产,截止到1994年底,共为国家上缴2.541亿元的所有权收益,产值和利税在7年时间内各自增长了60倍和52倍。

三九企业在不断壮大、发展的过程中,其管理组织结构也在不断的调整和变化之中。概括起来,它经历了如下几个阶段:

1) 创业阶段

从1985年开始筹建到投产前的那一段时间,三九企业面临的中心任务是,尽快把科技成果转化为生产力,形成药品的批量生产能力。赵新先厂长带领5个年轻人在艰苦的创业过程中,不但没有给自己配副手,而且责成手下5人各自独立负责一摊子工作,各自也都没有配副手。赵新先发现这种办法用人少、矛盾少、责任明确、效率很高,所以将之归纳为"各级领导个人负责制",并视为一条基本组织原则,在企业发展壮大后的多次组织变革中都给予了坚持。

2) 投产阶段

三九企业于1987年9月建成投产以后,开始形成正式的直线职能制。这种组织形式的特点是,企业设立两套组织系统:一套是按统一指挥原则设立的直线管理系统;另一套是按专业化分工原则设立的参谋职能系统。职能管理人员作为直线指挥人员的参谋和助手,只对下一层次机构的工作进行业务指导,而无权发布命令进行指挥。这种组织结构形式可以避免多头领导,同时也实现了管理工作上的职能分工。三九企业投产初期的组织机构包括开发部、供应部、生产部、贸易部、企管部和后勤部。赵新先作为一厂之长,对药厂的工作全面负责,各位部长对所管辖领域的一切问题负责。为了避免各部门之间频繁地发生不必要的跨部门联系,三九企业在设置直线职能制组织机构时遵循了一条重要的原则——"大职能,小部门"原则,即在坚持少用人的前提下,尽可能把相关的工作归并在一个部门内。例如,生产部包含了药品生产过程的指挥及有关的技术与管理工作;贸易部既包括药品推销工作也包括市场营销工作;后勤部既负责后勤保障、行政管理和安全保卫,同时还负责工人管理。这样按部门系统组合相关的职能,可以使现场作业活动与其联系密切的专业管理活动紧密地结合起来,以便简化和减少跨部门的联系,使工作中的许多协调问题就在部门内获得基本解决。这种把相互关系比较密切的工作尽可能地组合到一起的做法,在三九企业日后的其他机构设计中都得到了遵循和体现。

3)强化经营阶段

三九企业经过几年的发展已经形成了一定的生产规模,并将三九胃泰、壮骨关节丸、正天丸、感冒灵冲剂等6种产品成功地推向了市场。鉴于全国医药市场从1991年底开始出现不利的变化及药厂的拳头产品出现了断层的现象,为加强经营工作,三九企业在原贸易部基础上组建了三九贸易公司(隶属于三九药业有限公司)。贸易公司着力进行销售网络建设,在全国各大城市建立了62个分支机构,销售网络共达3000多个,并在1994年完成了对宁波、长沙、无锡三家营业额达1亿元以上的医药商业单位的收购(三九药业有限公司下设医药投资管理部,负责对购并来的医药经销渠道进行管理),使三九药业销售规模达到了8.6亿元的水平。

三九企业鉴于在发展过程中要投入大量的资金做产品宣传广告,为此投资建立了三九广告传播公司,一方面为药厂制作高水平的广告并形成独具特色的广告风格,有力地宣传三九系列药品;另一方面又通过承揽其他厂家的广告业务挣得额外收益。三九企业还完成了制药产业链上配套供应环节的纵向一体化经营,创设了九星印制包装中心、九辉实业有限公司等。依托于三九系列药品包装印刷业务而发展起来的"九星",在保证完成药厂任务的基础上,对外承揽了意大利名牌产品CUOCI的包装、手袋印刷,以及永芳化妆品包装、大大泡泡糖包装和雀巢咖啡瓶贴等的印刷业务。1993年,其对外业务已发展到接近对内业务50%的规模。

三九企业组织机构调整的又一步骤,是成立了"两部"、"两院"。

以往,药厂的产品质检是由开发部负责,考虑到药品质量是药品生产经营工作的一大关键,三九企业及时成立了质检中心,加强产品质量把关。后来,为将药品质检工作与药品质量管理工作有机地结合起来,1992年3月成立了质量管理部,下设实验室质量检验和业务室质量管理两大机构。另外,由于药厂生产规模扩大、人员日益增多,对于干部的考核和使用、企业的思想宣传工作和文化建设也显得日趋重要。为此,药厂成立了人事部和党务部,并于1994年底合并为党务人事部,负责这方面工作。

三九企业成立的"两院",一是在撤销药厂开发部机构基础上设立的三九医药研究院,另一是三九医院。成立"两院"的目的,是建立药厂自己的科研基地和新药临床试验基地,以进一步增加产品储备,占领和扩大医药市场。这种科工贸并举的较为完整的医药开发、生产和销售体系的形成,是三九药业的一大优势。

随着各类组织机构的建立和完善,内部联系也逐步变得复杂起来。为了理顺各种关系,三九企业逐渐形成了横向协调的机制。如企业每月制订生产计划,先是由贸易公司根据销售和库存情况与生产部协商确定,然后由生产部根据能力负荷情况做出计划安排,报请厂长批准后下达具体生产任务到各车间并通知供应部和质量管理部。平常的工作联系,不用开会,而是主要通过电话,来实现销售、生产、供应和质检等环节的沟通与协调。这样灵活、自主的协调机制,构成了三九企业组织设计的另一特色。

4) 以药品生产为主,实行多元化经营,开拓国际市场阶段

这一阶段的组织机构调整是伴随着三九企业集团的成立与发展进行的,主要包括如下几个方面:

(1) 在加强中成药生产基地建设的同时,围绕医药关联产品建立了西药生产基地(九新药业有限公司)和生化制品生产基地(九升生物制品厂、九阳天然保健制品厂、九泰保健日用品厂等),目前正抓紧建设生物工程产品生产基地(如九先生物工程有限公司)。

(2) 1990年,三九企业得到了美国食品与药品管理局(FDA)的批文,同意"三九胃泰"在美国生产和销售,并与外商合资建立12个生产厂(九美企业),在美国就地加工和生产"三九胃泰"胶剂(英文名称STOMTAE)。同时,为协调三九系列药品的海外开拓工作,三九企业于1995年初成立了海外公司党委和海外公司管理部,以加强企业对海外业务的统一管理。

(3) 三九企业投资和联合了一些军队和地方企业,壮大了三九集团队伍,并在一段时间内与三九集团管理机关合署办公,实行"两个牌子,一套班子",以更有效地精简机构和管理人员。三九企业集团自1991年底组建以来,截止到1994年底,集团企业已由原来的34家发展到90余家,固定资产从16亿元增加到43.33亿元,经营领域从医药工业发展到汽车工业、食品工业等八大产业和8个综合性公司。三九集团成立3年来,产值利税连年翻番,1994年集团实现产值32.08亿元,利税4.66亿元,人均产值和利税分别为138万元和20万元。三九集团在短短的几年时间内获得这么迅速的发展,是同集团坚持以医药为主、科工贸并举、多元化和国际化经营的发展战略分不开的,同时也同集团的合理的组织管理密不可分。

二、案例分析

将组织工作当成一种过程看待时,我们可以清楚地看到必须考虑的几项基本因素:①企业结构必须反映目标和计划,因为企业的活动是从目标和计划而来的。②企业结构必须反映出企业管理可使用的权力。③与任何计划一样,组织结构必须反映它的环境,必须把组织结构设计得能进行工作,能让集体中的成员做出贡献,并能帮助人们在变化中的未来有效地达到目标。从这个意义上讲,可行的组织结构决不能是静止的,没有一种唯一的、最好的组织结构适用于任何一种环境。有效的组织结构取决于具体环境。

案例 6-8　南方建筑公司管理问题

南方建筑公司原来是一家小企业,仅有 10 多名员工,主要承揽一些小型建筑项目。经过多年的努力,目前已经发展成为员工过百的中型建筑公司,年利润上千万元。

创业初期,人数少,吴经理和员工不分彼此,大家也没有分工,一个人顶上几个人用,拉项目,与工程队谈判,监督工程进度,谁在谁干。吴经理认为自己应当也能够对公司的所有决策负责。公司的大事小事都由他一个人做主。他为人随和,和员工打成一片,员工可以随时走进他的办公室去。尽管公司的规模和赢利有了显著的变化,吴经理的行事方式却依然如故。随着公司的不断发展壮大,吴经理身上的压力越来越大,感到力不从心。日常事务占据了他的大部分精力,下属也不像以前那样齐心协力,而是相互推托。特别是当他出差到外地时,许多事情只能搁置下来,等他回来后再做处理。现在吴经理很少有时间坐下来想一想。员工们碰到非常棘手的难题时很难找到他商量对策。企业中的士气大不如以前,甚至有两个创业时就来公司的技术骨干最近提出要跳槽。另外,吴经理还感到,公司内部质量意识开始淡化,对工程项目的管理大不如从前,客户的抱怨也正在逐渐增多。吴经理感到很头疼,请来管理顾问进行咨询。

思考:为什么该公司目前在管理上会出现这么多问题? 如何解决?

——摘自《企业管理案例大全》

案例 6-9　某高新技术企业组织结构问题

某高新技术企业按业务的分类,成立了三个针对不同产品的事业部,各事业部下设销售团队、技术支持团队和研发团队。各部门的业务收入和成本都是独立核算的,但需要平摊后勤部门(行政部、人力资源部、财务部)所产生的成本。目前,公司共有员工 134 人,其中三个事业部 104 人,后勤部门 30 人,高层领导 4 人。由于成立时间不到三年,客户资源还不够稳定,所承接的业务量波动较大。因此,在工作任务繁忙时有些员工,尤其是研发和技术人员,会抱怨压力过大,各事业部经理也会抱怨合格人手太少,招聘来的人不能立即适应项目的工作需要;但在工作任务相对清淡的时期,经理们又会抱怨本部门的人力成本太高,导致利润率下降。

问题:

1. 绘制该公司的组织结构图。

2. 该公司在人员供需状况上遇到了什么问题? 请为该公司提供解决问题的建议。

——摘自 HRM 案例库

案例 6-10　美国炼铝公司的重大变革

在匹兹堡市区最近的一个夏日里,美国炼铝公司的首席执行官保罗·奥尼尔公布了这个原料"巨人"的宏伟规划。该规划将要对这个横跨 22 个国家、拥有 63 000 多名员工的公司进行一次全面彻底的革新。

奥尼尔提出了一个新结构,它集中于美国炼铝公司的主顾和业务单位:"不是匹兹堡,不是为它们服务的副总经理们,也不是董事长,而是业务单位"。公司集中所有的资源为了这个目标,并联系和支持着公司的 22 个业务单位。

与变革有关的不仅仅是公司结构一个因素。通过引进公司的新战略,奥尼尔向众人皆知的持续改进的变革观点提出挑战。他声称,这个方法对那些已经成为市场领导的公司或许奏效,但是,"如果你落后于世界领先水平,这是个糟糕的方法;如果你远远落后于世界水平,这可能是一个灾难性的方法。"

对美国炼铝公司来说,它们似乎是个落伍者。奥尼尔认为公司需要做出迅速的巨大改进,而不是缓慢的渐进变革。奥尼尔对员工提出的挑战是:两年内要消除公司和世界先进水平之间差距的 80%。

"等到外部事件来迫使组织进行变革,这是最佳的反应式管理办法,但也是最胆小的管理做法。"他告诉员工,领导并不是"那种组织绩效一团糟以至于股东强烈要求改革现状的强迫变革者"。

问题:

1. 你认为奥尼尔实施变革的方法如何?

2. 奥尼尔是否认为连续不断的改进不符合动荡不定的时代?

3. 你是否同意奥尼尔关于领导的观点? 说明你的理由?

本章思考题

1. 组织的概念是什么?

2. 组织的职能都有哪些?

3. 组织结构的基本类型有哪些,各有什么特点?

4. 组织结构管理层次与管理跨度之间有什么关系?

5. 组织设计的原则有哪些?

6. 组织设计的内容有哪些?

7. 组织变革的阻力和动力分别有哪些?

8. 面向未来的组织创新有哪些特点?

参考文献

1. 哈罗德·孔茨. 管理学[M]. 北京:经济科学出版社,1995 年第九版.

2. 斯蒂芬·P. 罗宾斯. 管理学原理(第三版)[M]. 吉林:东北财经大学出版社,2004 年 1 月第三版.

3. (美)理查德·L·达夫特,李维安等译. 组织理论与设计精要[M]. 北京:机械工业出版社,2002 年 8 月第一版.

4. 朱国云. 组织理论:历史与流派[M]. 南京:南京大学出版社,1997 年 10 月第一版.

5. 芮明杰. 管理学——现代的观点[M]. 上海:上海人民出版社,1999 年 9 月第一版.

6. 周三多等. 管理学——原理与方法[M]. 上海:复旦大学出版社,1999 年 6 月第三版.

7. 李树林主编. 中国企业管理科学案例库教程[M]. 北京:光明日报出版社,2001 年 8 月第一版.

8. 王雪莉. 企业组织革命[M]. 北京:中国发展出版社,2005 年 6 月第一版.

9. 郑海涛. 未来的组织形式[M]. 北京:机械工业出版社,2001 年 8 月第一版.

10. 黄煜峰. 现代管理学概论[M]. 吉林:东北财经大学出版社,2001 年 3 月第一版.

11. 张钢. 企业组织创新研究[M]. 北京:科学出版社,2000 年 6 月第一版.

7 领 导

所谓领导才能，即能使下属的见识更上层楼，提高它们的绩效标准，并帮助他们塑造独特的个性的才能。为了具备这样的领导才能，最好的基础工作莫过于培养以下这种管理精神：注重组织内的日常管理实践，制定严格的行为和责任标准，朝着更高的绩效标准而努力，并且尊重每一位员工和他们的工作。

金钱上的奖赏和诱因当然很重要，但大半只会带来反效果。对奖金不满会变成负面的工作诱因，削弱员工对绩效的责任感。但对奖金感到满意未必足以形成正面的工作动机，只有当员工处于其他动机而愿意承担责任时，金钱上的奖赏才能发挥激励作用。

"要改进沟通，主动权掌握在信息接收者手中，而非信息传播者手中。"

"管理中 70% 的问题是沟通问题。"

——彼得·德鲁克

本章提要

本章涵盖了领导理论、激励和沟通三个部分。在领导这部分，首先探讨了领导的定义、领导的影响力等一些基本概念，然后着重介绍了领导的特质理论、行为理论以及权变理论。接着介绍了一系列关于组织内部人的激励问题的重要概念。在激励理论中内容型激励理论主要是探讨员工潜在需求的本质，过程型理论则探讨了人们怎样选择不同的奖励来满足不同的需求。最后描述了组织内沟通的几个重要问题，包括沟通的过程、沟通的方式以及沟通的障碍等。

学习目标

（1）掌握领导的性质以及领导与管理的关系。

（2）重点掌握领导的相关理论。

（3）了解激励的过程以及激励的作用。

（4）重点掌握激励的相关理论。

（5）了解沟通的过程、沟通的方向。

（6）掌握沟通的障碍以及技巧。

管理学小故事

鹦鹉的老板

一个人去买鹦鹉，看到一只鹦鹉前标示：此鹦鹉会两门语言，售价二百元。另一只鹦鹉前则标示：此鹦鹉会四门语言，售价四百元。该买哪只呢？两只都毛色光鲜，非常灵活可爱。这人转啊转，拿不定主意。结果突然发现一只老掉了牙的鹦鹉，毛色暗淡散乱，标价八百元。这人赶紧将老板叫来：这只鹦鹉是不是会说八门语言？店主说：不。这人奇怪了：那为什么又老又丑，又没有能力，会值这个数呢？店主回答：因为另外两只鹦鹉叫这只鹦鹉老板。

管理的启示：好领导的作用是不言而喻的，甚至连鹦鹉都不例外，可以说好领导是好组织的塑造者。

7.1 领导理论

7.1.1 领导概述

7.1.1.1 领导的含义及其性质

今天，对于经营成功而言，也许没有什么比领导更重要了。随着组织需要的变化，有关领导的理论也在不断发展，在许多关于领导的思想和著作中，有三个方面是非常重要的。一方面就是人，也就是被领导者，因为领导是交互式的，领导行为发生在人与人之间，离开了群体来讨论领导就没有意义了。第二个方面是影响力，这种力量的来源不仅依靠权力，而且更重要的要凭借领导者的品德、才能、知识、情感等个人素质。最后一个方面就是目标，也就是说领导过程的实施是为了达成一定的目标，这是领导活动的归宿。

因此，我们可以把领导定义为：领导是影响和支持他人为了达到目标而热情地工作的过程。领导应帮助群体最大限度地运用其能力来实现组织目标，拿破仑说过："只有糟糕的将军，没有糟糕的士兵。"具有杰出思想的领导人，能激励别人去思考、去行动。有个性的领导人所产生的影响和感染力，较之无个性特征的管理系统，作用要大得多。

7.1.1.2 领导者的权力与影响力

1) 权力

自古至今,中外学者对权力内涵的界定,众说纷纭。什么是权力? 马克斯·韦伯将权力定义为"一个人或一些人在某一社会活动中,甚至是在不顾其他参与这种行动的人进行抵抗的情况下实现自己意志的可能性"。托马斯·霍布斯(Thomas Hobbes)认为权力是"获得未来任何明显利益的当前手段"。而对伯特兰·罗素(Bertrand Russell)来说,权力是"预期效果的产生"。以上几种对权力的解释虽然着眼点不同,但都从不同角度揭示了"权力"的特性,即:权力是一种力量,借助这种力量可以或可能产生某种特定的预期局面和结果。在管理学里面,我们将权力定义成:特定管理主体组织管理对象在实现组织既定目标的过程中对管理对象的理念、行为的影响力和控制力。在这里,管理主体可以是个人,也可以是集团。

按照弗伦奇(French)和雷文(Raven)的研究,在组织内部,一般有五种权力来源:法定权力、奖励权力、强制权力、专家权力和指示权力。其中,前面3种权力皆与组织内部正式的职位相关,统称职位权力;后面两种权力与个人内部因素有关,因此这两种权力都属于个人权力。

(1)法定权力。来自组织内部正式的职位,授予该职位的权力就是法定权力,这种权力是被组织、法律、传统习惯甚至常识所认可的。例如,一旦你被提升当了某部门经理,那么对于该部门的员工来说,在工作安排方面就必须服从你的领导。

(2)奖励权力。来自职位,对他人实施奖励的权力。例如:工作绩效上的赞美性评价,金钱和物质上的奖励,职位上的晋升,能够得到某种好处的工作任务,有价值的信息以及工作环境的改善等。

(3)强制权力。强制权即惩罚权,指的是一种实施处罚或者建议进行处罚的权力。强制权力和奖励权力都和法定权力密切相关,但由于强制权力是惩罚性的,在使用时应谨慎。

(4)专家权力。知识即权力,这种权力源于专业知识或者专门技能,人们往往听从在某一领域中拥有丰富知识人士的忠告。例如:丰富的知识,深刻和独到的见解,某种特别的技能。在治疗疾病方面,那些医生;在操作电脑方面,那些计算机专家;在办理纳税事宜方面,那些税务咨询师……专家们以他们的知识、见解和技能而受到人们的崇敬,他们也因此具备某种令人信服的领导力。

(5)指示权力。来自领导者的个人特征,主要来自个人魅力。这种权力较抽象,人们崇拜拥有这一权力的人。追随者们对这种领导的某些方面,如个性、背景和态度上有一种认同感,他们甚至在衣着、工作方式、生活爱好上模仿他,信奉同样的哲学,拥有这种权力的人能激起员工的忠诚和热忱。

案例 7-1　从历史人物看权力来源

曹操因为拥有了汉献帝这个政治工具,获得了一个法定性的国家领导职位,即大汉王朝的丞相。与此同时,他把丞相府改造成了一个军事管理机构,并用这种军事管理的方式彻底架空了汉献帝的中央政府。通过"挟天子而令诸侯",曹操成功地掌握了大汉王朝的管理机器。他可以用天子的名义占有国家的各种经济资源,用天子的名义任命各地的官员,用天子的名义惩罚那些不愿意顺从他的大臣和军阀。可以说他淋漓尽致地运用了法定权力、奖励权力和处罚权力。

刘备的人格魅力特点,是中国传统的政治文化思想理念的体现。孔孟的政治主张强调"德治"、"仁政",告诫统治者要"以德服人",要用自己的人品、高尚的道德来影响臣民、征服百姓。复杂的政治斗争实际使小时候不爱读书的刘备深知遵循儒家政治思想理念对于角逐天下的重要性,他十分注意自身品德人格的修养,树立贤德之君的风范,临终时仍不忘留下遗诏告诫刘禅:"勿以恶小而为之,勿以善小而不为。惟贤惟德,能服于人。"正是这个"惟贤惟德,能服于人"的基本政治理念,铸就了刘备一生受人敬重的领导品格,成就了三分天下的政治格局①。

2) 领导者的影响力

领导者的影响力主要来自两个方面:一是来自职位权力,也称权力型领导力,人们往往出于压力和习惯不得不服从这种职位权力;二是来自个人权力,也称非权力型领导力,这种权力是由领导个人自身的某些特殊条件才具有的;这种权力不随着职位的消失而消失,对人们的影响是发自内心的、长远的。

权力型领导力的核心是权力,是一种强制性影响力。在它的作用下,被影响者的心理和行为主要表现为被动、服从;因此,这种影响力的激励作用是有限的。

非权力型领导力的核心是领导人的品质、作用、知识、能力、业绩以及行为榜样等一系列非权力因素对被领导者所造成的影响力,属于自然影响力,一般都能引起公开和私下的顺从、内心的信服。实际上,这种影响力常常发挥出权力型领导力所不能发挥的约束作用。

7.1.1.3　领导与管理

所有管理者的信条是:在任何时候都需要成为领导者;但是,没有必要在任何时候都运用领导力。有一些工作是日常事务或带有操作性质的,它们似乎不需要领导力,只需要一些管理技巧。比如,一种例行的、重复性的工作,只需要每个人以适合的速度在流程线上工作,而流程线并不会停下来,做这种工作的人并不需要太

---

① http://blog.sina.com.cn/s/blog_4b375c7b01008g32.html

多动力。

根据领导与管理的关系,我们有理由认为:有效领导是有效管理的关键。

因为一个有效的领导者不但在领导过程中,能够给员工指明目标并协调目标,采取有效手段激励员工更好地完成目标,而且能为其他管理职能创造更多的有利条件。没有有效领导者的领导,就难以在变化的环境中持续地遵循正确的方向和明确的目标,就难以聚合起实现目标的群体,也就难以把握计划目标完成的进度,无法实施有效控制。

7.1.2　领导特质理论

20 世纪以来,西方领导学研究经历了三个发展阶段:首先是领导者特质研究阶段,其研究之重点在于认定领导者的素质或特性,从而了解究竟何种人才适合充任领导者,如 Birs 早期研究发现用于区别领导人和非领导人的 79 种特质等;其次为领导者行为研究阶段,其研究旨在于描述领导者行为或领导方式,即了解作为一个领导者应该做些什么以及如何做好,如 K. Lewin 的领导作风理论,R. Blake 与 Morton 的管理方格图等;再次是领导的权变理论研究阶段,其研究目的在于探究领导方式与团体组织效能之间的关系。

案例 7-2　你何时意识到自己具备了领导特质?

当然,这取决于你如何界定领导特质。《哈佛商业评论》的编辑询问了来自不同行业、不同国家的商业领袖,请他们结合自己经历过的考验,讲述心目中最重要的领导特质。

诺基亚的总裁兼 CEO 康培凯回忆起当年担任公司首席财务官时经历的考验。当时,公司的财务状况相当严峻。36 岁的他每个月都提心吊胆,担心下个月发不出薪水。那段经历让他感到,无论对于公司还是领导者,谦虚都是一项重要的特质。

美国黑水公司总裁加里·杰克逊谈到,他所领导的这家私人军事承包商和保安公司充满活力,部分原因是他的很多员工来自特种部队,他们在面对挑战时,不会说"嗯?"而是会说"让我们立刻行动"。

罗氏制药公司董事长兼 CEO 弗兰茨·胡沫认为直觉很重要。数年前,罗氏收购了一家日本公司的绝大多数股权,当时大家都不相信通过收购一家日本公司能够取得成功。但是弗兰茨·胡沫坚信自己的直觉,最终获得了成功。

Gensler 公司的创始人阿瑟·亨斯勒讲述了自己创业 41 年来的历程。他的公司不断质疑建筑设计行业内的传统做法,告别依赖明星建筑设计师的传统,甚至把

"建筑师"的字眼从公司名称里拿掉。所有这些创新的做法,都有赖于领导人的远见卓识。

俄罗斯最大的外国轿车进口商和分销商,罗尔夫集团的创始人谢尔盖·彼得罗夫认为,大多数人都很难真正认清自己所处的制度体系,这或许是对领导者的一大考验。

私人飞机制造商西锐设计公司创始人艾伦·克拉普迈尔的经历非常惊险。20世纪80年代中期,他驾驶飞机在空中与另一架小型飞机相撞。他侥幸安全着陆,但是亲眼看到对方的飞机撞到了地上,事后才知道遇难飞机的驾驶员是他的一个朋友。从此以后,他开始全身心地推动行业变革,争取让飞行变得更安全。他的激情对他的事业起到了很大的帮助。

可口可乐公司非洲集团总裁兼首席运营官亚历山大·卡明斯曾做过一项自认为不错的决定,但不幸的是,短期结果并不理想。但是,他顶住了公司上下巨大的压力。他坚信自己的决策最终能转败为胜,后来的事实证实了他的判断。

波兰华沙安永会计师事务所的董事合伙人杜立普·阿卢威哈尔认为,领导者必须学而不辍,不能骄傲自满。他早年创建安达信波兰办事处时取得了巨大的成功,一度被胜利冲昏了头脑。后来,巨大的挫折和导师的教诲让他改头换面,重新用自己的行动赢得员工的尊重,并成功地带领员工经受住了安达信公司倒闭的危机①。

到底哪些特点或条件可以使一个人成为领导者呢?如果你提出这样的问题,那你就成了领导特质论的拥护者。领导特质论认为,有效的领导者一定是具有某些特征的人。特征(trait)指领导者十分鲜明的个性特点,例如智力、价值观和相貌等。

20世纪早期的领导特质研究主要是确定成为领导者的决定因素,这个理论被称为"伟人理论"。"伟人理论"认为领袖是天生的而不是造就的,这种信念可以追溯到古代希腊人和罗马人,以此为基础,研究人员试图辨析不同的领袖在身体、精神和个性方面的品质。这个时期对领导取得成功的原因分析主要侧重于领导者的个人性格,研究的重点对象是那些已经取得巨大成功的"大人物"或者那些被公认为领导者的个体,如马丁·路德金、圣女贞德、纳尔逊·曼德拉、圣雄甘地等人。研究者想通过研究找出让人成功的特征,然后根据这些特征按图索骥去寻找未来的领导者。在探索成功领导者具备的共性特质的时候,研究人员采用了两种方法:

(1) 将领导者与非领导者的特质相比较。

(2) 把有效领导者的特质与无效领导者的特质相比较。

---

① http://www.hbrchina.com/c/article-layoutId-12-contentId-3460.html

20世纪90年代,人们把前期领导特质理论的研究结果总结出来,发现存在如下6项个性特点能够区分领导者和非领导者,但是这些基本特质更多的不是天生的,而是能够通过努力得到的,正如彼得·德鲁克所说:领导的有效性是一种后天的习惯,是一系列实践的综合。

(1)进取心。进取心是指能够反映高水平努力程度的一系列个性特点。拿破仑·希尔告诉我们,进取心是一种极为难得的美德,它能驱使一个人在不被吩咐应该去做什么事之前,就能主动地去做应该做的事。

胡巴特对"进取心"作了如下的说明:

这个世界愿对一件事情赠予大奖,包括金钱与荣誉,那就是"进取心"。

什么是进取心? 我告诉你,那就是主动去做应该做的事情。

仅次于主动去做应该做的事情的,就是当有人告诉你怎么做时,要立刻去做。

更次等的人,只在被人从后面踢时,才会去做他应该做的事,这种人大半辈子都在辛苦工作,却又抱怨运气不佳。

最后还有更糟的一种人,这种人根本不会去做他应该做的事,即使有人跑过来向他示范怎样做,并留下来陪着他做,他也不会去做。他大部分时间都在失业中,因此,易遭人轻视,除非他有位有钱的老爸。但如果是这个情形,命运之神也会拿着一根大木棍躲在街头拐角处,耐心地等待着。

(2)领导愿望。领导者有强烈的愿望去影响和领导别人,他们不想被别人领导,能够在领导过程中获得满足和利益。

(3)正直与诚实。正直与诚实是个人较重要的性格特征,正如西塞罗曾说:"正直是美德的最高荣誉。"对于领导者而言,这些更为重要,因为这些特点能激发对别人的信任。

(4)自信。自信就是相信自己能做到的一种心态,领导者承担的是具有挑战性的工作,遇到挫折是不可避免的。自信的领导者能够克服困难,在不确定的情况下敢于做出决策。另外,为了让下属相信你确定的目标和决策是正确的,就必须要表现出高度的自信。

(5)智慧。领导者需要具备足够的智慧来收集、整理和解释海量的信息,并且能够确立目标、解决问题和做出正确的决策。

(6)业务知识。一个有效的领导对所在的行业、公司生产的产品要拥有较高的知识水平。领导者必须有足够的业务知识才能解释大量的信息,做出富有远见的决策。

遗憾的是,这种试图从个人特点的角度来解释有效领导的努力,在经过半个多世纪的探索后,因没有形成最后的结论而走到了尽头。也就是说人们并没有找到一些特质因素总能将领导者与非领导者、有效领导者与无效领导者区分开来。现代管理学认为,对于一个成功的领导者来说,与生俱来的特殊品质并不是必需的。

7.1.3 领导行为理论

由于领导特性理论忽视下属的需要,没有指明各种特性之间的相对重要性,缺乏对因与果的区分,忽视了情境因素,导致它在解释领导行为方面的不成功。研究者们开始将着重点放在领导的有效性上面,影响领导有效性的因素以及如何提高领导的有效性是领导理论研究的核心。领导行为理论集中研究领导的工作作风、工作行为对领导有效性的影响,这些理论主要是从对人的关心和对生产的关心两个维度,上级控制和下属参与两个角度对领导行为进行分类,主要研究成果包括:

(1) 勒温(K. Lewin)的领导风格理论。

(2) 利克特(R. Likert)的四种管理方式理论。

(3) 罗伯特·布莱克(Robert R. Blake)和简·莫顿(Jane S. Mouton)的管理方格图。

(4) 罗伯特·坦南鲍姆(Robert Tannenbaum)和沃伦·H·施密特(Warrren H. Schmidt)领导连续统一体理论。

7.1.3.1 勒温(K. Lewin)的领导风格理论(average leadership style, ALS)

美国依阿华大学的研究者、著名心理学家勒温和他的同事们从 20 世纪 30 年代起就进行团体气氛和领导风格的研究。勒温等人发现,领导者们通常使用不同的领导风格,这些不同的领导风格对团体成员的工作绩效和工作满意度有着不同的影响。勒温等研究者力图科学地识别出最有效的领导行为,他们着眼于三种领导风格,即专制型、民主型和放任型的领导风格。

1) 三种领导风格的特征

表 7.1 列出了专制型、民主型和放任型领导风格的特征:

表 7.1 专制型、民主型和放任型领导风格的特征

	专制型	民主型	放任型
权力分配	权力集中于领导者个人手中	权力在团体之中	权力分散在每个员工手中,采用无为而治的态度
决策方式	领导者独断专行,所有的决策都由领导者自己做出,不重视下属的意见	让团队成员参与决策,所有的方针政策由集体讨论做出决策,领导者加以指导、鼓励和协助	团队成员具有完全的决策自由,领导者几乎不参与

	专制型	民主型	放任型
对待下属的方式	领导者介入到具体的工作任务中,对员工在工作中的组合加以干预,不让下属知道工作的全过程和最终目标	员工可以自由选择与谁共同工作,任务的分工也由原告的团队决定,让下属了解整体的目标	为员工提供必要的信息和材料,回答员工提出的问题
影响力	领导者以权力、地位等因素强制性地影响被领导者	领导者以自己的能力、个性等心理品质影响被领导者,被领导者愿意听从领导者的指挥和领导	领导者对被领导者缺乏影响力
对员工的评价和反馈的方式	采取"个人化"的方式,根据个人的情感对员工的工作进行评价,采用惩罚性的反馈方式	根据客观事实对员工进行评价,将反馈作为对员工进行训练的机会	不对员工的工作进行评价和反馈

　　（1）专制型领导风格。专制型的领导者只注重工作的目标,仅仅关心工作的任务和工作的效率;他们对团队的成员不够关心,被领导者与领导者之间的社会心理距离比较大,领导者根据个人的了解与判断来监督和控制团队成员的工作。这种家长式的作风导致了上级与下级之间存在较大的社会心理距离和隔阂,领导者对被领导者缺乏敏感性,被领导者对领导者存有戒心和敌意,下级只是被动、盲目、消极地遵守制度、执行指令。团队中缺乏创新与合作精神,而且易于产生成员之间的攻击性行为。在这种团队中,团队成员均处于一种无权参与决策的从属地位,团队的目标和工作方针都由领导者自行制定,具体的工作安排和人员调配也由领导者个人决定。团队成员对团队工作的意见不受领导者欢迎,也很少会被采纳。

　　（2）民主型领导风格。民主型的领导者注重对团体成员的工作加以鼓励和协助,关心并满足团体成员的需要,营造一种民主与平等的氛围,领导者与被领导者之间的社会心理距离比较近。在民主型的领导风格下,团体成员自己决定工作的方式和进度,工作效率比较高。民主型团队的权力定位于全体成员,领导者只起到一个指导者或委员会主持人的作用,其主要任务就是在成员之间进行调解和仲裁。团队的目标和工作方针要尽量公之于众,征求大家的意见并尽量获得大家的赞同。具体的工作安排和人员调配等问题,均要经共同协商决定。有关团队工作的各种意见和建议将会受到领导者鼓励,而且很可能会得到采纳,一切重要决策都会经过充分协商讨论后做出。

　　（3）放任型领导风格。放任型的领导者采取的是无政府主义的领导方式,对工作和团体成员的需要都不重视,无规章、无要求、无评估,工作效率低,人际关系淡薄。放任型团队的权力定位于每一个成员,领导者置身于团队工作之外,只起到一种被动服务的作用,其扮演的角色有点像一个情报传递员和后勤服务员。领导者缺乏关于团体目标和工作方针的指示,对具体工作安排和人员调配也不做明确指导。领导者满足于任务布置和物质条件的提供,对团体成员的具体执行情况既不主动协助,也不进行主动监督和控制,听任团队成员各行其是、自主进行决定,对工作成果不做任何评价和奖惩,以免产生诱导效应。在这种团队中,非生产性的活动很多,工作的进展不稳定,效率不高,成员之间存在过多的与工作无关的争辩和讨论,人际关系淡薄,但很少发生冲突。

勒温等人试图通过实验决定哪种领导风格是最有效的领导风格。他们分别将不同的成年人训练成为具有不同领导风格的领导者,然后让这些人充当青少年课外兴趣活动小组的领导,让他们主管不同的青少年群体。进行实验的群体在年龄、人格特征、智商、生理条件和家庭社会经济地位等方面进行了匹配,也就是说,几个不同的实验组仅仅在领导者的领导风格上有所区别。这些青少年兴趣小组进行的是手工制作的活动,主要是制作面具。

结果发现:放任型领导者所领导的群体的绩效低于专制型和民主型领导者所领导的群体;专制型领导者所领导的群体与民主型领导者所领导的群体工作数量大体相当;民主型领导者所领导的群体的工作质量与工作满意度更高。

基于这个结果,勒温等研究者最初认为民主型的领导风格似乎会带来良好的工作质量和数量,同时群体成员的工作满意度也较高,因此,民主型的领导风格可能是最有效的领导风格。但不幸的是,研究者们后来发现了更为复杂的结果。民主型的领导风格在有些情况下会比专制型的领导风格产生更好的工作绩效,而在另外一些情况下,民主型领导风格所带来的工作绩效可能比专制型领导风格所带来的工作绩效低或者仅仅与专制型领导风格所产生的工作绩效相当,而关于群体成员工作满意度的研究结果则与以前的研究结果相一致,即通常在民主型的领导风格下,成员的工作满意度会比在专制型领导风格下的工作满意度高。

2) 领导风格理论的应用意义

勒温能够注意到领导者的风格对组织氛围和工作绩效的影响,区分出领导者的不同风格和特性并以实验的方式加以验证,这对实际管理工作和有关研究非常有意义。许多后续的理论都是从勒温的理论发展而来的。例如坦南鲍姆和施米特的领导行为连续体理论就是为解决勒温等人研究中提出的问题而提出的理论。

但是,勒温的理论也存在一定的局限。这一理论仅仅注重了领导者本身的风格,没有充分考虑到领导者实际所处的情境因素,因为领导者的行为是否有效不仅仅取决于其自身的领导风格,还受到被领导者和周边环境因素的影响。另外,在实际的组织与企业管理中,很少有极端型的领导,大多数领导都是界于专制型、民主型和放任型之间的混合型。

案例 7-3 不同的领导方式

某市建筑工程公司是个大型施工企业,下设一个工程设计研究所和三个建筑施工队。研究所由50名高、中级职称的专业人员组成。施工队有400名正式职工,除少数领导骨干外,多数职工文化程度不高,没受过专业训练。在施工旺季还要从各地招收400名左右农民工补充劳动力的不足。

张总经理把研究所的工作交给唐副总经理直接领导、全权负责。唐副总经理是位高级工程师,知识渊博、作风民主,在工作中,总是认真听取不同意见,从不自作主张、硬性规定。公司下达的施工设计任务和研究所的科研课题,都是在全所人员共同讨论、出谋献策取得共识的基础上作出具体安排的。他注意发挥每个人的专长,尊重个人兴趣、爱好,鼓励大家取长补短、相互协作、克服困难。在他的领导下,科技人员积极性很高,聪明才智得到了充分发挥,年年超额完成创收计划,科研方面也取得显著成绩。

公司的施工任务由张总经理亲自负责。张总是工程兵出身的转业军人,作风强硬,对工作要求严格认真,工作计划严密,有部署、有检查,要求下级必须绝对服从,不允许自作主张、走样变型。不符合工程质量要求的,要坚决返工、罚款;不按期完成任务的扣发奖金;在工作中相互打闹、损坏工具、浪费工料、出工不出力、偷懒耍滑等破坏劳动纪律的都要受到严厉的批评和处罚。一些人对张总的这种不讲情面、近似独裁的领导方式很不满意,背地骂他"张军阀"。张总深深地懂得,若不迅速改变职工素质低、自由散漫的习气,企业将难以长期发展下去,于是他亲自抓职工文化水平和专业技能的提高。在张总的严格管教下,这支自由散漫的施工队逐步走上了正轨,劳动效率和工程质量迅速提高,第三年还创造了全市优质样板工程,受到市政府的嘉奖。

张总经理和唐总经理这两种完全不同的领导方式在公司中引起了人们的议论①。

问题:

1. 你认为这两种领导方式谁优谁劣?

2. 为什么他们都能在工作中取得好成绩?

---

① http://www.hebust.edu.cn/jpk/glx/guanli.htm

7.1.3.2 利克特(Rensis Likert)的四种管理方式理论

1) 四种管理方式

密歇根大学的伦西斯·利克特教授和他的同事对领导人员和经理人员的领导类型和作风做了长达 30 年之久的研究,利克特在研究过程中所形成的某些思想和方法对理解领导行为很重要。他认为,有效的管理者坚决地面向下属,依靠人际沟通使各方团结一致地工作。包括管理者或领导者在内的群体全部成员都采取相互支持的态度,在这方面,他们具有共同的需要、价值观、抱负、目标和期望。

利克特于 1967 年提出了"领导的四系统模型",即把领导方式分成四类系统:剥削式的集权领导、仁慈式的集权领导、洽商式的民主领导和参与式的民主领导。他认为只有第四系统——参与式的民主领导才能实现真正有效的领导,才能正确地为组织设定目标和有效地达到目标。鉴于这种领导方式采取激励人的办法,所以利克特认为,这是领导一个群体的最有效方式。

(1)管理方式 1。管理方式 1 被称为"专制-权威式"。采用这种方式的主管人员非常专制,很少信任下属,采取使人恐惧的惩罚方法,偶尔兼用奖赏来激励人们,采取自上而下的沟通方式,决策权也只限于最高层。

(2)管理方式 2。管理方式 2 被称为"开明-权威式",采用这种方式的主管人员对下属怀有屈尊俯就的信任和信心;采取奖赏和惩罚并用的激励方法;允许一定程度的自下而上的沟通,向下属征求一些想法和意见;授予下级一定的决策权,但牢牢掌握政策性控制。

(3)管理方式 3。管理方式 3 称之为"洽商式"。采取这种方式的主管人员对下属抱有相当大的但又不是充分的信任和信心,他常设法采纳下属的想法和意见;采用奖赏,偶尔用惩罚和一定程度的参与;采取上下双向的方式沟通信息。在最高层制订主要政策和总体决策的同时,允许低层部门做出具体问题决策,并在某些情况下进行协商。

(4)管理方式 4。利克特认为管理方式 4 是最有参与性的方式,可称之为"群体参与式"。采取第四种方式的主管人员对下属在一切事务上都抱有充分的信心和信任,总是从下属获取设想和意见,并且积极地加以采纳;对于确定目标和评价实现目标所取得的进展方面,组织群体参与其事,在此基础上给予物质奖赏;更多地从事上下之间与同事之间的沟通;鼓励各级组织做出决策,或者本人作为群体成员同他们的下属一起工作。

总之,利克特发现那些应用管理方式 4 从事经营的主管人员都是取得最大成就的领导者。此外,他指出了采取管理方式 4 进行管理的部门和公司在设置目标和实现目标方面是最有效率的,通常也是最富有成效的。他把这种成功主要归因于群体参与程度和对支持下属参与的实际做法坚持贯彻的程度。

2）利克特 4 种管理方式理论的局限性

尽管有不少人对于管理方式 4 的理论表示赞成，但同样存在一些批评。例如，有些学者指出这个理论的研究焦点在于小群体，然而论述的范围往往外延扩大，涉及整个组织，而且，这项调查研究主要是在组织的低层次进行的，而来自最高层主管人员的数据资料支离破碎，因此这个理论可能会站不住脚。

案例 7-4　贾厂长的困惑

贾炳灿同志是 1984 年调任上海液压件三厂厂长的。他原是上海高压油泵厂厂长，治厂有方，使该厂连获"行业排头兵"与"优秀企业"称号，已是颇有名望的管理干部了。这次是他主动向局里请求调到这问题较多的液压件三厂来的。局里对他能迅速改变这厂的落后面貌寄予厚望。

贾厂长到任不久，就发现原有厂纪厂规中确有不少不尽合理之处，需要改革。但他觉得先要找到一个能引起震动的突破口，并能改得公平合理、令人信服。

他终于选中了一条。原来厂里规定，本厂干部和职工，凡上班迟到者一律扣当月奖金 1 元。他觉得这规定貌似公平，其实不然。因为干部们发现自己可能来不及了，便先去局里或公司兜一圈再回厂，有个堂而皇之的因公晚来的借口免于受罚，工人则无借口可依。厂里 400 来人，近半数是女工，孩子妈妈，家务事多，早上还要送孩子上学或入园，有的甚至得抱孩子来厂入托。本厂未建家属宿舍，职工散住全市各地，远的途中要换乘一两趟车；还有人住在浦东，要摆渡上班。碰上塞车停渡，尤其雨、雪、大雾，尽管提前很早出门，仍难免迟到。他们想迁到工厂附近，可无处可迁；要调往住处附近工厂，很难成功，女工更难办。所有这些都使迟到不能责怪工人自己。贾厂长认为应当从取消这条厂规下手改革。

有的干部提醒他，莫轻举妄动，此禁一开，纪律松散，不可收拾；又说别的厂还设有考勤钟，迟到一次扣 10 元，而且是累进式罚款，第二次罚 20 元，第三次罚 30 元。我厂才扣 1 元，算个啥？

但贾厂长斟酌再三，认为这条一定要改，因为 1 元钱虽少，但工人觉得不公、不服、气不顺，就影响到工作积极性。于是在 3 月末召开的全厂职工会上，他正式宣布，从 4 月 1 日起，工人迟到不再扣奖金，并说明了理由。这项政策的确引起了全厂的轰动，职工们报以热烈的掌声。

不过贾厂长又补充道："迟到不扣奖金，是因为常有客观原因。但早退则不可原谅，因为责在自己，理应重罚。所以凡未到点而提前洗手、洗澡、吃饭者，要扣半年奖金！"这有时等于几个月的工资啊。贾厂长觉得这条补充规定跟前面取消原规定同样公平合理，但工人们却反应冷淡。

新厂规颁布不久,发现有7名女工提前2分钟至3分钟不等去洗澡。人事科请示怎么办,贾厂长断然说道:"照厂规扣她们半年奖金,这才能令行禁止嘛。"于是处分的告示贴了出来。次日中午,贾厂长偶过厂门,遇上了受罚女工之一的小郭,问她道:"罚了你,服气不?"小郭不理而疾走,老贾追上几步,又问。小郭悻悻然扭头道:"有什么服不服? 还不是你厂长说了算!"她一边离去一边喃喃地说:"你厂长大人可曾上女澡堂去看过那像啥样子?"

贾厂长默然。他想:"我是男的,怎么会去过女澡堂?"但当天下午趁澡堂还没开放,跟总务科长老陈和工会主席老梁一块去看了一趟女澡堂。原来这澡堂低矮狭小,破旧阴暗,一共才设有12个淋浴喷头,其中还有3个不太好使。贾厂长想,全厂194名女工,分两班也每班有近百人,淋一次浴要排多久队? 下了小夜班洗完澡,到家该几点了? 明早还有家务活要干呢。她们对早退受重罚不服,是有道理的。看来这条厂规制定时,对这些有关情况欠调查了解……

下一步怎么办? 处分布告已经公布了,难道又收回不成? 厂长新到任订的厂规,马上又取消或更改,不就等于厂长公开认错,以后还有啥威信? 私下悄悄撤销对她们的处分,以后这一条厂规就此不了了之,行不?

贾厂长皱起了眉头①。

问题:

1. 贾厂长为什么会作出案例中的决定? 请运用利克特的领导行为理论分析贾厂长的领导方式?

2. 如果你是贾厂长,你该怎么办?

7.1.3.3 管理方格图(Management Grid Theory)

1) 管理方格理论

管理方格理论是由美国得克萨斯大学的行为科学家罗伯特·布莱克(Robert R. Blake)和简·莫顿(Jane S. Mouton)在1964年出版的《管理方格》(1978年修订再版,改名为《新管理方格》)一书中提出的。

管理方格理论是研究企业的领导方式及其有效性的理论,这种理论倡导用方格图表示和研究领导方式。他们认为,在企业管理的领导工作中往往出现一些极端的方式,或者以生产为中心,或者以人为中心。为避免趋于极端,克服以往各种领导方式理论中的"非此即彼"的绝对化观点,他们指出:在对生产关心的领导方式和对人关心的领导方式之间,可以有使二者在不同程度上互相结合的多种领导方式。

---

① mba. china-b. com/kyzx/20090312/814611_1. html

为此,他们就企业中的领导方式问题提出了管理方格法,使用自己设计的一张纵轴和横轴各 9 等分的方格图(图 7-1),纵轴和横轴分别表示企业领导者对人和对生产的关心程度,如图 7-1 所示。第 1 格表示关心程度最小,第 9 格表示关心程度最大。全图总共 81 个小方格,分别表示"对生产的关心"和"对人的关心"这两个基本因素以不同比例结合的领导方式。

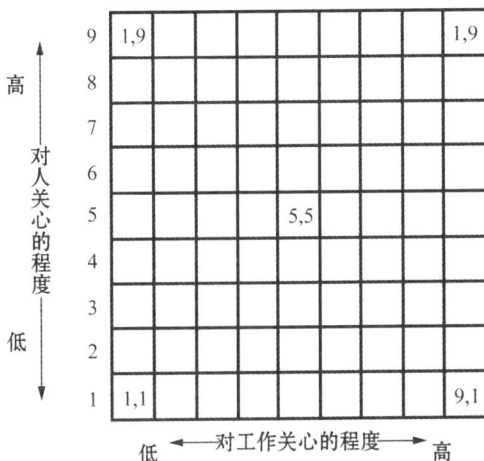

图 7-1 管理方格图

管理方格图是一张纵轴和横轴各 9 等分的方格图,纵轴表示企业领导者对人的关心程度(包含了员工对自尊的维护、基于信任而非基于服从来授予职责、提供良好的工作条件和保持良好的人际关系等),横轴表示企业领导者对业绩的关心程度(包括政策决议的质量、程序与过程,研究工作的创造性,职能人员的服务质量,工作效率和产量),其中,第 1 格表示关心程度最小,第 9 格表示关心程度最大。

管理方格图中,"1,1"方格表示对人和工作都很少关心,这种领导必然失败。"9,1"方格表示重点放在工作上,而对人很少关心。领导人员的权力很大,指挥和控制下属的活动,而下属只能奉命行事,不能发挥积极性和创造性。"1,9"方格表示重点放在满足职工的需要上,而对指挥监督、规章制度却重视不够。"5,5"方格表示领导者对人的关心和对工作的关心保持中间状态,只求维持一般的工作效率与士气,不积极促使下属发扬创造革新的精神。"9,9"方格表示对人和工作都很关心,能使员工和生产两个方面最理想、最有效地结合起来。这种领导方式要求创造出这样一种管理状况:职工能了解组织的目标并关心其结果,从而自我控制、自我指挥,充分发挥生产积极性,为实现组织的目标而努力工作。

除了那些基本的定向外,还可以找出一些组合。比如,"5,1"方格表示准生产中心型管理,比较关心生产,不大关心人;"1,5"方格表示准人中心型管理,比较关心人,不大关心生产;"9,5"方格表示以生产为中心的准理想型管理,重点抓生产,也比较关心人;"5,9"方格表示以人为中心的准理想型管理,重点在于关心人,也比较关心生产。还有,如果一个管理人员与其部属关系会有"9,1"定向和"1,9"体谅,就是家长作风;当一个管理人员以"9,1"定向方式追赶生产,而在这样做的时候激起了怨恨和反抗时,又到了"1,9"定向,这就是大弧度钟摆。

2)5种类型的领导

根据企业管理者"对业绩的关心"和"对人的关心"程度的组合,可以将领导分为5种类型:

(1)贫乏的领导者。对业绩和对人的关心都少,实际上,他们已放弃自己的职责,只想保住自己的地位。

(2)俱乐部式领导者。对业绩关心少,对人关心多,他们努力营造一种人人得以放松,感受友谊与快乐的环境,但对协同努力以实现企业的生产目标并不热心。

(3)小市民式领导者。既不偏重于关心生产,也不偏重于关心人,风格中庸,不设置过高的目标,能够得到一定的士气和适当的产量,但不是卓越的。

(4)专制式领导者。对业绩关心多,对人关心少,作风专制,他们眼中没有鲜活的个人,只有需要完成生产任务的员工,他们唯一关注的只有业绩指标。

(5)理想式领导者。对生产和对人都很关心,对工作和对人都很投入,在管理过程中把企业的生产需要同个人的需要紧密结合起来,既能带来生产力和利润的提高,又能使员工得到事业的成就与满足。

案例 7-5　供销部的管理

某厂的供销部由供应科、销售科、车队、仓库、广告制作科组成。当 A 调任该部的经理时,听到不少人反映广告制作科、仓库管理科迟到早退现象严重,劳动纪律差,工作效率低。虽然经过多次批评教育,成效不大,群众反映很大。为了做好领导工作,A 经理对这两个科室进行了调查分析,情况如下。

文化水平及修养:广告制作科的员工全是大专以上文化程度,平时工作认真,干劲大,但较散漫;仓库管理科的员工文化程度普遍较低,思想素质较差。

工作性质:广告制作是创造性工作,工作具有独立性,好坏的伸缩性也较大,难以定量考核工作量;仓库管理是程序化工作,内容固定,且必须严格按规章制度执行,工作量可以定量考核。

工作时间:广告制作工作有较强的连续性,不能以 8 小时来衡量,有时完成一项工作光靠上班是远远不够的;而仓库管理 8 小时内的工作是关键,上下班的准时性和工作时间不能随意离开岗位是十分重要的,否则就会影响正常的收发货物,有的还会直接影响车间的正常生产。

其他:广告制作科的员工工作责任心强,有强烈的创新意识,有实现自我价值和获得成功的欲望,工作热情较高;仓库管理科的员工由于工作环境分散、工作单调,员工积极性不高①。

问题:

根据以上情况,你认为 A 经理对这两个部门应如何实施领导?

7.1.3.4　领导行为连续体理论(Leadership Continuum)

1) 领导行为连续体理论概述

坦南鲍姆(R. Tannenbaum)和沃伦·施密特(Warren H. Schmidt)于 1958 年提出了领导行为连续体理论。他们认为,经理们在决定何种行为(领导作风)最适合处理某一问题时常常产生困难。他们不知道是应该自己做出决定还是授权给下属做决策。为了使人们从决策的角度深刻认识领导作风的意义,他们提出了领导行为连续体模型。他们认为领导风格与领导者运用权威的程度和下属在做决策时享有的自由度有关。在连续体的最左端表示的领导行为是专制型的领导;在连续体的最右端表示的是将决策权授予下属的民主型的领导。在管理工作中,领导者使用的权威和下属拥有的自由度之间是一方扩大另一方缩小的关系。

一个专制的领导掌握完全的权威,自己决定一切,他不会授权下属;而一位民主的领导在指定决策过程中,会给予下属很大的权力。民主与独裁仅是两个极端的情况,这两者中间还存在着许多种领导行为。

2) 领导行为连续体理论的 7 种主要的领导模式

在高度专制和高度民主的领导风格之间,坦南鲍姆和施密特划分出 7 种主要的领导模式,如图 7-2 所示。

(1) 领导做出决策并宣布实施。在这种模式中,领导者确定一个问题,并考虑各种可供选择的方案,从中选择一种,然后向下属宣布执行,不给下属直接参与决策的机会。

(2) 领导者提出计划并征求下属的意见。在这种模式中,领导者提出了一个决策,并希望下属接受这个决策,他向下属提出一个计划的详细说明,并允许下属提出问题。这样,下属就能更好地理解领导者的计划和意图,领导者和下属能够共同讨论决策的意义和作用。

(3) 领导者说服下属执行决策。在这种模式中,同前一种模式一样,领导者承

---

① col. njtu. edu. cn/jingpinke/06jpsb/... /new_page_18. htm

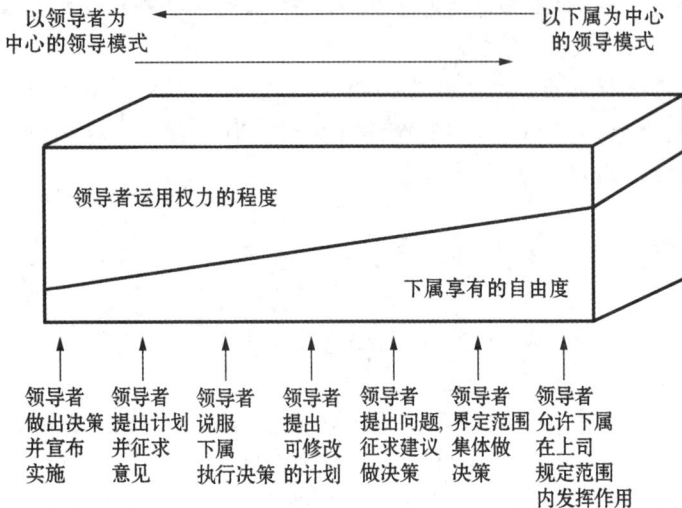

图 7-2　领导行为连续体理论的 7 种主要的领导模式

担确认问题和做出决策的责任。但他不是简单地宣布实施这个决策,而是认识到下属中可能会存在反对意见,于是试图通过阐明这个决策可能给下属带来的利益来说服下属接受这个决策,消除下属的反对。

(4) 领导者提出可修改的计划。在这种模式中,下属可以对决策发挥某些影响作用,但确认和分析问题的主动权仍在领导者手中。领导者先对问题进行思考,提出一个暂时的、可修改的计划。并把这个暂定的计划交给相关人员征求意见。

(5) 领导者提出问题,征求建议做决策。在以上几种模式中,领导者在征求下属意见之前就提出了自己的解决方案,而在这个模式中,下属有机会在决策做出以前就提出自己的建议。领导者的主动作用体现在确定问题,下属的作用在于提出各种解决的方案。最后,领导者从他们自己和下属所提出的解决方案中选择一种他认为最好的解决方案。

(6) 领导者界定问题范围,下属集体做出决策。在这种模式中,领导者已经将决策权交给了下属的群体。领导者的工作是弄清所要解决的问题,并为下属提出做决策的条件和要求,下属按照领导者界定的问题范围进行决策。

(7) 领导者允许下属在上司规定的范围内发挥作用。这种模式表示了极度的团体自由。如果领导者参加了决策的过程,他应力图使自己与团队中的其他成员处于平等的地位,并事先声明遵守团体所做出的任何决策。

在上述各种模式中,坦南鲍姆和施密特认为,不能简单地认为哪一种模式一定是好的,哪一种模式一定是差的。成功的领导者应该是在一定的具体条件下,善于考虑各种因素的影响,采取最恰当的行动。当需要果断指挥时,他应善于指挥;当需要员工参与决策时,他能适当放权。领导者应根据具体的情况,如领导者自身的能力,下属及环境状况、工作性质、工作时间等,适当选择连续体中的某种领导风格,才能达到领导行为的有效性。

3)领导模式考虑因素

通常,管理者在决定采用哪种领导模式时要考虑以下几方面的因素:

(1)管理者的特征——包括管理者的背景、教育、知识、经验、价值观、目标和期望等。

(2)员工的特征——包括员工的背景、教育、知识、经验、价值观、目标和期望等。

(3)环境的要求——环境的大小、复杂程度、目标、结构和组织氛围、技术、时间压力和工作的本质等。

根据以上这些因素,如果下属有独立做出决定并承担责任的愿望和要求,并且他们已经做好了这样的准备,他们能理解所规定的目标和任务,并有能力承担这些任务,领导者就应给下级较大的自主权力。如果这些条件不具备,领导者就不应把权力授予下级。

4)领导行为连续体理论对管理工作的启示及不足

首先,一个成功的管理者必须能够敏锐地认识到在某一个特定时刻影响他们行动的种种因素,准确地理解自己,理解他所领导的团队中的成员,理解他所处在的组织环境和社会环境。其次,一个成功的领导者必须能够认识和确定自己的行为方式,即如果需要发号施令,他便能发号施令;如果需要员工参与和行使自主权,他就能为员工提供这样的机会。

这一理论的贡献在于不是将成功的领导者简单地归结为专制型、民主型或放任型的领导者,而是指出成功的领导者应该是在多数情况下能够评估各种影响环境的因素和条件,并根据这些条件和因素来确定自己的领导方式和采取相应的行动。

但坦南鲍姆和施密特的理论也存在一定的不足,那就是他们将影响领导方式的因素即领导者、下属和环境看成是既定的和不变的,而实际上这些因素是相互影响、相互作用的,他们对影响因素的动力特征没有进行足够的重视,同时在考虑环境因素时主要考虑的是组织内部的环境,而对组织外部的环境以及组织与社会环境的关系缺乏重视。

7.1.4 领导权变理论 (Contingency Theories of Leadership)

"权变"一词有"随具体情境而变"或"依具体情况而定"的意思。领导权变理论主要研究与领导行为有关的情境因素对领导效力的潜在影响。该理论认为,在不同的情境中,不同的领导行为有不同的效果,所以又被称为领导情境理论。权变理论在其出现后即以它特有的魅力而使以往的领导理论黯然失色,这一理论的主要研究成果包括:

(1) 弗雷德·菲德勒提出的菲德勒模型。

(2) 领导生命周期理论。

(3) 路径-目标理论。

7.1.4.1 菲德勒模型(the Fiedler model)

弗雷德·菲德勒(Fred E. Fiedler),美国当代著名心理学家和管理专家。他从 1951 年起从管理心理学和实证环境分析两方面研究领导学,提出了"领导权变理论",开创了西方领导学理论的一个新阶段,使以往盛行的领导形态学理论研究转向了领导动态学研究的新轨道,对以后的管理思想发展产生了重要影响。他的主要著作和论文包括《一种领导效能理论》(1967),《让工作适应管理者》(1965),《权变模型——领导效用的新方向》(1974),以及《领导游戏:人与环境的匹配》等。

在许多研究者仍然争论究竟哪一种领导风格更为有效时,菲德勒在大量研究的基础上提出了有效领导的权变模型,他认为任何领导形态均可能有效,其有效性完全取决于所处的环境是否适合。

1) 领导风格与领导情境

(1) 领导风格。领导者在指挥下属时,可以有两种方式:一是明确指令下属做什么和怎样去做;二是吸收他们一起来参与决策,从而与组织成员共同分担领导工作,共同承担责任。这两种方式从表面上看是相反的,一种使用的是权力的"大棒",一种使用的是民主的"胡萝卜",但其实质是一样的,都是为了激励组织成员去努力工作,为实现组织的预定目标而奋斗。它们对领导者来说都是有用的,问题是应当在不同的场合或情境下使用不同的领导方式。

菲德勒相信影响领导成功的关键因素之一是个体的基本领导风格,因此他为发现这种基本风格而设计了最不喜欢同事(LPC)调查问卷,问卷由 16 组对应形容词构成。作答者要先回想一下自己共过事的所有同事,并找出一个最不喜欢的同事,在 16 组形容词中按 1~8 等级对他进行评估。如果以相对积极的词汇描述最不喜欢同事(LPC 得分高),则作答者很乐于与同事形成良好的人际关系,就是关系取向型。相反,如果对最不喜欢同事看法很消极,则说明作答者可能更关注生产,就称为任务取向型。菲德勒运用 LPC 问卷将绝大多数作答者划分为两种领导风格,也有一小部分处于两者之间,很难勾勒。

菲德勒的 LPC 问卷

快乐 —— 8 7 6 5 4 3 2 1 —— 不快乐

友善	——	8 7 6 5 4 3 2 1	——	不友善
拒绝	——	1 2 3 4 5 6 7 8	——	接纳
有益	——	8 7 6 5 4 3 2 1	——	无益
不热情	——	1 2 3 4 5 6 7 8	——	热情
紧张	——	1 2 3 4 5 6 7 8	——	轻松
疏远	——	1 2 3 4 5 6 7 8	——	亲密
冷漠	——	1 2 3 4 5 6 7 8	——	热心
合作	——	8 7 6 5 4 3 2 1	——	不合作
助人	——	8 7 6 5 4 3 2 1	——	敌意
无聊	——	1 2 3 4 5 6 7 8	——	有趣
好争	——	1 2 3 4 5 6 7 8	——	融洽
自信	——	8 7 6 5 4 3 2 1	——	犹豫
高效	——	8 7 6 5 4 3 2 1	——	低效
郁闷	——	1 2 3 4 5 6 7 8	——	开朗
开放	——	8 7 6 5 4 3 2 1	——	防备

（2）领导情境。菲德勒在论述了组织领导的方式类型之后，又进一步研究了与领导方式有着紧密关联的领导环境或领导情境问题。他认为尽管可以根据一定的领导方式创造领导工作环境，但是，领导方式的发挥不考虑具体的领导环境是不行的，某种领导方式只有在一定的、与之相一致的环境中才能运用自如：①领导者和成员的关系，即领导者是否受到下级的喜爱、尊敬和信任，是否能吸引并使下级愿意追随他；②职位权利，即领导者所处的职位能提供的权力和权威是否明确充分，在上级和整个组织中所得到的支持是否有力，对雇用、解雇、纪律、晋升和增加工资的影响程度大小；③任务结构，指工作团体要完成的任务是否明确，有无含糊不清之处，其规范化和程序化程度如何。

2）模型

菲德勒模型利用上面 3 个权变变量来评估情境。领导者与成员关系或好或差，任务结构或高或低，职位权力或强或弱，3 项权变变量总和起来，便得到 8 种不同的情境或类型，每个领导者都可以从中找到自己的位置。

菲德勒模型指出，当个体的 LPC 分数与 3 项权变因素的评估分数相匹配时，则会达到最佳的领导效果。菲德勒研究了 1200 个工作群体，对 8 种情境类型的每一种均对比了关系取向和任务取向两种领导风格，他得出结论：任务取向的领导者在非常有利的情境和非常不利的情境下工作得更好。也就是说，当面对Ⅰ、Ⅱ、Ⅲ、Ⅶ、Ⅷ类型的情境时，任务取向的领导者干得更好；而关系取向的领导者则在中度有利的情境，即Ⅳ、Ⅴ、Ⅵ类型的情境中干得更好，如图 7-3 所示。

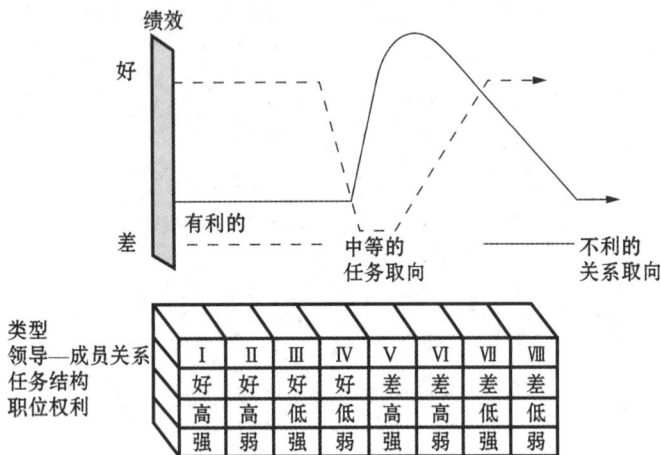

图 7-3　菲德勒模型

菲德勒认为领导风格是与生俱来的——你不可能改变你的风格去适应变化的情境。因此提高领导者的有效性实际上只有两条途径：

(1) 你可以替换领导者以适应环境。比如，如果群体所处的情境被评估为十分不利，而目前又是一个关系取向的管理者进行领导，那么替换一个任务取向的管理者则能提高群体绩效。

(2) 改变情境以适应领导者。菲德勒提出了一些改善领导者-成员关系职权和任务结构的建议。领导者与下属之间的关系可以通过改组下属组成加以改善，使下属的经历、技术专长和文化水平更为合适；任务结构可以通过详细布置工作内容而使其更加定型化，也可以对工作只做一般性指示而使其非程序化，领导的职位权力可以通过变更职位充分授权，或明确宣布职权而增加其权威性。

菲德勒模型强调为了领导有效需要采取什么样的领导行为，而不是从领导者的素质出发强调应当具有什么样的行为，这为领导理论的研究开辟了新方向。菲德勒模型表明，并不存在着一种绝对的最好的领导形态，企业领导者必须具有适应力，自行适应变化的情境。同时也提示管理层必须根据实际情况选用合适的领导者。

菲德勒模型的效用已经得到大量研究的验证，虽然在模型的应用方面仍存在一些问题，比如 LPC 量表的分数不稳定、权变变量的确定比较困难等，但是菲德勒模型在实践中还是具有重要的指导意义的。

7.1.4.2　领导生命周期理论(Situational Leadership Theory, SLT)

1) 领导的生命周期理论概念

领导生命周期理论是由科曼首先提出，后由保罗·赫西和肯尼斯·布兰查德予以发展，也称情景领导理论，这是一个重视下属的权变理论。赫西和布兰查德认为,依据下属的成熟度,选择正确的领导风格,就会取得领导的成功。

赫西和布兰查德将成熟度定义为:个体对自己的直接行为负责任的能力和意愿。它包括两项要素:工作成熟度与心理成熟度。前者包括一个人的知识和技能。工作成熟度高的个体拥有足够的知识、能力和经验完成他们的工作任务而不需要他人的指导。后者指的是一个人做某事的意愿和动机,心理成熟度高的个体不需要太多的外部激励,他们主要靠内部动机激励。

2）4 种领导方式

领导的生命周期理论使用的两个领导维度与菲德勒的划分相同:工作行为和关系行为。但是,赫西和布兰查德更向前迈进了一步,他们认为每一维度有低有高,从而组成以下 4 种具体的领导风格,如图 7-4 所示:

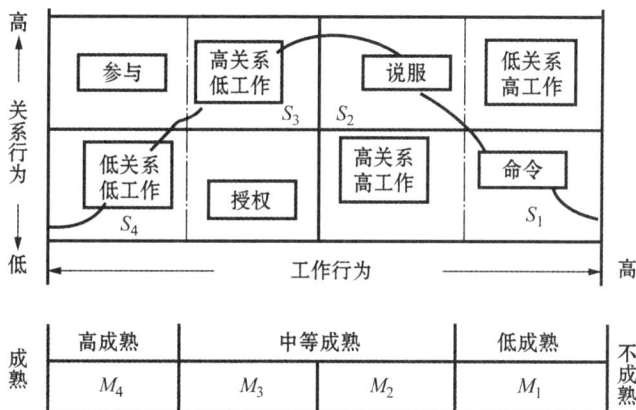

图 7-4　领导生命周期理论的 4 种领导风格

（1）命令型领导方式（高工作、低关系）:领导者定义角色,告诉下属应该干什么、怎么干以及何时何地去干。

（2）说服型领导方式（高工作、高关系）:领导者同时提供指导性的行为与支持性的行为。

（3）参与型领导方式（低工作、高关系）:领导者与下属共同决策,领导者的主要角色是提供便利条件与沟通。

（4）授权型领导方式（低工作、低关系）:领导者提供极少的指导或支持。

3）下属成熟度的 4 个阶段

赫西-布兰查德的领导生命周期理论对下属成熟度的 4 个阶段的定义是:

第一阶段　这些人对于执行某任务既无能力又不情愿。他们既不胜任工作又不能被信任。

第二阶段　这些人缺乏能力,但愿意执行必要的工作任务。他们有积极性,但目前尚缺足够的技能。

第三阶段　这些人有能力,却不愿意干领导者希望他们做的工作。

第四阶段　这些人既有能力又愿意干让他们做的工作。

4）有效领导方式的选择

当下属成熟程度为第一阶段时,选择命令型领导方式。当下属成熟程度为第二阶段时,选择说服型领导方式。当下属成熟程度为第三阶段时,选择参与型领导方式。当下属成熟程度为第四阶段时,选择授权型领导方式。

领导生命周期曲线模型概括了情景领导模型的各项要素。当下属的成熟水平不断提高时,领导者不但可以不断减少对下属行为和活动的控制,还可以不断减少关系行为。

(1) 在第一阶段(M_1),下属需要得到具体而明确的指导。

(2) 在第二阶段(M_2)中,领导者需要采取高工作、高关系行为:高工作行为能够弥补下属能力的欠缺,高关系行为则试图使下属在心理上"领会"领导者的意图。

(3) 在第三阶段(M_3)中出现的激励问题,领导者运用支持性、非领导性的参与风格可获得最佳解决方案。

(4) 在第四阶段(M_4)中,领导者不需要做太多事,因为下属愿意又有能力担负责任。

7.1.4.3　路径-目标理论(Path-Goal Theory)

1）什么是路径-目标理论

领导方式的路径-目标理论是权变理论的一种,由多伦多大学的组织行为学教授罗伯特·豪斯(Robert House)最先提出,后来华盛顿大学的管理学教授特伦斯·米切尔(Terence R. Mitchell)也参与了这一理论的完善和补充。

途径-目标理论来源于激励理论中的期待学说,目前已经成为当今最受人们关注的领导观点之一。期待学说(即期望理论,这一理论以弗罗姆的研究最有代表性)认为,个人的态度,取决于他的期望值的大小(目标效价)以及通过自己努力达到这一期望值的概率高低(期望几率)。该理论认为,领导者的工作是帮助下属达到他们的目标,并提供必要的指导和支持以确保他们各自的目标与群体或组织的总体目标相一致。"路径-目标"的概念来自于这种信念,即有效领导者通过明确指明实现工作目标的途径来帮助下属,并为下属清理各项障碍和危险,从而使下属的这一职责履行更为容易,如图 7-5 所示。

2）路径-目标理论的基本原理

在豪斯眼里,领导者的基本任务就是发挥被领导者的作用,而要发挥被领导者的作用,就得帮助被领导者设定目标、把握目标的价值,支持并帮助被领导者实现目标。在实现目标的过程中提高被领导者的能力,使被领导者得到满足。这样,就

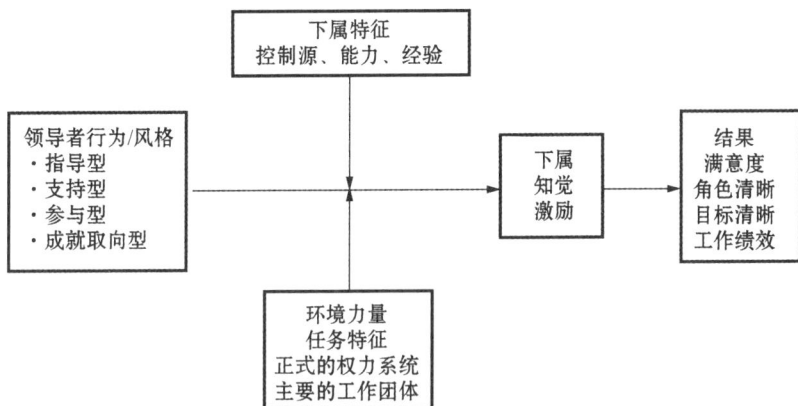

图 7-5　路径-目标理论

形成了这一理论的两个基本原理：

（1）领导方式必须是被领导者乐于接受的方式。只有能够给被领导者带来利益和满足的方式，才能使他们乐于接受。

（2）领导方式必须具有激励性。激励的基本思路是以绩效为依据，同时以对被领导者的帮助和支持来促成绩效。也就是说，领导者要能够指明被领导者的工作方向，还要帮助被领导者排除实现目标的障碍，使其能够顺利达到目标，同时在工作过程中尽量使职工需要得到满足。

3）领导人的职能

按照豪斯的概括，领导人的职能具体表现为 6 个方面：①唤起被领导者对成果的需要和期望；②对完成工作目标的被领导者增加报酬，兑现承诺；③通过教育、培训、指导，提高被领导者实现目标的能力；④帮助被领导者寻找达到目标的路径；⑤排除被领导者前进路径上的障碍；⑥增加被领导者获得个人满足感的机会，而这种满足又以工作绩效为基础。

要实现这种以被领导者为核心的领导活动，必须考虑被领导者的具体情况。显然，现实中的被领导者是千差万别的。被领导者的差异主要表现在两个方面：一是被领导者的个人特质，二是被领导者需要面对的环境因素。就被领导者的个人特质而言，新手和老手不一样，技术高低不一样，责任心的强度不一样，甚至年龄大小、任职时间长短，都会产生不同的反应。

就被领导者面对的环境因素而言，不同企业、不同岗位的工作任务不一样，企业组织的权力系统不一样，基层的工作群体不一样。如果是明确清晰的工作任务、有效得力的权力系统、友好合作的工作群体，那么，强化控制明显属于多余，还会伤害被领导者的满足感；而如果情况相反，放松管制就会出现偏差，同样会招来被领导者的抱怨。单纯以工作任务而论,如果完成任务不能使被领导者得到满足,那么领导者越加强规章制度,越施加任务压力,被领导者的反感就越大。所以,目标-途径理论强调,领导方式要有权变性。如图 7-6 所示:

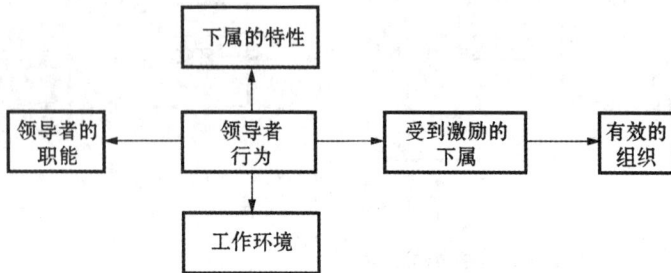

图 7-6　路径-目标理论中领导者的职能

4）4 种领导行为与风格

为了考察这些方面,豪斯确定了 4 种领导行为:

(1) 指导型领导(Directive Leadership)。领导者对被领导者需要完成的任务进行说明,包括对他们有什么希望、如何完成任务、完成任务的时间限制等。指导性领导者能为被领导者制订出明确的工作标准,并将规章制度向被领导者讲得清清楚楚。指导不厌其详,规定不厌其细。

(2) 支持型领导(Supportive Leadership)。领导者对被领导者的态度是友好的、可接近的,他们关注被领导者的福利和需要,平等地对待被领导者,尊重被领导者的地位,能够对被领导者表现出充分的关心和理解,在被领导者有需要时能够真诚帮助。

(3) 参与型领导(Participative Leadership)。领导者邀请被领导者一起参与决策。参与性领导者能与被领导者一起进行工作探讨,征求他们的想法和意见,将他们的建议融入团体或组织将要执行的那些决策中去。

(4) 成就取向型领导(Achievement Oriented Leadership)。领导者鼓励被领导者把工作做到尽量高的水平。这种领导者为被领导者制订的工作标准很高,寻求工作的不断改进。除了对被领导者期望很高外,成就导向性领导者还非常信任被领导者有能力制订并完成具有挑战性的目标。在现实中究竟采用哪种领导方式,要根据被领导者特性、环境变量、领导活动结果的不同因素,以权变观念求得与领导方式的恰当配合。

5）目标-途径理论的应用和发展

和菲德勒不同,豪斯主张领导方式的可变性。他认为,领导方式是有弹性的,这 4 种领导方式可能在同一个领导者身上出现,因为领导者可以根据不同的情况斟酌选择,在实践中采用最适合于被领导者特征和工作需要的领导风格。豪斯强调,领导者的责任就是根据不同的环境因素来选择不同的领导方式。如果强行用某一种领导方式在所有环境条件下实施领导行为,必然会导致领导活动的失败。

如果被领导者是教条的或权力主义的,任务是不明确的,组织的规章和程序是不清晰的,那么,指导型领导方式最适合。

对于结构层次清晰、令人不满意或者是令人感到灰心的工作,那么,领导者应该使用支持型方式。当被领导者从事于机械重复性的和没有挑战性的工作时,支持型方式能够为被领导者提供工作本身所缺少的"营养"。

当任务不明确时,参与型领导效果最佳,因为参与活动可以澄清达到目标的路径,帮助被领导者懂得通过什么路径和实现什么目标。另外,如果被领导者具有独立性,具有强烈的控制欲,参与型领导方式也具有积极影响,因为这种被领导者喜欢参与决策和工作构建。

如果组织要求被领导者履行模棱两可的任务,成就导向型领导方式效果最好。在这种情境中,激发挑战性和设置高标准的领导者,能够提高被领导者对自己有能力达到目标的自信心。事实上,成就导向型领导可以帮助被领导者感到他们的努力将会导致有效的成果。

随着时代的发展,豪斯也没有固守目标-途径理论而止步不前。20 世纪 90 年代中期,豪斯和他的同事们根据多年的实证研究,在目标-途径理论的基础上,综合了领导特质理论、领导行为理论以及权变理论的特点,以组织愿景替换并充实原来的"目标-途径",围绕着价值这个核心概念,阐述了什么样的行为能有效地帮助领导者形成组织的共同价值,以及这些行为的实施条件,提出了以价值为基础的领导理论。

豪斯的目标-途径理论,同利克特的支持关系模型有一定的相似之处。两者的区别是,利克特单纯强调领导与被领导者的关系,而豪斯的关注范围更为广泛,考虑到了领导活动的各种情境因素。从坚持权变观点的角度看,豪斯与菲德勒也有一定程度的理论重合。但是,菲德勒把注意力集中于情境因素的权变,而豪斯则强调领导者本身的权变。可以说,由于豪斯的理论时间上推出较晚,所以,有可能也有条件吸取前人的大量成果。而豪斯本人以价值和愿景对自己理论进行调整,也显示了这一理论不断发展的容量和前景。

案例 7-6 刘成耀的领导方式

刘成耀从西部的一所财经大学拿到会计专业的学士学位后,到一家大型会计师事务所的贵阳办事处工作,由此开始了他的职业生涯。9 年后,他成了该事务所的一名最年轻的合伙人。事务所执行委员会发现了他的领导潜能和进取心,遂指派他到遵义开办了一个新的办事处,其最主要的工作是审计,这要求员工具有高度的判断力和自我控制力。他主张员工之间要以名字直接称呼,并鼓励下属参与决策制订。

办事处发展得很迅速,经过 5 年,专业人员达到了 30 名,刘成耀被认为是一位很成功的领导者。

刘成耀于是又被安排到乌鲁木齐办事处当主管。他采取了在贵阳和遵义工作时取得显著成效的同样的管理方式。上任后,他更换了几乎全部 25 名员工,并制定了短期和长期的客户开发计划。为了确保有足够数量的员工来处理预期扩增的业务,办事处员工人数达到了 40 名。

但以往成功的管理方式并没有在乌鲁木齐取得成效,办事处在一年时间内就丢掉了最好的两个客户。刘成耀马上意识到办事处的人员过多了,因此决定解聘前一年刚招进来的 12 名员工,以减少开支。

他相信挫折只是暂时性的,因而仍继续采取他的策略。在此后的几个月时间里,他又招聘了 6 名员工,以适应预期增加的工作量,但预期中的新业务并没有接来,所以又重新削减了员工队伍,13 名员工离开了乌鲁木齐办事处。

伴随着这两次裁员,留下来的员工感到工作没有保障,并开始怀疑刘成耀的领导能力。事务所的执行委员会了解到这一问题后,将刘成耀调到昆明办事处,在那里,他的领导方式显示出很好的效果。

问题:

1. 刘成耀作为一位领导者,其权力的来源有哪些?

2. 这个案例更好地说明了领导的行为理论还是领导的权变理论?说明你的理由。

3. 刘成耀在乌鲁木齐办事处没有获得成功,你能帮助分析原因吗?

7.2 激励

7.2.1 激励的基本原理

7.2.1.1 激励的概念

所谓激励,就是组织通过设计适当的外部奖酬形式和工作环境,以一定的行为规范和惩罚性措施,借助信息沟通,来激发、引导、保持和强化组织成员的行为,以有效地实现组织及其成员个人目标的系统活动。这一定义包含以下几方面的内容:

（1）激励的出发点是满足组织成员的各种需要，即通过系统地设计适当的外部奖酬形式和工作环境，来满足企业员工的外在性需要和内在性需要。

（2）科学的激励工作需要奖励和惩罚并举，既要对员工表现出来的符合企业期望的行为进行奖励，又要对不符合企业期望的行为进行惩罚。

（3）激励贯穿于企业员工工作的全过程，包括对员工个人需要的了解、个性的把握、行为过程的控制和行为结果的评价等。

（4）信息沟通贯穿于激励工作的始末，从对激励制度的宣传、企业员工个人的了解，到对员工行为过程的控制和对员工行为结果的评价等，都依赖于一定的信息沟通。

（5）激励的最终目的是在实现组织预期目标的同时，也能让组织成员实现其个人目标，即达到组织目标和员工个人目标在客观上的统一。

7.2.1.2 激励的类型

不同的激励类型对行为过程会产生程度不同的影响，所以激励类型的选择是做好激励工作的一项先决条件。

1) 物质激励与精神激励

虽然二者的目标是一致的，但是它们的作用对象却是不同的。前者作用于人的生理方面，是对人物质需要的满足，后者作用于人的心理方面，是对人精神需要的满足。随着人们物质生活水平的不断提高，人们对精神与情感的需求越来越迫切，比如期望得到爱、尊重等。

2) 正激励与负激励

所谓正激励就是当一个人的行为符合组织的需要时，通过奖赏的方式来鼓励这种行为，以达到持续和发扬这种行为的目的。所谓负激励就是当一个人的行为不符合组织的需要时，通过制裁的方式来抑制这种行为，以达到减少或消除这种行为的目的。

正激励与负激励作为激励的两种不同类型，目的都是要对人的行为进行强化，不同之处在于二者的取向相反。正激励起正强化的作用，是对行为的肯定；负激励起负强化的作用，是对行为的否定。

3) 内激励与外激励

所谓内激励是指由内酬引发的、源自于工作人员内心的激励；所谓外激励是指由外酬引发的、与工作任务本身无直接关系的激励。

内酬是指工作任务本身的刺激，即在工作进行过程中所获得的满足感，它与工作任务是同步的。追求成长、锻炼自己、获得认可、自我实现、乐在其中等内酬所引发的内激励，会产生一种持久性的作用。

外酬是指工作任务完成之后或在工作场所以外所获得的满足感，它与工作任务不是同步的。如果一项又脏又累、谁都不愿干的工作有一个人干了,那可能是因为完成这项任务将会得到一定的外酬——奖金及其他额外补贴,一旦外酬消失,他的积极性可能就不存在了。所以,由外酬引发的外激励是难以持久的。

案例 7-7　拿破仑与落水者

拿破仑一次打猎的时候,看到一个落水男孩,一边拼命挣扎,一边高呼救命。这河面并不宽,拿破仑不但没有跳水救人,反而端起猎枪,对准落水者,大声喊道:你若不自己爬上来,我就把你打死在水中。那男孩见求救无用,反而增添了一层危险,便更加拼命地奋力自救,终于游上了岸。

[分析]

对待自觉性比较差的员工,一味的为他创造良好的软环境、去帮助他,并不一定让他感受到"萝卜"的重要,有时还离不开"大棒"的威胁。偶尔利用你的权威对他们进行威胁,会及时制止他们消极散漫的心态,激发他们发挥出自身的潜力。自觉性强的员工也有满足、停滞、消沉的时候,也有依赖性,适当的批评和惩罚能够帮助他们认清自我,重新激发新的工作斗志。

7.2.1.3　激励的过程

行为科学认为,人的行为是由动机决定的,而动机则是由需要引起的。当人们有了某种需要且未得到满足之前,就会处在一种不安和紧张的状态之中,从而成为干某件事的内在驱动力,心理学家把这种驱动力叫做动机,动机产生以后,人们就会寻找能够满足需要的目标,而一旦目标确定,就会进行满足需要的活动。活动的结果如果未使需要得到满足,则会出现三种情况:或目标不变,重新努力;或降低目标要求,即降低要求得到满足的档次;或变更目标,从事别种活动,以满足相同或类似的需要。如果活动的结果使行为活动原动力的需要得到满足,则人们往往会被自己的成功所鼓舞,产生新的需要和动机,确定新的目标,进行新的活动。因此,从需要到目标,人的行为过程是一个周而复始、不断进行、不断升华的循环,这个循环可以利用图 7-7 简单概括。

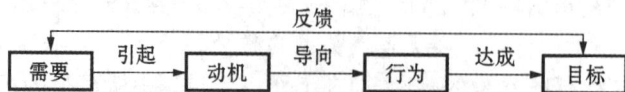

图 7-7　行为过程简图

上述分析表明,需要是人类行为的基础,不同的需要在不同的条件下会诱发出不同的行为。领导者要正确地引导人们的行为,必须:①分析需要的类型和特点;②研究需要是如何影响人的行为以及影响程度是如何决定的;③探索如何正确评价人的行为结果,并据此予以公正的报酬,以使人们保持积极、合理的行为,或改正消极、不合理的行为。比如当一个下属做了一件自认为十分漂亮的事情后,他渴望得到上司或同事的赞赏、认可和肯定,这就是他渴望被上司激励的心理"动机"。这时,如果上司及时而得体地用表扬激励了他,那他在今后的工作会更卖力,甚至做得更好,这就使他产生了努力工作的行为,而这种行为肯定会导致好的"结果",最后达到下属和上司都"满意"的成效。

7.2.1.4 激励的基本原则

(1)目标结合原则。在激励机制中,设置目标是一个关键环节。目标设置必须同时体现组织目标和员工需要的要求。

(2)目标结合原则。在激励机制中,设置目标是一个关键环节。目标设置必须同时体现组织目标和员工需要的要求。

(3)引导性原则。外激励措施只有转化为被激励者的自觉意愿,才能取得激励效果,因此,引导性原则是激励过程的内在要求。

(4)合理性原则。激励的合理性原则包括两层含义:①激励的措施要适度,要根据所实现目标本身的价值大小确定适当的激励量;②奖惩要公平。

(5)明确性原则。激励的明确性原则包括三层含义:①明确,激励的目的是需要做什么和必须怎么做;②公开,特别是分配奖金等大量员工关注的问题时,更为重要;③直观,实施物质奖励和精神奖励时都需要直观地表达它们的指标,总结和授予奖励和惩罚的方式。直观性与激励影响的心理效应成正比。

(6)时效性原则。要把握激励的时机,"雪中送炭"和"雨后送伞"的效果是不一样的。激励越及时,越有利于将人们的激情推向高潮,使其创造力连续有效地发挥出来。激励在不同时间进行,其作用与效果是有很大差别的。打个比喻,厨师炒菜时,不同的时间放入味料,菜的味道和质量是不一样的。超前激励可能会使下属感到无足轻重;迟到的激励可能会让下属觉得画蛇添足,失去了激励应有的意义。

(7)正激励与负激励相结合的原则。所谓正激励就是对员工的符合组织目标的期望行为进行奖励。所谓负激励就是对员工违背组织目的的非期望行为进行惩罚。正负激励都是必要而有效的,不仅作用于当事人,而且会间接地影响周围其他人。

(8)按需激励原则。激励的起点是满足员工的需要,但员工的需要因人而异、因时而异,并且只有满足最迫切需要(主导需要)的措施,其效价才高,其激励强度才大。因此,领导者必须深入地进行调查研究,不断了解员工需要层次和需要结构的变化趋势,有针对性地采取激励措施,才能收到实效。

7.2.2　马斯洛人类需求五层次理论(Maslow's Hierarchy of Needs)

7.2.2.1　马斯洛需求层次理论的基本假设

马斯洛在 1943 年发表的《人类动机的理论》(A Theory of Human Motivation Psychological Review)一书中提出了需要层次论。这种理论的构成根据三个基本假设:

(1) 人要生存,他的需要能够影响他的行为。只有未满足的需要能够影响行为,满足了的需要不能充当激励工具。人的需要按重要性和层次性排成一定的次序,从基本的(如食物和住房)到复杂的(如自我实现)。

(2) 当人的某一级需要得到最低限度满足后,才会追求高一级的需要,如此逐级上升,成为推动他继续努力的内在动力。

(3) 马斯洛理论把需求分成生理需求、安全需求、社会需求、尊重需求和自我实现需求五类,依次由较低层次到较高层次(如图 7-8 所示)。

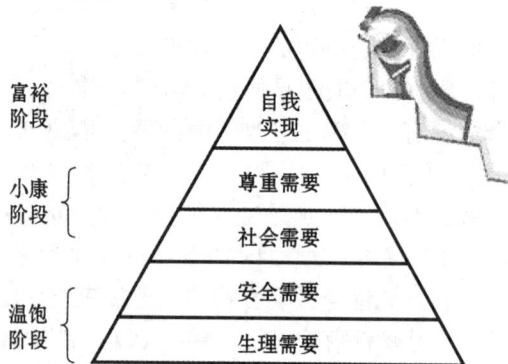

图 7-8　马斯洛的需求层次

7.2.2.2　马斯洛的需求层次理论基本内容

(1) 生理上的需要。这是人类维持自身生存的最基本要求,包括饥、渴、衣、住、性等方面的要求。如果这些需要得不到满足,人类的生存就成了问题。在这个意义上说,生理需要是推动人们行动最强大的动力。马斯洛认为,只有这些最基本的需要被满足到维持生存所必需的程度后,其他的需要才能成为新的激励因素,而到了此时,这些已相对满足的需要也就不再成为激励因素了。

(2) 安全上的需要。这是人类要求保障自身安全、摆脱事业和丧失财产威胁、避免职业病的侵袭、接触严酷的监督等方面的需要。马斯洛认为,整个有机体是一个追求安全的机制,人的感受器官、效应器官、智能和其他能量主要是寻求安全的工具,甚至可以把科学和人生观都看成是满足安全需要的一部分。当然,当这种需要一旦相对满足后,也就不再成为激励因素了。

(3)感情上的需要。这一层次的需要包括两个方面的内容:一是友爱的需要,即人人都需要伙伴之间、同事之间的关系融洽或保持友谊和忠诚;人人都希望得到爱情,希望爱别人,也渴望得到别人的爱。二是归属的需要,即人都有一种归属于一个群体的感情,希望成为群体中的一员,并相互关心和照顾。感情上的需要比生理上的需要来得细致,它和一个人的生理特性、经历、教育、宗教信仰都有关系。

(4)尊重的需要。人人都希望自己有稳定的社会地位,要求个人的能力和成就得到社会的承认。尊重的需要又可分为内部尊重和外部尊重。内部尊重是指一个人希望在各种不同情境中有实力、能胜任、充满信心、能独立自主。总之,内部尊重就是人的自尊。外部尊重是指一个人希望有地位、有威信,受到别人的尊重、信赖和高度评价。马斯洛认为,尊重需要得到满足,能使人对自己充满信心,对社会满腔热情,体验到自己活着的用处和价值。

(5)自我实现的需要。这是最高层次的需要,它是指实现个人理想、抱负,发挥个人的能力,完成与自己的能力相称的一切事情的需要。也就是说,人必须干称职的工作,这样才会使他们感到最大的快乐。马斯洛提出,为满足自我实现需要所采取的途径是因人而异的。自我实现的需要是在努力实现自己的潜力,使自己越来越成为自己所期望的人物。

7.2.2.3 马斯洛的需求层次理论的基本观点

5种需要像阶梯一样从低到高,按层次逐级递升,但这种次序不是完全固定的,可以变化,也有种种例外情况。

一般来说,某一层次的需要相对满足了,就会向高一层次发展,追求更高一层次的需要就成为驱使行为的动力。相应的,获得基本满足的需要就不再是一股激励力量。

5种需要可以分为高低两级,其中生理上的需要、安全上的需要和感情上的需要都属于低一级的需要,这些需要通过外部条件就可以满足;而尊重的需要和自我实现的需要是高级需要,他们是通过内部因素才能满足的,而且一个人对尊重和自我实现的需要是无止境的。同一时期,一个人可能有几种需要,但每一时期总有一种需要占支配地位,对行为起决定作用。任何一种需要都不会因为更高层次需要的发展而消失。各层次的需要相互依赖和重叠,高层次的需要发展后,低层次的需要仍然存在,只是对行为影响的程度大大减小。

7.2.2.4 对需求层次理论的评价

马斯洛的需求层次理论,在一定程度上反映了人类行为和心理活动的共同规律。马斯洛从人的需要出发,探索人的激励和研究人的行为,抓住了问题的关键。

马斯洛指出了人的需要是由低级向高级不断发展的,这一趋势基本上符合需要发展的规律。因此,需要层次理论对企业管理者如何有效地调动人的积极性有启发作用。

但是,马斯洛是离开社会条件、离开人的历史发展以及人的社会实践来考察人的需要及其结构的。其理论基础是存在主义的人本主义学说,即人的本质是超越社会历史的、抽象的"自然人",由此得出的一些观点就难以适合其他国家的情况。

马斯洛需求层次理论中提到人的需求满足是阶梯式的,是一个需要满足后再追求下一个需要。难道除了追求基本需求之外,人就不能逾越需求的界限去渴望新的超越吗? 或者说,平凡的人除了对生活简单层次需求的追求就丧失了自我实现需求的追求吗? 平凡中孕育着不平凡的理想和追求,也会因之产生了超越基本需求的动力。

案例 7-8 失败的激励

某民营企业的老板通过学习有关激励理论,受到很大启发,并着手付诸实践。他赋予下属员工更多的工作和责任,并通过赞扬和赏识来激励下属员工。结果事与愿违,员工的积极性非但没有提高,反而对老板的做法强烈不满,认为他是在利用诡计剥削员工。

问题:

请根据所学习的有关激励等理论,分析该老板做法失败的原因并提出建议。

7.2.3 奥尔德弗的 ERG 需要理论

7.2.3.1 ERG 需要理论的基本内容

美国耶鲁大学的克雷顿·奥尔德弗(Clayton. Alderfer)在马斯洛提出的需要层次理论的基础上,进行了更接近实际经验的研究,提出了一种新的人本主义需要理论。奥尔德弗认为,人们共存在 3 种核心的需要,即生存(Existence)的需要、相互关系(Relatedness)的需要和成长发展(Growth)的需要,因而这一理论被称为"ERG"理论。生存的需要与人们基本的物质生存需要有关,它包括马斯洛提出的生理和安全需要。第二种需要是相互关系的需要,即指人们对于保持重要的人际关系的要求。这种社会和地位的需要的满足是在与其他需要相互作用中达成的,它们与马斯洛的社会需要和自尊需要分类中的外在部分是相对应的。最后,奥尔德弗把成长发展的需要独立出来,它表示个人谋求发展的内在愿望,包括马斯洛的自尊需要分类中的内在部分和自我实现层次中所包含的特征。

除了用 3 种需要替代了 5 种需要以外,与马斯洛的需要层次理论不同的是,奥尔德弗的 ERG 理论还表明了:人在同一时间可能有不止一种需要起作用;如果较高层次需要的满足受到抑制的话,那么人们对较低层次需要的渴望会变得更加强烈。

马斯洛的需要层次是一种刚性的阶梯式上升结构,即认为较低层次的需要必须在较高层次的需要满足之前得到充分的满足,二者具有不可逆性。而相反的是,ERG 理论并不认为各类需要层次是刚性结构,比如说,即使一个人的生存和相互关系需要尚未得到完全满足,他仍然可以为成长发展的需要工作,而且这 3 种需要可以同时起作用。

此外,ERG 理论还提出了一种叫做"受挫-回归"的思想。马斯洛认为当一个人的某一层次需要尚未得到满足时,他可能会停留在这一需要层次上,直到获得满足为止。相反地,ERG 理论则认为,当一个人在某一更高等级的需要层次受挫时,那么作为替代,他的某一较低层次的需要可能会有所增加。例如,如果一个人社会交往需要得不到满足时,可能会增强他对得到更多金钱或更好的工作条件的愿望。与马斯洛需要层次理论相类似的是,ERG 理论认为较低层次的需要满足之后,会引发出对更高层次需要的愿望。不同于需要层次理论的是,ERG 理论认为多种需要可以同时作为激励因素而起作用,并且当满足较高层次需要的企图受挫时,会导致人们向较低层次需要的回归。因此,管理措施应该随着人的需要结构的变化而做出相应的改变,并根据每个人不同的需要制订出相应的管理策略。

7.2.3.2 对 ERG 理论的评价

奥尔德弗的 ERG 理论在需要的分类上并不比马斯洛的理论更完善,对需要的解释也并未超出马斯洛需要理论的范围。如果认为马斯洛的需要层次理论是带有普遍意义的一般规律,那么,ERG 理论则偏重于带有特殊性的个体差异,这表现在 ERG 理论对不同需要之间联系的限制较少。

ERG 理论的特点如下:

(1)ERG 理论并不强调需要层次的顺序,认为某种需要在一定时间内对行为起作用,而当这种需要的得到满足后,可能去追求更高层次的需要,也可能没有这种上升趋势。

(2)ERG 理论认为,当较高级需要受到挫折时,可能会降而求其次。

(3)ERG 理论还认为,某种需要在得到基本满足后,其强烈程度不仅不会减弱,还可能会增强,这就与马斯洛的观点不一致了(如图 7-9)。

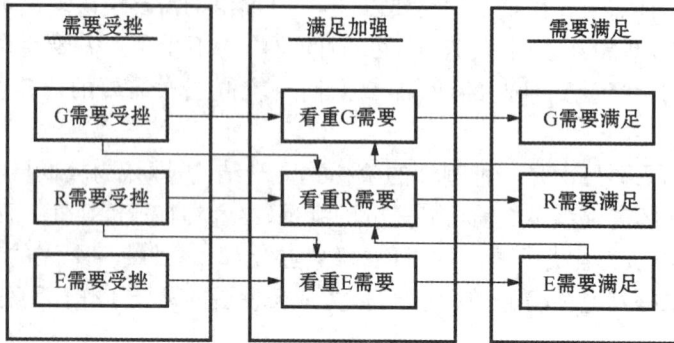

图 7-9　ERG 需要理论的特点

7.2.4　赫茨兹伯格的双因素激励理论(Two Factor Theory)

双因素理论又叫激励保健理论(Motivator-Hygiene Theory),是美国的行为科学家弗雷德里克·赫茨伯格(Fredrick Herzberg)提出来的。双因素理论是他最主要的成就,在工作丰富化方面,他也进行了开创性的研究。

7.2.4.1　双因素激励理论的内容

20 世纪 50 年代末期,赫茨伯格和他的助手们在美国匹兹堡地区对 200 名工程师、会计师进行了调查访问。访问主要围绕两个问题:在工作中,哪些事项是让他们感到满意的,并估计这种积极情绪持续多长时间;又有哪些事项是让他们感到不满意的,并估计这种消极情绪持续多长时间。赫茨伯格以对这些问题的回答为材料,着手去研究哪些事情使人们在工作中感到快乐和满足,哪些事情造成不愉快和不满足。结果他发现,使职工感到满意的都是属于工作本身或工作内容方面的;使职工感到不满的,都是属于工作环境或工作关系方面的。他把前者叫做激励因素,后者叫做保健因素。

第一类因素是激励因素,包括工作本身、认可、成就和责任,这些因素涉及对工作的积极感情,又和工作本身的内容有关。这些积极感情和个人过去的成就,被人认可以及担负的责任有关,它们的基础在于工作环境中持久的而不是短暂的成就。

第二类因素是保健因素,包括公司政策和管理、技术监督、薪水、工作条件以及人际关系等。这些因素涉及工作的消极因素,也与工作的氛围和环境有关。也就是说,对工作和工作本身而言,这些因素是外在的,而激励因素是内在的,或者说是与工作相联系的内在因素,如图 7-10 所示。

赫茨伯格的双因素理论,和马斯洛的需要层次理论、麦克利兰的成就激励理论

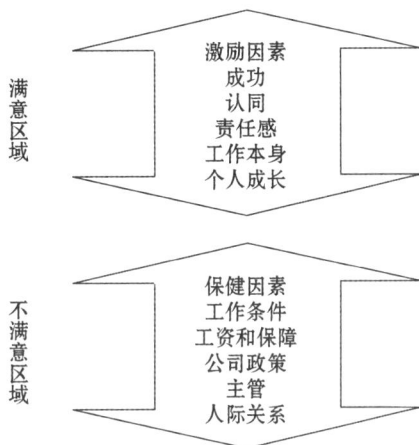

图 7-10 双因素激励理论

一样,重点在于试图说服员工重视某些与工作有关绩效的原因。它是目前最具争论性的激励理论之一,也许这是因为它具有两个独特的方面。首先,这个理论强调一些工作因素能导致满意感,而另外一些则只能防止产生不满意感;其次,对工作的满意感和不满意感并非存在于单一的连续体中。

赫茨伯格的理论认为,满意和不满意并非共存于单一的连续体中,而是截然分开的,这种双重的连续体意味着一个人可以同时感到满意和不满意,它还暗示着工作条件和薪金等保健因素并不能影响人们对工作的满意程度,而只能影响对工作不满意的程度。

7.2.4.2 关于双因素激励理论的争论

赫茨伯格的双因素激励理论同马斯洛的需要层次理论有相似之处。他提出的保健因素相当于马斯洛提出的生理需要、安全需要、感情需要等较低级的需要;激励因素则相当于受人尊敬的需要、自我实现的需要等较高级的需要。当然,他们的具体分析和解释是不同的。但是,这两种理论都没有把"个人需要的满足"同"组织目标的达到"这两点联系起来。有些西方行为科学家对赫茨伯格的双因素激励理论的正确性表示怀疑。有人做了许多试验,也未能证明这个理论。赫茨伯格及其同事所做的试验,被有的行为科学家批评为是他们所采用方法本身的产物:人们总是把好的结果归结于自己的努力而把不好的结果归罪于客观条件或他人身上,问卷没有考虑这种一般的心理状态。另外,被调查对象的代表性也不够,事实上,不同职业和不同阶层的人,对激励因素和保健因素的反应是各不相同的。实践还证明,高度的工作满足不一定就产生高度的激励。许多行为科学家认为,不论是有关工作环境的因素或工作内容的因素,都可能产生激励作用,而不仅是使职工感到满足,这取决于环境和职工心理方面的许多条件。

但是,双因素激励理论促使企业管理人员注意工作内容方面因素的重要性,特别是它们同工作丰富化及工作满足的关系,因此是有积极意义的。赫茨伯格告诉我们,满足各种需要所引起的激励深度和效果是不一样的。物质需求的满足是必要的,没有它会导致不满,但是即使获得满足,它的作用往往也是很有限的、不能持久的。要调动人的积极性,不仅要注意物质利益和工作条件等外部因素,更重要的是要注意工作的安排,量才录用,各得其所,注意对人进行精神鼓励,给予表扬和认可,注意给人以成长、发展、晋升的机会。随着温饱问题的解决,这种内在激励的重要性越来越明显。

7.2.5 亚当斯的公平理论(Equity Theory)

公平理论又称社会比较理论,它是美国行为科学家亚当斯(J. S. Adams)在《工人关于工资不公平的内心冲突同其生产率的关系》(1962,与罗森鲍姆合写)、《工资不公平对工作质量的影响》(1964,与雅各布森合写)、《社会交换中的不公平》(1965)等著作中提出来的一种激励理论。该理论侧重于研究工资报酬分配的合理性、公平性及其对职工生产积极性的影响。

公平理论的基本观点是:当一个人做出了成绩并取得了报酬以后,他不仅关心自己所得报酬的绝对量,而且关心自己所得报酬的相对量。因此,他要进行种种比较来确定自己所获报酬是否合理,比较的结果将直接影响今后工作的积极性。

他会将自己获得的"报偿"(包括金钱、工作安排以及获得的赏识等)与自己的"投入"(包括教育程度,所作努力,用于工作的时间、精力和其他无形损耗等)的比值与组织内其他人作比较,只有相等时,他才认为公平,如下式所示:

$$O_P/I_P = O_C/I_C \qquad\qquad (7\text{-}1)$$

式中:O_P——自己对所获报酬的感觉;O_C——自己对他人所获报酬的感觉;I_P——自己对个人所作投入的感觉;I_C——自己对他人所作投入的感觉。

当上式为不等式时,可能出现以下两种情况:

(1) $O_P/I_P < O_C/I_C$。在这种情况下,他可能要求增加自己的收入或减小自己今后的努力程度,以便使左方增大,趋于相等;第二种办法是他可能要求组织减少比较对象的收入或者让其今后增大努力程度以便使右方减小,趋于相等。此外,他还可能另外找人作为比较对象,以便达到心理上的平衡。

(2) $O_P/I_P > O_C/I_C$。在这种情况下,他可能要求减少自己的报酬或在开始时自动多做些工作,但久而久之,他会重新估计自己的技术和工作情况,终于觉得他确实应当得到那么高的待遇,于是产量便又会回到过去的水平了。

调查和试验的结果表明,不公平感的产生,绝大多数是由于经过比较认为自己目前的报酬过低而产生的;但在少数情况下,也会由于经过比较认为自己的报酬过高而产生。

我们看到,公平理论提出的基本观点是客观存在的,但公平本身却是一个相当复杂的问题,这主要是由于下面几个原因:

(1) 它与个人的主观判断有关。上面公式中无论是自己的或他人的投入和报酬都是个人感觉,而一般人总是对自己的投入估计过高,对别人的投入估计过低。

(2) 它与个人所持的公平标准有关。上面的公平标准是采取贡献率,也有采取需要率、平均率的。例如有人认为助学金应改为奖学金才合理,有人认为应平均分配才公平,也有人认为按经济困难程度分配才适当。

(3) 它与绩效的评定有关。我们主张按绩效付报酬,并且各人之间应相对均衡。但如何评定绩效?是以工作成果的数量和质量,还是按工作中的努力程度和付出的劳动量?是按工作的复杂、困难程度,还是按工作能力、技能、资历和学历?不同的评定办法会得到不同的结果。最好是按工作成果的数量和质量,用明确、客观、易于核实的标准来度量,但这在实际工作中往往难以做到,有时不得不采用其他的方法。

(4) 它与评定人有关。绩效由谁来评定,是领导者评定还是群众评定或自我评定,不同的评定人会得出不同的结果。由于同一组织内往往不是由同一个人评定,因此会出现松紧不一、回避矛盾、姑息迁就、抱有成见等现象。

然而,公平理论对我们有着重要的启示:首先,影响激励效果的不仅有报酬的绝对值,还有报酬的相对值。其次,激励时应力求公平,使等式在客观上成立,尽管有主观判断的误差,也不致造成严重的不公平感。再次,在激励过程中应注意对被激励者公平心理的引导,使其树立正确的公平观,一是要认识到绝对的公平是不存在的,二是不要盲目攀比,三是不要按劳付酬,按劳付酬是在公平问题上造成恶性循环的主要杀手。

为了避免职工产生不公平的感觉,企业往往采取各种手段,在企业中造成一种公平合理的气氛,使职工产生一种主观上的公平感。如有的企业采用保密工资的办法,使职工相互不了解彼此的收支比率,以免职工互相比较而产生不公平感。

案例 7-9 固定工资还是佣金制

白铭泰在读大学时成绩不算突出,老师和同学都不认为他是很有自信和抱负的学生,以为他今后无多大作为。他的专业是日语,毕业后便被一家中日合资公司招为推销员。他很满意这份工作,因为工资高,还是固定的,不用担心未受过专业训练的自己比不过别人。若拿佣金,比人少得太多就会丢面子。

刚上班的头两年,小白的工作虽然兢兢业业,但销售成绩只属一般。可是随着他对业务和与客户们的关系越来越熟悉,他的销售额也渐渐上升了。到了第三年年底,他已列入全公司几十名销售员中头 20 名了。下一年他很有信心成为推销员中的冠军。不过该公司的政策是不公布每人的销售额,也不鼓励互相比较,所以他还不是很有把握说自己一定会坐上第一把交椅。去年,小白干的特别出色。尽管定额比前年提高了 25%,到了九月初他就完成了这个销售额。根据他的观察,同事中间还没有人完成定额。

十月中旬,日方销售经理召他去汇报工作。听完他用日语作的汇报后,日方经理对他格外客气,祝贺他已取得的成绩。在他要走时,那经理对他说:"咱公司要再有几个像你一样的推销明星就好了。"小白只微微一笑,没说什么,不过他心中思忖,这不就意味着承认他在销售员队伍中出类拔萃、独占鳌头么。今年,公司又把他的定额提高了 25%,尽管一开始不如去年顺利,但他仍是一马当先,比预计干得要好。他根据经验估计,十月中旬前准能完成自己的定额。可是他觉得自己的心情并不舒畅。最令他烦恼的也许莫过于公司不告诉大家干得好坏,没个反应。他听说本市另两家也是中外合资的化妆品制造企业都搞销售竞赛和有奖活动。其中一家是总经理亲自请最佳推销员到大酒店吃一顿饭。而且人家还有内部发行的公司通讯之类的小报,让大家知道每人的销售情况,还表扬每季和年度最佳销售员。想到自己公司的这套做法,他就特别恼火。其实一开头他并不关心排名第几的问题,如今却重视起来了。不仅如此,他开始觉得公司对推销员实行固定工资制是不公平的,一家合资企业怎么也搞大锅饭?应该按劳付酬。

上星期,他主动去找了那位日方经理,谈了他的看法,建议改行佣金制,至少按成绩给奖金制。不料那日本上司说这是既定政策,拒绝了他的建议,说母公司一贯如此,这是本公司的文化特色。

昨天,令公司领导吃惊的是,小白辞职而去,到另一家公司了。

问题:

小白为何不满意公司现有的付酬制度?试用亚当斯的公平理论来解释。

7.2.6　期望理论(Expectancy Theory)

7.2.6.1　期望理论基本内容

期望理论(Expectancy Theory),又称作"效价-手段-期望理论",是北美著名心理学家和行为科学家维克托·弗鲁姆(Victor H. Vroom)于 1964 年在《工作与激励》中提出来的激励理论:激励(motivation)取决于行动结果的价值评价(即"效价"valence)和其对应的期望值(expectancy)的乘积:

$$M = \sum V * E \qquad (7\text{-}2)$$

式中:M 表示激发力量,是指调动一个人的积极性、激发人内部潜力的强度。V 表示目标价值(效价),这是一个心理学概念,是指达到目标对于满足他个人需要的价值。同一目标,由于各个人所处的环境不同、需求不同,其需要的目标价值也就不同,同一个目标对每一个人可能有 3 种效价:正、零、负。效价越高,激励力量就越大。E 表示期望值,是人们根据过去经验判断自己达到某种目标的可能性是大还是小,即能够达到目标的概率。目标价值大小直接反映人的需要动机强弱,期望概率反映人实现需要和动机的信心强弱。

式 7-4 说明:假如一个人把某种目标的价值看得很大,估计能实现的概率也很高,那么这个目标激发动机的力量越强烈。

7.2.6.2　期望模式

怎样使激发力量达到最好值? 弗鲁姆提出了人的期望模式:

个人努力→个人成绩(绩效)→组织奖励(报酬)→个人需要

这个期望模式中的 4 个因素,需要兼顾 3 个方面的关系:

(1) 努力和绩效的关系。这两者的关系取决于个体对目标的期望值。期望值又取决于目标是否适合个人的认识、态度、信仰等个性倾向,以及个人的社会地位、别人对他的期望等社会因素。即由目标本身和个人的主客观条件决定。

(2) 绩效与奖励的关系。人们总是期望在达到预期成绩后,能够得到适当的奖励,如奖金、晋升、提级、表扬等。组织的目标如果没有相应的有效的物质或精神奖励来强化,时间一长,积极性就会消失。

(3) 奖励和个人需要的关系。奖励方式要适合各种人的不同需要,要考虑效价。要采取多种形式的奖励,满足各种需要,最大限度地挖掘人的潜力,最有效地提高工作效率。

7.2.6.3　期望理论和需求层次理论

研究激励过程中,一条途径是研究人们需要的缺乏,运用马斯洛的需要层次理论,找出人们所感觉到的某种缺乏的需要,并以满足这些需要为动力,来激励他们从事组织所要求的动机和行为。另一条途径是从个人追求目标的观点来研究个人对目标的期望,这就是期望理论。依照这一条途径,则所谓的激励,就是推动个人向其期望目标前进的一种动力。期望理论侧重于"外在目标",需求理论着眼于"内在缺乏"。本质上,这两种途径是互相关联和一致的,都认为激励的过程是在于实现外在目标的同时又实现内在需要的满足。

不过,期望理论的核心是研究需要和目标之间规律的。期望理论认为,一个人最佳动机的条件是等。他认为他的努力极可能导致很好的表现,很好的表现极可能导致一定的成果,这个成果对他有积极的吸引力。这就是说,一个人已受他心目中的期望激励。

可以推断出:个人内心已经建立了有关现在的行为与将来的成绩和报酬之间的某种联系。因此,要获得所希望的行为,就必须在他表现出这种行为时,及时地给予肯定、奖励和表扬,使之再度出现。同样,如果想消除某一行为,就必须在表现出这种行为时给予负强化,如批评、惩处等。

案例 7-10　某工厂公司的发展历程

北京某科技发展有限公司(以下简称公司)始建于 1994 年。公司创办之初非常艰难。没有资金,就从创办者亲属那里借了 5 万元钱;没有场地,就从其他公司的营业场所中租了一张桌子,作为自己的营业场所;没有现成的客户,就从他们原先认识的朋友中开始介绍。整个公司就两个人,所有推销、搬运、验货、送货等全部工作都是两人亲自来干,辛苦自不必说。公司刚开始主要经营打印机,当时卖一台打印机的利润还是相当可观,这样一年下来,经营情况还很不错。

第二年,该公司租了一个门市,同时招了一名员工帮助进货,业务量开始有起色。由于对整个市场发展的行情把握得比较好,故而发展速度很快,当年做得比较好的是惠普公司的外设产品。他们决定招聘一个在惠普 PC 和服务器产品方面有丰富经验的人加入公司,为了吸引对方的加盟,他们提出了加盟者与公司之间对所经营的惠普 PC 和服务器产品毛利二八分成的分配方式,并于 1996 年 4 月开始代理惠普公司的 PC 和服务器产品。

1997 年是公司稳定发展的一年,微机和外设的销售量都有了明显的增长,人员增加了不少,公司有了自己的独立门市,并有点惠普专卖店的味道了。

1998 年又是一个转折点,公司办公地点从临街门市搬到写字楼,同时又吸收一名合作者加盟,任销售部经理,公司与他毛利润二八分成。这样,整个公司的经营分成门市和写字楼两个相对独立的部分,各有一名合伙人负责,权责分明。

从公司的发展过程来看,还是比较顺利的。但随着公司业务的不断发展,公司的高层管理者也发现在公司经营中存在的问题不少:公司各个部门之间各行其是,除去加盟者之外,其他员工士气和热情不高,公司除了物质上的刺激外,再无其他能够调动员工积极性的办法。但现实的情况是,像该公司这样的规模和经营情况的公司在物质刺激方面的余地并不大,因为利润率已经很薄了,这是 IT 产业中硬件销售业的总体态势。其实,即使是那些平均利润率比较高的行业中的小公司也同样存在类似问题。公司领导者常常为这类事情头痛不已。

问题:

请分别用公平理论和期望理论来分析该公司出现问题的主要原因何在？应从哪些方面着手改进？

7.2.7 斯金纳的强化理论(Skinner's Reinforcement Theory)

7.2.7.1 斯金纳的强化理论的主要内容

强化理论是美国的心理学家和行为科学家斯金纳、赫西、布兰查德等人提出的一种理论。强化理论是以学习的强化原则为基础的关于理解和修正人的行为的一种学说。所谓强化，从其最基本的形式来讲，指的是对一种行为的肯定或否定的后果(报酬或惩罚)，它至少在一定程度上会决定这种行为在今后是否会重复发生。根据强化的性质和目的，可把强化分为正强化和负强化。在管理上，正强化就是奖励那些组织上需要的行为，从而加强这种行为；负强化就是惩罚那些与组织不相容的行为，从而削弱这种行为。正强化的方法包括奖金、对成绩的认可、表扬、改善工作条件和人际关系、提升、安排担任挑战性的工作、给予学习和成长的机会等。负强化的方法包括批评、处分、降级等，有时不给予奖励或少给奖励也是一种负强化。

开始，斯金纳也只将强化理论用于训练动物，如训练军犬和马戏团的动物。以后，斯金纳又将强化理论进一步发展，应用于人的学习上，从而发明了程序教学法和教学机。他强调在学习中应遵循小步子和及时反馈的原则，将大问题分成许多小问题，循序渐进。他还将编好的教学程序放在机器里对人进行教学，收到了很好的效果。

斯金纳的强化理论和弗鲁姆的期望理论都强调行为同其后果之间关系的重要性，但弗鲁姆的期望理论较多地涉及主观判断等内部心理过程，而强化理论只讨论刺激和行为的关系。

7.2.7.2 强化的类型

强化包括正强化、负强化和自然消退 3 种类型：

(1) 正强化，又称积极强化。当人们采取某种行为时，能从他人那里得到某种令其感到愉快的结果，这种结果反过来又成为推进人们趋向或重复此种行为的力量。例如，企业用某种具有吸引力的结果(如奖金、休假、晋级、认可、表扬等)，以表示对职工努力进行安全生产的行为的肯定，从而增强职工进一步遵守安全规程进行安全生产的行为。

(2) 负强化，又称消极强化。它是指通过某种不符合要求的行为所引起的不愉快的后果，对该行为予以否定。若人们能按所要求的方式行动，就可减少或消除令人不愉快的处境，从而也增大了职工符合要求的行为重复出现的可能性。例如，企业安全管理人员告知工人不遵守安全规程，就要受到批评，甚至得不到安全奖励,于是工人为了避免此种不期望的结果,而认真按操作规程进行安全作业。

惩罚是负强化的一种典型方式,即在消极行为发生后,以某种带有强制性、威慑性的手段(如批评、行政处分、经济处罚等)给人带来不愉快的结果,或者取消现有的令人愉快和满意的条件,以表示对某种不符合要求的行为的否定。

(3) 自然消退,又称衰减。它是指对原先可接受的某种行为强化的撤销。由于在一定时间内不予强化,此行为将自然下降并逐渐消退。例如,企业曾对职工加班加点完成生产定额给予奖酬,后经研究认为这样不利于职工的身体健康和企业的长远利益,因此不再发给奖酬,从而使加班加点的职工逐渐减少。

正强化是用于加强所期望的个人行为;负强化和自然消退的目的是为了减少和消除不期望发生的行为。这3种类型的强化相互联系、相互补充,构成了强化的体系,并成为一种制约或影响人的行为的特殊环境因素。

强化的主要功能,就是按照人的心理过程和行为的规律,对人的行为予以导向,并加以规范、修正、限制和改造。它对人的行为的影响,是通过行为的后果反馈给行为主体这种间接方式来实现的。人们可根据反馈的信息,主动适应环境刺激,不断地调整自己的行为。

7.2.7.3　强化理论具体应用的行为原则

(1) 经过强化的行为趋向于重复发生。所谓强化因素就是会使某种行为在将来重复发生的可能性增加的任何一种"后果"。例如,当某种行为的后果是受人称赞时,就增加了这种行为重复发生的可能性。

(2) 要依照强化对象的不同采用不同的强化措施。人们的年龄、性别、职业、学历、经历不同,需要就不同,强化方式也应不一样。如有的人更重视物质奖励,有的人更重视精神奖励,就应区分情况,采用不同的强化措施。

(3) 小步子前进,分阶段设立目标,并对目标予以明确规定和表述。对于人的激励,首先要设立一个明确的、鼓舞人心而又切实可行的目标,只有目标明确而具体时,才能进行衡量和采取适当的强化措施。同时,还要将目标进行分解,分成许多小目标,完成每个小目标都及时给予强化,这样不仅有利于目标的实现,而且通过不断的激励可以增强信心。如果目标一次定得太高,会使人感到不易达到或者说能够达到的希望很小,这就很难充分调动人们为达到目标而做出努力的积极性。

(4) 及时反馈。所谓及时反馈就是通过某种形式和途径,及时将工作结果告诉行动者。要取得最好的激励效果,就应该在行为发生以后尽快采取适当的强化方法。一个人在实施了某种行为以后,即使是领导者表示"已注意到这种行为"这样简单的反馈,也能起到正强化的作用。

如果领导者对这种行为不予注意,这种行为重复发生的可能性就会减小以至消失。所以,必须利用及时反馈作为一种强化手段。强化理论并不是对人们进行操纵,而是使人们有一个最好的机会在各种明确规定的备选方案中进行选择。因而,强化理论已被广泛地应用在激励和人的行为的改造上。

（5）正强化比负强化更有效。所以,在强化手段的运用上,应以正强化为主;同时,必要时也要对坏的行为给以惩罚,做到奖惩结合。

案例 7-11　激励员工是困难的吗？

悦达公司是一家拥有 6 家工厂共 13 000 名员工的制衣企业,主要承接来自诸如马莎百货的国际一流零售商的订单。公司厂房干净明亮,环境幽雅。公司的创办者陈先生说:"我们已经用行动证明,你不必为了寻求发展和获得利润而把工厂变成血雨腥风之地。实际上我们相信,用我们的方法对待员工照样可以革新技术、拓展业务、实现梦想。我们给予员工的一切,最后都通过效益、质量、忠诚和革新回报了我们。"

赵东旭现在是悦达公司的一名轮班主管,他刚进厂时只是一名缝纫机操作工,两年后晋升为质量控制巡查员。现在,他负责管理 14 支缝纫机操作工团队,确保他们的工作流程畅通无阻、按时完成任务,他说,他的工作就是要让员工知道他们是工厂里最重要的人,如果他们工作没有做好,企业就会失去客户。即使如此,像赵东旭这样的管理者还是面临着需要不断激励员工的挑战。

问题:

1. 悦达公司创办人陈先生的一段话能反映出他的领导风格吗？说明你的理由。

2. 设想你站在赵东旭的位置上,你怎样激励员工做好工作呢？

案例 7-12　华东输油管理局的激励模式

华东输油管理局有 8 000 多名职工,10 000 余名职工家属,管理着沧临、濮临和鲁宁三条输油管线,担负着华北、胜利、中原三大油田生产原油的输送任务。这样一条地下大动脉,在我国经济建设中有着重要的战略意义。但在管线建成投产后的一段时间内,出现了职工不安心泵站工作、劳动纪律松懈等问题。基层单位的领导常常花费很大气力做思想工作,但收效并不大。通过调查、分析,他们找出了问题的原因。从客观原因上看,输油生产有着与其他企业不同的点多、线长和分散等特点,4 个输油公司和 20 多个输油泵站,70%以上建在远离城镇的乡村。正是这种特殊性,给生产第一线的职工带来了一系列困难,如购粮买菜、子女上学、幼儿入托、家属就业、食堂伙食花样少和质量差,以及业余文化生活单调等。从主观原因上看,一些单位的领导片面地强调"先生产,后生活",甚至把生活后勤工作和生产对立起来,这样,就形成了落后的生活后勤和广大职工、家属生活方面的需要不能相适应的矛盾,并逐渐上升为影响职工思想情绪、影响生产的主要矛盾。例如在几个问题比较突出的泵站,有20%以上的职工向领导提出请调报告;有的由于食堂办得差,50多个职工竟有30多个煤油炉,做小灶的人数远远超过了在食堂就餐的人数;有的由于吃菜困难,职工中脱岗买菜的现象时有发生;有的为了买一斤盐、一支牙膏也要跑几里路。通过分析知道,广大基层职工对搞好生活后勤工作、解除后顾之忧的需要是当时的主导需要。

华东输油管理局着重把握住职工及其家属主导需求的满足,采取一系列措施,要求各个单位必须把职工的生活后勤工作纳入议事日程;利用各泵站站内的空闲土地发展蔬菜生产,解决职工吃菜难的问题;选送了几批炊事员外出进行技术培训,提高烹调技术水平;选送了一批具有高中、初中文化水平,有一定特长的青年职工到师范学校培训,充实教师队伍,为各幼儿园、托儿所配备了必需的教具、玩具和用品,解决了入托难的问题;组织各单位的职工家属兴办集体福利事业,为职工生活提供方便;积极联系生活物资送货到基层;各单位积极进行绿化,为职工创造优美、舒适的工作、学习和生活环境。同时还积极丰富基层的文化生活,逐步解决基层业余文化生活单调、枯燥的问题。通过这一系列措施的落实,原来存在的问题陆续得到了不同程度的解决,从而调动了职工的积极性,促进了工作,保证了生产。

问题:

请你根据需要和激励理论分析华东输油管理局的行为?

7.3 沟通

7.3.1 沟通过程

沟通过程＝信息发送＋沟通渠道＋信息接收

从上述过程模式可以看出,要实现有效的沟通,必须做好:"信息发送"、"沟通渠道"、"信息接收"三方面的工作。沟通过程,简单地说,就是信息发送人通过特定沟通渠道把信息传递给信息接收者,信息接收者获得信息后,解释该信息,并以发送人满意的方式采取行动的全过程。当信息接收者对信息发送者的信息做出反应时,就出现了反馈,没有反馈的沟通是单向沟通,有反馈的沟通才是双向沟通,如图7-11所示。

1) 信息发送

沟通过程开始于发送者。发送者首先产生某种想法或情感,之后以发送者和

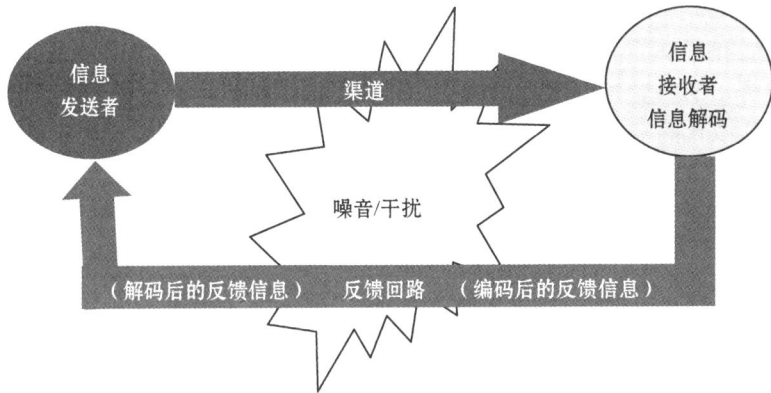

图 7-11　沟通过程模型

接收者都能理解的方式向接收者发送。信息发送的最重要环节是克服信息竞争，引起接收者的注意。

当今时代是信息时代，各种各样的信息每时每刻都在向外传递（发送）。所以设法引起接收者的注意至关重要。例如，假设小张目前有 4 项亟待解决的问题，这时，不识时务的经理小王试图与之沟通。显然，小王的信息发送，面临着信息竞争的问题，她欲达到沟通的目的，首先必须设法让小张放下手头的事务，专心听她的讲话，否则沟通过程即告中断。

2）沟通渠道

任何信息都是通过一定的渠道进行传递的。沟通的渠道（媒介）有多种，如口头的、书面的、备忘录、计算机、电话、电报和电视等。其中电视传递信息最为直观、方便，更能引起接收者的注意。当然，沟通并非只能利用单一的渠道，可以使用两种或两种以上的沟通渠道。如，谈判协议的签订过程就利用口头协调、书面签订两种渠道。多种多样的沟通渠道并非都是最优的，有利有弊，发送信息者必须合理选择渠道组合，才能顺利实现沟通过程。

3）信息接收

信息接收者对信息的接收是沟通过程的最后一个阶段，也是最为复杂、重要的阶段，许多管理者发现，他们与员工的沟通经常在此阶段失败。在这一阶段，接收者不但要正确理解、把握信息的要点，接收信息的内容，而且还要付诸行动。

"理解"信息，也就是把信息译成思想，只有当发送者与接收者对信息的意思理解相同或相近时，信息沟通才能准确。一些管理者为了解决信息不被"理解"的问题，经常反问其下属是否懂了。但这种方式难以奏效，因为压力集中于接收者一方，他们不敢轻易说出"不"字。最好的办法是管理者要求下属重复一遍他们听到的内容,这样管理者可以对信息的沟通进行有效控制。

接收者在理解了信息之后,遵照信息中反映出的发送者的意愿,采取初步行动。下属员工的感受与态度对于信息内容的接受具有较大制约作用。如,某公司的员工可能有代同事签到的习惯,上级管理部门得知这种情况之后,命令主管人员禁止此事。但是主管人员可能考虑到不愿与下属发生冲突而不执行上级命令。

接收者理解并接受了信息的内容之后,下一步就是付诸行动了,即执行沟通。由于有时在执行过程中,会出现意外耽搁或者错误地领会信息发送者的意愿的现象,所以,管理者应亲自监督工作是否按照原定要求完成,否则沟通可能受挫。例如,小李派遣手下督察员检验一份工作单,并检查该单上的产品是否能在当天下班前向外发出。该督察员按要求做完了检查工作,并在下午 4:40 把产品送到了邮局。但是,邮局最后一班收取邮包是在下午 4:00,显然这种产品只有等第二天才能发出。可见,管理者应亲临督查,确保命令的正确执行,否则沟通目的无法实现。

沟通信息接收阶段的重要性是显而易见的,那么,如何使接收更加有效应是管理者最关心的问题。最好的办法是设法使下属明确组织目的实现与员工需要之间的关系。正如某公司经理向该公司所做报告中所说:"我们发现大多数基层管理人员的确非常明白组织目标与其单位产量之间的关系,但是,成功的基层管理人员应能使其下属同样明确上述关系。"

对企业主管人员来说,不但要注意"沟通渠道"建设,更重要的是要做一个有效的"发送信息者"与"接收信息者"。像纽威克公司的经理纽威克,在与人谈话时,一方面一直保持着微笑,认真倾听下级、顾客的每一句话;另一方面,尽力创造良好的气氛,使每一个人畅所欲言。特别是在听了"难听"、"刺耳"的话,向来不把"生气"流露出来。使得公司的下情能及时地传递上去。

7.3.2 沟通媒介

7.3.2.1 外部沟通媒介

企业与外部进行沟通的一般媒介是报纸、杂志、行业刊物、广播、电视、电报、书籍等。外部沟通媒介具有较大的吸纳信息与传播信息的能力。对于企业来说,关键在于考虑怎样使信息更具"魅力",引起大众的注意,从而达到与大众沟通的目的。

报纸是企业外部沟通的重要媒介。一提起对外沟通,首先想到的可能就是报纸。报纸的种类很多,如日报、周末报、星期日报、周报、半周报、劳工报、宗教报、学院报、学术报以及外文报等。

电讯是信息传播的一条既经济又有效的途径,具有速度快、范围广的特点。企业利用电讯服务系统进行外部沟通也是一条重要途径。

杂志和一些专业出版物是与专业读者进行沟通的主要媒介。企业想在同行业内扩大知名度,进行经验交流,必须充分利用这一工具。

电台是一种机动性媒介,涉及的范围大,不仅对那些办公室里的人员产生沟通效应,而且对那些运动中的人也能产生不可抗拒的影响。显然,它对于企业外部沟通也有重要意义。

20 世纪初,产生了电视。它在沟通中作为一种媒介具有巨大的宣传力和广泛的影响力。因为它集文字、语言、图像、色彩、音响等多功能于一体,对信息沟通起着无法估量的作用。随着科技的发展,电视信息传播已可到达世界各地。企业应该充分利用电视这一现代沟通媒介,实现外部沟通的目的。

7.3.2.2 内部沟通媒介

组织内部沟通对于企业发展壮大来说更为重要。内部沟通媒介是企业内各种信息传递的载体,如选用恰当,将有助于沟通目标的实现。一般而言,企业内部沟通包括书面、口头、图书以及它们的组合等手段。

1) 书面媒介

(1) 组织报刊。组织报刊的影响效果以前被认为是间接的,现在已被认为是直接的,由原来的辅助地位变成一项主要的沟通媒介。企业出版这些报刊不外乎是为了满足组织的需要,公开发表自己的见解,向特定的目标进行信息沟通,以达到组织的目标。通过组织报刊,以自己的语言、方式同雇员进行连续不断的沟通。正如华尔街报馆发表的一种看法所说:"组织报刊是一匹可以工作的马,而不仅仅是只有管理者传声筒的无形价值。"

这种媒介内容丰富,形式多样。一般报道的内容既反映主办者的观点,又反映一些雇员和公众们关心的重要事件。形式上可以采取时事通讯、报纸摘要、报纸与杂志相结合或杂志等。

这几种出版物对企业内部沟通所起的具体作用体现在 3 个方面:①教育的作用,主要是指向新员工和访问人员,详细说明企业内部的规章制度和遵守制度的好处,同时教育新员工注重团队精神的培养;②参考价值,这些出版物能使员工容易查找需要的专门信息,如保险计划、养老计划、建设系统、医疗方案、利润分享、住房管理及安全、娱乐项目及设备、教育培训计划以及组织方针程序等;③帮助员工了解企业文化,出版物中对企业的哲学观念,价值观念和行为准则有较详细的说明,有利于员工了解。

(2) 信件。信件越来越成为组织与雇员进行直接而迅速沟通的手段。私人信件对组织刊物也是一种补充,它为总经理提供了一个与雇员沟通的机会。信件方式既经济又直接,而且还具有保密性质。因此,给人印象深刻,能打动人。还有一种重要的信件是组织信件,是组织与其他组织进行沟通的重要手段。组织信件有利于组织之间形成良好的关系。

（3）公告和标语。公告板在企业组织内部一直都得到了充分利用，并且可能还会继续被利用。公告可用来发表确切消息、驱散谣言，还可用于制作各种通知。标语与公告属同类型沟通媒介。标语的主题一般是有关安全、健康、生产和治安等方面的内容。这种类型的媒介作用不可低估，特别是在安全宣传方面。

（4）电脑。电脑作为新的沟通媒介，具有与其他媒介不同的特点。如，信息不间断且与员工直接接触；信息灵活多样，适用范围广；随时可以调用和检索文件；可以按照使用者希望的方式提供信息等。

2）口头媒介

口头媒介传递了人与人之间的大部分信息。它的方式也有多样化的趋势。

（1）小道消息。小道消息虽然不是一种正式媒介，但传递信息的速度却十分惊人。凯斯·戴维斯(Keith Davis)曾在《哈佛商业评论》上举过这样一个例子："某管理人员的妻子头天深夜十一点生了孩子，到第二天下午之前，管理层中 46% 的人知道了此事。"小道消息传播的范围越大，内含虚假的内容就越多，甚至会变成谣言。因此管理者应及时控制小道消息的传播范围，或及时地采取行动，平息谣言，减少损失。要从根本上消除小道消息的副作用，只有不断完善现有内部沟通渠道，否则小道消息就会乘虚而入。

（2）会议。会议可以使人们进行双向持续的沟通。如工作小组会议、质量管理会议、每周各部门例会等。会议召开的目的是设定一定目标，按计划与雇员进行沟通，实现企业内管理者与员工之间、员工与员工之间顺畅、持续的沟通。

（3）演讲。演讲是员工就特定问题进行单向沟通的有效办法。另外，演讲还有其他方面的优点。如面对面地直接接触说服力较强，为演讲者个人和组织获得威望等。

（4）电视会议。电视会议是在通信技术提高的情况下对会议与演讲的一种补充，或者说是其延伸。如演讲者无法参加会议时，可以用电视转播的发式，如几个城市内容相似的会议，也可以采用电视会议以免去集中所有人员或重复会议的麻烦。

除上面介绍的书面媒介和口头媒介以外，还有图像媒介。图像媒介沟通是指利用图像技术和人们的视觉进行信息传递。比如：电影和幻灯，陈列和展览等。

7.3.3 沟通类型

从沟通的 3 个要素看，由于各要素都会有不同的表现形式，这就决定了沟通具有多种类型。

7.3.3.1 接沟通内容分类

沟通可以分为书面沟通、口头沟通以及非语言沟通。

（1）口头沟通。口头沟通是指以口头语言为媒介的沟通，例如演讲、口头汇报等。口头沟通是人际关系中最常用的一种形式。人们借助口头语言的表达方式，彼此传递着不同的信息、情感和思想。口头沟通的优点是亲切、弹性大，双向性信息发送，反馈快捷和及时。其缺点是信息传递经过的中间环节越多，信息被曲解的可能性就越大。

（2）书面沟通。书面沟通与口头沟通都属于语言沟通的过程，但书面沟通更加规范、正式和完整。书面沟通是以书面文字为媒介的沟通，例如通知、文件、备忘录等。在组织和群体正式的、比较规范的沟通中，通常用书面沟通。书面沟通的优点是沟通的内容具体化、直观化；沟通的信息能够被长期保存，便于查询。其缺点是花费大量时间，缺乏及时的反馈，而且不能保证接收者完全正确地理解信息。

（3）非语言沟通包含内容非常丰富，包括人的动作、表情、眼神等。实际上，在人的声音里，也包含着非常丰富的肢体语言。人们在说每一句话的时候，用什么样的音色去说，用什么样的语调去说等，都是肢体语言的一部分。沟通的模式有语言和肢体语言这两种，语言更擅长沟通的是信息，肢体语言更善于沟通的是人与人之间的思想和情感。

7.3.3.2 按沟通渠道分类

按渠道可把沟通分为正式沟通和非正式沟通。

（1）正式沟通。正式沟通是指在一个组织内，依据有关规定，为保证组织目标实现而进行信息交流。如公函往来、文件传达、召开会议、上下级之间的信息交换等。这种沟通是组织所必需的、重要的沟通，因而必须合理而有效地利用这种沟通方式，实现组织目标。

（2）非正式沟通。非正式沟通是指通过正式组织途径之外的信息交流方式进行沟通，这一般是与非正式组织平行存在。非正式沟通是非正式组织的副产品，它一方面满足了员工的需求，另一方面也补充了正式沟通系统的不足。非正式沟通带有一种随意性与灵活性，并没有一个固定的模式或方法，只有靠管理者在处理日常人际关系时灵活运用。

由于非正式沟通难以控制，传递的消息不准确、容易失真，会在一定程度上影响组织的人心稳定，所以必须要注意研究组织内非正式沟通的规律，予以高度重视，利用其积极的方面提高组织工作效率，同时杜绝或限制其消极的一面。这就要求主管人员一定要采取合理而有效的非正式沟通策略，为企业提高效率服务。另一方面，也可以利用正式沟通影响非正式沟通。

7.3.3.3 按沟通方向分类

按沟通方向可把沟通分为上行沟通、下行沟通和平行沟通 3 种。

在一个企业内部,各组织层次的信息沟通是多方向流动的,并且各种沟通是并存的。但基本上可以分为上行沟通、下行沟通与水平沟通 3 种形式,如图 7-12 所示。上行沟通即为自下而上的沟通;下行沟通即为自上而下的沟通;平行沟通也就是横向交叉沟通,指同级相互之间的沟通。这部分内容在本章后面有关节次中还有较详细的论述。

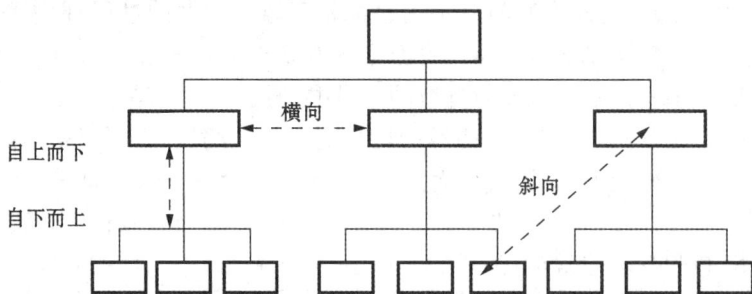

*由于横向和斜向的信息流向具有共同的特征,所有我们称之为左右交叉的信息沟通。

图 7-12 组织中的信息流向

一个企业如只有上行沟通或下行沟通,实践必将证明这种沟通是失败的。3 种沟通方式必须共同存在,形成三位一体的模式,才能使企业沟通达到管理的目标。

1) 下行沟通(Downward Communication)

下行沟通是指信息的传递由组织的最高管理层直至较低的管理层。这种方法体现了一定的独裁主义倾向,古典管理理论家特别推崇这种沟通方式。企业经营目标的制订与规划程序就是下行沟通的一个典型例证。另外,类似于企业通知员工某项计划改变的程序,也属于下行沟通。

下行沟通的真正目的是什么呢? 丹尼尔·凯兹(Daniel Katz)和罗伯特·L·凯恩(Robert L Kahn)曾经指出,下行沟通的基本目的是通过信息的逐阶向下传递,传达具体工作指示;促成人们对工作本身及其与其他组织任务关系的了解;提供工作程序和实施的信息;对下属提供其工作绩效的回馈信息;向员工们说明企业经营战略目标,激发员工的使命感等。

但是,并不是说下行沟通可以代替其他沟通。它也存在着一些不利因素。如,由于带有独裁的特点,有损士气;信息的大量下传,受影响的人数逐渐增多,造成下属负担加重;信息自上而下,层层传递,往往过程迟缓,甚至发生歪曲信息或失误等。

2）上行沟通（Upward Communication）

上行沟通就是自下而上的沟通，也就是信息从下属向上级传递，并按组织层次继续上传的过程。上行沟通为下属提供了一条向上级传递信息、表达思想的途径。但是，实践证明，这种沟通方式没有引起管理者的足够重视，在沟通环节上经常受到管理者人为的阻碍，他们筛选信息，部分地传递信息，违反了客观传递信息的要求，使沟通效率无法提高。

与下行沟通不同的一大特点是上行沟通具有启发性，通常存在于民主的氛围之中。管理者通过这种民主有效的上行沟通方式，有助于评价下行沟通方式的绩效，而且有助于了解员工目前所面临的各种问题。通常，上行沟通涉及员工方面的信息主要包括员工的工作绩效与达到目标的程度；员工未能解决和当前所面临的问题；各种组织改进意见与建议；员工对本身工作、同事和组织的态度与想法等。显然，这些资料为管理者有效管理人力资源提供了可贵的依据。

有效地进行上行沟通需要营造民主的氛围，使下属感到可以自由沟通。民主氛围实质上是受企业管理部门的直接影响，因此，一个管理者，真正做到体察民情，就必须为创造上行信息自由流动而承担责任。

3）水平沟通（Lateral Communication）

前述上行沟通、下行沟通是组织内最正式、最重要的沟通方式。因为信息传递的方向只涉及上和下，因此二者可以共同称之为纵向沟通（Vertical Communication）。这种纵向沟通发挥作用的同时，也给管理者带来了许多问题。如，因为上行和下行沟通经由不同的管理层次，导致信息曲解、失真等不良现象。

水平沟通是对纵向沟通的有效补充，是应纵向沟通的需要而产生的。它与纵向沟通共同组成企业组织内部三位一体的沟通模式。水平沟通也称横向沟通，是指同一组织层次的人和部门之间的沟通。另外，斜线沟通也属于水平沟通的范畴。斜线沟通（Diagonal Communication）指组织内部不同层次的没有直接隶属关系的部门或个人之间的信息交流。

水平沟通方式有利于信息快速流动，促进理解，起到协调行动、实现组织目标的作用。如，某机械制造公司高层管理人员中，销售、生产和财务部经理必须横向沟通即水平沟通，协调努力，才能制订出综合性整体计划。

具体地说，水平沟通的需要，是由企业内部组织结构问题所引起的。首先，水平沟通是争取时间的需要。有时，为了尽快决策，信息必须超越组织层次的级别而进行传递。如，营销代表接受了一顾客关于产品质量问题的控诉信息，他首先该做的不是向上级主管部门报告，而是争取时间，尽快与生产部门经理取得联系，以免影响继续扩大。其次，水平沟通是组织内各部门之间协调的需要。如前面一段的例子说明了销售、生产和财务必须保护水平沟通,否则就无法协调。

7.3.4 沟通管理

亨利·明兹伯格曾对高级管理人员的工作时间安排做过调查,结果表明,管理人员 78％的工作时间用于从事与沟通有关的活动,而剩余的 22％的时间才用于桌面工作及各种活动的安排。许多大企业和跨国公司,由于沟通的不足和失误,普遍地存在管理沟通的问题,因而使企业有限的人力资源和其他资源无法实现最佳配置,不仅产生不了合力,反而互相牵制,严重影响企业正常运行和发展前景。

什么样的沟通才是有效的沟通呢?有效沟通有如下 4 个特点:

(1)沟通双方要有共同的动机,它是人们进行有效沟通行为的直接原因。

(2)沟通双方都是积极的参与者,即有效沟通过程中的每个参加者,都要求自己的伙伴具有积极性。

(3)有效沟通过程会使沟通双方产生双赢的收获,即有效沟通应当达到一定程度上以影响对方的思想、行为为目的,结果使沟通者之间原来的关系优化。

(4)沟通双方应当有一定的沟通能力,即具有相互进行沟通所需要的知识和经验。

7.3.4.1 沟通的失真和障碍

分析了以上有效沟通的特征,可以了解沟通过程中要实现的目标,但实际的沟通过程却不是一帆风顺的,常常会因种种因素阻碍了有效沟通的实现。

1)语言障碍

语言障碍在大公司和跨国公司中十分常见,由于地域、文化、生活方式等的不同,语言可分为多个不同的语系,因此沟通时必然存在障碍。即使在同一语族同一方言内,受到教育程度、表达能力、年龄等因素的制约,仍会存在沟通障碍,此外,专业术语的应用也会导致沟通障碍。如对同一条信息,甲先生可能只注重于记忆其中的几个数字,而乙先生则关注的是这则信息对本部门的影响,因而只注重于记忆其中的某条理论。这样双方在沟通中肯定会出现障碍。

2)心理障碍

人的行为是受其动机、心理状态影响的,现实的沟通活动常为人的态度、个性、情绪等心理因素所影响,有时这些心理因素会成为沟通中的障碍。沟通焦虑是值得现在管理者高度重视的因素,口头沟通焦虑者通常采用丰富性较差的沟通方式,他们甚至为了把沟通需要降低到最低限度而扭曲了工作中沟通的要求,造成低效率。此外,人们在焦虑时通常采用防御机制,以缓解焦虑。例如甲乙两人的性格差别较大,总有一种"话不投机半句多"的感觉,因而双方不愿更多地交流,从而影响了沟通的正常进行。

3）组织障碍

大量实验表明,人们自发的沟通往往发生在同等地位的人之间。同时,人们通常倾向于与比自己地位高的人沟通,并觉得他们提供的信息是准确的,而不重视信息本身的可靠性;相反的,他们却很少考虑地位比自己低的人所发出的信息,有时甚至予以否定。组织的结构同样重要。有些组织庞大,层次重叠,信息传递的中间环节太多,会造成信息的损耗与失真。组织结构不健全、沟通渠道堵塞,也会导致信息无法传递。

4）文化障碍

不同语言、不同文化在使用术语的时候难免会产生误差。地域上的邻近无疑会导致语言上繁多的相互影响和相互干扰的现象:如词语的借用,概念和符号的借用,物体和经验的借用,等等。这种相互影响导致的不是统一,而是混合。不同的诠释和用法在丰富接受者的语言和文化的同时也造成了理解上的种种障碍。因此,不同文化背景的人进行沟通时,无论是商务或非商务,常因习俗不同产生沟通障碍。很难想象一个 70 岁的俄罗斯男性主管与一位 25 岁的美国女性员工的沟通可以顺利进行。

案例 7-13　美国老板与希腊员工

请阅读下面的一段对话:

美国老板:完成这份报告要花费多少时间?

希腊员工:我不知道完成这份报告需要多少时间。

美国老板:你是最有资格提出时间期限的人。

希腊员工:十天吧。

美国老板:你同意在 15 天内完成这份报告吗?

希腊员工:没有作声。(认为是命令)

15 天过后,

美国老板:你的报告呢?

希腊员工:明天完成。(实际上需要 30 天才能完成)

美国老板:你可是同意今天完成报告的。

第二天,希腊员工递交了辞职书。

问题:

请从沟通的角度分析美国老板和希腊员工的对话,说明希腊员工辞职的原因并提出建议。

7.3.4.2 沟通的技巧

1) 提高沟通有效性的途径

根据前面的分析,我们认为,要提高沟通的有效性,就必须尽量控制与消除客观的沟通障碍以及沟通方式障碍,尽可能地减少沟通的主观障碍,努力改进沟通方法。

美国管理协会把下列规则当作良好沟通的十诫:

(1) 沟通前必须要把所要传达的思想搞清楚。据大量的实证分析,我们知道,许多沟通失败的原因就在于事前计划得不充分,所要传达的思想不清楚、不明确。信息源头混沌,何谈正确的接收?

(2) 认真考虑每次沟通的目的。在沟通前只有确定了明确的目的,才能选择适当的方式、语言等为达到此目的服务。沟通的目的越集中、越明确,沟通的有效性就越强。

(3) 全面考虑沟通的自然环境与人的环境。这是提高沟通效果的一个最重要的方面。也就是说,在选择沟通方式、沟通地点、沟通时间、沟通内容时,要根据不同的人、不同的环境条件而定,不能用某一种固定模式。

(4) 同对方商量,征求对方的意见以确定沟通内容。只有对方有沟通意愿,愿意就某些方面进行沟通,他才会同你更好地合作,从而提高沟通效果。

(5) 要注意沟通内容,也要注意情感表达方式。因为沟通本身就是在同时传递着事实与情感。在沟通时,若毫无表情、不带任何感情色彩地传达事实,往往容易使沟通缺乏朝气,使沟通双方都感到别扭,从而影响到沟通的效果。

(6) 善于利用机会,传递对对方有价值或有益的信息。并不是所有的信息在任何时候、任何条件下都可以传递的,有些信息的传递只有在时机成熟的条件下才能传递,如果把握不好机会,不及时抓住有利时机,都会影响到沟通的效果。这本身也要求沟通双方积极创造机会。

(7) 及时跟踪检查信息沟通效果。尤其是上级报告的传达等,要及时了解情况,检查是否及时传达、传达的效果等。

(8) 沟通不仅要着眼于现在,也要着眼于未来。沟通首先要考虑现在,考虑某一次沟通的效果,但同时也要注意现在的沟通要有利于未来的继续沟通,同时也要使当前的沟通符合长远利益与目标。例如直率地指出一个忠实的部属的缺点,虽然不大容易,但是如果不指出他的缺点,则不但不利于工作的开展,而且也不利于下属的成长。因而可采用适当的方式告知下属应注意的问题。

(9) 要言行一致。不但在沟通中要注意怎么说,而且要注意在实际中怎样按自己说的去做。如果一个人的实际行动或实际态度与自己说的不一致,他的话就会被看得一钱不值,从而影响今后的有效沟通甚至正常的沟通。对每一位领导者来说,就必须要做到"言必行、行必果",只有这样,才能靠自己"以身作则"的形象去影响别人,从而提高沟通效果和实现有效领导。

(10)不仅要善于传递自己的意思,还要善于倾听别人的意见,这就要求在语言表达等方面准确、无误,而且要专心倾听。如果不专心倾听,不但无法听懂别人的意思,而且还会打击别人的积极性,挫伤别人的自尊心,使别人不愿意同你沟通,这影响当时的沟通效果自不待言,更重要的是甚至会影响今后的正常沟通。

2)提高沟通有效性的方法

(1)要注意做好企业的信息工作,保证正式沟通的高效率。信息工作是企业管理的一项重要的基础工作。它是指信息的收集、加工处理、传递与存贮及其对应的管理等一系列工作的总称。做好信息收集工作,确保收集到的信息及时、全面、准确与可靠。做好信息的加工处理,通过分类、整理与分析,一方面使信息系统化、全面化;另一方面发现一些有价值的重要信息,以促进领导工作的开展。例如通过信息整理,可能发现部属存在着不保存企业有价值的文件或不注意了解市场行情等问题,领导者可以在一系列分析的基础上,强化这方面的领导与控制,从而有利于今后的信息沟通或有效提高领导效率等。强化传递信息与利用信息的管理,其关键的是如何传递信息、什么时候传递信息、把信息传递给谁。信息的利用也是一样。最后就是信息的存贮及管理。

(2)建立良好的人际关系。良好的人际关系有助于相互理解、相互信任、坦诚相待,从而有助于沟通,有助于提高沟通效果。

(3)领导者不但要主动沟通,而且要采取必要措施,使部属与领导者、部属之间能够积极而有效地沟通。领导者必须首先做到主动沟通。因为一般来说,领导者主动而有目的的沟通,有助于了解情况,掌握全局,尤其有助于了解与掌握部属的需求及思想变化情况,从而采取措施,努力满足部属的合理需求,提高领导效率。另外,要创造良好的沟通网络、沟通渠道、沟通环境条件及相关的激励机制、促进部属之间经常而有效的沟通。

(4)合理而有效的非正式沟通策略。非正式沟通具有二重性,既有利于提高组织效率的积极一面,又有不利于提高组织凝聚力的消极一面。因而企业的领导者,必须要制订合理有效的非正式沟通策略,以促使其积极作用的充分发挥,同时限制其消极的影响。

案例 7-14　迪特尼·包威斯公司

迪特尼·包威斯公司,是一家拥有12 000余名员工的大公司,它早在很多年前就认识到员工意见沟通的重要性,并且不断地加以实践。现在,公司的员工意见沟通系统已经相当成熟和完善。特别是在 20 世纪 80 年代,面临全球性的经济不景气,这一系统对提高公司劳动生产率发挥了巨大的作用。

公司的"员工意见沟通系统"是建立在这样一个基本原则之上的:个人或机构一旦购买了迪特尼公司的股票,他就有权知道公司的完整财务资料,并得到有关资料的定期报告。

本公司的员工也有权知道并得到这些财务资料和一些更详尽的管理资料。迪特尼公司的员工意见沟通系统主要分为两个部分:一是每月举行的员工协调会议,二是每年举办的主管汇报和员工大会。

1) 员工协调会议

早在 20 年前,迪特尼·包威斯公司就开始试行员工协调会议。员工协调会议是每月举行一次的公开讨论会。在会议中,管理人员和员工共聚一堂,商讨一些彼此关心的问题。无论在公司的总部,还是在各部门、各基层组织,都举行协调会议。这看起来有些像法院结构,从地方到中央,逐层反映上去,以公司总部的首席代表协调会议为最高机构。员工协调会议是标准的双向意见沟通系统。

在开会之前,员工可事先将建议或怨言反映给参加会议的员工代表,代表们将在协调会议上把意见传达给管理部门,管理部门也可以利用这个机会将公司政策和计划讲解给代表们听,相互之间进行广泛的讨论。

在员工协调会议上都讨论些什么呢? 这里摘录一些资料,可以了解大致情形。

问:新上任人员如发现工作与本身志趣不合,该怎么办?

答:公司一定会尽全力重新安置该员工,使该员工能发挥最大作用。

问:公司新设置的自动餐厅的四周墙上一片空白,很不美观,可不可以搞一些装饰?

答:管理部门已拟好预算,准备布置这片空白。

问:公司的惯例是工作 8 年后才有 3 个星期的休假,管理部门能否放宽规定,将限期改为 5 年?

答:公司在福利工作方面作了很大的努力,诸如团体保险、员工保险、退休金福利计划、增产奖励计划、意见奖励计划和休假计划等。我们将继续秉承以往精神,考虑这一问题,并呈报上级,如果批准了,将在整个公司实行。

问:可否对刚病愈的员工行个方便,使他们在复原期内担任一些较轻松的工作。

答:根据公司医生的建议,给予个别对待,只要这些员工经医生证明,每周工作不得超过 30 个小时,但最后的决定权在医师那里。

问:公司有时要求员工星期六加班,是不是强迫性的? 如果某位员工不愿意在星期六加班,公司是否会算他旷工?

答:除非重新规定员工工作时间,否则,星期六加班是属于自愿的。在销售高峰期,如果大家都愿加班,而少数不愿加班,应仔细了解其原因,并尽力加以解决。

要将迪特尼12 000多名职工的意见充分沟通,就必须将协调会议分成若干层次。实际上,公司内共有90多个这类组织。如果有问题在基层协调会议上不能解决,将逐级反映上去,直到有满意的答复为止。事关公司的总政策,那一定要在首席代表会议上才能决定。总部高级管理人员认为意见可行,就立即采取行动,认为意见不可行,也得把不可行的理由向大家解释。员工协调会议的开会时间没有硬性规定,一般都是一周前在布告牌上通知。为保证员工意见能迅速逐级反映上去,基层员工协调会议应先开。

同时,迪特尼公司也鼓励员工参与另一种形式的意见沟通。公司在四处安装了许多意见箱,员工可以随时将自己的问题或意见投到意见箱里。

为了配合这一计划实行,公司还特别制定了一项奖励规定,凡是员工意见经采纳后,产生了显著效果的,公司将给予优厚的奖励。令人欣慰的是,公司从这些意见箱里获得了许多宝贵的建议。

如果员工对这种间接的意见沟通方式不满意,还可以用更直接的方式来面对面和管理人员交换意见。

2)主管汇报

对员工来说,迪特尼公司的主管汇报和每年的股东财务报告、股东大会相类似。公司员工每人可以接到一份详细的公司年终报告。

这份主管汇报有20多页,包括公司发展情况、财务报表分析、员工福利改善、公司面临的挑战以及对协调会议所提出的主要问题的解答等。公司各部门接到主管汇报后,就开始召开员工大会。

3)员工大会

员工大会都是利用上班时间召开的,每次人数不超过250人,时间大约3小时,大多在规模比较大的部门里召开,由总公司委派代表主持会议,各部门负责人参加。会议先由主席报告公司的财务状况和员工的薪金、福利、分红等与员工有切身关系的问题,然后便开始问答式的讨论。

在这里,有关个人问题是禁止提出的。员工大会不同于员工协调会议,提出来的问题一定要具有一般性、客观性,只要不是个人问题,总公司代表一律尽可能予以迅速解答。员工大会比较欢迎预先提出问题的方式,因为这样可以事先充分准备,不过大会也接受临时性的提议。

下面列举一些讨论的资料。

问:本公司高级管理人员的收入太少了,公司是否准备采取措施加以调整?

答:选择比较对象很重要。如果选错了参考对象,就无法做出客观评价,与同行业比较起来,本公司高层管理人员的薪金和红利等收入并不少。

问:本公司在目前经济不景气时,有无解雇员工的计划?

答:在可预见的未来,公司并无这种计划。

问:现在将公司员工的退休基金投资在债券上是否太危险了?

答:近几年来债券一直是一种很好的投资,虽然现在比较不景气,但是,如果立即将这些债券脱手,将会造成很大损失,为了这些投资,公司专门委托了几位财务专家处理,他们的意见是值得我们考虑的。

迪特尼公司每年在总部要先后举行 10 余次的员工大会,在各部门要举行 100 多次员工大会。

那么,迪特尼公司员工意见沟通系统的效果究竟如何呢?

在 20 世纪 80 年代的全球经济衰退中,迪特尼公司的生产率每年平均以 10% 以上的速度递增。公司员工的缺勤率低于 3%,流动率低于 12%,属同行业最低。

问题:

根据迪特尼公司的员工沟通制度取得的效果,谈谈沟通的重要性。

案例 7-15 李威达的困惑

李威达是一家电子零部件制造公司的首行执行官,他一直认为自己是一个"易接近,好相处,善于沟通的人"。他的绝大多数员工来自全国各地,甚至有来自俄罗斯、越南等国家的人。最近,公司的员工开始抱怨公司的一侧缺少停车位。按照往常出现了问题要与员工讨论的情形一样,李威达召开了员工会议,他要求员工不要把车停在为客户预留的车位上。有些员工误解了李威达的话,认为他告诉他们不要驾车来上班。李威达是开放式管理的坚定支持者,他定期向员工公开账目,让员工们共享公司的财务信息,使他们感到自己是公司的一分子。最近,李威达召集员工开会,会上他陈述了一系列财务数字。然后,李威达问各位是否理解了这些数字的意义,所有的人都一致点头。李威达后来说:"我当时没有意识到,他们点头主要是出于礼貌。"他本想让员工们看到他们的行动给公司带来的财务结果,并由此激励员工,但他没有取得预期的效果。

问题:

1. 你认为导致李威达困惑的原因是什么?解释你的理由。

2. 李威达应该采取什么措施改进沟通的效果呢?

本章思考题

1. 领导的相关理论包括哪些内容?

2. 激励的相关理论包括哪些内容?

3. 激励与沟通在领导中的作用是什么?

参考文献

1. 哈罗德·孔茨. 管理学[M]. 北京:经济科学出版社,1995 年第九版.

2. 斯蒂芬·P·罗宾斯. 管理学原理(第三版)[M]. 吉林:东北财经大学出版社,
   2004 年 1 月第三版.

3. (美)理查德·L·达夫特,李维安,等,译. 组织理论与设计精要[M]. 北京:机
   械工业出版社,2002 年 8 月第一版.

4. 芮明杰. 管理学——现代的观点[M]. 上海:上海人民出版社,1999 年 9 月第
   一版.

5. 周三多,等. 管理学——原理与方法[M]. 上海:复旦大学出版社,1999 年 6 月
   第三版.

6. 李树林. 中国企业管理科学案例库教程[M]. 北京:光明日报出版社,2001 年 8
   月第一版.

7. 黄煜峰. 现代管理学概论[M]. 吉林:东北财经大学出版社,2001 年 3 月第
   一版.

8. 俞文钊. 现代激励理论与应用[M]. 北京:东北财经大学出版社,2006 年.

9. 余世维. 有效沟通:管理者的沟通艺术[M]. 北京:机械工业出版社,2006 年.

10. (美)哈特斯利(Hattersley M. E.),麦克詹妮特(MaJannet,L.)编著,葛志宏,
    陆娇萍,刘彧彧,译. 管理沟通:原理与实践(原书)[M]. 北京:机械工业出版
    社,2008 年 08 月第三版.

8 控 制

> 管理是一种实践,其本质不在于知而在于行,其验证不在于逻辑而在于成果。
>
> ——彼得·德鲁克

本章提要

控制通常被认为是最后的管理职能——在所有的教科书中,它总是位于其他职能之后,但控制职能的重要性却不容许丝毫的轻视,因为控制使得员工行为和公司的目标保持一致,控制职能关系到组织的执行力和竞争力。在全球化的环境下,日益激烈的竞争使得有效控制成为组织中每一位经理人员所面临的重要问题。控制,不仅包括质量控制,也包括时间的控制和成本的控制,它涉及整个组织的办公效率。

本章首先总结了控制的类型、控制过程的基本结构和目标以及有效控制的特征,讨论了一些相对较新的控制观念,然后介绍管理信息系统,最后介绍了3种过程控制方法:生产作业控制、质量控制和财务运作控制。

学习目标

(1) 描述控制的基本过程。

(2) 了解反馈、实时与前馈控制。

(3) 了解有效控制的必要条件。

(4) 了解控制方法和信息技术。

(5) 了解信息技术与控制的关系。

管理学小故事

扁鹊的医术

魏文王问名医扁鹊说:"你们家兄弟三人,都精于医术,到底哪一位最好呢?"

扁鹊答:"长兄最好,中兄次之,我最差。"

文王再问:"那么为什么你最出名呢?"

扁鹊答:"长兄治病,是治病于病情发作之前。由于一般人不知道他事先能铲除病因,所以他的名气无法传出去;中兄治病,是治病于病情初起时。一般人以为他只能治轻微的小病,所以他的名气只及本乡里。而我是治病于病情严重之时。一般人都看到我在经脉上穿针管放血、在皮肤上敷药等大手术,所以以为我的医术高明,名气因此响遍全国。"

启示:事后控制不如事中控制,事中控制不如事前控制,可惜大多数的经营者均未能体会到这一点,往往是等到管理失误造成了重大的损失才寻求弥补的办法,结果可想而知。

8.1 控制概述

在管理学上,控制的职能是度量绩效和修正措施,从而顺利完成组织目标和各项计划,控制和计划在管理职能上首尾相连,又循环不息。

8.1.1 什么是控制

8.1.1.1 控制的定义

控制对组织的作用不可或缺。如果没有控制职能,管理者就很难知道下属是否在正确地工作,他所负责的部门是否正常运行。作为管理职能的最后一项,控制有助于评价计划、组织及领导各职能执行情况的好坏,使管理者测量预期目标是否已达到,同时帮助他明白可能存在的问题。一个组织的控制系统越是完善,管理者实现组织的目标相对也就越容易。控制在激励员工方面也能发挥重要作用。由于标准事先设定,只要工作达到一定的标准就可以得到组织的认同和奖励。同时,精确的控制则能给那些努力工作的员工一个证明自己能力的机会。这都有利于调动员工的工作积极性。

控制可以看作是调节组织行为,使其与计划、组织目标和预期的业绩相一致的系统职能;也可以定义为监视各项组织活动并及时纠正各种重要偏差,以保证它们按计划进行的过程。

有效的组织控制必须符合组织的需求,有助于组织任务的完成。有效的控制可以通过修正员工的错误来改进工作绩效和生产率。如果控制使用得当,无疑将有助于经理人员针对非预期的因素及时调整策略,实现战略目标。

有效的系统具有一些共同的特征,包括:

(1)适应组织战略的要求。控制不管是衡量过去的业绩或是监控现在的经营,也不管是采用什么方法,它最终都应该适应组织战略的需求,反映组织未来的发展方向。凡是与组织战略目标高度相关的活动都是控制活动的重点。如果公司面临的主要竞争挑战是减少生产周期,那么控制系统就不应该过多强调生产成本;反之,如果公司近期的战略重点是减少成本,重要的控制指标一定和预算、成本、费用高度相关。

（2）得到员工的认同。只有员工与控制系统协调一致,才能增加生产率。员工对控制标准信守的程度越高,有效控制的机会越大。控制系统应该具有推动和激励作用,而不应影响员工的士气。当员工认为控制方法、标准、过程合情合理时,控制系统通常能够起到积极的推动作用。如果员工更倾向于破坏控制系统而不是改进绩效,那么控制就不能达到设想的效果。

（3）评价标准合理。只有评价标准合理并且与员工自己的工作绩效有一定联系的时候,员工才会赞成并执行这个评价标准。反之,如果员工觉得评价标准不合理或者和他们的工作绩效没有相应的关系时,他们会抵制这种标准。有时,员工会被要求符合两个互相矛盾的标准,这时,他们也会因不知所措而反对。

（4）主客观数据的平衡。经理人员应该综合使用数量化的业绩指标和定性的业绩指标,全面反映业绩状况的真实面目。仅仅依靠数字来控制,或者仅仅依靠主观判断来控制,都可能会误导经理人员,最终对员工的行为产生错误或不适当的激励。因此,经理人员必须明白测量的对象,并保持量化指标和定性指标的有效组合,最终保持主客观数据的平衡。

（5）灵活性。无论是组织的内部目标还是发展战略,都必须对外部环境的变化做出响应,因此,控制系统应该具有足够的灵活性。允许员工进行自我管理的控制系统可以具有更大的柔性,同时节省很多时间。例如,如果一个系统允许客户直接向员工投诉,那将为管理层省掉很多麻烦。

（6）信息必须准确及时。控制系统应该鼓励采用准确信息,以有效地辨别偏差。控制系统应该及时提供信息,迅速做出管理上的反应。如果反应过于迟缓,那么修正措施毫无价值。如果控制信息及时、迅速,那么控制就会对行为产生积极影响——每天都对员工进行评估比每月一次对他们来说更有帮助。如果把反馈保留到月末或季末,可能已经时过境迁了。

（7）评价标准应能提供一些诊断信息。控制绝对不只是监控业绩和采取矫正措施那么简单。经理人员需要一套系统来帮助他们监控那些亟待改进的业务领域。这种控制系统应能反映现实与期望之间的差异,使经理人员能够重视这些差异,找出每一个差异后面的原因,以便决定何时介入,实施矫正措施。

8.1.1.2 控制的类型

管理中的控制手段可以发生在管理活动或过程的前期、中期和后期,针对不同时期,控制在方法和侧重点上有所不同,其成本和效果相应也有很大区别。根据组织对控制手段/职能使用时期的不同,控制分为前馈控制、同步控制和反馈控制。比如,为了开办展会,可以针对展会之前、之中或之后的活动展开控制。对参展商品的仔细检查和对参展人员的仔细遴选都是在展会前确保高质量的措施。监控展会工作人员与顾客的互动以及展会工作人员对展品的展示操作就是过程中的控制,展会结束之后调查统计客户对交易的满意程度就是过程之后的控制。在组织控制中,无论关注前馈控制、同步控制或反馈控制,还是强调外部控制或内部控制,都必须注意一些基本的控制特性。

前馈控制是发生在行动之前的控制行为,主要是以事先识别和预防偏差为主,有时也称预先控制。这种控制通过对流入组织的人力、物料和财务等资源进行源头管理,保证系统输入的质量来预防事后问题的发生。一般来说,这种方法最为经济,为组织带来最小的机会成本。比如,制造商进行生产之前,先建立一定的零部件购买质量标准,并进行严格的检验,这就是前馈控制。因为,购买了高质量的零部件,制造商相对减少了发生废品率和生产故障的可能性。

前馈控制突出地体现在人力资源管理中,比如员工招募和上岗培训。组织先识别必需的技能,并通过测试或其他筛选方式来雇用拥有这些技能的人员,并开展适当的上岗培训,以尽量提高员工按照标准行事的可能性,预防未来可能出现的业绩偏差。

前馈控制的另一个突出的体现是识别风险。商业银行由于有大量的信贷业务而面临很大的违约风险,它们认识到可以在发放贷款前通过识别客户风险来主动降低未来承担的违约风险,而不仅仅是在贷款发生后不断跟踪评估客户的财务业绩。比如信贷决策部门通过对客户所处的行业、实施的战略和日常经营的研究,来发现传统财务报告无法反映的一些重大业务问题和风险。

同步控制就是持续监控员工的行为,使其与质量标准相符的一种控制活动,有时也称并行控制。同步控制通过引入规章制度来指导员工的工作和行为,并结合业绩标准及时评估当前的工作活动,其目的在于确保工作能够产生正确的结果。同步控制包括自我约束(自我控制),即个体对自身行为所实施的并行控制,也允许管理人员发现错误时及时提出建设性的意见。同步控制还包括组织对员工施加影响的其他方式,比如一个组织的文化规范和价值观。如果持续改进思想成为组织中员工的共识,可以想象,员工将自觉地努力改进质量,不断提高产品和服务的质量标准。

反馈控制是在行为执行之后的评价活动,其控制重心放在组织的产出结果上——尤其是最终产品和服务的质量,又称事后控制。反馈控制通过对过去行动中的结果做出评价来指导日后的改进工作。这个结果既可以从利润方面衡量,也可以从质量等方面来衡量。对企业而言,除了生产高质量的产品和提供高质量的服务外,还必须创造利润。即使对于非营利性组织而言,也需要在一定的成本约束下有效运营以完成其所肩负的使命。管理者们会评估自己的经营是否在预算范围内,提供的产品/服务以及创造的利润是否充足等。实际上,多数反馈控制把控制重点放在财务指标上。财务报表就是一种反馈控制。如果财务报表中显示某一部门发生亏损,高层就会与该部门管理者商谈如何改善现状。所有设计精良的控制系统均会采用反馈控制来判定组织业绩是否与预定标准相符。

在许多制造过程中,质量控制的做法是衡量产出的结果是否符合既定的质量标准。如果员工自己可以监控这个衡量过程,同步控制就能实现:一旦发现制造过程在某些方面不符合标准,员工要么自行纠正,要么告知相关人员。比如邮政快递的车辆监控调度管理系统,监控中心可以按照自己的监控需要设定监控的间隔,被监控的车辆将按照中心设置的时间间隔自动回复车辆的位置、行驶速度、运行方向、时间等信息到监控中心,监控中心的地图上将详细地记载车辆行驶路线及车辆状态,监控中心实现 24 小时实时监控。客户可以通过监控中心查询自己邮包的位置。在后续管理中,快递公司可以随时统计任何一个车辆的使用情况(详细到车辆开车多少次,停车多少次;每次行驶多长时间,每次停车多长时间;等等),有效地监督驾驶员每天的工作情况和车辆被使用情况。将统计结果打印成报表,还可以根据驾驶员每月的工作强度、次数、积极性等情况来对驾驶员的表现进行考核。

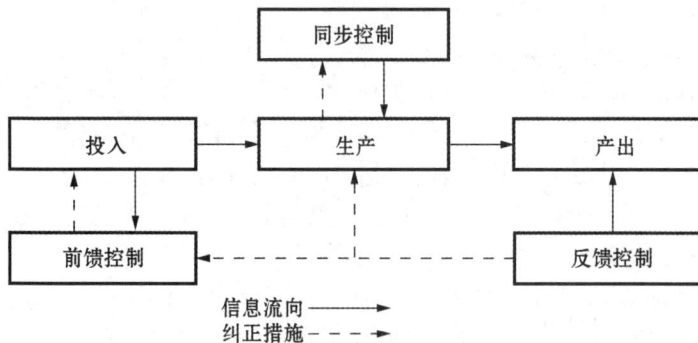

图 8-1 按时间分类的控制类型对比图

根据控制力的来源不同,控制也可以分为外部控制(官僚控制)和内部控制(分权控制)。与内部控制相比,外部控制适合于那些缺乏自控能力也并不忠实于组织目标的员工,在外部控制中管理者更频繁地监测业务部门及员工的操作。内部控制适合于那些技术水平高、容易被激励的员工。

外部控制实施的前提是员工主要受外部奖励激励,并且需要管理者的控制。

建立有效的外部控制系统需要以下步骤：首先，为了激发团队成员的最佳状态，要设定相对困难的目标并且在业绩指标中保留一点余地；其次，考察要全面合理，不只是听取单方面的说法，比如员工的报告。最后，奖励必须透明，并直接与绩效挂钩。

一个设计合理的外部控制系统可以有效地控制员工行为。外部控制策略会对员工产生积极和消极两方面的影响。员工知道好的绩效会带来奖励，他们会努力做得更好。不过，员工朝着绩效标准努力工作，并不是对企业形成了忠诚，也不代表真正的生产效率。假如一个通信公司的市场营销与销售主管把服务顾客人数作为绩效标准。为了达到标准，顾客服务管理者告诉顾客接待员"尽可能多地接听电话，缩短每个电话的时间。"结果，服务部门用最短的时间接听每一个顾客的电话，来为更多的顾客解决问题。然而，顾客并不喜欢这种服务，很多顾客对这种改变表示不满。结果是电信公司设定的绩效标准虽然达到了，但顾客服务质量却降低了。

内部控制实施的前提是员工比较优秀，可以独立地完成自己的工作，能够被他们自身实现组织目标的承诺所激励。自我管理的工作团队以及其他各种形式的授权就是基于内部控制的策略。建立有效的内部控制系统需要以下步骤：首先，团队成员必须参与目标的设定。这些目标会在以后的目标控制中成为评价绩效的标准。其次，绩效标准只能用来发现问题和解决问题，而不能用来处罚与责备。当发现与绩效标准有明显偏差时，监督者和员工要共同解决实质的问题。最后，虽然奖励要与绩效相挂钩，但不应仅以一两种尺度作为标准。内部控制策略需要评价员工的整体贡献，而不是一两个方面的绩效。丰田汽车公司良好的内部控制制度提供了一个好例子。追求高质量的丰田文化使大部分的丰田生产工人乐于达到管理层设定的质量标准，特别是在高度的质量标准和清洁标准方面。

8.1.1.3　控制的过程

控制的过程应遵循以下逻辑思路：①建立绩效评价标准；②衡量绩效；③比较绩效与标准；④如果需要，采取管理行动纠正偏差或不适当的标准。

1）建立绩效评价标准

控制系统最初所要建立的是一系列切实可行并已被员工接受的绩效标准。标准是衡量结果的单位。在组织的总体战略计划中，管理者通常以具体的、可操作性的术语来定义组织各部门的目标，包括设立业绩标准，以此来比照组织行为和活动，因此，标准一般是通过计划职能产生的，当然，标准也可以是来自企业外部的行业或国家标准。标准可以是数量上的，主要包括销售额、利润、完成任务的时间等方面，比如：标准可能表述为"将事故率降至每100 000工时发生1件"，"将公司的投资回报率增至12%"，等等。标准也可以是质量上的，比如顾客使用完产品或服务后的感觉和印象。为此，管理者应该仔细考虑所要衡量的对象和方式。特别是当组织要采用业绩标准来奖励员工时,这些标准应表现为对企业总体战略有益的行为。标准应该精确定义,这样经理和职员才能判断自己的行为是否因循既定目标。此外,掌握业绩标准的人必须理解这些标准。

标准的类型有以下几种:①物理标准;②成本标准;③资本标准;④收益标准;⑤计划标准;⑥无形标准;⑦目标标准。

2)衡量绩效

为了实现控制过程,必须对绩效进行衡量。大多数组织都定期提供各类业绩报表(日报、周报、月报),方便管理者进行业绩衡量。业绩报表的核心内容要求能够与绩效评估的内容建立直接或间接的联系。比如,如果公司的目标是实现销售增长,公司应该收集和汇报销售数据。管理者可以通过业绩报表进行控制,也经常通过直接观察绩效来实现控制。

准确衡量绩效,需要具备的3个重要条件:

(1)在衡量绩效的具体指标上达成一致。有效的控制需要设定标准,参与衡量和被衡量的人要同时接受该标准。

(2)在衡量所需达到的精确度上要达成一致。在衡量生产量、销售量等定量指标时,绩效可以准确度量。另一些情况下,就无法进行精确的评价了。比如顾客对服务的评价等。虽然这些对于绩效的质量评价可能会比数量评价更加重要,但衡量的难度也比较大。

(3)确立由谁来衡量。高一级的管理者有权审核下级所制定的绩效标准,下级一般也容易接受这种做法。在以团队为基础的组织中,同级的人可以允许互相监督绩效。

3)比较绩效与标准

在建立标准与得到绩效测量方法以后,控制过程就进入到绩效与标准的比较阶段。以获得偏差的方向、大小以及沟通相关信息。当管理人员阅读业绩报表或实地考察时,他们将辨别实际业绩是否符合、超过或低于标准要求。当使用数量衡量时,统计分析能决定偏差多少才算严重。当管理者无法采用统计方法时,就要凭借经验对随机误差做出判断。偏差达到多大时应当进行调整,需要管理者事先做出规定。有时,由于某些不可控因素,可能导致绩效的某次偏差。在这样的情形中,管理者可以忽略这种偏差。比如,由于气候原因,当日航班晚点情况比较多。有时,即使只有1%的偏差,也会对企业产生相当大的影响。如果10亿美元的销售额少了1%,那么企业就比预期少赚了1 000万美元之多。而在有些情况下,高达10%的偏差也不算严重。

比较实际绩效和标准后,衡量和管理者将与正确的对象交流所得出的结果。这些对象包括员工自己以及他们直接的管理者。有时,甚至需要把比较结果传达给最高一级的管理者。为了解决这些问题,管理人员必须关注这些差异。如果业绩偏离标准,管理人员必须对此做出解释。他们可以通过自己的主观判断、与员工之间的讨论和客观的业绩数据深入问题的背后,找出问题的症结所在。

4)如果需要,采取管理行动纠正偏差或不适当的标准

比较完绩效与标准并做出分析之后,管理者可以采取 3 种行动:什么也不做、纠正偏差、修改标准。管理者可以根据不同的评价结果,确定合适的选择。

(1)什么也不做。控制系统的目的是要决定计划是否可以正常执行。什么也不做并不意味着不负责任,恰恰说明企业运作一切正常。如果评估显示,事件正在按照计划执行,或者即使有偏差,但偏差属于可接受范围,管理者就不需要进行改正。

(2)纠正偏差。如果管理者觉得偏离较大而又不是随机产生的,管理人员就需要决定采取何种必要的措施来修正偏差。在传统自上而下的控制方式中,管理人员通过行使他们正式的权力来实施变革。管理人员可以鼓励员工努力工作,重新设计生产流程,甚至解雇员工。管理者也可能与团队成员共同讨论问题的性质以及解决的办法。在解决问题的过程中,可能还需要其他团队的参与。有时,绩效标准的严重偏离问题需要马上得到解决。例如,当现金严重不足时,零售商会亏本卖出存货变现。

(3)修改标准。如果管理人员发现各部门总是达不到标准或者总是超过标准,那么可能是标准过高或过低。经理人员可能采取修正措施来改变业绩标准。如果影响组织运作的外部因素发生了变化,业绩标准也应该相应改变。当业绩达到或超过标准时,经理人员可能首先做的是奖励那些超额完成任务的部门或工作干得很漂亮的员工,而不是检查是否标准定得不合理。如果事情总是这样,经理人员就要认真考虑是否需要修改标准了。例如,如果 90%的学生在考试中都不及格,那么真正的问题可能是考试的内容太难了。

当一个组织建立新的工作计划或发展新的业务时,很容易遇到需要修改标准的情形。由于对新工作或新业务的前景难以预见,最初的绩效标准只能建立在估计的基础上,难免过高或过低。如果没有员工能达到该绩效标准,可能是绩效标准定得太高了。反之,绩效标准则可能是定低了。

8.1.1.4 控制的重点

一般来讲,管理者在执行控制职能时,主要从这几个方面入手:人员、作业、成本、时间。

1)人员

任何工作都离不开人的参与和执行,为了实现组织的目标,管理者需要而且必须依靠下属,因为他们是提高生产力的关键。但下属在工作中既可能因客观原因

没有完全执行管理者的意旨,也可能因主观的懒惰而影响工作的效果,因此管理者应尽力使员工按照自己所期望的方式工作。为了做到这一点,最直接的控制方法是管理者直接巡视和评估员工的表现。管理者的日常工作就是观察员工的工作并及时纠正出现的问题。但并非所有的工作都适合这种控制方式,不同的工作形式要求不同的对员工行为的控制手段。比如对于知识型员工,单靠巡视观察就难以达到有效控制的目标。前文中讲到,能力和动机对表现都有着直接的影响。对于因能力影响业绩的员工,所需要的是训练。而当缺少动力时,运用奖励等激励方法可能会有所帮助。如果激励不起作用的话,可能需要运用纪律。指导对于解决能力和动机问题是有效的。

2) 作业

一个组织的成功,在很大程度上取决于它在生产产品或提供服务时的效率和效果。作业控制方法是用来评价一个组织的转换过程的效率和效果问题的。

典型的作业控制包括:监督生产活动以保证其按计划进行;评价购买能力,以尽可能低的价格提供所需的质量和数量的原材料;监督组织的产品或服务的质量,以保证满足预定的标准;保证所有的设备得到良好的维护。

3) 财务

不是所有的组织都关注利润,但是没有哪一个组织不关注成本。营利性组织通过成本控制来实现利润目标,这一点在成本领先的行业中尤其突出。比如,以更低成本生产玉米的农场显然效益更好。非营利组织通过成本控制更有效地利用预算资金,提高工作效率。例如,学校、政府部门以及行业协会都会使用预算控制来管理财务支出。

4) 生产率

员工总是希望获得高报酬。然而,在保证利润的基础上,提高组织的整体绩效是唯一持久的方法。生产率、效率、利润、员工士气、产量、适应性、稳定性等都是衡量整体绩效的重要指标。为了维持或改进一个组织的整体绩效,管理者应该关注如何提高生产率。提高生产率的具体管理实践包括作业设计、工作团队、激励等。

8.1.2 控制的方法

多年来,组织管理中控制职能的目的和性质没有大的改变,但新的方法或技术却层出不穷。控制方法主要分为两类:预算控制和非预算控制。

8.1.2.1 预算控制

预算是用于计划组织未来支出的有效工具,是一种广泛使用的管理控制手段。通过编制预算,可以将计划职能和控制职能具体而紧密地联系在一起。

当经理人员使用预算来计划支出时,预算也是一种控制手段。作为一种控制手段,在预算报告中,要列出现金、资产、原材料、薪金和其他资源的计划支出量与实际支出量。此外,预算报告还要列出每一项预算额与实际发生额之间的差值。预算是为组织内部的每一个分部、部门而编制的,无论这些单位规模多小,只要是执行独立的项目和功能,就应该编制预算。在预算控制系统中,最基本的分析单位是责任中心。如果组织的某一部门或单位由某一个人控制和负责,就称这样的部门或单位为责任中心。高层管理者负责整个公司的预算,中层管理者通常只关注本部门或分部的预算执行情况。经理人员通常使用的预算类型有费用预算、收入预算、支出预算和资本预算。

(1) 费用预算。包括每一责任中心和整个组织预期的和实际的费用支出。在费用预算中,可能列出所有类型的费用,或者仅集中在某一特定类别,如原材料费用或研究开发费用。如果实际费用超过预算费用,则经理人员有必要分析经营中是否存在问题。实际费用较高可能来源于效率低下,也可能是因为企业销售增长比预期要快。相反,实际费用低于预算可能预示着效率提高,或者是某些方面不符合标准,如销售水平或服务质量并不令人满意。

(2) 收入预算。对年度总收入的预测。尽管销售收入是收入最重要的形式,但许多组织的收入来自于投资。非营利性组织的收入通常来自于酬金、捐款和募款。收入预算是所有收入来源的汇总,例如每一种产品/场地的销售收入。营销或销售部门通常根据销售预测提供公司总体的收入状况。

(3) 支出预算。对整年营运支出的预测。各部门的支出预算是相互影响的。生产部门需要根据销售预测的信息决定生产的数量,最终根据生产的数量给出生产部门营运支出的预算。

(4) 资本预算。包括所有计划内的主要资产投资。主要资产是指组织所拥有的能持续运作并折旧很多年的资产。主要资产的预算包括土地、新建筑物、全部新的生产线或项目、并购现存企业。在较低层次上,其他决策包括是否要更新现有的资产(例如设备),是购买还是租赁,是在企业内部生产元件还是外包,对存在问题的产出品是返工、出售还是废弃。通常情况下,我们的目标是通过投资来获取满意的回报。筹集资金购买固定资产是一项重要的财务职能。

由于资本预算是通过新的或改进的产品和项目来寻求附加收入从而创造顾客价值的方法,因此,资本预算是最重要的一项预算。公司通过不断的努力来开发新产品,并且通过计划来抓住机遇。

8.1.2.2 非预算控制

非预算控制主要包括日常控制、持续控制和定期控制。

1) 日常控制

日常控制的主要方法包括指导、走动管理和纪律处罚。

（1）指导（Coaching）是为保持和改善表现而通过提供及时、不断和直接的方式给予下属激励性反馈的过程。指导可以使每位员工取得最佳表现，因此是改善员工绩效的一项重要管理技能。正确的指导包括 4 个步骤：描述当前的表现。从积极的一面指出员工他们应该做些什么，而目前没有做到；描述期望的表现。详细地将所期望的表现告诉员工，有时可以直接示范正确的做法，获取要改变的承诺。当处理能力表现的问题时，如果员工希望去改变，就没有必要再让员工做口头承诺了。如果员工不希望改变，那就需要使用口头承诺，跟踪管理。确保员工在将来正确地实施。

（2）走动管理是另外一种日常控制。走动管理包括沟通和促进两个步骤：首先，为便于了解事情的进展，管理人员必须多听而不是多说，并且还要广泛地接受反馈信息。做到最后一个发言，而不是第一个发言。然后在沟通的基础上，管理者采取措施帮助员工完成工作和提高工作绩效。

（3）纪律处罚是使员工达到所要求的标准或遵守既定的规章制度而采取的纠正性行为。纪律处罚的主要目的是改变行为。指导通常是处理员工问题的第一步。然而，员工可能会违反规章制度或者不希望、不能改变。在这种情况下，纪律处罚就是必要的。许多组织都拥有一系列严格的处罚制度。先进纪律处罚的步骤包括：①口头警告；②书面警告；③观察期；④解雇。对于较轻的违规行为，通常要遵循以上 4 个步骤，然而，对于较严重的违规行为，如盗窃，可能会省略其中某些步骤。注意要对每一个步骤进行备案。

2）持续控制

持续控制是指持续使用的控制，包括自我控制、氏族控制和既定计划。

（1）自我控制。要求管理人员在某些环节或某种程度上不监视或掌控业绩，由员工自觉地工作。自我控制真正的问题在于在多大程度上采用管理人员强迫控制，过多或过少的强迫性控制都会产生问题。

（2）氏族控制。又称群体控制，是指侧重于企业文化和基准来确保特殊行为的人力资源的一种控制形式。那些运用团队的组织趋向于依赖于氏族控制。

（3）既定计划。当规则设定之后，这些法规、程序和规则是在当前可预期的情况下用来影响员工行为的。

3）定期控制

定期控制是经常固定使用的，例如每小时、每天或每星期一次，还可以是月末、季度或年末。定期控制包括日常报告和审计。

（1）日常报告。可以是口头的，也可是书面的。定期与一名或多名员工讨论工作进展和其他方面的问题，此类会议可以是每天、每周或每月召开。日常报告是作为前期控制而设计的。但是，根据具体情况而言，报告本身可以被用作同期控制、反馈控制或损害控制。

（2）审计。许多规模较大的组织通常会有一位内部会计审计人员或一个会计审计部门来定期检查，以确保正确地汇报资产并将失窃率降到最低。除了采用内部会计审计之外，许多组织还雇用外部财务审计公司来对组织的财务报表进行审核，外部财务审计公司通常是一家有相关资格的财务公司。另外，还可以对组织的计划、组织、领导以及控制职能进行管理审计，通过分析改善组织绩效。

8.2 信息与知识管理

如今，信息与知识管理已经成为全球商务活动中管理控制职能的主要内容，许多公司都有某种形式的信息系统以提升适应环境变化的能力，有的公司甚至设立首席信息官的职位来加强信息与知识的管理。信息与知识管理的目的是更好、更快捷地管理各种变革和组织面临的不确定性因素，从而增加组织的活力和柔性。因此，能否对信息技术进行战略性运用成为衡量当今组织成功与否的重要标志。

8.2.1 信息与信息系统

信息系统是组织用来获取、整理、存储、处理和传输信息的系统，信息系统在人类社会以组织的形式工作的时候就已经存在了。长期以来，管理者一直通过使用组织等级体系来收集所需要的信息，以便对组织进行协调、控制和决策。商业史学家艾尔弗雷德·钱德勒认为，作为一种信息网络，组织等级体系的使用功能是由19世纪50年代的美国埃里铁路公司加以完善的。当时，铁路系统是美国最大的产业组织。由于铁路规模和地理分布的特殊性，铁路公司在协调和控制方面面临一些独特的问题。他们设计出的等级管理结构向高层管理者提供了他们所需要的信息，正规的日报表和月报表沿着管理链条向上传递，这样高层管理者就可以制订控制成本和设置装货率之类的决策；然后，决策再沿着管理等级向下传递，最终得到执行。很多其他组织也开始效仿铁路公司的做法，把它们的管理等级体系作为收集和传递信息的系统来使用。直到20世纪60年代，当电子信息技术的价格变得可以承受时，组织的这种做法才开始得以改变。

尽管管理等级体系是一种有用的信息系统，但是它有几个薄弱环节。首先，如果一个组织划分为多个管理层次，那么，信息向上层层传递和决策向下传达就要花费很长时间，而这种缓慢的速度将会降低信息的及时性和有用性，使组织无法对变化的市场环境做出快速反应。第二，信息从一个管理层向另一个管理层传递时可能会失真，而信息失真会降低信息的质量。第三，由于管理者只有有限的控制权限，当一个组织规模变大时，它的管理等级之多，组织结构之复杂，将使等级体系成为一种成本极高的信息系统。一般认为,管理层次越多的组织,其官僚化倾向越严重,越难以对顾客的需求做出有效反应,这是因为较多的管理层次使公司不能有效地处理信息,不能有效地向管理者提供及时、完整、相关和高质量的信息。然而,在基于计算机的现代信息系统出现之前,管理等级体系仍然是可利用的最佳信息系统。

信息技术的快速发展,对信息系统、管理者及其组织产生了根本性的影响,许多没有采用或不能有效采用信息技术建立信息系统的组织将失去竞争力。管理信息系统(MIS)是一个为管理者提供有用的或必要的信息,以帮助管理者做出正确决策的系统。基于有效的信息而进行的管理控制使有效的信息系统成为任何控制系统中不可缺少的一部分。

8.2.1.1 信息与管理职能

管理者只有在获得必要的信息之后才能有效地执行管理职能。信息是帮助管理者作出正确的决策、建立合适的组织、选择恰当的人等活动中的非物质基础,信息在及时控制中发挥的作用更是不可或缺。信息和数据不同。数据是原始的、未经分析的、对事实的指标表述,而信息是对事实数据的分析。信息技术可以帮助管理者把数据转换为信息,从而更好地发挥计划、控制和协调的职能。

1)信息和决策

很多管理工作(计划、组织、领导和控制)都涉及决策制订。例如,营销管理者必须决定产品的价格定为多少,使用哪些分销渠道和在促销广告中强调哪些信息;生产管理者必须决定生产多少产品和如何生产;采购管理者必须决定从哪里采购原料和保存多少原料库存;人力资源管理者必须决定付给员工多少工资,应当如何培训他们和给予他们哪些福利;研发管理者必须就新产品的设计做出决策;高层管理者则必须决定如何在相互竞争的项目之间分配有限的资金,如何最佳地规划和控制组织以及组织应当追求何种业务层次的战略。此外,无论他们的职能目标是什么,所有的管理者都要就一些事情进行决策,例如如何给他们的下属分配工作以及如何考核工作绩效。

在信息真空中是无法制订有效的决策的。为了做出有效的决策,管理者需要来自组织内部和外部利益相关者的信息。例如,在决定如何为一个产品定价时,营销管理者需要掌握顾客对不同价格做出不同反应的信息,他需要知道单位成本的信息,因为他不能将价格定得比产品的成本还低;此外,他还需要知道竞争战略的信息,因为价格策略必须符合整个组织的竞争战略。一些信息来自组织外部(比如顾客调查),一些来自组织内部(制造部门的单位产品成本的信息)。管理者做出有效决策的能力,取决于他们获取和处理信息的能力。

2) 信息和控制

本章的前面部分已经讨论了控制的内涵。管理者必须拥有信息,才能对各种组织活动加以有效控制。比如一个物流公司,为了控制各环节的工作,公司的管理者需要知道物流储运站内的各类物资有多少,可以在什么时间送达。为得到这样的信息,管理者必须保证采用一套合适的信息系统。需要运送的物资由第一个接手的人用手持式扫描仪进行扫描。发送的信息通过无线连接或互联网络被传送到物流公司总部的中央计算机上。当物资送达目的地时,最后一次接受的人再次扫描它们。信息被再次传输到物流公司的中央计算机上。当然,中间的环节同样可以通过在各储运站的操作人员的扫描发送到中央计算机上,通过查询中央计算机,管理者不仅能很快地查出准时运送的百分率,而且能逐站查出发送信息是如何中断的。

通过信息系统可以控制组织内的各种作业。例如,在会计部门,信息一般是和内部控制紧密联系在一起的。信息系统可以监控支出情况并将其与预算进行比较。为了根据预算控制支出,管理者需要掌握有关目前支出情况的信息以及组织内相关部门超支的信息。会计信息系统就是用来向管理者提供这类信息的。举个连锁便利店的例子,计算机信息系统可以追踪存货清单并且预测销售。该系统可以准确跟踪销售记录,帮助每个便利店详细列出库存商品的准确数目。该系统的另一个优点是它可以帮助分析销售趋势,这种分析以时间、天气及邻近地区的经济水平为基础。这种计算机信息系统可以帮助每个便利店的业主和管理者处理一些棘手的问题,即积压的易腐商品和脱销的热销商品,如啤酒、软饮料和电视体育节目中赞助的快餐。

信息系统还可以监督和控制雇员的日常行为。在这种监控形式里,以计算机为基础的信息系统收集有关员工工作习惯和生产效率等方面的数据。这些系统通过计算机终端网络,监控那些在工作中使用计算机终端或者使用复杂机器设备的员工。一旦安装了监控软件,中心计算机就会处理各终端计算机的信息并记录下员工的工作效果及效率。电子监控的一个主要贡献是增加了远离经理的注意进行工作的员工的数目,包括在家或者在饭店的房间里工作。同样,面对全球竞争和吃紧的预算,管理者被迫提高员工的工作效率。

办公室职员,包括那些经常使用电话与外界联系的人,是最容易被监控的。比如呼叫中心、财务和保险理赔部门中工作的员工。而监管那些工作内容需要创新思考的员工就困难得多。比如,一个药剂师可能眼睛望着窗外但是双脚还站在桌前,同时还在思考着如何开发避免高血压的药物。

8.2.1.2 信息系统的类型

按照对组织运行所发挥的功能不同,信息系统可以分为作业信息系统和管理信息系统。作业信息系统用于支持企业日常作业中的信息处理需求。管理信息系统由运营信息系统、决策支持系统和经理信息系统组成。

交易处理系统用于记录和处理企业经营中所产生的数据。交易处理系统从交易中获取数据，然后将其储存到数据库中。员工可以使用数据库中的信息，生成报表或其他信息报告。数据库中主要有产品销售的数量及价格，从供应商处购买原材料的数量及价格，存货变化等关于交易大小、类型和相关财务结果的数据。

1）事务处理系统

事务处理系统（Transaction Processing Systems）是为处理大量例行的、反复发生的事务而设计的系统。20世纪60年代早期，大型计算机开始用于商业目的，主要支持非管理人员或低层管理人员的日常经营决策。

事务处理系统可以记录和处理企业经营中所产生的数据。员工使用数据库中的信息，生成报表或其他信息报告，如顾客统计表和员工工资报表，该系统从多个方面有力地辅助了企业决策者的工作。银行管理者使用事务处理系统把储蓄和贷款业务分别计入和划出银行账户；超市的管理者使用事务处理系统记录销售项目，随时掌握库存水平。更普遍的是，许多大型组织的管理者使用事务处理系统来完成工资单编制和工资支付、客户账单的处理和接收供应商付款等任务。

2）运营信息系统

运营信息系统（Operation Information System）是20世纪60年代紧随事务处理系统之后出现的管理信息系统，用来收集和组织全面的数据并以对管理者有价值的形式组织数据。事务处理系统是用来处理常规事务的，而运营信息系统则向管理者提供主要用于非常规协调、控制和决策的信息。运营信息系统一般要使用事务处理系统收集的数据，把这些数据处理成有用的信息，并且把这些信息用管理者能够理解的形式组织起来。

管理者经常通过运营信息系统获得销售、库存、会计及其他与绩效相关的信息。管理信息系统通常支持的是中上层管理人员的战略决策。然而，随着技术的广泛应用，越来越多的员工联入了网络，企业也开始把决策权下放到组织低层管理人员手中。因此，这种类型的信息系统目前已广泛应用到组织的各个层面。

3）决策支持系统

决策支持系统（Decision Support System）是由计算机支持的交互式系统，它能够提供模型，帮助管理者更好地进行非程序化决策。非程序化决策是指那些相对较少发生或异常情况下的决策，例如新的生产能力投资决策，新产品开发决策，开展新促销活动的决策，进入一个新市场或者进行国际扩张决策。运营信息系统能够为管理者处理重要的信息，而决策支持系统能够赋予管理者构建模型的能力，这样就加强了他们用多种方式处理数据的能力。例如，管理者可以使用决策支持系统来帮助他们决定是否该降低某种产品的价格。

决策支持系统甚至包括了顾客和竞争对手对削价如何反应的模型。管理者可以运行这些模型,并利用结果帮助他们做决策。决策支持系统并不意味着为管理者制订出其所要的决策——更确切地说,它的功能是向管理者提供有价值的信息,使他们能够提高决策的质量。

大多数决策支持系统都能帮助中层管理者进行决策。例如,某银行的信贷管理者可能会利用决策支持系统来评估贷给某一特殊客户资金的信用风险。高层管理者则很少使用决策支持系统——造成这种情况的一个原因,可能是大多数电子管理信息系统还不够复杂,不能有效地应付高层管理者面对的那些模糊的问题。

4) 经理信息系统

经理信息系统(Executive Information System)是目前最高级的管理信息系统,被设计用来满足高层管理者的需求。这种系统通常含有一些专门的软件,能够方便地访问大量复杂的数据,并及时地分析和提交报告。经理信息系统包括执行决策系统和专家系统。

执行支持系统一般采用简单的下拉式菜单来引导管理者进行决策分析,而且,它们可能还包括很好的图形和其他可视化特点,以吸引高层管理者使用它们。执行支持系统还被越来越多地用于辅助高层管理者进行团队决策。

专家系统是使用存储在计算机里面的知识来解决一般需要专家才能解决的问题的一种系统。专家系统实际上是人工智能一种形式,要求计算机至少应能够认识、形成和解决问题,解释解决办法,从经验中学习。尽管人工智能还处于早期发展阶段,但是越来越多的商业应用开始以专家系统的面目出现。

8.2.2 管理信息系统

8.2.2.1 管理信息系统的建设

管理信息系统的建设包括两个阶段:设计及实施。设计阶段又包括信息需求分析、信息处理设计、预安装、用户培训等环节。

一个设计完善的管理信息系统如果要满足管理者的不同要求就应该充分考虑到需求的多样性。在组织中,管理职能所需的信息也是不同的。比如一个市场部经理所需的信息与财务部经理所需要的信息肯定是不同的。因此管理信息系统应该能适应不同职能的管理者的需要。比如,最上层的管理者需要关于环境方面的数据,而最基层的管理者则只需要关于操作问题的报告。对每一位管理者的需求和职能范围进行识别后,对于那些在很大程度上需求相互重叠的信息还应该予以确定。

接下来就是信息处理设计。在这一阶段,内部的技术专家和外部的顾问可以在一起共同开发一个收集、存贮、传送和查询信息的实际系统。一个简明的系统流程图将被勾画出来,它包括数据的来源和类型、用户的位置、存贮的方式等。同时对于软硬件的需要也可以确定。在系统实施之前,必须进行仔细检查以保证系统所做的工作正是按照管理层的需要来做的。也就是说,对管理信息系统的最后检查就是看它是否有能力满足每一位高层管理者对信息的需求。一个设计成能满足大部分管理者的需求或管理者的大部分需求的系统,对于组织整体来讲,它不可能提供最优数量或质量的信息。

当管理信息系统的设计问题解决以后,系统就需要实施安装了。以下是实施阶段应该特别注意的:在信息系统安装之前找出缺陷,比系统安装之后和人们已经开始依赖它进行工作时要容易得多和便宜得多。如果不能进行完全的预调试,那么管理当局可以考虑新系统与老系统并行使用。两个系统并行使用一段时间后,新系统中的毛病和漏洞可以暴露出来并给予修正,这样对组织的正常运转不会造成什么影响。

不论一个系统设计得多么完善,如果用户不知道它的全部功能或不会利用这些功能,那么它也不可能充分发挥其作用。因此,任何新系统的实施都应该包括用户培训的时间和经费。即使是最聪明和最有能力的管理者,要想充分利用新系统,也需要经过一定的培训。

8.2.2.2 管理信息系统对管理的改变

随着竞争的加剧,企业对信息系统的要求和依赖关系越来越高,信息系统从原来的非主导地位逐渐变为主导地位。同时,这种要求和依赖对信息系统发展起着促进作用。信息系统的应用对组织结构的影响主要体现在以下几方面:

1) 组织结构和管理者的改变

传统企业组织结构采用"金字塔"式的纵向的、多层次的集中管理,位于组织高层的领导靠下达命令指挥工作。他们主要从中层领导那里得到关于企业运作情况的信息,却难以得到迅速及时的基层信息,导致应变能力差,管理效率低且成本高。

企业的组织结构与信息系统存在着相互依赖和相互促进的关系。复杂的信息系统正改变着组织的结构。当信息系统建立后,高层领导可以方便地得到详尽的基层信息,对中层及基层管理人员的需要减少,这样就降低了组织内部信息交流的成本,决策层与执行层之间的距离缩小,从而使企业组织结构由原来的"金字塔"型向组织结构"扁平化"发展。例如,传统的部门界限不再严格地按照部门、小组、地理位置和组织层次来划分。管理信息系统给组织结构带来的最明显的变化是组织更扁平化和有机化。为此,企业必须改变传统的以车间、部门为基础的组织形式,而采用课题组、项目组为基础的组织形式。

由于计算机的控制可以部分地替代人的监督,使得管理者可以管理更多的下属——控制的范围更广,同时组织的管理层次更少。由于管理信息系统的原因,对辅助人员的需求也更少。管理信息系统使管理者能够直接查询使用信息,这样就使得过去整理资料、编制表格和分析数据之类的人员成为多余。管理信息系统可以使管理者在不减少控制的情况下,使组织的建制更全面或更加像一个有机的整体。

为了适应市场需求瞬息万变、竞争日益激烈的环境,管理者利用网络传递电子邮件、开电视电话会议,并更密切地关注组织的活动。可以说,计算机已经成为许多人工作和生活中重要的工具,人们通过计算机网络沟通、收集信息以及玩游戏。如果管理者不能够充分利用管理信息系统的优势,将难以有效地工作。

2) 权力结构和决策方式的改变

在后工业社会,信息就是权力。因此,接触机密和重要信息方式的任何改变,都会引起组织内权力关系的改变。

管理信息系统改变了组织的管理层次结构。计算机及网络普及前,高级管理层依靠中级管理人员定期向他们提供信息。由于信息经过了过滤和"强化",管理者只可能知道下属想让他们知道的东西。而管理信息系统将完整的信息传送到高层管理者手边,他们可以直接读取数据。中层管理人员由于影响力的下降,在组织中的地位也下降了,他们不再是基层工作与高层领导之间的关键纽带。与此类似,普通办公人员的优越性也大大降低了,因为管理者不再依赖他们获得评价和忠告。

由于管理者依靠信息作出决策,由于复杂的管理信息系统能够极大地改变信息的数量与质量,以及提高信息传递的速度,因此我们不难得出这样的结论:一个有效的管理信息系统能够提高管理者决策的能力。

在备选方案的设计和评价以及最终方案的确定过程中,决策对管理信息系统的需要是很明显的。在线实时系统使管理者几乎可以在问题发生的同时就找到它,严重的脱节现象和缺乏识别问题能力的现象再也不会发生了。数据库管理程序可以使管理者很快弄清事实或查明真相,而且用不着去找其他人或查阅大量纸张文件。这样使得管理者不再依靠他人来提供数据,大大提高了分析问题的效率。

3) 虚拟办公室

组织中信息的传统交流方式集中在向上交流和向下交流方面,即:主要的正式信息交流是垂直进行的。管理信息系统允许更多的正式信息以横向或越级的方式进行交流。雇员利用组织内部网络可以更有效地完成他们的工作,因为他们可以跨越组织层次的限制,可以避免来自"正常交流渠道"的障碍,直接地获得数据。而不是像过去那样通过层次结构依次上下传递信息。还可以减少对信息的篡改和过滤现象。打破纵向交流模式,可以使管理者正当地获得过去在组织中只有通过非正式渠道才能获得的信息。

管理信息系统极大地增强了我们收集、综合、整理、监督和传播信息的能力，继而引起了组织交流方式的巨大变革。随着互联网络的发展，管理人员可在家里、旅途中处理公务；没有固定办公室，这种办公室称为虚拟办公室。有些公司干脆成为虚拟组织，随着市场机遇的来临或消失而随时组成或解体，该组织具有临时性和不确定性的特点。

8.2.3 知识管理

8.2.3.1 知识与知识管理

知识是经验、价值观、专业洞察力的流动混合物，它提供了一个评价和融合新经验和新信息的框架。知识是由信息转化而来的，一般需要经过比较分析、因果分析、关联分析和沟通等过程。知识是组织中的无形资产，包括组织内部核心人物的技术、经验、专利等。

随着信息化的进程，自动化取代了流水线工作的地位，文件的传递相当部分通过网络的形式，结果是知识工作逐渐取代了手工劳动。即使在劳动力富余的国家，人们也会使用计算机来提高工人的劳动效率。许多公司已经或开始考虑设立首席知识官。组织中的知识是不断积累的，每个人在特定工作职能下在脑海中积累着工作知识，而且会随着时间开发出与特定岗位相关的独特经验。为了转变这些个人的知识和技术，不管是全球性组织还是非全球性组织，都必须找到为新产品和过程开发来合理管理（例如创造和转移）知识的途径，这种过程不可能总是提前预知。

两种明显不同的知识类型——隐性知识和显性知识——对于理解跨文化的知识转移很重要。隐性知识是指高度个人化、很难交流而且高度特定化的知识。操作和转移这种知识很难，因为它是组织所在的历史和文化大背景的一部分。隐性知识是一个持续获知的过程，它包括通过在一种环境中"生活过"或者重复实施特定工作很多次之后得到的特定的信息和知识，比如说走路。当我们教一个小孩如何走路的时候，就是在转移隐性知识，尽管我们自己知道如何走路，但是如果不通过向孩子传授如何走路并让这个孩子试着模仿，知识就不能转移。另一方面，显性知识是指能书面记录下来并得以传播的知识，它是具体的或者数字化的，是储存在像图书馆和数据库之类的知识库中的知识。一般来讲，显性知识能很快获得，很少会有误解产生：印在书本上的关于一个大楼的设计图能够使得显性知识从作者转移到读者。

越来越多的人开始认识到了隐性知识是组织知识的重要组成部分。有时候管理者不得不运用自己的经验来学会如何把内含形式的知识转化为更加外显明了的知识。例如，专业的技术和知识诀窍作为隐性知识的重要组成部分，通常是如此根深蒂固，因而被认为是理所当然应该存在的。

转移隐性知识比转移显性知识的过程要困难很多。没有人能够预先知道在增强全球组织可能供应给市场的产品或服务的质量方面,隐性知识与显性知识的作用孰大孰小,这完全取决于要改进的任务或技术的本质。

新知识的创造总是从个人开始的。一位很聪明的研发人员的洞察力能够开发出一种成功产品的重要专利。即使没有很多数据做后盾,经验丰富的营销经理对市场趋势的洞察,也能成为一个产品概念的灵感。索尼的前总裁盛田昭夫于 20 世纪 80 年代提出了 Walkman 随身听的想法,而当时他的大多数高级经理都认为对于西方市场这不是一个好的产品主意,然而,盛田昭夫知道,大多数西方消费者会趋向于个性化,就可能喜欢专门为个人设计的立体声系统,事实也证明了这一点。

负责知识管理的高级管理人员必须从 3 个方面构造有效的知识管理体系:管理者首先应该强调从战略的高度进行知识创造以及对创新的有形管理给予支持;其次,应该强调研究和开发系统、管理信息系统的复杂性和管理员工的能力;最后,公司从历史上重视知识创造、创始人和高层经理在知识管理方面的价值观和实践的质量。

8.2.3.2 学习型组织

在知识经济时代,工作的性质是以知识和学习为标志的,学习型组织充分体现了知识经济时代对组织管理模式变化的要求。传统方式的组织与学习型的组织有非常明显的不同之处。传统的基于命令/执行的工作方式是在投入阶段,利用各种资源,以下达命令为具体活动内容;在中间阶段,工作形式是生产经营过程,以执行命令为具体活动方式;在产出阶段,工作形式主要转向商品和服务,活动形式是完成命令。

如果一个组织能够并擅长创造、获取、转移和融合知识,并同时能够修改参与人员的行为和期望以适应新知识,这就是学习型组织。学习型组织不仅仅是一个渴望学习的组织,它反映出一种珍惜学习愿望的组织文化。在成熟的学习型组织中,学习和工作是融为一体的,员工要成为学习型组织的一员,而管理者则要千方百计地提高组织的学习能力。这一方面要求有高素质、自我超越的员工,另一方面在于管理者的认识。一个学习型组织必须在以下方面有效:收集和创造相关知识;为未来使用储备知识;在整个组织内扩散知识;使员工不再学习无效知识;评价累积知识的重要性和及时性;实施和鼓励知识基础上的合理变革。

团队是学习型组织的基本工作单位和学习单位。团队学习在学习型组织中的作用体现在:是学习型组织的基本构建单位,是学习型组织的基本学习方式,是构建学习型组织的基本过程。团体学习可以提炼出高于个人的团体智力;可以促使组织具有创造性的同时又产生协调一致的行动;成果随着成员扩散到其他的团体中去,进而在组织中形成学习的气氛。从另一个角度看,学习型组织是团队思想的

一种引申,或者说它是以团队运行为基石的。团队学习的方式如下:

(1) 信息交换会议。是团队通常采用的学习方式。

(2) 特别会议制度。是对信息交换会议的有效改造。

(3) 深度会谈和讨论。是团队学习的两项基本技术。

分析微软的经验,对团队的学习有更加感性的认识。从微软的"事后共同分析"、"过程审计"、"休假会"中,可以看出这些团队学习设计都符合悬念假设、参加者互相视为工作伙伴、有一个好的"过程顾问"。此外,博览会议、自带食品午餐会等提供了员工之间面对面的交流方式。

案例 8-1　彼得·圣吉对学习型组织的研究

麻省理工学院教授彼得·圣吉从另一个角度论述学习型组织,他认为学习型组织不在于描述组织如何获得和利用知识,而是告诉人们如何才能塑造一个学习型组织。他说:"学习型组织的战略目标是提高学习的速度、能力和才能,通过建立愿景并能够发现、尝试和改进组织的思维模式,并因此改变他们的行为,这才是最成功的学习型组织。"圣吉提出了建立学习型组织的"五项修炼"模型:

(1) 自我超越(Personal Mastery)。能够不断厘清个人的真实愿望,集中精力,培养耐心,实现自我超越。

(2) 改善心智模式(Improving Mental Models)。心智模式是看待旧事物形成的思维定势。在知识经济时代,这会影响对待新事物的观点。

(3) 建立共同愿景(Building Shared Vision)。就是组织中人们所共同持有的意向或愿望,简单地说,就是我们想要创造什么。

(4) 团队学习(Team Learning)。发展成员整体搭配与实现共同目标能力的过程。

(5) 系统思考(Systems Thinking)。要求人们用系统的观点对待组织的发展。

以上述的修炼技术为基础,学习型组织具有 5 个特征:有一个人人赞同的共同构想;在工作和解决问题中,抛弃旧的思维方式和常规程序;作为相互关系系统的一部分,成员对所有的组织过程、活动、功能和环境的相互作用进行思考;人们之间坦率地相互沟通;人们抛弃个人利益和部门利益,为实现组织的共同构想一起工作。所谓学习型组织,就是充分发挥每个员工的创造性能力,努力形成一种弥漫于群体与组织的学习气氛,凭借着学习,个体价值得到体现,组织绩效得以大幅度提高。

8.3 过程控制

8.3.1 生产作业控制

8.3.1.1 生产作业控制的内容

生产作业控制是对将投入转化为最终产品和服务的生产系统各方面进行的管理。运营管理者是负责管理组织的生产系统的人，他们执行将投入转化为产出的所有任务，他们的职责是管理生产过程的 3 个阶段，即获得投入，控制转化过程并处置产品和服务。另外，还要决定如何改进操作以提高质量、效率和顾客响应度，为组织赢得竞争优势。

质量指产品和服务是可信赖的、可靠的和令人满意的。效率指生产给定产出所需要投入的数量。生产作业系统及控制要确保组织能够得到充足的高质量、低成本供应品，还要负责设计一个能创造令顾客满意的优质、低价产品的生产系统。顾客希望物有所值，而拥有高效生产系统的组织最有可能满足这种要求，这种组织能够生产出高质量、低成本的产品。满足顾客的需求对一个组织的生存至关重要，然而精确地定义顾客的需求是不可能的，但识别大多数行业中大多数顾客对产品要求的普遍特征还是可能的。总体来说，在其他条件相同的情况下，大多数顾客会选择：

（1）低价而非高价产品。

（2）高质量而非低质量产品。

（3）快速而非慢速的服务（他们通常选择较好而非较差的售后服务和支持）。

（4）有多种特点而非只有很少特点的产品。

（5）尽可能根据其特殊需求定制的产品。

案例 8-2　奔驰汽车的质量问题

在 2003 年 J. D. Power 的汽车可靠性报告中，奔驰品牌的排名远远低于平均水平。J. D. Power 是在55 000名汽车消费者中展开这项调查的。发现每 100 辆奔驰车在过去的 3～5 年中，平均出现了 318 个问题。位于排行榜首位的是丰田公司的凌志，百辆车平均只出现 163 个问题，只有奔驰的一半。梅塞德斯在 37 个汽车品牌中排在第 27 位，该公司的品牌汽车的问题大都与电子器件的故障和机械部件的缺陷有关。梅塞德斯有 16 种不同款式的汽车，都是由不同的发动机、传动装置、内部结构和选项制作而成的。在增长模型中排列的主要问题使工程师们应接不暇。

戴姆勒-克莱斯勒公司正在致力于解决产品质量问题。奔驰高层杰根·哈伯特在接受采访时表示:"我们现在正在竭尽全力回到世界质量水平第一的位置。"哈伯特说,奔驰公司决心在 2006 年恢复"质量最佳"的名誉。但是他没有指出这个"质量最佳"应该由谁来评定。J. D. Power 无疑是汽车界一个比较权威的调查机构。

尽管出现了一些问题,哈伯特坚持认为,奔驰是"世界汽车界最具价值的品牌"。奔驰发言人说,他现在还不能透露奔驰提高质量的具体措施,但是奔驰一定要成为质量领域的领军者。

与质量问题同样严峻的还有成本问题——奔驰产品价值链上每一个环节的成本都明显高于行业平均水平。奔驰的最大竞争对手宝马公司每年在相同雇员的情况下生产同样多的豪华轿车——大约 120 万辆,每辆车盈利 3 098 欧元,相形之下,奔驰车的利润空间就小得可怜,只能赚 1 332 欧元。

由于管理者受到其现有生产系统的限制,响应顾客的组织的管理者该怎样做呢? 他们应该开发新的或先进的生产系统,在相同的价格水平下提供更高的品质或者在相同的产品品质下降低价格。

由于满足顾客需求非常重要,管理者应该努力设计出一种能够生产具有顾客所需品质的产品的生产系统。组织生产产品的品质(包括其质量、成本和特点)是由组织的生产系统决定的。

因为一个组织满足顾客需求的能力来自其生产系统,所以管理者需要投入相当的精力不断改进生产系统。管理者希望通过右移价格-品质曲线吸引顾客,这解释了他们为何在近几年采用了许多新的运营管理技术——这些技术包括全面质量管理、柔性制造系统和准时制库存管理。

案例 8-3　美国西南航空公司的生产作业系统

作为美国最成功的航空公司之一,西南航空公司的发展十分迅速。该公司成功的原因之一,就是其管理者发明了一套能满足顾客需求——廉价、准时且便捷的航空服务的生产系统。西南航空公司能够获得较高的顾客忠诚度,正是因为其生产系统(如从休斯敦到达拉斯的航班)提供的产品具有顾客所需的品质:可靠、便捷和廉价。

西南航空公司低成本的生产系统不仅关注对飞机的维护,而且关注公司的订票系统、航线结构、航班频率、托运系统及机舱服务。生产系统的每一个要素都是为了满足顾客对廉价、可靠、便捷的航空旅行的需求。例如,西南航空公司在机舱服务中取消了那些不必要的服务:飞机上不提供饭食,也没有头等舱座位。西南航空公司不赞成使用旅行社的那种大型订票计算机,因为那样订票费用太高;而且,公司只用一种型号的飞机——省油的波音737,这大大降低了培训和维护的成本。公司这样做的目的是让顾客享受到低价的好处。

西南航空公司拥有行业内最快的飞机换乘时间,这使公司获得了很高的可靠性。公司地勤人员可以在15分钟内把到达的飞机换乘,做好起飞准备。这种快速的操作使航班能够准时。西南航空公司之所以能实现快速的飞机换乘,是因为其拥有一支灵活的员工队伍。这支队伍受过跨岗位的工作培训,能够执行多种任务。因此,检票的员工也可以在时间紧迫的情况下帮忙装行李。

西南航空公司每天在它最热门的航线上安排多次航班(例如从达拉斯到休斯敦),它还使用靠近市中心的机场(例如休斯敦的 Hobby 机场和达拉斯的 Love-Field 机场),而不是使用距离市中心很远的大机场——这些都使公司能提供非常便捷的服务。

虽然管理者必须改进组织的生产系统以提高组织对顾客需求的响应度,但是他们也不能为提高顾客响应度而不顾生产系统赢利与否。如果公司根据每个顾客独特的需求定制每件产品,其成本会变得很高,以至于单位成本超过了单位销售收入。这当然也发生在 Webvan 和其他在线百货公司的身上。这种情况在 20 世纪 90 年代也曾经发生在丰田公司。

效率也是生产作业控制的重要目标。在既定产出下,需要的投入越少,生产系统的效率越高。管理者可以用两种方法来检验组织的效率:一种方法被称为"全要素生产率",用来检验对其全部资源(如劳动力、资本、原料和能源等)的使用效率。使用全要素生产率存在的问题是,每种投入都有不同的衡量单位:劳动力对生产一种产出的贡献是用工作时间来衡量的;原材料的贡献是用所消耗的数量来衡量的(如炼一吨钢需要的铁的吨数);能源的贡献是用消耗能源的单位来衡量的(如千瓦时)等。要计算全要素生产率,管理者必须把所有的投入转换为统一的单位(比如美元),然后才能运用这一计算方法。

虽然有时候全要素生产率是一种有用的总体效率检验方式,但是它掩盖了单独的投入(如劳动)对给定产出的确切贡献。因此,大多数组织主要使用名为"部分生产率"的检验方式来衡量特定投入的效率。

比较不同组织间的效率差异,最常用的就是劳动力生产率。例如,1994 年的一项研究发现,同样是生产汽车零部件(比如汽车车座或排气系统),日本汽车零部件行业的公司平均需要的劳动时间是英国公司的一半。因此,这项研究认为,日本公司在使用劳动力方面比英国公司更有效率。

在大多数组织里,对效率的管理是极其重要的问题,因为效率的提高降低了生产成本,从而使组织能够通过降低价格来获得更多的利润或者吸引更多的顾客。例如,在 1990 年美国市场上销售的个人计算机的平均价格是 3 000 美元;到 1995 年,价格大约是 1 800 美元;到 2001 年价格是 750 美元。虽然价格下跌,但是在这一期间内个人计算机的平均性能却提高了(微处理器功能更强大,内存增加,增加了内置调制解调器等设备)。

8.3.1.2　生产作业控制的方法

1) 柔性制造

柔性制造(Flexible Manufacturing)是旨在降低生产系统设置成本的一套运营管理技术。设备布局、自动化设备和人的组合方式影响制造的柔性和效率。"柔性"是相对于"刚性"而言的,传统的刚性制造主要是通过自动化生产线实现单一品种的大批量生产。其优点是生产率高,单件产品的成本低。随着批量生产时代正逐渐被适应市场动态变化的生产所替换,一个制造自动化系统的生存能力和竞争能力在很大程度上取决于它是否能在很短的开发周期内生产出较低成本、较高质量的不同品种产品的能力——柔性已占有相当重要的位置。柔性主要包括:

(1) 机器柔性。当要求生产一系列不同类型的产品时,机器随产品变化而加工不同零件的难易程度。

(2) 工艺柔性。一是工艺流程不变时自身适应产品或原材料变化的能力,二是制造系统内为适应产品或原材料变化而改变相应工艺的难易程度。

(3) 产品柔性。一是产品更新或完全转向后,系统能够非常经济和迅速地生产出新产品的能力;二是产品更新后,对老产品有用特性的继承能力和兼容能力。

(4) 维护柔性。采用多种方式查询、处理故障,保障生产正常进行的能力。

(5) 生产能力柔性。当生产量改变,系统也能经济地运行的能力。对于根据订货而组织生产的制造系统,这一点尤为重要。

(6) 扩展柔性。当生产需要的时候,可以很容易地扩展系统结构,增加模块,构成一个更大系统的能力。

(7) 运行柔性。利用不同的机器、材料、工艺流程来生产一系列产品的能力,和生产同样的产品换用不同工序加工的能力。

管理者在柔性制造中主要设计设备布局、产品布局和过程布局中的柔性程度。将机器和工人组合起来或者分组成车间的方式,同时配备生产某种商品所需设备的相关成本,是决定效率的重要方面。设备布局是一种运营管理技术,其目的是通过设计人与机器的相互作用方式来提高生产系统的效率。

在产品布局里,按照生产产品的工序来安排机器的组织方式。一般情况下,这种安排方式下工人位置是固定的,由传送带把正在制造的产品传送到下一个车间。人们所熟悉的大批量生产就是这种布局,汽车组装线是这种布局最为人所知的例子。过去,只有在生产大量产品的情况下产品布局才有效率;而现在,由于引入了电脑控制的模块化组装线,利用这种布局生产小批量产品也有效率。

在过程布局里,车间不是按照固定的顺序设置的,相反,每个车间都相互独立,产品在需要进行下一步处理时被送入相应的车间,直至完成生产。过程布局通常适合生产定制化产品,每种产品都根据客户的不同需求而制造。

2) 准时制管理

JIT(Just In Time)生产方式作为一种生产管理技术,是多种手段和方法的集合,这些手段和方法从各个方面保证企业得以实现在制品库存减少、新产品开发周期缩短、人力资源节省、产品质量提高等基本目标。JIT 管理的核心思想是发现和消除系统中的浪费及其根源,通过清除浪费,使系统的效率和效益达到最大化。

JIT 生产方式的基本方法可以概括为以下 3 个基本方面:

(1) 适时适量制造。它依据拉动的原理,生产系统的上一道作业按照下一道作业所需要的材料、时间及数量即时供应,以保证生产系统连续顺畅地运行。生产的同步化和生产均衡化是实现适时适量生产的前提。

(2) 弹性配置人员。根据计划生产量的变动,弹性地增减各生产线的作业人数以及尽量用较少的人力完成较多的生产,最终实现成本的降低。因此要求有训练有素的"多面手",同时要有适当的设备配置,便于一人看管多台设备或作业。

(3) 质量保证。不良品的存在不仅增加成本,也会严重影响生产的连续均衡。JIT 要求给予作业现场员工处理问题的责任,做到不将不良品移送给下道作业,确保产品质量,做到零缺陷。JIT 作为一种管理工具,长期的实践已证明其在企业管理中的积极作用,随着我国企业运行机制的日渐完善,越来越多的企业重视并引进了这一管理方式。

8.3.2 全面质量管理

8.3.2.1 全面质量管理的内容

20 世纪 80 年代,随着国际竞争的加剧和顾客期望的提升,美国企业把质量改进作为增强竞争力的重要途径。许多企业采用全面质量管理(TQM)的方法,把质量观念渗透到企业的每一项活动中,以实现持续的改进。TQM 之所以具有吸引力,是因为一些日本公司借此成功地扩大了市场份额,在国际上赢得了高质量的声誉。这套日式系统是在一些美国学者和咨询人员的研究成果基础上建立起来的,如 Deming、Juran 和 FeigeElbaum,当这些人的观念在海外试验成功以后,吸引了一大批美国企业家的注意。

TQM 方法十分强调团队工作,以此来增加顾客满意度、降低经营成本。在实施 TQM 过程中,企业鼓励经理人员和员工进行跨职能、跨部门的合作,同时也鼓励与用户和供应商之间的合作,以寻找各种各样的改进机会。通过专门的培训和授权,员工团队参与决策制订,帮助企业取得较高的质量。企业也把质量控制责任从特定的部门转移到全体员工。这样,全面质量管理就意味着官僚控制向分权控制的转变。

全员参与质量控制要求彻底变革传统的西方观念,即用一定比例的次品来表示"可接受的质量水平"。全面质量管理鼓励全员参与质量改进,其目标是实现零次品率。每一次质量改进都是朝完美迈进了一步,质量控制也就成为了每一位员工日常工作的一部分。

全面质量管理的实施与其他分权控制方法相同。前馈控制强调训练员工的防范意识,而不是探测能力,同时授予他们责任和相应的权力去纠正错误、发现问题和寻找解决办法。并行控制强调组织文化和员工操守,重视整体质量和员工参与。其目标就是实现员工参与目标和零瑕疵(零次品率)。

全球经济迅速发展推动了全面质量管理的发展。现在许多国家都采用一套统一的质量保证体系——ISO9000。在 20 世纪 80 年代末,这套国际性质量管理标准已被 50 多个国家所采纳,其中包括中国。这些标准由国际标准化组织(International Standards Organization——由 130 个国家的标准化组织组成的联合体,总部设在瑞士日内瓦)编制,规定了制造性企业或服务性企业为确保产品的高质量所应该遵循的统一标准。这些标准并不要求详细规定特定产品的投入或产出,而是倡导企业应该有一套质量管理系统,这样企业才能够成功地达到预期的规格。ISO9000 资格的申请和认证既耗财,又耗时,但在认证过程中,通过对制造和服务过程的严格认真分析,申请者也受益匪浅。通过对流程的精炼,消除了重复作业和无效作业,使设计、培训、营销、测试、包装和文档等各个业务领域都获得了改进。

截至 20 世纪 90 年代中期,随着一些国际性大公司越来越多地要求其供应商提供 ISO9000 认证资格,全球范围内 90 000 多家企业获得了认证。因为对国际性公司而言,ISO9000 资格是世界顶级质量的象征。福特、通用和克莱斯勒结合 ISO9000 标准和汽车行业的一些专门标准,共同建立了它们自己的 QS9000 标准。1997 年以后,这 3 家公司的所有零部件供应商都必须符合 QS9000 标准。

8.3.2.2　全面质量管理的方法

实施全面质量管理,可以采用许多技术方法。大多数采用 TQM 的公司综合运用了质量管理小组、员工参与、标杆管理、资源外取、缩短周期标准和持续改进的方法。

1）质量管理小组

质量管理小组是实施 TQM 分权管理的一种方式。质量管理小组是一个由 6～12 位员工自愿组成的小组,这些员工定期会晤,讨论并解决工作中遇到的质量问题。在工作周的某一规定时间,该小组成员召开会议,发现问题,并试图找出解决办法。质量小组成员可以随意收集数据,展开调查。许多公司训练团队成员去建立团队、解决问题和控制质量。使用质量管理小组的原因在于把决策权授予从事具体工作的员工,因为这些员工比其他人更熟悉这项工作的性质。

质量小组的概念由日本公司提出,旨在鼓励员工追求高的质量标准。质量小组的成功给前来日本访问的洛克希德公司高层管理人员留下了深刻的印象,后来,该公司成为了美国第一家采用质量小组的公司。许多其他的北美公司,包括 Westinghouse 和巴尔地摩电气公司,也相继采用了质量小组管理方法。在这些公司中,几家公司的管理人员表示,质量小组方法的确改善了业绩,节约了成本。

2）员工参与

在决策过程中,TQM 依靠的是员工、供应商和客户的参与。这些群体的贡献对于持续的改进十分必要。此外,当公司减少人员和管理层次,把工作外包给供应商或外部组织时,管理人员必须很好地与客户和供应商共享信息、精诚合作。顾客对产品的复杂性和高质量的要求越来越高,企业必须不断向客户提供产品和服务信息,发展与客户之间的友好关系,把他们纳入企业的信息圈之内。

3）标杆管理

1979 年,施乐公司正式引入标杆管理,此后,标杆管理迅速成为了一种主要的 TQM 方法。根据施乐公司的定义,标杆管理是"参照最强的竞争对手或公认的行业领导者来衡量本企业产品、服务和经营的一个持续的管理过程"。标杆管理成功的关键在于分析。实施标杆管理,公司首先应从自身的使命宣言出发,实事求是地分析自己当前的状况,找出拟改进的方面。第二步,公司应仔细挑选值得模仿的竞争对手。比如,施乐公司仔细研究了 L. L. Bean 的订货满足技术,从中吸取了大量的经验,应用到本公司的库存管理中,节约了 10% 的库存费用。公司可以效仿竞争对手的内部程序和过程,但是必须仔细选择适合的公司。一旦找到一套有效、兼容的方案,实施标杆管理的公司就可以制订出新的实施战略,考虑如何将吸收的经验应用到企业的经营中。

4）资源外包

资源外包并不是 TQM 的必然组成部分,但企业通过外包可以提高质量和节约成本。通过资源外包,公司的内部职能可以承包给相关领域内能力较强的外部单位。目前,资源外包已成为全球企业界的发展趋势之一。企业通过外包自己不擅长的活动如人力资源或存货管理,可以节约工资成本,把现有员工转移到其他岗位上去。资源外包并不意味着取消控制。相反,经理人员应确保外包功能的质量达到可接受的水平。前馈控制包括仔细选择高质量的经营,挑选最佳的外包伙伴。同期控制主要是保持与合作伙伴之间良好的合作和沟通。反馈控制则是定期提供有关外包活动及相关成本的报告。

5) 缩短周期

周期指的是公司完成一个程序所经过的步骤。工作周期的简化是 TQM 方案成功的关键,具体包括消除各工作步骤、部门之间的障碍,取消工作程序中无用的步骤。即使一家企业不使用质量小组,通过提高反应速度、加快活动进程、缩短时间,同样也能够带来大幅度的改进。周期时间的缩短必然改善公司的整体业绩,提高产品和服务的质量。

6) 持续改进

在北美,从根本上废除了旧传统下一直被认为是有效的革新方法。管理人员对各种革新方案的预期回报进行评估,选取效果最好的革新方案。然而,日本公司却通过不断进行小的改进,也取得了很大的成功。日本公司的这种做法就被称为"持续改进",即在组织内部的各个领域,不断地实施大量小的、持续的改进。在一个成功的 TQM 项目中,所有的员工都深知,自己被寄予厚望在各自的工作领域中寻找改进契机。持续改进最基本的理念就是每次改进一点,不断地寻求改进,这样,成功的可能性最大。革新可以从最简单的开始,员工也可以在这种永无止境的过程中实现自身的成功。

要想实现无以计数的改进,必须采用长期的方式,把质量观念渗透到组织的每一个细微之处。通过所有员工的努力,改进方案累计不断,把持续改进观念渗透到了组织员工的日常工作之中。

案例 8-4 六西格玛管理方法

成功的现代化经营管理,对于各项产品都严格要求符合标准,将缺陷和错误降至最低,最好是零缺陷。当标准差到达六西格玛时,要求的缺陷率为百万分之三点四(3.4/1 000 000),几乎接近完美。六西格玛的观念和作法,被企业延伸成为提高产品品质和增加利润的核心。

因此,企业产品的品质要管理,应力求达到六西格玛的缺陷率。服务是产品的一部分,对服务的品质管理,及在服务上的错误率、不良率或客户投诉率,也该如此。事实上,产品和服务的品质好坏,是企业所有员工操作各种设备、材料、技术和事务的结果。员工是因,品质是果。要达成六西格玛,不能只针对产品或服务本身,而必须将品质管理向前延伸到员工做事的品管和做人的品管。

企业的基本使命是创造利润,企业要创造利润,最好先制订利润标准。然后在实务操作上,一手抓收入,一手抓成本。在收入方面,要以提高产品等级和品质等方法来提高产品单价,并须努力开拓市场,增加销量;在成本方面,要努力降低材料库存和用量,提高生产效率,降低不良率,减少用人费用和物品费用。最后,务必使实际的利润超过所订的目标和标准,而非以刚好达到的零缺陷为满足,也就是要超越六西格玛的水平。

企业要做好六西格玛的工作,需要进行全方位管理。第一,加强企业内各部门间的配合。每个部门都须主动、认真、彻底地做好自身职责内的工作,并且按照计划或制度的规定与安排,主动积极地配合其他部门,完成目标达成标准。第二,在每一个部门内各层级的配合上,负责执行的人员要彻底做好计划、执行和自我检核的工作。作为上级的直接主管和间接主管,要在事前、事中和事后,对执行者做好训练、指导和监督的工作。

要注意的是,运用全方位的组织管理,以产品的品质管制而言,首先须从设计开始,在产品结构、用料和制造流程等的设计上,要严密细实,并须反复试验测试;其后是制造管理,机器设备须精密无误,生产方法须精确切实,生产人员须作自我管理,厂商所供应的材料品质须严格要求;最后才是检验部门的材料、在产品和成品检验。每一部门每一环节的各层级人员,都要对品质认真负责地严密控管。

当然,在运作全方位组织管理时,需要全员对原因、目标、作法和成果都有共同的了解和认识,其中以推动全员质量管理、全面质量的观念最为重要,让每个人都能认同自我控制品质的重要性,并切实负责做到;其次要订定目标、策略、计划、制度和方法;最后才是执行和检验在执行过程中,有问题和困难要立刻解决,还要每日、每周或每月定时作总结。这些,都要前后连贯、全面推动,而非随兴而行。

六西格玛已逐渐由质量管理延伸到企业管理的各个层面,运用也愈来愈广泛而深入,将在未来对企业管理水平的提升产生更大的影响力和贡献。

TQM虽然很有效,但它并不是万能的。一些公司运用TQM的效果也并不理想。许多偶然因素都可能影响到TQM的成败。例如,当员工面临挑战性的工作时,质量小组最适合;通过参与质量小组,能够充分发挥员工的聪明才智,解决大家普遍感兴趣的问题,从而提高生产效率。如果TQM方案能够丰富工作的内涵,增强员工的动力,同样可能取得极大的成功。此外,如果参与质量项目能够提高员工解决问题的能力,则生产效率也能够得到提高。最后,如果一个企业的文化十分注重质量和持续改进,视之为日常生活的基本准则,则质量改进项目成功的机会很大。

8.3.3 财务运作控制

8.3.3.1 财务运作控制

在每一个组织中,经理人员必须关注组织的财务业绩状况。财务控制不仅可以反映组织的财务业绩是否合理,而且还可以有效地反映业绩中存在的一些问题。例如,销售额下降可能预示着产品、客户服务或销售人员效率等方面存在问题。同样,如果维修费用持续超过预算额,企业就可能会调查设备是否老化或员工操作是否得当。

财务分析管理人员必须分析财务报告,并与企业历史数据或行业水平进行比较。通过比较,可以看出企业经营状况是否得到改善,或在行业内是否具有竞争力。最基本的财务分析一般集中在财务比率和统计上,据此来揭示业绩指标之间的关系,如利润与资产之间,销售额与收入之间等。财务比率一般用分数或百分比表示。这些比率用于衡量企业的资产流动性、周转状况、盈利性和财务杠杆。这些都是最常见的比率,应用十分广泛。企业管理人员选择合适的比率来反映企业的一些重要关系。

(1)流动性比率。流动比率体现了企业偿还其流动债务的能力。比如,流动比率反映了企业是否有足够可变现资产用于偿还债务。

(2)经营比率。经营比率衡量内部业绩与一些关键活动之间的关系。如,存货周转率是用销售额除以平均存货额而得。如果存货时间过长,就会浪费资金。戴尔公司根据订单生产计算机,只需保留12天的零部件存货。用戴尔公司极小的存货去除超过100亿美元的年销售额,就得到了非常高的存货周转。戴尔公司的管理层把存货水平看作是公司的一项重要业绩指标,该项指标在计算机行业中意义十分重要。在历史上,计算机零部件的价格降多升少,持有大批存货无疑增加了零部件的采购成本。

(3)收益性比率。通过研究收益性比率,经理人员可以分析公司的盈利状况。收益性比率反映利润与利润源如销售额或资产等之间的关系。销售利润率是一个重要的盈利性比率指标,计算方式为净收入除以总销售额。同样,毛利润率是用毛利润(税前)除以总销售额。另一个盈利性指标是总资产回报率(ROA),其计算方式是用净收入除以总资产,用百分比表示,反映了公司通过经营自己的资产,赚取了多少利润。在比较公司的盈利能力和其他投资机会时,总资产回报率是一项十分有用的指标。一般说来,公司通过资产运营所赚取的利润比存入银行所获得的利息要多。Caterpillar公司是一家生产建筑、开采设备的企业,该公司使用资产回报率作为业绩的主要衡量指标。该公司为每一个业务领域均设置了一个资产回报率标准,然后根据实际值与标准值之间的差值来分析公司经营是否有效和资产是否得到充分运用。自从 Caterpillar 公司使用资产回报率作为标准后,其回报率达到了两位数。

(4)杠杆比率。杠杆指的是用借来的资金进行投资活动。公司可以使用杠杆,使资产发挥更大的效用,产生更多的效益。然而,负债过多会增大公司的经营风险,削弱公司的偿债能力。因而,经理人员必须时时关注公司的负债比率,即负债总额与净资产总额的比率,确保负债不会超过公司可接受的水平。通常认为债务人负债比率超过 1.0 时,信用风险较大。

表 8.1 常用财务指标

财务指标	计算公式
流动比率	流动比率= 流动资产/流动负债
速动比率	速动比率=速动资产/流动负债
已获利息倍数	已获利息倍数=EBIT/利息费用(EBIT=利润总额+财务费用)
存货周转率	存货周转率=销货成本/平均存货
总资产周转率	总资产周转率=销售收入/平均资产总额
毛利率	毛利率=毛利/销售收入×100%
净利率	净利率=税后净利润/销售收入×100%
资产收益率	资产收益率=税后净收益/资产总额×100%
股东权益收益率	股东权益收益率=税后净收益/股东权益×100%

8.3.3.2 预算控制

当人们听到预算这个词的时候,会觉得它是用来严格限制钱的支出的。本质上,预算是一种量化的计划,它的目的是分配资源。预算一般包括现金的流入和流出。预算数字一般代表金钱,但是它们也可以表示其他财物,比如能源的多少或打印墨盒的使用量。

事实上每位管理者都承担着一些预算职责,因为预算为分配资源提供了一个计划。如果没有预算,我们不可能明确已经使用了多少钱,以及还有多少钱可以使用。下面我们看一下各种类型的预算以及如何使用预算进行控制。然后我们将描述与预算和控制紧密相关的 4 个主题:现金流和削减成本管理;平衡计分卡;基于活动成本的计算;智力资本的衡量尺度。

1)预算的类型

预算可按许多方式来分类。比如,预算分为固定预算和可变预算。固定预算是一次性的资源分配。可变预算要考虑由于活动而产生的可用资源的变化。组织必须留有固定数额的资金,可以维持整个预算期间。

有 7 种普遍采用的预算方法。很多其他类型的预算都是这些基本类型的变形。

(1) 总预算。总预算合并了不同部门的预算。它的目的在于对整个公司的财务报表进行预测。每一个单独预算则是对自己部门的费用和收入做出预测。

(2) 现金预算。现金预算是对现金的收入和支出的一种预测,它用来与真实的开支进行比较。由于现金预算反映了公司的现金偿付能力,因此现金预算在控制衡量中扮演着重要的角色。一个公司即使有着很强的运营能力,但是如果它的费用太高、入不敷出的话,仍然可能破产。

现金预算也明确了能够用于投资的可用资金。短期来说,现金盈余通常投资于股票、债券和货币市场基金中。长期来说,现金通常用来购买固定资产或用来收购其他公司。另一种选择是使用现金盈余扩大经营规模。管理者也能使用现金盈余偿还债务,并且赎回其他股东的股份来巩固所有权。现金流预算是现金预算的一个变形,因为它是对一个商业企业在一定的时期内现金流入和流出的预测,通常是一个月。使用现金流预算的主要目的是预知公司有能力获得比费用更多的现金流入。

(3) 收入-支出预算。收入-支出预算,描述了为收入和支出所做的资金计划。它被广泛使用,并最易于理解。商业公司使用的销售预算就是收入-支出预算。它估算在给定的时期内的销售以及费用。许多公司每个月都有一份收入-支出预算。后来,由这种每月预算逐渐演变出季度预算、半年预算和年度预算。大多数的收入-支出预算把经营支出进行分类。主要经营支出包括薪水、福利、租金、公用设施、差旅费、建筑物和设备维修费等。

(4) 生产预算。在制定销售预算之后,就要对产品的需求量进行预测。生产预算是对产品和服务的详细计划,它必须与销售预算和存货需求相匹配。一项生产预算可以认为是一张生产进度表。

(5) 物料购买和使用预算。在预测生产需求之后,有必要对满足需求所需花费的成本做出估计。物料购买和使用预算,是确保所购买的原材料和零件必须满足产品需求的一个计划。在零售业类似的预算中明确指出,所购买的货物必须符合预期的销售需求。

(6) 人力资源预算。为了满足销售和生产要求,必须把钱分给员工以使其顺利完成工作。人力资源预算对在未来一个时期内的人力资源的需求以及为了满足这种需求所要付出的成本做出预测。员工规模的扩大和缩小是否能与销售和生产的增加和减少相一致,是管理者关注的热点之一。

(7) 资本支出预算。组织必须投资于新的设备和厂房以维持其运转。资本支出预算是购买用于生产货物或服务的资金计划。资本支出通常被认为是一项重要支出,并与长期的计划相联系。资本支出包括用于厂房、机械、设备以及存货的增加。在一个典型的预算系统中,购买计算机网络的计划包含在资本预算中。每月支付的邮费和投递公司费用属经营支出。

2) 财务比率和控制流程

一个更先进的运用预算进行控制的方法是使用财务比率评价绩效。下面我们提供了 3 种财务比率。另外,我们还参考几个其他的财务上的成功指标:息、税、折旧和摊销前收入(EBITDA)和净债务。

(1) 毛利率。应用最为普遍的比率是毛利率,这个比率衡量了可以用于支付经营费用并获得盈利的总金额。如果实际绩效与所设定的绩效标准差别很大,就必须马上进行修正。

(2) 利润率。利润率是另一个广泛运用的表示盈利能力的财务比率。利润率衡量了每一美元销售额获得的净利润,以及经营效率。利润率经常简单表示为利率,用利润除以销售额得到。用毛利率作为评价绩效的指标,比用利润率计算出的数字高。

(3) 权益回报率。权益回报率反映了企业的投资所得到的回报。它是净收入与所有者权益之间的比率。

(4) 单位员工收入。单位员工收入经常用来评价公司的生产效率。比如说思科系统公司的高层管理者就是用单位员工收入作为他们主要的生产效率评测。

(5) 息、税、折旧和摊销前收入。对一家公司经营成功的粗略测算就是在扣除除了税金、折旧和摊销以外的所有费用后的收入为多少。公式是 EBITDA＝收入－支出(除了税金和利息、折旧等)。EBITDA 已经成为电信、有线电视和媒体公司的一种成熟的财务评测指标。

(6) 净债务。另一种评测组织的财务健康状况的方法是企业目前欠债的数目。净债务指的是一个公司的债务减去手头的现金。

8.3.3.3 其他控制方法

1) 现金流管理

除了建立和监督现金预算外,许多管理者特别注意保有手头上的现金,而不是过分依赖借款,避免投资者发现公司的财务危机。现金流是在一个特定的时期内公司产生的净现金额。尽管这个定义看起来比较简单,但是许多其他的相关定义增加了它的复杂性。公司的现金流量表由 3 个部分组成,每个部分是现金的一种来源:①由经营活动提供(或支出)的现金。这个部分显示了在经营中所使用(损失)的现金,这关系到盈利的健康状况。从经营活动中获得的现金是现金流的主要来源,它包括几个部分:净收入、收到的增值税销项税额和退回的增值税款、股票期权的税收收益、应收账款、存货和应付账款。②由融资活动提供（或支出）的现金。这部分的现金来自公司外部，如银行或股东。③由投资活动提供（或支出）的现金。这里指的是业务以外的资金流入和流出，比如支付给银行和股东的钱。

保持较大的现金流有利于公司所有者保持一种平静的心态，因为即使在业务淡季，也可避免举债经营。在银行里存有大量的现金使经理们可以在动荡的商业环境里有一种安全的感觉。手中握有现金是财务健康的主要指标。例如，2004 年微软公司手中就有 500 亿美元的现金（实际上都在银行里）。现金流分析被广泛接受，因为它为企业的财务健康状况提供了一个比销售收入分析更精确的指标。有的公司虽然销售状况良好，但至少要 30 天才能收回货款。现金流分析是一个重要的工具，因为它不像以净利润为主的收入分析那么易受歪曲。许多管理者把分销商手中的货物错当作销售收入计算，其实这些商品并没有被卖掉，而且资金也没有发生变化。改进现金流的最好方法是使收入大于支出。然而，赚取更多的收入是很困难的。许多公司因此调整支出来改进现金流。甚至当收入正在增加时，一些公司仍然通过减少费用来保持更强的竞争力。不过，缩减成本需要谨慎，因为它可能导致士气低下、产品和服务质量降低，并给人留下公司吝啬的印象。

2）平衡计分卡

许多研究人员和管理者不再信任财务比率和其他衡量公司健康状况的指标。预算虽然重要，但并不完全。管理者继续寻找方法来克服由于预算而给绩效带来的局限性。一个金融学教授和一个技术顾问对几百家公司进行了调查研究，设计了一个平衡计分卡——使企业可以清晰地认识自己的愿景和战略并将它们转化为行动。平衡计分卡可以帮助公司设定目标，并从对商业最为重要的 4 个角度衡量绩效，即学习和成长，商业过程，消费者满意和财务健康。对各级管理者和员工的报酬建立在实现平衡计分卡所包含的所有因素的基础上。

3）开卷管理

在一个倡导信息共享和团队合作的组织环境中，经理人员的角色是推动者和促进者，不可能隐藏财务数据。他们必须允许员工参与公司的财务控制，激励他们积极地参与和追求组织目标的实现。越来越多的经理人员采用开卷管理的形式来披露公司信息。开卷管理允许员工通过查阅图表、计算机报表和参加会议的形式，亲自了解公司的财务状况。其次，开卷管理可以让员工了解其个人的工作如何影响组织现在和未来的财务业绩。最后，开卷管理把员工个人的报酬与公司总体的成败紧密地联系在一起。通过培训员工对财务数据的分析能力，员工可以了解各个部门之间的内在联系和各自的重要性。如果员工的报酬根据业绩确定，他们就会关注团队或部门的整体业绩，而不仅仅是他们自己的工作。同时，跨部门的沟通和协作也可以得到加强。开卷管理的目的是让每一位员工都像业主一样去思考和工作,而不是仍把自己看作是雇佣的劳动力。为了增强员工的主人翁感,管理层应提供给他们与业主一样的信息:哪些资金将进入公司,又将去往何处。开卷管理有助于员工理解效率在组织成功中的重要作用。

4) 经济增加值系统

成百上千的公司,包括 AT&T,Quaker Oats ,可口可乐和菲利普斯石油公司(Philips Petroleum),都建立了经济增加值评估系统(Economic Value Added,EVA),作为衡量财务业绩的新手段。EVA 指的是公司的净运营收入(税后)减去公司有形资产投资的资金成本。用 EVA 测算财务业绩是为了从公司所有经营活动中找出能带来价值增加的活动,能够更有效地实现经营,满足顾客的需求,回报股东。组织中的每一项工作、每一个部门和每一个过程都能够用价值增加幅度来考衡。

实际上,EVA 的运用十分复杂。企业首先必须从 150 多种会计指标中,选出合适的 EVA 指标,使其能够充分反映企业的真实业绩。在某些特定行业中,EVA运用起来十分困难。尤其是一些自然资源公司,他们投入大量的资本是为了开采自然资源,因此必须合理地管理自然资源。采用 EVA 方法,将促使这些企业加快对自然资源的开采和利用,从长远来看,此举可能引发灾难性的后果;当供应充足时,公司可能以低价出售,最后,当资源濒临殆尽时,虽可卖个好价钱,但已经无力满足社会对资源的需求。为了避免出现这方面的问题,菲利普斯石油公司在油田开发计划制定后,便责成经理人员对石油的价值进行核算,而不是在石油出售的时候再确定石油的价格。由于各个公司选择的 EVA 指标不同,采用该方法并不能有效地比较不同公司之间的业绩,这也是 EVA 运用中的一个弱点。不过,如果运用得当,EVA 评估系统能有效地衡量和控制公司的财务业绩。为此,EVA 应该置于公司财务管理系统的核心,融于公司的政策和程序之中。此外,千万不要忽视员工在 EVA 系统的有效实施中所起的作用,即使微不足道的工作也有助于创造价值。因此,组织中的员工也应该接受相关的培训,使其理解这种控制手段。

5) 作业成本法

成本控制的本质在于确保公司的经营有利可图。经理人员测算产品或服务的成本,以保证货物的售价不低于其成本。传统的成本核算方法认为,生产成本主要包括制造产品所耗费的原材料成本和劳工成本。这些成本的核算一般比较精确,而其他成本则被作为三大费用平均地分摊到企业的产品之中。然而,在大多数情况下,传统的成本方法并不能反映现代商业经营的现状。高度自动化减少了劳工数量。产品成本的结构已经发生了变化,其中一般的经营成本大幅度增加,如开办成本、分销成本、复杂机器和信息系统的维护成本等。此外,传统的成本方法并不能反映质量改进的效果。可靠的质量可以减少因解决问题和返工而耗费的时间,但这些改进通常被总体的财务数字所掩盖。

在企业不断追求高质量产品、满足顾客需求的活动中,为了监控企业每一项努力所耗费的成本,管理人员急需一套有效的成本核算方式。这促成了另一种真正理解经营成本的方法——作业成本法的使用。基于作业的成本计算是一个财务程序,这一程序可以把生产产品或服务的成本分配到各项作业和资源中去。基于作业的成本计算系统向管理者提供了一个更有战略意义的方法,因为它全面地反映了一个从生产产品或服务到把它们投入市场的整个过程中所有的成本。其中包括研发、营销和运输的成本。

在现实中,基于活动的成本计算是如何运用的呢?例如,一个作业成本系统列出了与特定产品相关的所有作业活动的成本,如处理订货、计划生产、制造、装运和解决问题等。这样一来,经理人员可能会发现,产品的生产成本虽然在预算之内,但由于计划和质量控制等方面存在的问题产品已经无利可图。因此,经理人员应该与员工一道,共同改进工程设计和产品计划,此外,经理人员也可以考量大部分成本是花在了有助于增加顾客价值(满足顾客的交货期、实现了产品的高质量)的活动上,还是花在了无助于价值增加的活动上(如处理内部文案)。企业应重点减少或消除无助于价值增加的活动。作业成本法虽然十分复杂,但是随着计算机软件的应用,对大多数公司来讲,该方法的可行性越来越强。

案例 8-5　华润公司运行 6S 管理体系

中国华润总公司控股的华润(集团)有限公司设在香港。6S 管理体系是华润公司从自身实际出发探索出的管理多元化集团企业的一种系统化管理模式。6S 管理体系将集团内部多元化的业务及资产划分为责任单位并将其作为利润中心进行专业化管理,其组织领导及监督实施机构是集团董事会下设的 6S 委员会。6S 既是一个全面预算管理体系,也是一个多元化的信息管理系统。

一、利润中心编码体系(Profit Center Number System)

在专业化分工的基础上,将集团及属下公司按管理会计的原则划分为多个业务相对统一的利润中心(称为一级利润中心),每个利润中心再划分为更小的分支利润中心(称为二级利润中心等),并逐一编制号码,使管理排列清晰。这个体系较清晰地包括集团绝大部分资产,同时使每个利润中心对自身的管理有清楚的界定,便于对每项业务实行监控。

二、利润中心管理报告体系(Profit Center Management Account System)

在利润中心编码体系的基础上,每个利润中心按规定的格式和内容编制管理会计报表,具体由集团财务部统一制订并不断完善。管理报告每月一次,包括每个利润中心的营业额、损益、资产负债、现金流量、成本费用、盈利能力、应收账款、不良资产等情况,并附有公司简评。每个利润中心报表最终汇总为集团的管理报告。

三、利润中心预算体系(Profit Center Budget System)

在利润中心分类的基础上,全面推行预算管理,将经营目标落实到每个利润中心,并层层分解,最终落实到每个责任人每个月的经营上,这样不仅使管理者对自身业务有较长远和透彻的认识,还能从背离预算的程度上去发现问题,并及时加以解决。预算的方法由下而上,由上而下,不断反复和修正,最后汇总形成整个集团的全面预算报告。

四、利润中心评价体系(Profit Center Measurement System)

预算执行情况需要进行评价,而评价体系要能促进经营目标的实现。根据每个利润中心业务的不同,量身打造一个评价体系,但总体上主要是通过获利能力、过程及综合能力指标进行评价。每一个指标项下再根据各业务点的不同情况细分为能反映该利润点经营业绩及整体表现的许多明细指标,目的是要做到公平合理,既可以兼顾到不同业务点的经营情况,又可以促进业务的改进提高,加强管理。其中有些是定量指标,有些是定性指标,而对不确定部分,集团则有最终决定权。集团根据各利润中心业务情况的好坏及其前景,决定资金的支持重点,同时对下属企业的资金使用和派息政策,将根据业务发展方向统一决定,不实行包干式资金管理。而对利润中心非经营性的资产转让或会计调整的盈亏,则不能与经营性业绩混在一起评价,但可视具体情况给予奖惩。

五、利润中心审计体系(Profit Center Audit System)

集团内部审计是管理控制系统的再控制环节,集团通过审计来强化全面预算管理的推行,提高管理信息系统的质量。

六、利润中心经理人考核体系(Profit Center Manager Evaluation System)

预算的责任具体落实到各级责任人,从而考核也要落实到利润中心经理人。利润中心经理人考核体系主要从业绩评价、管理素质、职业操守三方面对经理人进行评价,得出利润中心经理人目前的工作表现、今后的发展潜力、能够胜任的职务和工作建议。根据以上三部分的考核结果,进一步决定对经理人的奖惩和使用。

问题:

1. 华润的预算控制系统的主要内容是什么?

2. 这一系统有什么优缺点? 请试评价之。

本章思考题

1. 计划与控制的相互关系是怎样的?

2. 有效控制的必要条件是什么?

3. 管理信息技术对你的工作主要有哪些影响?

4. 您认为六西格玛的质量管理方法在我国企业实施过程中主要的困难在哪里?

参考文献

1. 周三多等. 管理学——原理与方法[M]. 上海:复旦大学出版社,1999 年 6 月第三版。

2. 哈罗德·孔茨. 管理学[M]. 北京:经济科学出版社,1995 年第九版.

3. 斯蒂芬·P·罗宾斯. 管理学原理(第三版)[M]. 吉林:东北财经大学出版社,2004 年 1 月第三版.